权威·前沿·原创

皮书系列为
"十二五""十三五"国家重点图书出版规划项目

YELLOW BOOK

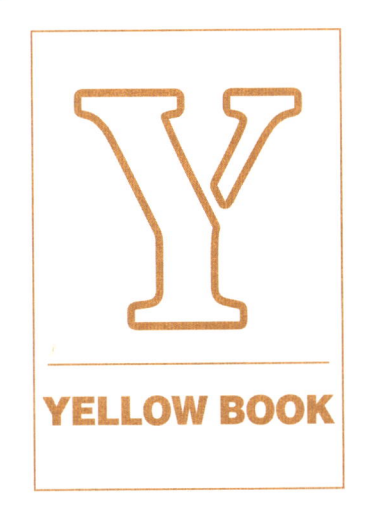

智 库 成 果 出 版 与 传 播 平 台

中国社会科学院创新工程学术出版资助项目

世界经济黄皮书
YELLOW BOOK OF WORLD ECONOMY

2021年世界经济形势分析与预测

WORLD ECONOMY ANALYSIS AND FORECAST (2021)

中国社会科学院世界经济与政治研究所
主　编 / 张宇燕
副主编 / 孙　杰　姚枝仲

社会科学文献出版社
SOCIAL SCIENCES ACADEMIC PRESS (CHINA)

图书在版编目(CIP)数据

2021年世界经济形势分析与预测/张宇燕主编.--北京：社会科学文献出版社，2021.1
（世界经济黄皮书）
ISBN 978-7-5201-7656-9

Ⅰ.①2… Ⅱ.①张… Ⅲ.①世界经济形势-经济分析-2021②世界经济形势-经济预测-2021 Ⅳ.
①F113.4

中国版本图书馆CIP数据核字（2020）第237084号

世界经济黄皮书
2021年世界经济形势分析与预测

主　　编 / 张宇燕
副 主 编 / 孙　杰　姚枝仲

出 版 人 / 王利民
责任编辑 / 吴　敏

出　　版 / 社会科学文献出版社·皮书出版分社（010）59367127
　　　　　　地址：北京市北三环中路甲29号院华龙大厦　邮编：100029
　　　　　　网址：www.ssap.com.cn
发　　行 / 市场营销中心（010）59367081　59367083
印　　装 / 天津千鹤文化传播有限公司

规　　格 / 开　本：787mm×1092mm　1/16
　　　　　　印　张：27.25　字　数：409千字
版　　次 / 2021年1月第1版　2021年1月第1次印刷
书　　号 / ISBN 978-7-5201-7656-9
定　　价 / 128.00元

本书如有印装质量问题，请与读者服务中心（010-59367028）联系

▲ 版权所有　翻印必究

世界经济黄皮书编委会

主　编　张宇燕
副主编　孙　杰　姚枝仲
编审组　张宇燕　孙　杰　姚枝仲　高海红　张　斌
　　　　张　明　东　艳　冯维江　徐奇渊　王　新
　　　　郗艳菊

主要编撰者简介

张宇燕 中国社会科学院世界经济与政治研究所所长、研究员,中国社会科学院学部委员,中国社会科学院国家全球战略智库理事长、首席专家,中国社会科学院大学国际关系学院院长、博士生导师,中国世界经济学会会长,新兴经济体研究会会长。主要研究领域包括国际政治经济学、制度经济学等。著有《经济发展与制度选择》(1992)、《国际经济政治学》(2008)、《美国行为的根源》(2015)、《中国和平发展道路》(2017)等。

孙 杰 中国社会科学院世界经济与政治研究所研究员,中国社会科学院大学国际关系学院特聘教授,中国世界经济学会常务理事。主要研究领域包括国际金融、公司融资和货币经济学。著有《汇率与国际收支》(1999)和《资本结构、治理结构和代理成本:理论、经验和启示》(2006)、《合作与不对称合作:理解国际经济与国际关系》(2016)等。

姚枝仲 中国社会科学院世界经济与政治研究所党委书记、研究员,中国社会科学院国家全球战略智库秘书长,中国社会科学院大学国际关系学院副院长、博士生导师,中国世界经济学会副会长兼秘书长,新兴经济体研究会副会长。主要研究领域为宏观经济学和国际经济学。

摘 要

2020年世界经济受新冠肺炎疫情冲击，绝大多数国家国内生产总值负增长、失业率上升、通货膨胀率下降。同时，世界贸易显著萎缩、国际直接投资断崖式下降、全球金融市场大落大起、全球债务水平快速攀升。

2021年世界经济仍可能在新冠肺炎疫情阴影笼罩之下，但经济活动会有所恢复，经济增速会有明显反弹。世界经济的恢复程度和增速反弹力度取决于五个关键的因素，包括新冠肺炎疫情的发展趋势、全球价值链的调整、美国政府的对外经济政策、各国财政货币政策的力度和效果以及全球金融市场的稳定性。

我们预计，2021年世界经济按PPP计算的增长率约为5.5%，按市场汇率计算的增长率约为5.2%，均比2020年上升9.9个百分点。我们预计世界经济有较大幅度反弹的主要原因有：一是各国对疫情的防控能力有所提高，防控策略更加适当，防控物资的生产和准备也更为充分，疫情防控对经济活动的损害程度降低；二是居民和企业对新冠病毒的认识更为充分，自我防范和适应能力更强，疫情期间从事经济活动的安全空间更大；三是疫苗的出现将遏制疫情蔓延并加速经济活动的恢复。

关键词： 世界经济　国际贸易　国际投资　国际金融

目 录

Ⅰ 总 论

Y.1 2020~2021年世界经济形势分析与展望
....姚枝仲 / 001

Ⅱ 国别与地区

Y.2 美国经济：疫情冲击下的衰退 ……………………孙 杰 / 020

Y.3 欧洲经济：复苏之路崎岖 ……………………陆 婷 东 艳 / 047

Y.4 日本经济：重创之下难以迅速反转 ……………周学智 / 068

Y.5 亚太经济：疫情下经济复苏不均 ………………杨盼盼 / 084

Y.6 印度经济：疫情冲击下脆弱性加剧 ……………冯维江 / 101

Y.7 俄罗斯经济：大幅萎缩 ……………………贾中正 张誉馨 / 119

Y.8 拉美经济：经济与疫情的双重压力 ……………熊爱宗 / 138

Y.9 西亚非洲经济：触底风险加大 …………………孙靓莹 / 150

Y.10 中国经济：后疫情时期中国工业迎来"小时代"？
....徐奇渊　张　斌　崔晓敏 / 167

Ⅲ 专题篇

Y.11 国际贸易形势回顾与展望：陷入衰退 复苏不稳
....苏庆义 / 183

Y.12 国际金融形势回顾与展望
....高海红　杨子荣 / 199

Y.13 国际直接投资形势回顾与展望
....王碧珺　陈胤默 / 217

Y.14 国际大宗商品市场形势回顾与展望："V"形波动
....王永中　周伊敏 / 233

Y.15 全球智库重点关注的经济议题
....常殊昱 / 256

Ⅳ 热点篇

Y.16 后疫情时代全球产业链的发展与重构
....马盈盈　崔晓敏 / 275

Y.17 国际原油价格震荡：过程、成因及影响
....王永中 / 298

Y.18 美国股市熔断：原因与前景
....张　明 / 317

目　录

Y.19　非洲国家的债务困境与主权重组减免机制
　　………………………………………………熊婉婷　肖立晟 / 330
Y.20　疫情下的失业困局：主要经济体的纾困政策及效果
　　………………………………………………………栾　稀 / 350

Ⅴ　世界经济统计与预测

Y.21　世界经济统计资料…………………………………熊婉婷 / 365

Abstract　………………………………………………………… / 401
Contents　………………………………………………………… / 402

皮书数据库阅读**使用指南**

总 论
Overview

Y.1
2020~2021年世界经济形势分析与展望

姚枝仲[*]

摘 要： 2020年世界经济受新冠肺炎疫情冲击，绝大多数国家国内生产总值负增长、失业率上升、通货膨胀率下降。同时，世界贸易显著萎缩、国际直接投资断崖式下降、全球金融市场大落大起、全球债务水平快速攀升。2021年及未来几年世界经济在很大程度上受以下几个因素的影响，这些因素包括：新冠肺炎疫情的发展趋势、全球价值链的调整、美国政府的对外经济政策、各国财政货币政策的力度和效果，以及全球金融市场的稳定性。预计2021年按

---

[*] 姚枝仲，中国社会科学院世界经济与政治研究所党委书记、研究员，主要研究领域为宏观经济学和国际经济学。

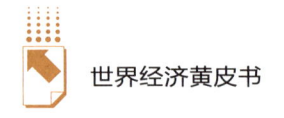

PPP 计算的世界 GDP 增长率约为 5.5%。

关键词：世界经济　国际贸易　国际投资　国际金融

一　概述

2020 年预计世界 GDP 增长率按购买力平价（PPP）计算约为 -4.4%、按市场汇率计算约为 -4.7%[①]。这是二战结束以来世界经济最大幅度的产出规模萎缩。这次产出规模萎缩主要是由新冠肺炎疫情冲击造成的。各国政府限制人员流动、关闭人员密集的活动场所等疫情防控措施，以及居民面对病毒威胁自发减少外出活动等行为，同时造成供给受限和需求减少，从而导致世界经济规模的大幅度萎缩。20 世纪 80 年代以来，世界经济经历了 6 次名义 GDP 的萎缩，分别发生在 1982 年、1997~1998 年、2001 年、2009 年、2015 年和 2020 年。其中，1997~1998 年的萎缩是由亚洲金融危机引起的，2001 年的萎缩是由互联网泡沫破裂引起的，2009 年的萎缩是由美国金融危机引起的，1982 年和 2015 年并没有发生经济和金融危机，其名义 GDP 萎缩是由经济增速和通胀率下滑以及汇率变动引起的。前五次名义 GDP 的萎缩，除 2009 年之外，均伴随着实际 GDP 的正增长。2009 年世界实际 GDP 按购买力平价计算也增长 0.01%，但按市场汇率计算增长 -2.0%。唯有 2020 年这一次，世界 GDP 按购买力平价计算和按市场汇率计算均出现大幅负增长。可以说，疫情带来的世界产出损失是空前的。

在上年度报告中，我们预计 2020 年世界 GDP 按 PPP 计算的增长率为 2.9%，低于当时预计的 2019 年 3.0% 的增长率。国际货币基金组织 2019 年 10 月在预估世界 GDP 当年增长 3.0% 的情况下，预计 2020 年世界 GDP 增长率将上升到 3.4% 的水平。世界银行等其他国际组织也大都预计 2020 年世界 GDP 增长率会比 2019 年有所上升或者持平。我们是少有的在当时预计 2020 年世

[①] 如无特别说明，本文引用的年度 GDP 数据来自国际货币基金组织，其中 2020 年全年的数据为预测数，其他数据均来自 Wind。数据发布截止日期为 2020 年 11 月 16 日。

界 GDP 增长率会下降的机构。当然我们并没有预见到会有这么大幅度的下降，因为我们并没有预见到 2020 年世界上会出现一场严重的新冠肺炎疫情，也没有哪个经济预测机构预见到了这场疫情冲击。

二 世界经济总体形势

当前世界经济总体形势表现为八大主要特征，分别是：世界生产总值大幅负增长、失业率开始上升、通货膨胀率普遍下降、国际贸易显著萎缩、国际直接投资断崖式下降、全球金融市场大落大起、全球债务水平持续上升、国际大宗商品价格涨跌不一。

（一）世界生产总值大幅负增长

2020 年世界经济增速大幅下降，主要经济体实际 GDP 普遍出现大幅负增长。国际货币基金组织预测数据显示，2020 年世界 GDP 增长率比 2019 年下降 7.2 个百分点。其中，发达经济体 2020 年 GDP 增速为 -5.8%，比 2019 年下降 7.5 个百分点；新兴市场与发展中经济体 GDP 增速为 -3.3%，比 2019 年下降 7.0 个百分点[①]。

主要发达经济体无一例外出现实际 GDP 负增长。2020 年美国 GDP 增长 -4.3%，比 2019 年回落 6.5 个百分点。欧元区 GDP 增长 -8.3%，比 2019 年下降 9.6 个百分点，其中，德国 GDP 增速下降 6.6 个百分点至 -6.0%，法国 GDP 增速下降 11.3 个百分点至 -9.8%，意大利 GDP 增速下降 10.9 个百分点至 -10.6%。英国和加拿大的 GDP 增长率分别下降至 -9.8% 和 -7.1%，日本经济增速下降至 -5.3%，其他发达经济体的经济增速总体上下降至 -3.8%。

新兴市场与发展中经济体也出现了普遍的实际 GDP 负增长。经济最活跃的亚洲新兴经济体 2020 年 GDP 增长 -1.7%，比上年下降 7.2 个百分点。中国和越南是少有的经济仍然保持正增长的国家。尽管如此，中国和越南也经历了大幅度的经济增速下降。其中，中国 GDP 增长率从 2019 年的 6.1% 下降

---

① 如无特别说明，世界 GDP 增长率和各地区 GDP 增长率均为按 PPP 计算的数据。

到 2020 年的 1.9% 左右，越南 GDP 增长率从 2019 年的 7.0% 下降到 2020 年的 1.6% 左右。除中国和越南以外，其他主要亚洲新兴经济体经济均出现负增长。印度 GDP 增长率从 4.2% 下降到 -10.3%，印尼、马来西亚、菲律宾、新加坡和泰国等东盟五国的整体 GDP 增长率从 4.9% 下降到 -3.4%。新兴与发展中欧洲经济体在 2020 年经济同样出现大幅度负增长，GDP 增长率从 2019 年的 2.1% 下降至 2020 年的 -4.6%。其中，土耳其经济雪上加霜，GDP 增长率从 2019 年的 0.9% 下降至 2020 年的 -5.0%，俄罗斯 GDP 增长率从 2019 年的 1.3% 下降至 2020 年的 -4.1%。拉美和加勒比地区是经济衰退最严重的发展中地区，该地区整体 GDP 增长率从 2019 年的 0 下降到 2020 年的 -8.1%。其中，阿根廷 GDP 增长率从 2019 年的 -2.1% 进一步下降到 2020 年的 -11.8%。巴西和墨西哥 GDP 增长率分别从 2019 年的 1.1% 和 -0.3% 下降到 2020 年的 -5.8% 和 -9.0%。中东北非地区由于地缘政治冲突和油价持续低迷，GDP 增长率从 2019 年的 0.8% 下降到 2020 年的 -5.0%。其中，沙特 GDP 增长率从 2019 年的 -0.3% 下降到 2020 年的 -5.4%。撒哈拉以南的非洲地区也未能幸免，GDP 增长率从 2019 年的 3.2% 下降到 2020 年的 -3.0%。

（二）失业率开始上升

疫情暴发前，世界主要经济体的失业率均处于历史低位。疫情暴发后，各国失业率明显上升。特别是在疫情暴发初期，不少国家均采取了相对严厉的防控措施，加上居民对疫情的恐慌，一些国家短期内出现了大规模失业。随着各国政府的经济救助政策不断出台，疫情形势好转，经济活动在疫情防控状态下逐步复工复产，部分国家失业状况有所缓解，但与上年同期相比，世界各国失业率均有所上升。且秋冬季疫情反弹，全球失业状况再次恶化。

美国出现大规模失业。疫情暴发初期，美国失业率从 2020 年 2 月的 3.5% 迅速上升到 4 月的 14.7%，此后虽有所回落，但到 2020 年 10 月仍为 6.9%，相比 2019 年 10 月，上升了 3.3 个百分点。美国失业人数大幅度增加。2020 年 10 月美国失业人数为 1106 万人，相比 2019 年 10 月增加了 520 万人。与此同时，美国就业人数大幅减少。2020 年 10 月美国就业人数为 1.498 亿人，相比2019年10月减少了874万人。就业人数减少幅度超过失业人数上升幅度，在一定程度上反映了劳动参与率的下降，即受疫情和经济下行影响，部分劳动年龄人口退出劳动市场，不再寻找工作，成为自愿失业者。2020年10月，美国劳动参与率为61.7%，相比2019年10月下降了1.6个百分点。美国劳动市场还出现了一个重要的变化，即工资水平的上升。美国非农私营企业全部员工平均时薪从2019年10月的28.24美元提高到了2020年10月的29.50美元，平均周薪从971.46美元提高到了1026.60美元，涨幅分别为4.5%和5.7%。一般情况下，就业人数下降和失业人数上升意味着劳动需求减少，且劳动供给超过劳动需求，因而工资水平会出现下降趋势。美国在这种情况下反而出现工资水平上升，是比较令人费解的。对于这一反常现象，目前有两种解释：一是认为美国政府对失业人员的补贴提高了就业的机会成本，且部分针对企业的救助是以保留就业为条件的，因而导致劳动成本上升；二是认为疫情主要导致低收入劳动者失业，留在岗位上的就业者的工资水平相对较高，因而在统计上表现为平均工资水平上升了。

美国以外的主要发达经济体也出现了失业率上升。欧洲的劳动力市场开始恶化。欧盟整体失业率从2019年9月的6.6%上升到了2020年9月的7.5%，欧元区失业率从2019年9月的7.5%上升到了2020年9月的8.3%，英国失业率也从2019年9月的3.8%上升到了2020年9月的4.8%。日本是发达经济体中失业率最低的国家，但其失业率也有所上升，从2019年9月的2.4%上升到了2020年9月的3.0%。另外，加拿大失业率从2019年9月的5.0%上升到2020年9月的8.1%。澳大利亚失业率从2019年9月的5.1%上升到2020年9月的6.8%。

新兴经济体也普遍经历了失业率上升的过程。疫情暴发后，中国城镇调查失业率从2019年12月的5.2%迅速上升到2020年2月的6.2%，此后因疫情得到有效控制，复工复产逐步展开，失业率不断下降，2020年9月城镇调查失业率已回落至5.4%。俄罗斯的失业率从2019年9月的4.5%上升到了2020年9月的6.4%。阿根廷的失业率则从2019年6月的10.6%上升到了2020年6月的13.1%。南非在疫情暴发前就是失业状况最严重的国家之一，

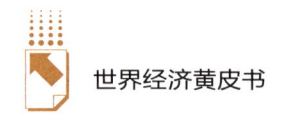

疫情暴发后其失业率从2019年9月的29.1%进一步上升到了2020年9月的30.8%。

（三）通货膨胀率普遍下降

全球主要经济体通货膨胀率均有所下降，部分经济体出现了通货紧缩。疫情及疫情防控导致各国供给和需求同时减少，但是通货膨胀率普遍下降的现象表明，各国需求受到的负面影响更大一些，全球宏观经济形势总体上表现为总需求不足。

美国消费者价格指数（CPI）同比增长率从2019年9月的1.7%一度上升到2020年1月的2.5%。疫情暴发后，通货膨胀率迅速下降，至2020年5月，CPI同比增长率仅为0.1%。受美联储迅速降息、无限量等宽松货币政策以及美国政府强行推动经济恢复措施等影响，CPI从6月开始逐步回升，2020年9月CPI同比增长率回升至1.4%，但比2019年9月仍下降0.3个百分点。美国核心CPI和美联储用于设定通货膨胀目标的个人消费支出（PCE）价格指数，也表现出相同的变化。其中核心CPI同比增长率从2019年9月的2.3%，一度下降到2020年5月的1.2%，此后略回升至2020年9月的1.7%。美国核心PCE价格指数同比增长率从2019年9月的1.7%一度下降到2020年4月的0.9%，此后回升至2020年9月的1.6%。

欧洲和日本出现了一定程度的通货紧缩。欧元区的消费价格调和指数（HICP）2019年10月同比增长率为0.8%，已经处于通货紧缩边缘。疫情暴发后，通胀率持续下降，至2020年8月，HICP同比增长-0.2%，且9月和10月同比增长-0.3%，通货紧缩已经显现。整个欧盟的消费价格调和指数（HICP）也从2019年9月的同比增长率1.0%下降到2020年9月的0.2%。欧洲总体物价水平接近于零增长。疫情进一步暴发很可能导致欧盟整体上进入通货紧缩状态。日本物价本已徘徊在通货紧缩边缘，其CPI同比增长率在2019年9月仅为0.2%，此后有轻微回升。而疫情暴发后，日本CPI同比增长率再度下降，2020年9月降至零增长；核心CPI从2020年4月开始出现-0.2%的增长，至9月，核心CPI同比增长率为-0.3%。

主要新兴市场国家的通货膨胀率普遍下降，有个别国家2020年下半年通胀率回升较快。俄罗斯CPI同比增长率从2019年9月的4.0%下降到2020年9月的3.7%。巴西CPI同比增长率2019年9月为2.9%，2020年5月下降至2.1%，此后快速回升，2020年9月已达3.9%。印度CPI同比增长率在2019年总体上处于上升趋势，至疫情暴发前，已经从2019年1月的0.8%上升到2020年1月的8.8%，而疫情暴发后，通胀率有所回落，2020年9月CPI同比增长7.3%。南非CPI同比增长率从2019年9月的4.1%下降到了2020年9月的2.9%。中国CPI同比增长率从2019年9月的3.0%下降到了2020年9月的1.7%，10月进一步下降至0.5%。通货膨胀严重的阿根廷，CPI同比增长率也从2019年9月的50.5%下降到了2020年9月的36.6%。

（四）国际贸易显著萎缩

受中美两国经贸冲突以及美国与其他国家的贸易冲突影响，全球国际贸易在2019年出现了萎缩。2020年受疫情冲击，国际贸易再次萎缩，且萎缩幅度显著扩大[①]。2020年一季度和二季度，世界货物出口额同比增长率分别为-6.4%和-21.3%。比上年同期降幅分别扩大4.0个和18.1个百分点，排除价格因素后的实际世界货物出口总量同比增长率分别为-2.7%和-16.3%，比上年同期分别下降3.3个和16.0个百分点。

中国最先受到疫情冲击，2020年一季度国际贸易额迅速下降，出口额同比增长-13.4%。二季度疫情得到控制后，复工复产迅速推进，尽管世界其他国家疫情相继暴发，外部需求受阻，但中国对外贸易仍然快速恢复，二季度出口额实现了0.1%的正增长。

美国是疫情最严重的国家，其国际贸易受到的影响也最为严重。2020年一季度和二季度，美国出口额同比增长率分别为-3.0%和-29.8%，比上年分别下降4.4个和26.9个百分点。

中美以外的世界主要地区和主要经济体也都出现了贸易萎缩现象。2020

[①] 本文关于国际贸易的数据均来自WTO。

年一季度和二季度，亚洲货物出口总额同比增长率分别为-6.8%和-10.1%，比上年同期降幅分别扩大5.6个和7.4个百分点。日本和韩国的疫情并不严重，但其对外贸易受到的影响仍然较大。2020年一季度和二季度日本货物出口总额同比增长率分别为-4.4%和-23.7%，韩国货物出口总额同比增长率分别为-1.8%和-20.37%。欧盟货物出口总额2020年一季度和二季度同比增长率分别为-5.2%和-24.1%，比上年同期降幅分别扩大1.1个和20.5个百分点。其中德国货物出口额2020年一季度和二季度同比增长率分别为-6.1%和-25.2%，比上年同期降幅分别扩大0.6个和18.1个百分点。拉美地区货物出口总额在2020年一季度和二季度的同比增长率分别为-7.3%和-19.4%，比上年同期降幅分别扩大2.3个和15.0个百分点。

（五）国际直接投资断崖式下降

2019年全球外商直接投资（FDI）流入额为1.54万亿美元，比上年小幅上升3%[①]。新冠肺炎疫情中断了国际直接投资的复苏势头。疫情不仅使投资机会减少，而且使已有的国际投资项目不得不推迟甚至取消。2020年上半年，全球FDI流入额比上年同期下降49%，其中流入发达经济体的FDI下降75%，流入发展中经济体的FDI减少16%。联合国贸发会估计，2020年全球国际直接投资流量将比2019年大幅下降40%，2021年全球国际直接投资流量将在2020年的水平上进一步减少5%~10%。

分地区来看，2020年发达经济体国际直接投资流入额预计将下降25%~40%。其中，欧盟下降30%~44%，北美下降20%~36%。亚洲发展中国家流入的FDI在2020年预计减少30%~45%。拉丁美洲和加勒比地区，以及非洲的发展中国家2020年流入FDI的降幅预计分别为40%~55%、25%~40%。转型经济体流入的FDI预计下降30%~45%。

疫情不仅对当前的国际直接投资造成短期重大负面影响，还将对未来的国际直接投资造成长期负面影响。一些国家和地区为了防止疫情期间关键医

[①] 本文关于国际直接投资的数据均来自UNCTAD。

疗用品的短缺，实施了投资限制措施。2020年3月25日，欧盟委员会要求欧盟各成员国对外国投资实施审查措施，防止因外国投资者收购、控制公司导致欧盟安全或公共秩序受到威胁。2020年3月29日，澳大利亚宣布对所有外国投资申请进行审查，并将审查时间由原来的30天延长至最多6个月。2020年4月17日，印度政府也宣布了新修订的外国投资政策，对来自与印度有陆地接壤国家的投资加强了审查。这些措施长期内不利于国际直接投资活动。

（六）全球金融市场大落大起

2020年全球疫情暴发后，主要经济体资本市场出现大幅震荡，美国股市4次熔断。各主要中央银行实施大力度货币宽松政策，并对金融市场和实体经济进行救助，推动各国股市重新走高，在实体经济衰退过程中制造出了股市繁荣。美元对主要货币贬值，美元指数下行。黄金避险功能强化，金价大幅上升。

2020年3月9~18日，美国股市在8个交易日内4次熔断，两周之内，美国道琼斯工业指数、标准普尔500指数和纳斯达克指数分别下跌25%、22%和20%。世界各主要经济体的股指也纷纷大幅度下挫。美联储迅速将联邦基金目标利率从1.25%~1.5%降至0~0.25%，并宣布实施无限量宽政策。世界各主要中央银行也纷纷降息，甚至实施零利率和负利率政策，加大量宽力度。全球主要股指不断上升，屡创新高。截至2020年11月16日，美国三大股指相比3月最低点涨幅均在60%以上。从2020年初至11月16日，美国道琼斯工业指数、标准普尔500指数和纳斯达克指数分别上涨5%、12%和33%；日经指数上涨10%；上证指数上涨9.5%。欧洲各大指数在3月以后也出现了较大幅度的回升，但并没有回升至年初的高点。

美元常常在国内金融市场出现动荡或危机期间显著升值。这一方面是因为美国金融市场动荡一般都会伴随全球金融市场动荡，而美元在全球金融市场动荡时具有一定的避险资产功能；另一方面是因为美国金融市场动荡期间，美国境外资金会回流本土救助国内企业。2020年3月美股熔断和全球股市暴跌期间，美元指数再次迅速升高。2020年3月9~19日，美元指数暴涨8%。

此后，因美国成为疫情最严重的国家和实体经济受到的严重负面冲击，美元开始了较长时间的贬值过程。截至 2020 年 11 月 16 日，美元指数相对 3 月 19 日的高点下跌了 9.9%，相对年初下跌了 4%。与此同时，世界各主要货币相对美元纷纷升值。从 2020 年初到 11 月 16 日，欧元对美元升值了 5.9%，日元对美元升值了约 4.2%，人民币对美元升值了约 6.3%。

全球金融市场动荡和美元贬值，导致黄金价格大涨。伦敦黄金现货价格从 2020 年初的每盎司 1500 美元左右上涨至 8 月的每盎司 2063 美元。此后金价虽有所回落，但截至 11 月 16 日，黄金价格仍保持为每盎司 1888 美元，相比年初上涨 24.5%。

（七）全球债务水平快速攀升

受大规模经济救助和刺激政策影响，2020 年全球政府债务水平大幅度攀升，且发达经济体政府债务水平上升幅度明显高于新兴市场与发展中经济体。发达经济体政府总债务与 GDP 之比从 2019 年的 105.3% 上升至 2020 年的 125.5%，一年之内提高 20.2 个百分点；政府净债务与 GDP 之比从 2019 年的 76.7% 上升至 2020 年的 96.1%，提高幅度也接近 20 个百分点。新兴市场与中等收入经济体总债务/GDP 从 2019 年的 52.6% 上升到 2020 年的 62.6%，提高 10 个百分点，总体上超过 60% 的国际警戒线。低收入发展中经济体的政府总债务/GDP 从 2019 年的 43.3% 上升到 2020 年的 48.8%，提高 5.5 个百分点。

美国政府总债务/GDP 显著提高，2019 年为 108.7%，2020 年约为 131.2%。日本政府债务状况继续恶化，政府总债务/GDP 从 2019 年的 238.0% 上升到 2020 年的 266.2%。从 2014 年以来，欧元区政府债务状况持续好转，政府总债务/GDP 一直处于回落过程中，但 2020 年再次明显恶化，政府总债务/GDP 从 2019 年的 84.0% 大幅度升高至 2020 年的 101.1%。欧元区所有国家的政府债务水平均显著上升，希腊、意大利、葡萄牙和西班牙等重债国家的政府债务水平上升幅度更大。其中，希腊的政府总债务/GDP 从 2019 年的 180.9% 上升到 2020 年的 205.2%，成为继日本之后第二个政府总债务/GDP 超过 200% 的高收入国家；意大利的政府总债务/GDP 从 2019 年的 134.8% 上升到2020年的161.8%，同期，葡萄牙从117.7%上升到137.2%，西班牙从95.5%上升到123.0%。

新兴市场与发展中经济体的政府债务水平总体上升幅度虽然比发达经济体要小，但其出现主权债务违约的风险较大，特别是那些债务水平本来较高且继续大幅上升的国家。新兴市场与中等收入经济体中政府总债务/GDP超过60%的国际警戒线且继续上升的国家数量从上一年的7个增加到了22个，且有3个国家超过100%，分别是安哥拉（120.3%）、巴西（101.4%）和委内瑞拉（232.8%）[1]。低收入国家政府总债务/GDP超过60%的国际警戒线且继续上升的国家数量从上一年的5个增加到了11个，且有4个国家超过100%，分别是刚果（104.5%）、莫桑比克（121.3%）、苏丹（259.4%）和赞比亚（120.0%）等[2]。这些国家隐藏的债务风险比较大。

各国企业债务在2019年和2020年均有所上升。根据国际清算银行的估计，从2018年底至2019年底，全球非金融企业部门的债务总额与GDP之比从92%上升至95.1%，2020年一季度进一步上升至96%。发达经济体非金融企业部门的债务总额与GDP之比从2018年的89.3%上升至2019年的91.5%，2020年一季度进一步上升至92.1%。新兴市场经济体非金融企业部门的债务总额与GDP之比从2018年的96.1%上升至2019年的100.7%，2020年一季度进一步上升至102.1%。疫情暴发引起的经济衰退将大幅度降低企业收入，到2020年底，全球企业债务水平还会大幅度提高。

全球居民债务水平在疫情暴发后反而有所下降。这一方面是因为疫情限制了居民消费，另一方面是因为政府救助缓解了居民收入下降，两方面因素导致居民储蓄大增，债务水平反而下降。2020年一季度末，全球居民债务余额与GDP之比从2019年末的61.6%下降到了60.5%，其中发达经济体从73.4%下降到72.1%，新兴经济体从43.1%下降到42.2%。

---

[1] 括号中的数据为各国的政府总债务/GDP，下同。除委内瑞拉为2019年数据外，其余国家均为2020年数据。

[2] 以上政府债务与财政赤字数据均引自IMF, Fiscal Monitor, October 2020。

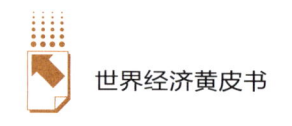

（八）国际大宗商品价格涨跌不一

国际大宗商品价格从 2019 年 10 月到 2020 年 9 月总体上出现了一定程度的下跌，以美元计价的全球大宗商品综合价格指数下跌了 13.1%。大宗商品综合价格指数下跌主要是由燃料价格大幅下跌引起的，除燃料以外的其他商品价格出现了一定程度的上涨。从 2019 年 10 月到 2020 年 9 月，全球燃料价格指数下跌了 31.3%，除燃料以外的其他商品价格上涨了 16.5%。在燃料以外的其他商品中，食物价格指数上涨 10.5%；农业原料价格指数上涨 2.5%；矿物与金属类商品价格指数上涨 20.9%，其中贵金属价格指数上涨 27.3%，矿物与非贵金属价格指数上涨 13.3%。

2020 年的原油价格相对于 2019 年总体上处于下降趋势。受 OPEC 和俄罗斯没有达成减产协议以及疫情影响，原油现货价格从 2019 年底 2020 年初的 70 美元 / 桶左右的高点一路回落至 15 美元 / 桶以下。其中英国布伦特原油现货价格于 2020 年 4 月 21 日跌至 13.28 美元 / 桶的全年最低点，阿联酋迪拜原油现货价格于 4 月 22 日跌至 13.56 美元 / 桶的低点。美国西得克萨斯轻质原油现货价格更是在 4 月 21 日出现了 -37.63 美元 / 桶的负油价，这在历史上是极为罕见的。此后，由于 OPEC 与俄罗斯等产油国达成减产协议，国际油价有所回升，2020 年 6 月以来，国际油价基本稳定在 40 美元 / 桶左右。2020 年 11 月 15 日，布伦特、迪拜和西得州原油现货价格分别为 43.2 美元 / 桶、43.9 美元 / 桶和 41.3 美元 / 桶[①]。

三 影响世界经济的几个关键因素

2020 年世界经济受新冠肺炎疫情冲击而出现衰退，2021 年世界经济仍可能在疫情阴影笼罩之下，但经济活动会有所恢复，经济增速会有明显反弹。反弹的主要原因有三：一是各国对疫情的防控能力有所提高，防控策略更加

---

① 国际大宗商品月度平均价格数据来自 UNCTAD，日频数据来自 Wind。

适当，防控物资的生产和准备也更为充分，疫情防控对经济活动的损害程度降低；二是居民和企业对新冠病毒的认识更为充分，自我防范和适应能力更强，疫情期间从事经济活动的安全空间更大；三是疫苗的出现将遏制疫情蔓延并加速经济活动的恢复。2021年世界经济的恢复程度和增速反弹力度还取决于一些关键的因素，包括新冠肺炎疫情的发展趋势、全球价值链的调整、美国政府的对外经济政策、各国财政货币政策的力度和效果，以及全球金融市场的稳定性。

（一）新冠肺炎疫情的发展趋势

世界经济因疫情暴发而衰退，也将因疫情结束而恢复。疫情虽然对世界经济产生一些长远影响，但若疫情得到有效控制，世界经济短期内会得到很大程度的恢复；若疫情无法得到控制，甚至进一步恶化，则世界经济活动将持续受到疫情和疫情防控的抑制；且疫情持续时间越长，经济受到的长期损害越大，越难以在短期内恢复。因此，未来一段时期，特别是2021年的世界经济形势，在很大程度上取决于疫情的发展趋势。

从全球范围来看，疫情还没有得到有效控制，每日新增确诊病例数仍屡创新高。2020年9月，全球新增确诊病例数超过每日30万[①]，而到11月，全球新增确诊病例数最高时超过每日65万，新增死亡人数最高时超过每日1万，相当于每分钟约450人确诊、约7人死于新冠病毒。疫情最为严重的美国，到2020年11月13日，创出单日新增确诊病例19万的新高，疫情处于失控状态。欧洲、拉美、非洲和亚洲也在秋冬季出现疫情再次暴发。疫情已经得到有效控制的中国，也偶尔有零星病例出现。2021年疫情会有多严重，仍然具有一定的不确定性。

从目前来看，有两个因素可能导致2021年疫情控制取得有效进展。一是疫苗的出现并投放使用。当前已有多项疫苗研发在顺利推进并取得突破性进展，2021年疫苗投放使用是大概率事件，这将对遏制疫情扩散具有决定性作

---

① 本文疫情数据来自Wind。

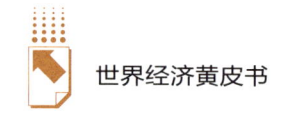

用。但是疫苗研发成功和取得生产许可的时间、产能的大小和使用方式等均会对疫情趋势产生影响。二是拜登政府上台，有利于美国疫情控制，也有利于国际抗疫合作。

总体来看，2021年疫情仍将会持续，特别是2021年春季还存在进一步暴发的可能。同时，疫情在2021年逐步得到控制的可能性也非常大，但是疫情会不会在2021年完全消失，仍然是个未知数。疫情越早得到有效控制，世界经济增速反弹就会越强劲；疫情越严重，世界经济恢复就越难实现；且只要疫情没有消失，世界经济就难以得到完全恢复。

（二）全球价值链的调整

全球价值链从2008年金融危机以来就一直在调整。2021年及未来几年，全球价值链将在两大因素作用下加速调整，成为影响世界经济的关键因素之一。加速全球价值链调整的一个因素是中美经贸冲突，另一个因素是疫情。

中美经贸冲突中加征关税和美对华高技术企业打压均引起全球价值链调整。加征关税引起部分企业将生产活动从中国转移至东南亚和美国等地，也有部分美国企业将更多的生产活动布局到中国。这种转移在2018年和2019年就已经发生过，2020年因疫情暂停。未来的转移压力取决于中美之间是否能尽快达成取消加征关税的协议。美对华高技术企业的打压对全球价值链调整的影响更为深远。若美国对中国高技术企业进行持续打压，则中美之间在高技术领域的价值链将出现更大程度的分离，并引起全球价值链逐步分裂为两个体系甚至多个体系，而不是朝着一体化的方向发展。

疫情使各国政府和依赖国际供应的企业均认识到外部供应链中断带来的安全风险，供应链安全将成为各国政府和企业考虑全球供应链布局的重要因素。安全因素将引起供应链朝着三个方向发展，一是更加自给自足的供应。各国政府和企业均可能将更多的供应链集中于一个国家或地区。二是更加多元化的供应。对于无法自给自足的供应，各国政府和企业可能有意识地寻求可替代的多个供应来源地，防范单个供应来源中断带来的风险。三是更加伙伴化的供应。部分国家之间可能组成相对稳定的政治经济合作伙伴，建立相对稳定的经济关系,为国际化的供应链提供更好的政治安全保障。全面经济合作伙伴关系(RCEP)等新的区域贸易投资协定或者双边协定,有利于在区域或者双边层面发展跨国供应链。上述三个发展方向表明,考虑安全因素后,全球供应链中会有一部分向国家内部集中,但不会所有的全球供应链均成为国内供应链,全球供应链会因多元化和伙伴化供应关系的建立,继续在国际上扩张。越是紧张的国际环境,全球价值链越可能朝着自给自足的方向发展;越是宽松和缓和的国际环境,全球价值链越可能朝着多元化和伙伴化的方向发展。

全球价值链的调整,将深刻影响国际贸易、国际投资、国际生产与分工格局,也将对世界经济增长造成影响。

(三)美国政府的对外经济政策

特朗普政府"美国优先"的对外经济政策,破坏了稳定的多边经贸关系和多个区域及双边经贸关系,对国际贸易和投资以及世界经济增长均造成了较大负面影响。拜登政府的对外经济政策将与特朗普政府有所不同,对国际贸易投资和世界经济会带来新的影响。

拜登政府上台后,美国与中国的战略竞争仍可能继续存在,但是关税战升级的风险下降。若中美能较快取消所有加征关税,甚至达成更广泛的开放型经贸协议,则中美之间的贸易投资以及全球贸易投资均会受到积极影响,世界经济有望加速恢复。若中美之间迟迟达不成取消加征关税的协议,则不仅中美贸易投资将继续受到抑制,全球贸易投资和世界经济恢复也将需要更长时间。在与中国科技企业的竞争问题上,拜登政府是继续采取对中国企业进行制裁和限制科技人员交流的方式,还是采取增强美国自身科技创新能力和科技企业竞争力的方式,对世界经济会带来完全不同的影响,前者不利于全球技术创新和世界经济增长,后者有利于世界经济创新发展。

拜登政府若致力于回到多边体系和通过区域协定来调整贸易投资政策,将对稳定全球贸易体系有一定帮助,跨太平洋和跨大西洋的贸易投资活动也可能受到积极影响。但若拜登政府在区域贸易投资协定中采取一些排他性的

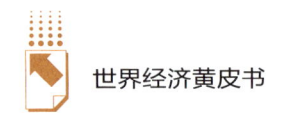

安排，在国际经济规则调整中设置不利于发展中国家发挥优势的条款，则国际贸易投资活动仍将受到抑制，世界经济增长潜力将受到削弱。

拜登政府还可能致力于应对全球气候变暖问题。这对全球绿色发展将起到一定的正面作用，对能源效率提高、可再生能源的发展也将具有推动作用，但将抑制石油、煤炭等化石能源的价格上升，并对石油出口国造成不利影响。

（四）各国财政货币政策的力度和效果

疫情造成的人员流动和经济活动受限导致大量居民和企业出现短期收入骤降甚至中断，各国政府和央行迅速采取了大力度的救助措施。按照国际货币基金组织统计，为应对疫情引起的经济困难，截至2020年9月底世界各国共推出财政计划11.7万亿美元，超过全年世界GDP的12%[①]。全球主要央行除迅速降息或者保持负利率和采取收益率曲线控制外，还实施了大规模的量化宽松，美联储甚至采取无限量宽政策，约20个新兴市场经济体首次使用量化宽松[②]。另外，央行直接对企业提供贷款、央行在一级市场直接购买政府债券等过去不被使用的手段纷纷被启用。财政货币政策得到极限式使用。

2021年可能有两种情况需要进一步使用扩张性财政货币政策。一是疫情可能再次暴发，经济活动可能再次停顿，需要新的财政货币救助措施。二是疫情虽然逐步得到控制，但是持续时间较长，居民和企业受到损害的时间较长，特别是出现大量企业倒闭现象，经济难以得到有效恢复，需要扩张性的财政货币政策进行刺激。

然而，进一步使用扩张性财政货币政策将面临两大制约。一是财政能力的制约。2020年的大规模财政刺激已经大幅度提高了各国的财政赤字和政府债务水平，2021年进一步增加财政支出扩大政府债务受到的政治阻力会越来越大，特别是在美国、欧盟和一些主权债务余额较高的发展中国家。二是货币政策空间的制约。除中国等少数国家之外，各主要经济体的政策利率均已处于利率下限附近，几乎没有进一步降息的空间。量宽、直接给政府和企

---

① IMF, Fiscal Monitor, Oct.2020.

② IMF, Global Financial Stability Report, Oct.2020.

业提供资金等非常规货币政策虽然看起来仍有空间，但若通货膨胀率上升较快，或对通胀率上升存在担忧，则会对其造成较大约束。美联储改变了货币政策框架，通胀目标由2%修改为平均2%，把容忍的通胀率提高到2%以上，这将在一定程度上扩大宽松货币政策的使用空间。但是，大量投放货币是可能提高通胀率和通胀率预期的。一旦通胀率或者预期通胀率较大幅度地超过2%，则宽松货币政策空间就会受到限制。

财政能力约束和货币政策空间约束会对2021年各国的财政货币政策扩张力度和扩张时机造成影响，并降低其救助和刺激经济的效果。

（五）全球金融市场的稳定性

疫情造成的经济衰退和大规模财政货币资金投放从三个方面极大地增加了金融体系的脆弱性。

一是企业收入大幅度下降和企业债务大幅度扩张，提高了企业的财务风险，降低了银行和整个金融部门的资产质量。财政货币救助政策在很大程度上能舒缓企业的财务风险，但一旦救助停止，或者疫情延续使得企业收入增长过慢，企业的债务违约风险就可能爆发，企业倒闭和破产潮还可能对整个金融体系的稳定性造成冲击。

二是政府债务水平增长过快，主权债违约风险上升。特别是那些没有主权货币的重债欧元区国家，和那些债务水平本来就高且再次快速上升的发展中国家，主权债违约风险尤其大。2021年各国仍需使用财政手段支持经济恢复，政府债务水平还会进一步上升。一旦某个国家出现主权债违约事件或者出现主权债融资难的事件，金融市场对主权债的信心就会受到较大冲击。这种情况既会造成金融市场动荡，也会制约各国进一步刺激经济的财政能力。

三是股市繁荣的实体经济基础不牢，股市下行风险较大。道琼斯工业指数、标准普尔500指数和纳斯达克指数的市盈率分别从2020年初的22、24和33快速上升到2020年11月16日的29、35和69。其他主要国家股市的市盈率均出现了不同程度的上升。市盈率的快速上升反映了股价表现和实体经济表现之间的严重背离。2001年和2007年美国股市崩溃前，市盈率均出现

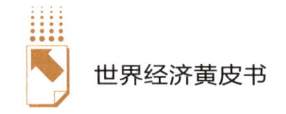

短时期内的急剧上升，说明没有实体经济支撑的股市繁荣是存在较大风险的。2021年实体经济会有所好转，这对股市稳定来说是有利的。但企业债务风险加大，财政支持力度可能降低，企业财务不可持续的风险可能爆发，这些不稳定因素也有可能造成股市震荡。

四 2021年世界经济展望

2020年10月国际货币基金组织预测，2021年世界经济将强劲反弹，按PPP计算的世界GDP增长率为5.2%，比2020年提高9.6个百分点。其中，发达经济体GDP整体增长3.9%，比2020年提高9.7个百分点。美国GDP增长3.1%，欧元区GDP增长5.2%，日本GDP增长2.3%，比2020年分别提高7.4个、13.5个和7.6个百分点。新兴市场与发展中经济体GDP整体增长6.0%，比2020年提高9.3个百分点。中国GDP增长8.2%，比2020年提高6.3个百分点。印度GDP增长8.8%，俄罗斯GDP增长2.8%，巴西GDP增长2.8%，南非GDP增长3.0%，比2020年均有明显提高。国际货币基金组织还预测，按市场汇率计算，2021年世界GDP增长率为4.8%，比2020年提高9.5个百分点。其他国际组织也预测2021年世界经济增速将明显提高。世界银行预测2021年按PPP计算的世界GDP增长率为4.3%，比2020年提高8.4个百分点；按市场汇率计算的世界GDP增长率为4.2%，比2020年提高9.4个百分点。经合组织预测2021年按PPP计算的世界GDP增长率为5.2%，比2020年提高11.2个百分点。

我们预计，2021年世界经济按PPP计算的增长率约为5.5%，按市场汇率计算的增长率约为5.2%，均比2020年上升9.9个百分点。2021年世界经济增速明显反弹的主要原因是疫情形势好转和世界应对疫情的能力提高。我们的估计值略高于国际货币基金组织的估计值，主要是考虑到以下三个因素：一是2020年四季度疫情再次暴发将对世界经济造成较大负面影响，2021年的增长基数相对更低；二是拜登政府上台有利于美国疫情控制、国际抗疫合作以及国际经济合作；三是从目前看来，疫苗研发工作相对较为顺利，有利于2021年的全球疫情控制，特别是主要经济体的疫情控制。另外，考虑到2021年春季疫情仍有暴发的可能，且疫苗普及需要时间，再加上财政货币政策受到的约束和金融市场可能出现的风险，世界经济增速反弹乏力的风险仍然存在。

国别与地区
Country / Region Study

Y.2 美国经济：疫情冲击下的衰退

孙 杰*

摘 要： 突如其来的新冠肺炎疫情冲击了经济内生演变的趋势，突破了美国经济原有的减速趋势，造成前所未有的衰退。几乎各项宏观和微观经济指标都突破了原有的路径，呈现峭壁式或断崖式的陡然变化。虽然有些指标可能随着冲击的减弱会快速出现复原，但是一些应对政策可能会造成结构性影响，给经济基本面带来长期的负面影响。货币政策的变化意味着美联储的职能和目标可能出现了转变，将对金融体系产生深远的影响，而财政政策的力度会影响到经济复苏的速度，其债务后果更会在未来造成持久的影响。

---

* 孙杰，中国社会科学院世界经济与政治研究所研究员，主要研究领域为国际金融、公司融资和货币经济学、美国经济。

预计 2020 年美国经济负增长 3% 左右，2021 年可能反弹到 4% 左右的正增长。

关键词：美国经济　外生冲击　主街贷款　财政救济

2019 年按照现价计算的美国 GDP 达到了 21.43 万亿美元，实际经济增长率为 2.2%，比 2018 年降低了 0.8 个百分点，与 2017 年大体持平，增速呈现比较明显的下降趋势，符合我们在 2019 年初做出的判断，且正好落在预测区间的中点。[①] 我们当时还预测，2020 年美国经济将延续下降走势。从目前的形势看，疫情叠加美国经济自身走低的趋势将使得 2020 年的美国经济形势极其严峻。外生因素成为影响经济走势最主要的因素，对现实经济形势进行单纯的经济分析已经失效，且预测结果波动极大。[②] 即使美国的疫情在 2020 年下半年能够得到明显缓解，从 2020 年前两个季度的情况看，全年经济负增长不仅难以避免，而且衰退程度不会太小，但 2021 年可能出现比较强劲的反弹。

一　经济增长下行趋势叠加疫情严重冲击

从 2019 年第三季度到 2020 年第二季度，美国季度年化同比实际经济增长率分别为 2.08%、2.34%、0.32% 和 -9.54%，经过季节调整后的季度年化环比实际增长率则分别为 2.6%、2.4%、-5.0% 和 -32.9%。同比增长率的跌幅不仅超过了 2008 年金融危机造成的衰退，也超过了 20 世纪 80 年代货币主义实验造成的衰退，更超过 20 世纪 70 年代初石油危机造成的衰退。而环比增长率的跌幅更是创下了无可比拟的历史纪录。2020 年第二季度，以不变价格计

[①] 在《2020 年世界经济形势分析与预测》中，我们预测 2019 年美国经济增长 2.1%~2.3%。
[②] 2020 年春季以来，受到疫情的影响，各项经济指标都出现了极大的波动。2020 年 6 月美联储对当年经济增长的预测是 -6.5%，而到 9 月预测值大幅度调整到 -3.7%。与此相对应的是，美联储预测主要经济指标的中央趋势和区间也前所未有地扩大了，如对 2020 年经济增长的预测区间是 -5.5%~1%，高达 6 个百分点以上，体现出外部冲击的不确定性特征。

算[①]的GDP绝对水平从第一季度的19万亿美元跌落到17.2万亿美元，降幅之大绝无仅有，疫情冲击的影响都远远超出由美国经济自身因素造成的波动。

（一）季度增长背后的隐忧

2019年下半年，虽然美国经济数据看上去还不错，失业率进一步下降，一度达到3.5%的历史低位，触及美联储认定的中间趋势下限，核心PCE也略有回升，但考虑内生动力在减弱，美联储在2019年8月、9月和10月连续三次预防性降息以后，转而开始维持利率水平不变。

从经济增长季度数据看，2019年第三季度，环比增长率从上季度的1.5%提高到2.6%。但是值得注意的是，作为拉动美国经济增长的主要动力，个人消费支出的贡献却从2.47个百分点下降到1.83个百分点，只是靠国内私人投资、净出口以及政府消费和投资的增长才实现了提速，而且前两项的变化也仅仅是从此前的拖累经济增长的负贡献转变为微弱的拉动经济增长的正贡献，政府消费和投资增长的拉动作用也非常有限。总之，从推动经济增长的因素看，内生动力不足，而投资和净出口又难以稳定维持增长。

2019年第四季度，环比增长率下降到2.4%，但个人消费支出对经济增长的拉动从1.83个百分点进一步下降到1.07个百分点，国内私人投资也从上季度拉动0.34个百分点逆转为拖累0.64个百分点。仅仅是依靠净出口较大幅度的拉动，从上季度拉动0.04个百分点大幅度上升到拉动1.52个百分点，经济增速才没有出现大幅下降。值得注意的是，净出口的拉动不仅是靠商品和劳务的出口实现的，而且主要是靠进口下降实现的。事实上，出口仅仅拉动了0.39个百分点，而进口的拉动达到了1.13个百分点。显然，国内对进口需求的下降对于经济增长来说不是一个好的征兆，连同个人消费支出的下降都说明增长的主要动能已经表现出明显的疲软趋势。

正是在这种情况下，2020年上半年突如其来的疫情冲击可谓雪上加霜，劳动市场首当其冲，4月失业率一度高达14.7%，不仅远远超过20世纪80年

---

① 以2012年链式权重计算的美元币值。

代初和 2008 年衰退时的最高水平，而且创下了二战以来的最高纪录，劳动参与率也下降到 20 世纪 70 年代以来的最低水平。按照比较严格的失业统计，2020 年 4 月 U6 已经高达 22.80%①。由于经济活动高度收缩，需求大幅度下降，核心 PCE 也从 2020 年 2 月 1.87% 的高位迅速下滑到 2020 年 4 月 0.93% 的低位，显示出明显的衰退特征。在这种情况下，美联储不仅迅速回到零利率时代，而且推出了一系列极端的刺激政策。

2020 年第一季度，美国经济环比增长 -5%。个人消费支出的拖累就高达 4.75 个百分点，国内私人投资对经济增长的拖累也达到了 1.56 个百分点。这两个因素成为美国经济负增长的主要原因。与此同时，由于全球经济都受到疫情的影响，美国商品和劳务的出口拖累经济增长也达到了 1.12 个百分点，不过由于美国经济受到的冲击更明显，进口需求下降幅度更大，进口反而成为拉动经济增长的因素，幅度高达 2.25 个百分点，最终使得净出口对经济增长的贡献达到了 1.13 个百分点，表现出衰退型顺差特征。政府消费和投资虽然依然保持拉动作用，但是力度从上季度的 0.42 个百分点下降到 0.22 个百分点。

2020 年第二季度美国疫情全面暴发，经济环比增长率也大幅度恶化到 -32.9%。个人消费支出拖累了 25.05 个百分点，其中劳务消费就拖累了 22.93 个百分点，表现出疫情中居家隔离的明显特征。进入 4 月以后，由于对未来收入的不乐观预期，商业银行发放消费信贷的增长率也从此前的 6% 大幅度下降为负增长，抑制了个人消费支出对经济增长的拉动作用。国内私人投资的拖累也达到 9.36 个百分点，表明企业对疫情的长期影响不抱乐观态度。净出口虽然维持了微弱的拉动作用，但依然表现出衰退型顺差特征，进口下降对经济增长的拉动作用大于出口下降所造成的拖累。政府消费和投资对增长的拉动作用略有上升，其中主要是联邦政府扩大非防务开支的结果，州和地方政府受到疫情的影响开支下降。

---

① U1 的分子只包含失业 15 周以上的劳动力；U2 是分子加上临时工后的失业率；U3 是依据国际劳工组织定义，即分子为无工作者但于过去 4 周内积极寻找工作；U4 是 U3 加上由于经济环境令失业者相信再无工作空位而停止寻找工作的人；U5 是 U4 加准待业人口，即具有工作能力但近期不再寻找工作者；U6 是 U5 加希望寻找全职工作的兼职劳工。显然，U6 可以比较全面地反映出劳动市场的真实状况，比较符合直观的感受。

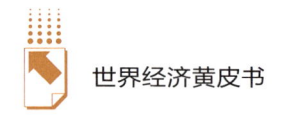

表 1　总需求中各部分对 GDP 增长率的贡献

单位：%，个百分点

季度	2019年第一季度	2019年第二季度	2019年第三季度	2019年第四季度	2020年第一季度	2020年第二季度
GDP 增长率	2.90	1.50	2.60	2.40	-5.00	-32.90
个人消费支出	1.25	2.47	1.83	1.07	-4.75	-25.05
货物	0.52	1.57	0.87	0.12	0.03	-2.12
耐用品	0.07	0.85	0.44	0.22	-0.93	0.04
非耐用品	0.45	0.71	0.43	-0.10	0.97	-2.16
服务	0.73	0.90	0.96	0.96	-4.78	-22.93
国内私人投资	0.71	-1.04	0.34	-0.64	-1.56	-9.36
固定投资	0.50	-0.07	0.42	0.17	-0.23	-5.38
非住宅	0.56	0.01	0.25	-0.04	-0.91	-3.62
住宅	-0.06	-0.08	0.17	0.22	0.68	-1.76
存货变化	0.21	-0.97	-0.09	-0.82	-1.34	-3.98
净出口	0.55	-0.79	0.04	1.52	1.13	0.68
出口	0.22	-0.54	0.10	0.39	-1.12	-9.38
进口	0.33	-0.25	-0.06	1.13	2.25	10.06
政府消费和投资	0.43	0.86	0.37	0.42	0.22	0.82
联邦政府	0.09	0.58	0.31	0.26	0.10	1.23
国防	0.22	0.17	0.22	0.26	-0.01	0.20
非国防	-0.13	0.41	0.09	0.00	0.11	1.03
州和地方政府	0.34	0.28	0.06	0.16	0.12	-0.40

注：经过季节调整的年化环比季度数据。
资料来源：美国经济研究局，Wind 数据库下载，2020 年 8 月 10 日。

（二）对美国经济近期走势的判断

在 2020 年度世界经济黄皮书中我们指出，美国经济增长已经达到顶点。从 2019 年下半年的环比数据看，增长动能已经出现了疲弱的迹象。从 2020

年2月美联储在货币政策报告中发布的经济预测看，2020年的经济增长率为2.0%，比2019年下降0.2个百分点，而2021年和2022年依次降为1.9%和1.8%，表现出缓慢下行的趋势。但是很快，疫情冲击就成为影响美国经济的最重要因素。周期性下行与疫情叠加，灰犀牛遇到黑天鹅，使得金融市场做出强烈的反应，股市连续四次熔断。此后，疫情蔓延，对经济增长的影响远远超过了周期性因素，而疫情作为外生冲击的特点及其强度和持续性的不可预测性，也使得通常形势预测的经济分析难以给出相对确定的预测数据。

从2020年3月初开始，美国新冠肺炎新增病例每天超过100例，而到3月底每天新增病例就接近2万例，对经济活动的冲击变得更加明显，导致第一季度环比经济增长率为-5.0%。第二季度每天新增病例仍维持在这个水平上，到6月底再次上升，7月达到了每天5万~7万例的水平。考虑到疫情影响经济的诸多因素，尽管第三季度环比增长出现明显反弹，但是同比增长依然为负，因此全年经济增长几乎肯定为负。

美联储在2020年6月发布的经济预测摘要（SEP）显示，2020年全年经济增长率为-6.5%可能是比较乐观的预期，此后连续上调，因此对2021年经济增长的预测则体现了比较强烈的反弹预期，达到了5%，到2022年依然明显高于最近十年来的平均水平，达到了3.5%。不过有意思的是，美联储预测2020~2022年的联邦基金利率维持在零利率水平上（0.1%），显示出疫情冲击的深远影响和美联储坚定量宽的决心。美联储对2021年和2022年失业率的预测均是高于疫情前水平大约2个百分点，核心PCE则分别低于此前预测值0.5个和0.3个百分点。也就是说，疫情对经济增长的负面影响至少要持续两年以上才可能逐步恢复到原有的轨迹上，而且要有足够力度的货币政策配合。

从2020年第二季度美国经济增长的实际情况看，与2008年受到金融危机冲击时造成的经济衰退相比表现出明显的外部冲击特征。2008年第四季度，美国的经济增长率为-8.4%，而个人消费的拖累只有2.38个百分点，其中主要是耐用品消费支出拖累了2.12个百分点；影响最大的因素是国内私人投资，拖累了经济增长达到了6.38个百分点，其中固定投资拖累了4.4个百分点，

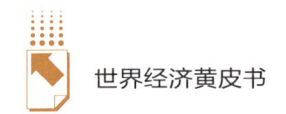

且主要是非住宅投资，达到3.1个百分点。因此，我们可以看出那一次的衰退主要是由非住宅投资和消费的衰退共同造成的。在2020年第二季度-32.9%的衰退中，由于对新冠肺炎疫情蔓延的恐惧，居家减少经济活动造成的个人消费支出下降是衰退的主要原因，而对于美国而言，又是以劳务消费的下降为主要表现形式，拖累达到了22.93个百分点。国内私人投资下降虽然也有影响，但是只拖累了9.36个百分点，占比不高。

从这些特征看，疫情冲击造成的经济衰退在疫情之后的反弹速度应该比金融危机后更快。毕竟疫情造成的冲击主要是服务业，因此只要外部约束消失，人们开始外出进行经济活动，反弹就会随之而来，而金融危机则主要是通过企业对未来市场看衰导致投资下降和危机后痛苦而漫长的去杠杆造成的。

我们也应该看到的是，疫情冲击后的反弹也是有条件的，就是收入恢复，从而消费信心上升。美国相当低的储蓄水平，会加剧疫情给消费带来的冲击，而且疫情期间失业的加剧和收入的下降也极大地影响到居民的消费信心。从2020年2月到2020年4月，美国的消费者信心指数迅速从101滑落到72左右并一直维持在这个水平上，6月随着经济的强行启动一度上升到78，但是很快又滑落到72左右的水平。相反，采购经理人指数从2020年2月的50左右滑落到4月的41.5，而后随着经济启动计划的实施逐渐回升，7月已经达到54.2的水平，也佐证了投资不是拖累经济增长的主要因素。

因此，我们可以从一般逻辑上认定外部冲击后的经济复苏会快于金融危机，但是考虑到美国的具体情况，也不会一蹴而就，经济真正回到原来的轨道可能至少需要2~3年的时间[1]。综合考虑美联储、美国国会和国际货币基金组织对2020~2021年美国经济增长的不同预测，我们认为，2020年美国的经济增长率可能为-3.6%~-2.4%[2]，2021年将出现比较明显的反弹，达到4%左

---

[1] 后面对财政救助政策的分析中我们可以看出，过高的救助标准可能抑制人们的工作热情，从而降低经济增速。
[2] 由于疫情的外生性，进行经济预测就会面对极大的不确定性，2020年的预测区间只能明显扩大。

右。不过，由于疫情具有外部冲击的不确定性，这个预测本身也具有极大的不确定性。

二 以无限量宽应对不确定的外部冲击

不管是出于独立判断还是多少受到外部压力的影响，也不知道是真的早有预感还是纯属巧合，美联储从2019年下半年开始的预防性降息不仅恰逢其时，而且在力度和节奏上都无可指摘。应该承认，按照美联储的解释，所谓的预防性主要还是为了应对国际经济的外生变化，也许还可以加入对特朗普政府对外经济政策变化带来的不确定影响的考量，当然也应该包括美国经济自身周期性波动的下行趋势。面对前所未有的外部冲击以及由此而来的不确定性，美联储开启了几乎所有的量宽通道，这也阴差阳错地证明了预防性降息的先见之明。

（一）美联储对经济形势的判断和影响决策的因素

在2020年度世界经济黄皮书中，结合美联储连续通过回购操作向市场注入流动性、提前结束缩表以及比较罕见地连续三次进行预防性降息，加之对美国经济增长达到了短期的顶部即将回调的宏观判断，我们预感到这略显仓促的一系列动作可能是对此前连续快节奏加息的一种补偿。尽管美联储口头上还强调美国经济增长本身依旧强劲，降息只是针对外国可能出现经济增长放缓而采取的预防措施，但是我们不能确定降息是不是显示了美联储对经济增长的担心。

从2020年2月底开始，美国疫情出现了加剧的态势，很多经济活动被迫放缓甚至停止。3月6日，受到沙特和俄罗斯谈判破裂的影响，石油价格开始出现大跌，半个月之内几乎腰斩，给美国页岩油公司带来了巨大的压力。这两只黑天鹅加上美国经济即将减速的灰犀牛，最终造成金融市场的剧烈动荡，在短短一个月中，股指下跌了30%，并且创纪录地连续4次熔断，外部突发冲击的特点得到了充分体现。

与经济内生因素逐步演化的特点不同，外部冲击的突发性和不确定性造成金融市场剧烈波动的情况使得美联储也采取了超常规的应对策略。3月3日，面对道指在一周内下跌了大约15%的情况，美联储罕见地打破了原定议息会的日程安排，提前召开了公开市场委员会紧急会议，并且10个参会委员一致同意降息0.5个百分点，使得这次货币政策的变动不同寻常，体现出美联储应对突发外部冲击的决心和速度。除去通报的表决情况，会后发布的公告也只有短短4句话[1]，无声地突出了这次降息的特殊性。

但是，随后出现的国际油价暴跌再次打击了脆弱的市场情绪，3月9日和12日美股连续出现熔断，道指接近2万点，比2月中旬差不多跌去了30%，按照技术分析的标准来看已经进入熊市。在这种情况下，美联储于15日再次召开计划外的紧急议息会，不仅距离上次紧急会议刚刚过去不到半个月，而且更破例地将时间选择在周日[2]。会议决定将联邦基金的目标利率一次性降到0~0.25%的区间，降幅相当于常规步幅的4倍之多，超过了2008年金融危机时的降息强度[3]。表决中所有委员全部支持降息，只是有一个委员略显保守，主张降息0.5个百分点。与此同时，美联储还出台多项支持银行流动性的措施，包括将贴现窗口利率降低到0.25%、将法定存款准备金利率降为零，与多家央行签订货币互换协议。

不过在零利率以后，市场并没有因此稳定下来，并且在16日和18日再度两次熔断，迫使美联储不断出手，不仅向市场投放了巨额的流动性，而且推出了一系列紧急贷款工具以维持经济中的信贷流动，并且几乎每天都有新的措施出台。16日将美联储主要大区行的贴现率（优惠贷款利率）从

---

[1] 3月3日紧急议息会公告核心的4句话："美国经济基本面依旧稳健。但是疫情给经济活动带来了风险。考虑到这些风险以及支持最大就业和价格稳定的目标，联邦公开市场委员会决定将联邦基金目标利率调低0.5个百分点到1%~1.25%的区间。委员会正在密切关注事态的发展以及其给经济前景造成的影响，并将使用各种政策工具，采取恰当的行动来支持经济"。这样的表述也给后续进一步的行动留足了空间。

[2] 选在周日客观上的一个好处也许是可以对周一的股市产生明显的提振作用，而实际上股市的走势却并不"领情"，可能是在周五的走势中已经消化了无限量宽的预期。

[3] 2008年金融危机期间，美联储只是在1月和12月的两次降息中幅度达到0.75个百分点，另有三次的降息幅度是0.5个百分点。

0.75%~1%的水平降到0.25%；17日美联储根据《联邦储备法》第13条第3款赋予的权力[①]，启动商业票据融资工具（CPFF）[②]和一级交易商信贷机制（PDCF），使得美联储可以直接向美国企业购买商业票据，为交易商和小企业提供短期信贷支持；18日又启动货币市场互助基金流动性工具（MMLF）支持居民和企业信贷；19日调整监管规则方便上述工具的使用，再次扩大与其他国家中央银行的货币互换以稳定市场，同时鼓励贴现窗口扩大对居民和企业的贷款；23日按照原定日程召开的议息会上决定开启无限量资产购买式QE[③]，并提供3000亿美元支持雇主、消费者和企业的信贷额度；设立一级市场企业信贷便利（PMCCF）和二级市场企业信贷便利（SMCCF）以支持大型雇主[④]；重启定期资产支持计划证券信贷便利（TALF）；扩大MMLF担保品范围；扩大CPFF购买范围和降低利率；31日新设立海外央行回购工具，让各国央行无须抛售美债，就能置换到美元，既能缓解美债市场抛售压力，又很大程度解决了各国美元需求缺口，避免这些央行在市场上出售美国国债，有助于支持美国国债市场平稳运转；4月6日通过小企业管理局的薪资保护计划

[①] 《联邦储备法》第13条第3款授权美联储可以在"异常和紧急情况下"（In unusual and exigent circumstances）为银行实体以外的任何实体提供贷款，其中包括个人、合伙企业和公司等。这条在1932年设立的条款在20世纪30年代大危机和2008年都使用过，其中包括对贝尔斯登的救助。这等于是在商业银行不愿意给居民和企业提供贷款的情况下，作为中央银行的美联储直接入场，充当商业银行的角色直接向居民和企业发放贷款。

[②] CPFF是所有工具中最受瞩目的。美联储首次设立CPFF是在2008年雷曼兄弟倒闭后。当时因为银行惜贷情况极其严重，贴现窗口也发挥不了作用，需要采取较为直接的手段支撑商业票据市场。于是2008年10月末，美联储依据《联邦储备法》第13条第3款，设立了"商业票据融资便利"的新工具。美联储当时设定，CPFF只能购买信用评级最高的商业票据，但是在这次的紧急情况下，也允许一次性购买了一些次级票据 [In addition, the SPV will make one-time purchases of commercial paper (up to the amount outstanding on March 17, 2020) from issuers that met these criteria as of March 17, 2020 and were rated at least A-2/P-2/F-2 as of the purchase date]。

[③] "无限量宽"是一个简单、直白但是准确的意译，原文是 in the amounts needed to support smooth market functioning and effective transmission of monetary policy to broader financial conditions，不仅隐晦，而且冗长，符合美联储一贯的特点。

[④] 通过PMCCF，美联储将通过特殊目的载体（SPV）直接面向一级市场上投资级别企业提供贷款，而SMCCF主要购买二级市场上投资级别企业的公司债以及投资标的为美国投资级别公司债的ETF。受疫情的影响，全球大概率又见大规模的负增长。这个时候，银行不愿意进行信用扩张，因为不仅没有收益，而且会有大量的信用风险。所以只有依靠央行进行信用扩张。

（PPP）向小企业提供贷款，9日美联储宣布设立小企业偿付项目流动性机制（PPPLF）、主街贷款计划（the Main Street Lending Program），再次为企业和家庭提供高达2.3万亿美元的贷款支持①，并增强美国各州和地方政府在疫情期间提供公共服务的能力。此后，美联储又不断推出各种措施来保证上述工具的落实。4月30日美联储进一步扩大了主街贷款计划，而到6月15日，美联储宣布将动用CARE法案拨备的资金②购买公司债券。这比之前购买公司债券ETF指数基金的做法更加大胆激进。显然，这样的政策可以用来应对危机的紧急状况，但是可能对金融市场产生持久的影响，提高企业经营的道德风险。

应该说美联储的这一系列措施不仅重启了2008年金融危机时的救助工具，而且进一步升级，已经走到了美联储法定投资的边界上，很多措施实际上越过了商业银行直接提供信贷支持，显示出美联储判断此次冲击的严重程度达到了历史新高。

（二）美联储的变与不变

在前两年的黄皮书中我们一直强调，市场对美国经济增长存在越来越强烈的下行预期，虽然在时间上一直在向后推，但减速甚至衰退的市场信号一直不断。因此，美联储在做出预防性降息的同时还提前两个月终止了缩表，并且频频进行国债回购。尽管美联储强调是预防国际经济增长下降带来的冲击，但美联储可能已经注意到经济下行的压力而不动声色地采取了行动。

恰恰在这种情况下，新冠肺炎疫情使得经济活动骤然减速，而石油价格的大幅度下跌造成能源行业大量新设企业的信用风险上升。非金融公司部门

---

① 在这2.3万亿美元额度中，针对大型公司的公司债和公司贷款购买规模上限为7500亿美元（PMCCF和SMCCF）；针对中小企业的贷款资产购买规模上限为6000亿美元（MSELF和MSNLF）；针对地方政府的债权购买计划上限为5000亿美元（Municipal Liquidity Facility）；主要针对家庭和小企业的贷款（学生贷款、车贷、信用卡贷款等）的资产支持证券购买计划上限为1000亿美元（TALF）。针对雇员的工资保护计划（由联邦小企业管理局执行）提供资金3500亿美元。总计正好是2.3万亿美元。值得注意的是，这些资产都是在传统的国债购买之外，而且都是通过国会立法的救济。

② 资金来源是财政部依据《冠状病毒援助、救济和经济安全法》（Coronavirus Aid, Relief, and Economic Security Act）提供的750亿美元。

的杠杆率甚至已经超过了金融危机时的水平，加之前期涨幅过大，造成了股市大幅下跌。在以机构投资者为主的市场结构中，严格的同质化止损机制进一步促成持续的单向抛售，最终使得市场连续出现熔断。沃尔克法则虽然阻断了股市风险向银行传导，但同时也切断了银行资金向股市的流动，资本市场的流动性短缺不断扩大，包括黄金在内的几乎所有资产都被抛售。

股市下跌造成的流动性危机通过杠杆效应和抵押机制迅速扩散到整个金融市场，从而使得金融体系全部失灵的可能性成为美联储首要的关注重点。因此，迅速补充市场流动性就成了政策的核心[①]。不论是从货币宽松的原理还是从政策执行次序来说，降息都是第一个步骤。因此美联储快速果断地将利率降到零。按照美联储的几种模型估算，全球金融危机以后，美国的自然利率水平虽然有所上升，但依然徘徊在超低水平上。在这种情况下，政策利率只能更低才能发挥刺激作用。如果不想实施负利率，即使将政策利率下调到零也不是强力的刺激措施。

应该说，美联储迅速果断地执行零利率也并不是冲动的莽撞之举。2019年6月在美联储召开的 Fed Listen 专题讨论会上就提出应该放弃以往微调的水平政策而转向迅速、大幅度降息拉开期限结构的斜率政策。反事实研究表明，如果在2008年美联储采取了斜率政策，那么美国经济至少可以提前半年实现复苏。正是有了这样的理论依据和政策底气，美联储才敢于在半个月之内连续降息到零，迅速拉开利率的期限结构，以期实现经济快速复苏并稳定市场。

2008年金融危机以后美国经济就始终没有从流动性陷阱中走出来，所以货币政策的重点一直是通过 QE 为金融市场注入流动性来应对危机。值得注意的是，美联储的量宽措施一般都具有明确的部门指向，通过定向资产购买对出现流动性危机的部门进行救助。在2008年的金融危机中，量宽购买的资产主要是机构债和抵押贷款证券，而这一次受到冲击的主要是企业，因此以购买各类

[①] 显然，美联储充分吸取了历史经验。按照伯南克对1929年大危机的研究，迅速的货币救助至关重要，2008年春季美联储救助贝尔斯登的确也暂时稳定了市场，1987年股灾后美联储迅速注入流动性更是一个成功的案例。因此，在危机时放松银根，防止流动性危机已经成为美联储的标准操作。相反，对2008年秋季美联储最终听任雷曼破产兄弟并最终引爆危机则一直存在不同的看法。

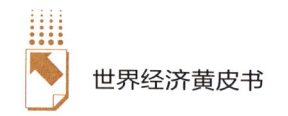

商业票据为主，以便迅速解决问题。3月23日以后，美联储推出了无限量QE，实际表明了其坚决的态度，对稳定金融市场则具有重大的心理安抚作用。

从美联储政策的出台顺序看，基本遵循着先利率，再量宽；先通过公开市场、票据市场和货币市场注入流动性，再支持银行，后支持企业，而且先救助大企业后再纾困中小企业的路径。鉴于欧洲和日本实施负利率效果并不显著的经验，鲍威尔一直强调美联储不追求负利率政策[1]，但是在资产购买标的方面则明显更加激进，特别是主街贷款，使得中央银行直接入场对企业提供抵押贷款。结果到2020年8月，美联储的资产负债表从4.5万亿美元大幅度扩张到7万亿美元。

鲍威尔在杰克逊霍尔的全球央行年会上还就美联储货币政策战略和长期目标进行了新的表述。他延续了美联储一贯坚持的就业标准，但是将此前偏离最大就业的程度改成与最大就业的差距（shortfall）。这体现了美联储认为稳定的劳动市场应该是可持续的，不会造成通货膨胀的突然爆发。也许正是在这个总量意义上，美联储追求的是长期内平均通货膨胀2%，更明确地说，因为衰退时通货膨胀一定低于2%，所以复苏时货币政策的通货膨胀目标就应该适当地高于2%。或者说在一个完整的经济周期中，用复苏期较高的通货膨胀去抵消衰退期较低通货膨胀的影响。尽管鲍威尔对平均通货膨胀目标制的含义与此前的表述没有变化，但是他却说这种方法是一种弹性形式的平均通货膨胀目标制[2]。美联储可能试图通过修改规则，尽量拉长超宽松货币政策的期限。

从疫情中美联储的货币政策我们可以发现一些值得关注的理念变化和长期影响。例如，货币政策是不是从传统反通胀目标变成流动性注入？从美国、欧洲

---

[1] 非常有意思的是，在美联储网站上出现的鲍威尔讲话正式稿中几乎没有出现过负利率问题，而他的这些观点大多是在讲演后问答环节中体现出来的。例如，2020年5月13日鲍威尔在彼德森国际经济政策研究所讲演以后，路透社报道："The committee's view on negative rates really has not changed. This is not something that we are looking at", Powell said in answer to a question during an event hosted by the Peterson Institute for International Economics, as he referenced the Fed's policy-setting Federal Open Market Committee (FOMC), 参见 https://finance.yahoo.com/news/less-zero-powell-shows-no-022739653.html。

[2] 鲍威尔的原话是："Our approach could be viewed as a flexible form of average inflation targeting"。

和日本央行的政策实践看，反通胀是不是已经转变为刺激适度的通货膨胀？中央银行的职能是宏观经济逆周期调节还是危机救助？与此相关的问题是，中央银行货币发行原则和方式是不是也要改变？美联储资产负债表扩张越来越明显将会带来什么样的影响？为什么在危机后一个相对完整的经济周期中，持续宽松的货币政策没有引起通货膨胀？通货膨胀理论是不是需要改写？

历史经验反复证明，依靠宽松的货币政策来应对危机，稳定金融市场是有效的，但却从来没有杜绝危机，因为彻底解决问题带来的阵痛可能是任何一届政府都无法承受的。那么反复的危机和反复的货币救助最后会带来什么结果？在美元依然是最主要的国际货币的情况下，美联储的每一次量宽都给各国的外汇储备带来巨大的估值冲击，给国际外汇市场、大宗商品市场和国际资本市场造成扰动。尽管每次危机最终都使得美元成为避险天堂，但是对美元的国际货币地位产生了持久的影响。所有这些问题都是美国货币政策变化给世界经济带来的挑战。

三 财政救助果断，赤字压力陡然上升

与货币政策原则上由美联储相对独立的、经过票委投票就能决策的机制不同，财政预算是由白宫提出、国会审议通过的，这就使得财政政策不可避免地受到总统选举和国会掣肘的严重干扰。另外，由于财政政策的作用更加直接和快速，在货币政策效能已经大幅度下降的情况下，财政政策在应对外部冲击时变得尤其重要。由此我们不难理解，尽管美联储官员永远不会公开承认货币政策正接近其极限，但鲍威尔在疫情暴发后却多次罕见地公开且坦率地鼓励国会出台更多财政刺激措施[①]。

疫情之后，早在2019年初提交国会审议的2020财年预算案势必会出现巨大

---

① 鲍威尔2020年5月13日在彼德森国际经济政策研究所关于当前经济形势的讲话中明确指出，"Additional fiscal support could be costly, but worth it if it helps avoid long-term economic damage and leaves us with a stronger recovery"。美联储主席公开评论财政政策还是相当罕见的。

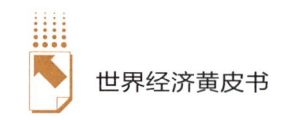

的变化，收入大幅度下降，支出和赤字大幅度上升，财政形势变得更加严峻。

需要强调的是，尽管特朗普试图兑现其竞选承诺，压缩财政开支，但是节支空间已经非常有限，而减税、建墙和扩大军费开支①等一系列行动又使得财政开支大幅度上升，结果，财政赤字相比奥巴马时期不断上升。按照疫情前的估计，2020年美国财政赤字占GDP的比例将达到4.9%，比2019年上升0.3个百分点，相当于2015年奥巴马政府最低纪录的两倍。

正是在这种情况下，疫情冲击后国会通过的一系列救济法案使得财政形势雪上加霜。白宫2020年6月推出的中期评估也不再发布其作为基准的经济预测。

（一）新冠肺炎疫情带来的巨大冲击和2020财年预算的恶化

作为分析起点，我们还是要简单回顾一下2020年美国原定的财政预算，然后再来评估疫情对美国财政的影响。

在2019年3月11日特朗普政府提交国会的2020财年预算案中，财政收入3.645万亿美元，财政支出4.746万亿美元，赤字为1.101万亿美元。而在2020年2月10日疫情暴发前特朗普提交国会审议的2021财年预算案中，2020财年的收入微升至3.706万亿美元，支出4.79万亿美元，财政赤字相应地调整为1.084万亿美元。

按照美国法律的明确要求，政府必须在每年夏季向国会提交中期评估报告。按照常理，这个报告应该是基于政府对当年和未来经济表现做出的最新预测，评估财政预算的执行情况，特别要包含并说明联邦政府的"预算收入或支出的任何重大变化"。但是，在2020年7月1日白宫预算管理办公室发布的中期评估报告中，却表示由于疫情造成经济下滑的巨大不确定性，不再提出作为财政评估基准的经济预测，也不再对财政赤字负担进行预估。在报告的提要中还特别指出，由于未来经济增长潜在路径存在极大的不确定性，

---

① 2019年6月，美国参议院分项通过了2020年财政预算中的军费预算。值得注意的是，特朗普执政以来，美国的防务费用持续上涨，2017~2020年分别为5987亿美元、6311亿美元、6860亿美元和7245亿美元，占总财政支出的比例一直在15%以上。

对财政收支和赤字的任何预估都完全是投机型的。因此，这次的中期评估报告中仅说明了到目前为止财政收入和支出的实际变化，以及2020年2月以来由立法和行政管理变化而带来的收支变化。

尽管如此，可能是出于评估逻辑上的完整性和必要性，这次的中期评估报告还是用了不到半页纸的篇幅进行了经济回顾，表达的基本信息是虽然疫情的冲击使得经济增长、就业和通货膨胀都严重偏离了原来的预测，但是从5月的情况看，经济情况已经或者很快即将出现好转。

报告强调了财政收支的一个特点，即经济的收缩和扩张与联邦财政的收入与支出一般呈现反方向变动的特点，目的就是说明在疫情冲击下财政形势恶化的合理性。但即使做了这些铺垫，报告不得不承认截至2020年5月，2020财年前8个月的支出已经达到了全年预算的81%，但是财政收入仅为全年预算的54%，而过去5年的同期实际支出和收入占全年预算的平均值均为65%。截至2020年6月，全部财政收入为20192亿美元，较2019财年同期减少了2560亿美元[①]，而财政支出达到了38995亿美元，比上年同期增加了8860亿美元。这样，仅到2020年6月，累计的财政赤字已经达到了惊人的1.88万亿美元，相比之下，2019年同期仅仅是7390亿美元。当然，白宫一定要强调这是执行国会通过的法令，增加财政支出，以便缓解居民和企业面临的困难。

在联邦支出方面，由于疫情期间的高失业，在食品援助、医疗保健和失业保险等方面提供的反周期支出自然增加。当然，更主要的还是依据国会通过、总统签署最终成为法律的那些与抗疫有关的支出。这些法律包括冠状病毒防疫和补充拨款法案，首部家庭冠状病毒应急法案（FFCRA），冠状病毒援助、纾困和经济安全法案（CARES），工资保障计划和卫生保健促进法（PPP）。按照白宫的估算，就2020财年而言，补充拨款法案增加了16亿美元的自主开支，FFCRA增加了325亿美元的开支（其中自主开支79亿美元，法定开支246亿美元），CARES增加了5865亿美元的开支（其中自主开支1266亿美元，法定开支4599亿美元），PPP增加了2599亿美元的开支（其中自主开支714亿美元，

[①] 在这里，白宫还是乐观地估计5月以后，伴随经济的重新启动，财政收入状况会出现一定程度的好转，从而在整个财政年度内财政收入的下降趋势可能会有所缓解。

法定开支1885亿美元），总计增加8805亿美元的联邦财政开支。

在收入方面，白宫认为主要是4~7月延期报税造成了收入下降。当然，疫情的确也造成了居民工资和企业利润的大幅度下降，加上FFCRA和CARES中包含的各种税收减免和退税规定造成的影响，财政收入下降已成定局。但是，随着疫情的缓解和经济活动的增加，与工资和利润挂钩的税收收入也会增加。

尽管白宫说明了联邦财政收入和支出的变化，但是这些变化还是与国会的预测有不小的差距。从目前的疫情形势看，还很难说美国经济已经开始摆脱疫情的影响，经济重启对财政的正面影响即将显现，因此对未来经济前景的预测还具有很大的不确定性和随机性。但是有一点应该是肯定的，白宫在中期评估报告中对赤字的预测是最乐观的，2020年的财政形势可能要更加严峻。

（二）国会对抗疫拨款效果的评估

当白宫在中期评估报告中取消宏观经济预测时，国会预算办公室却早在4月2日针对疫情对短期经济预测数据进行了更新，并如期在5月发布了对未来十年的经济展望。尽管4月美国的疫情刚刚开始不久，相关信息还非常有限，但是从后来公布的第二季度数据看，这些预测大体上还是比较准确的。例如国会预算办公室预测第二季度经济将衰退7%，折合年率将达到28%，甚至可能更高，而失业率也将超过10%。随着相关信息的不断完善，在7月国会预算办公室更新的经济展望中，预测2020年第二季度的增长率就调整为-34.6%。当然，最值得关注的是，其对2020年第三和第四季度经济增长率的预测分别是17%和7.9%。这样，从全年的情况看，将呈现5.8%的经济衰退。以核心PCE表示的通货膨胀也大体与此相似，2020年第一至第四季度分别是1.7%、-0.7%、0.6%和0.8%，失业率则分别为3.8%、13.8%、14.1%和10.5%，变动略显滞后并且迟缓[①]，但是都呈现冲击后缓慢复苏的态势。在5

---

① 值得注意的是，2020年第二季度，失业率从3.8%陡然上升到13.8%的同时，劳动参与率从63.2%下降到60.9%。同期，失业持续时间平均数在4月也骤然从17.1周下降到6.1周，预示着新增了大量的失业人口。

月发布的经济展望中，国会预算办公室认为疫情的影响可能是剧烈且长期的，美国经济可能需要 10 年的时间才能完全从疫情影响中恢复过来，在此期间可能会导致美国经济损失共计约 7.9 万亿美元，因此政府需就额外支出法案采取行动。国会预算办公室主任 Phillip L. Swagel 在写给参议员 Rick Scott 的信中详细列举了疫情给政府税收和企业经营带来的损失。他指出，按照目前的救济法案，2020 财年的赤字可能达到 3.7 万亿美元的水平，到 2021 年依然有 2.1 万亿美元，而在 3 月 CBO 的预测中（那时还没有考虑到疫情的冲击）这两个财年的赤字仅仅是略高于 1 万亿美元。国会在疫情以后推出的四个法案（补充拨款法案、FFCRA、CARES 及 PPP）在未来 10 年内，将分别造成 80 亿美元、1920 亿美元、17210 亿美元和 4830 亿美元的财政赤字，总计达到 24040 亿美元。

按照 2011 年预算控制法案的要求，每年 8 月 15 日国会要发布对当年预算的最后一次限额（limits，也称 caps），这个报告叫作封存报告（Sequestration Update Report）。2019 年两党通过的 2020 年预算法案中自主支出项目是 12880 亿美元，其中防务费用是 6665 亿美元，非防务费用是 6215 亿美元。但是由于疫情的影响，CBO 在 2020 年 8 月提出的封存报告中对自主支出的限额进行了相当大幅度的调整，总共增加 6154.66 亿美元，其中非防务自主开支增加最多，达到了 5253.6 亿美元，而紧急需要开支的调整达到了 4928 亿美元，减灾达到了 175 亿美元。这样，调整后的自主支出总限额就增加到了 19035 亿美元，差不多增长了 50%。而且，大概是考虑到疫情冲击的不确定性，这次的封存报告特别强调，如果立法者在 2020 年 9 月 30 日前要求进行额外拨款，那么这个限额还有可能被打破。显然，与往年国会常常充当限制白宫增加财政支出的角色不同，这一次国会在支付抗疫拨款的问题上可以说变得相当主动①。当然，两党之间依然争

---

① 但是值得注意的是，这次自主开支限额的调整也涉及防务费用，尽管和抗疫拨款相比不太醒目，但是就防务支出的比例来看也相当大了。2019 年两党通过的 2020 年预算案中防务开支为 6665 亿美元，这次调整到了 7566 亿美元，增加了 901 亿美元，而且全部集中在紧急需要开支和海外行动开支两项，分别达到了 186 亿美元和 715 亿美元。在抗疫支出方面，民主党提出的方案高达 3.2 万亿美元，而共和党最初仅仅要求 1 万亿美元，后来在谈判中才逐渐提升到 1.6 万亿美元。

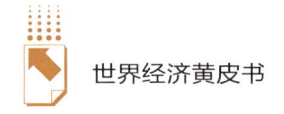

执不休，凸显了政治考虑远远超过了对抗疫的实际需要。

CBO认为，强力的财政救助虽然彻底改变了美国的财政状况并造成了深远的影响，但不仅必要而且将对经济复苏产生重要的影响。不过，Swagel 在 6 月初给参议员 Charles Grassley 函询的回复中就四个法案中最重要的 CARES 中从 2020 年 7 月到 2021 年 1 月对失业者每周发放 600 美元对经济的影响进行了评估。他认为，这个救济力度超过了 5/6 的受救济者在过去 6 个月内的劳动收入[①]。因此，平均而言，有了这项救济，接受救济者在食物、住房和其他物品和劳务方面的开支将接近他们工作时的支出水平。不过他也指出，相比不发放这笔救济而言，国内产出水平在 2020 年下半年会更高，但是在 2021 年由于救济造成努力程度下降，产出水平可能比不发放救济的情景要低。与此相应的是，与不发放失业救济相比，2020 年下半年和 2021 年的就业水平都会比较低。Swagel 特别指出失业救济的最终效果取决于在刺激需求和产出与弱化工作激励正反两个方面的影响。一般而言，救济会拖累就业的回升，而到了 2021 年则在产出和就业两个方面都会表现出负面影响，因为劳动供给的减少最终拉低了产出。而在疫情以前，失业保险提供的补偿仅仅是工作收入的30%~50%，不会出现因救济过高而降低劳动供给的情况。另外，额外的失业救济也增加了联邦预算的赤字，将在长期内降低经济增长速度，降低收入和对物品及劳务的需求。总之，疫情冲击造成的财政变化给美国经济带来的影响是长期的。

四　实体经济部门受到严重冲击

与大部分宏观经济指标一样，疫情的暴发打破了各项指标原有的变动趋势，使其呈现峭壁式或断崖式陡变。

---

① 这个救济是在原有失业保障之外发放的，而且达到了每月 2400 美元的水平，因此实际力度是相当客观的，对经济刺激的正面作用和就业努力的反面影响都是不可忽视的。特别是对就业的影响也解释了经济复苏以来就业的持续低迷。

（一）疫情对实体经济运行的影响

在短期内反映实体经济运行的核心指标是就业，因为在短期内劳动生产率是相对稳定的，因此企业运行的变化就直接反映在对劳动的需求上。疫情暴发以后，失业率在一个月之内跳升了 10 个百分点，新增登记失业人数也从 3 月的 135 万人骤然上升到 4 月的 1594 万人。这一个月新增的登记失业人数就相当于 3 月登记的累计失业人数的两倍。这种骤然变化反映在失业持续时间的中位数上也从 3 月的 7 周大幅下降到 4 月的 2 周，失业持续时间的平均数也从 17.1 周下降到 6.1 周。劳动参与率相比 3 月也骤然下降了 2.5 个百分点。4 月并不是美国疫情最严重的时候，但是疫情暴发后失业率上升最迅速的阶段，失业率的变化可能就反映出了一种心理冲击和超调。4 月以后，虽然美国疫情的严重程度不断上升，但是随着心理冲击力下降和经济重启，失业情况开始出现了缓慢的好转，新增登记失业人数持续为负，累计登记失业人数缓慢下降。当然，由于前文讲的政策原因以及劳动参与率的逐渐回升，失业率恐怕还会维持一定时间的高位。

在失业方面，另一个值得注意的现象是疫情造成的冲击在不同工资水平的就业者之间、在男女雇员之间、在受教育程度不同的劳动者之间，甚至在不同族群之间都呈现比较大的差异。在受疫情冲击最明显的 4 月中旬，最低收入者的就业减少了 60%，而最高收入者的就业减少了不到 10%；5 月与 1 月相比，在 16~24 岁的人群中，失业情况最严重，而在 55 岁以上的人群中失业的情况要好很多；受教育程度低的人群失业程度也高于受教育程度高的人群；男性受到的影响略小于女性；白人受到的失业影响最小，其次是黑人，再次是亚裔人，西班牙裔或拉丁美洲裔劳动者受到的影响最大。

从美国国内企业经存货计价和资本消耗调整后折年数的企业利润看，2020 年第一季度从疫情前 2019 年第四季度的 17946 亿美元下降到 15619 亿美元，第二季度更进一步下降到 14313 亿美元，下降幅度达到了 20.2%，其中非金融企业的下降更明显，2020 年第二季度相比疫情前下降了 27.3%，只有 9606 亿美元，退回到了 10 年前的水平。

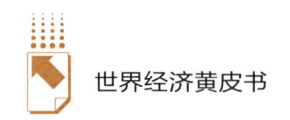

从穆迪 Aaa 和 Baa 代表的两类企业债收益率看，市场对实体经济经营风险的评估在 3 月中旬一度出现了比较明显的扰动，Aaa 从 2.5% 上升到 4%，Baa 从 3.5% 上升到 5%，但是 Aaa 不到半个月就回到了原来的下行轨道，Baa 则用了差不多 5 个月的时间才逐渐恢复正常，说明市场更担心资信程度略低的企业受到疫情的冲击。企业债券收益率出现变动的时点稍微滞后于股票市场的变动，不过最低点大体都出现在 3 月中旬。虽然股票市场和债券市场的变动也都体现出比较明显的突发性外部冲击特征，但是与失业率的变动相比，明显体现出资本市场对冲击反应更敏感的特点。

从商业银行发放的工商贷款来看，本来按照市场预期的美国宏观经济形势，增长率逐渐从 2019 年 7 月第 1 周的 7.1% 一路下降到 2020 年 3 月第 1 周的 0.8%，之后便迅速上升，4 月第 1 周已经达到了 20%，5 月第 1 周更达到了 30%，不过到 7 月底又慢慢降到了 20%。显然，工商贷款在疫情期间的突然上升肯定不是反映了企业对未来预期看好而增加投资，相反，反映了在疫情冲击下企业运营中出现了现金流问题，需要银行信贷给予支持。

从商业景气调查数据看，3 月的采购经理人指数是 49.1，4 月骤降到 41.5，此后逐渐回升，7 月已经达到了 54.2。Sentix 投资信心指数在 2 月还是 20.3，3 月迅速降到 0.2，4 月进一步下降到 -39.1，此后逐渐回升到 7 月的 -17.1。CEO 经济展望指数在 2020 年第一季度还是 72.7，到第二季度就骤降到 34.3。商业预期指数的变化则略显滞后，3 月还高达 103.9，然后连续下降到 6 月最低 25.5，但随后也出现了回升，不过相比前几个指数，回升幅度不是非常明显。总之，所有的商业景气调查数据都显示，疫情带来了强烈的冲击，但是都已经出现反弹，只是在幅度上有明显的差异。

消费者信心指数的变化则在时间上略微领先，下降幅度适中，但是一直没有明显的回升。从 2 月的 101 这个近年的高点下降到 3 月的 89.1，再下降到 4 月的 71.8，此后直到 8 月一直徘徊在 72 左右。这种情况是与美国持续的高失业状态比较相似。由于个人消费是美国经济增长的重要决定因素，这种情况也预示了疫情对美国经济影响的持久性[①]。

不过非常有意思的是，面对疫情冲击，美国的产出下降，失业增加，但是劳动生产率却上升。与 2019 年第二季度相比，2020 年第二季度每小时产量同比增长率从 1.7% 上升到了 2.0%。

（二）油价大跌使得页岩油企业遭受冲击

2020 年以来，美国经济连续遭到石油价格暴跌和疫情两次外部冲击。前者给页岩油企业带来了很大的挑战，后者的影响虽然是普遍的，但是对中小企业的冲击要更明显。

早在 3 月 6 日，受到沙特和俄罗斯谈判破裂的影响，石油价格就开始出现大跌，半个月之内几乎腰斩。按照国际货币基金组织的数据，2020 年 2 月全球现货原油实际市场价格为 53.37 美元/桶，4 月降低到 21.17 美元/桶；美国西得克萨斯现货原油实际市场价格更从 2 月的 50.6 美元/桶大幅度下跌到 16.81 美元/桶。此后，油价虽然有所回升，但到 8 月上述两种报价比 2 月的高点还低 10 美元/桶左右。毫无疑问，疫情造成的需求疲软也对油价的回升形成了压力。

达拉斯联储估计美国页岩油生产的盈亏平衡点一般都在 40~50 美元。在过去的几年中，随着国际油价持续维持在盈亏平衡点以上，美国不少的页岩油企业通过各种方式进行融资以扩大生产。作为新兴的业态，与传统油气产业相比，页岩油与金融市场的关系更为紧密，但是较高的财务杠杆也使得其在这次油价大跌的冲击下变得十分脆弱。例如 2020 年 3 月 9 日美股 2020 年第一次熔断的导火线就是油价。纽交所能源板块的市盈率在近年来也是几起几落，这一次又是从 2019 年 12 月的 29.61 倍下降到 2020 年 3 月的 15.58 倍，此后尽管油价出现一定程度的回升，但是能源板块股票的市盈率依然维持在低位。

---

① 比较有意思的是，在 2020 年 5 月以后，商业景气指数与消费者信心指数呈现一定程度的背离走势。这种情况在 2008 年金融危机发生以后也出现过。造成这种情况的原因可能是多方面的，但不是这次疫情冲击下所独有的现象。

从第一季度到第二季度，越来越多的页岩油企业不得不申请破产保护，其中既有像切萨皮克能源公司（Chesapeake Energy）这样成立于1989年的行业老牌巨头以及加利福尼亚资源公司（California Resources Corp）等主要页岩油企业，也有类似于玫瑰山资源公司（Rosehill Resources）这样成立于2015年的新秀，还有像BJ Services这样的外围油田服务公司。

五 外部经济部门的形势和政策变化

即使在疫情期间，美国与日本达成新的贸易协定以后，在贸易政策上依然咄咄逼人、四处出击，对欧洲和加拿大在个别商品关税问题上进行威胁、试探和讨价还价。由于整体的国际经济增长放缓，美国的出口逐渐下降。受国内疫情的影响，美国进口也出现下降，结果国际收支中的贸易逆差却有所改善。

（一）主要外部经济指标的变化

与2019年第二季度相比，2020年第二季度美国的贸易逆差进一步扩大，从1522亿美元增加到1553亿美元，主要原因是出口下降了28.08%，而进口只下降了22.24%，显示出美国经济即使在衰退期对进口的需求依然呈现较大的刚性。同期美国的商品出口下降了29.88%，而商品进口只下降了20.02%，显示出美国对进口商品的依赖。当然，在美国具有优势的服务贸易方面则情况相反，同期美国的服务出口仅下降了24.72%，而进口则下降了31.77%，显示出美国在服务贸易方面具有较高竞争力和市场势力的典型特征。

从国际收支平衡表来看，与2019年同期相比，2020年第一季度的经常项目逆差略有下降，从1266亿美元下降到1042亿美元。但是在疫情暴发以后的第二季度则从1277亿美元飙升到1705亿美元，显示出疫情对美国国内生产的影响更大，特别是对抗疫物资的需求更依赖于国外的情况。从具体项目可以发现，尽管贸易逆差上升，美国的净投资回报却始终比较稳定。在金融项目方面，2020年第二季度资本流入也出现下降。

从美元的有效汇率看，在2019年下半年到疫情之前大体平稳，在2020年2月上旬到3月上旬出现了一波小的震荡，美联储再度开始量宽以后就转为非常缓慢下行的态势。

（二）贸易争端和保护主义对美国贸易收支的影响

理论研究早就证明，一个国家的贸易差额最终是由产业结构、国内外需求和净出口弹性对比决定的，单纯的贸易保护主义不能从根本上解决美国的贸易逆差问题。在2020年度世界经济黄皮书中我们比较了2019年上半年和2018年上半年美国与主要贸易伙伴的数据后发现，由于没有经济结构和贸易优势的变化，美国不论是针对欧洲、加拿大、日本还是针对中国的贸易保护，最多只能造成贸易转移效应，而不会从根本上改变美国的贸易差额，因而也不会改变美国的福利水平。2020年疫情的冲击依然没有改变我们原有的结论。

尽管贸易保护政策逐渐落地，但是与2019年上半年相比，2019年下半年美国的总进口非但没有下降，反而增加了2.2%。其中，从中国的进口增长了6.5%，但是已经明显低于过去10年的平均增长速度，贸易摩擦的影响开始显现，而从越南的进口增速则高达18.9%，表现出明显的贸易转移效应。同期，美国的总出口却呈现0.34%的微弱下降。其中，对中国的出口上升了5.2%，显示出中国在改善与美国贸易失衡方面所做出的努力。尽管如此，美国总的贸易逆差从4569.9亿美元上升到5384.3亿美元，增幅达到17.8%。显然，回避国内经济结构的调整，单纯的贸易保护政策并没有改变美国的贸易收支状况。

疫情冲击使2020年上半年美国的进出口都出现了明显的下降，而且由于美国的疫情在全球范围内相对严重，进口额的下降幅度超过了出口额，使得贸易逆差稍有缓解，从2019年上半年的5384.3亿美元下降到5036.6亿美元。虽然改善不明显，但是呈现类似于衰退式顺差的情景。与2019年下半年相比，美国在2020年上半年总进口下降了14.6%，与美国出现贸易摩擦的中国、

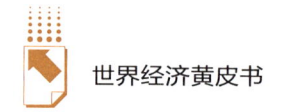

表2 2020年上半年美国前十大贸易伙伴或逆差来源地的排序、进出口额与贸易余额及变化

单位：亿美元，%

进口	中国	墨西哥	加拿大	日本	德国	瑞士	韩国	越南	爱尔兰	中国台湾	总计
金额	1912.07	1440.56	1260.55	569.62	545.44	410.73	365.95	330.27	326.03	276.71	10781.25
变化率	-22.22	-19.29	-21.96	-19.41	-16.29	77.30	-4.42	-8.74	2.23	-2.07	-14.59
出口	加拿大	墨西哥	中国	日本	英国	德国	韩国	荷兰	巴西	中国台湾	总计
金额	1190.33	990.34	494.91	331.91	296.75	275.79	263.28	227.77	171.67	151.51	6868.82
变化率	-21.03	-28.34	-10.25	-13.63	-17.89	-8.19	-8.43	-10.21	-29.14	-4.90	-16.19
贸易	中国	墨西哥	日本	德国	爱尔兰	越南	意大利	马来西亚	瑞士	韩国	总计
余额	-1667.86	-500.08	-362.28	-320.78	-255.91	-253.34	-162.42	-122.01	-120.69	-111.94	-5036.61
变化率	-6.52	-2.69	9.91	-9.17	-6.07	-16.76	-5.48	-19.59	-17.78	14.96	-6.46

注：进口金额、出口金额和贸易余额均为2020年上半年的货物贸易数据，总计数分别是美国总进口、总出口和贸易差额及其变化率，负值为逆差或顺，正值为顺差或逆。变化率为2020年上半年对2019年上半年的数据，使用环比是为了反映疫情带来的影响。总计数为Wind数据库，总差变化/逆差增幅。

资料来源：Wind数据库，美国商务部普查局。

加拿大、墨西哥、德国和日本对美国的出口分别下降了22.22%、21.96%、19.29%、16.29%和19.41%。美国的这几个主要贸易伙伴对美国出口的下降幅度都超过平均水平,而其他大部分国家对美国出口跌幅小于平均水平,也间接地体现出贸易转移效应。例如,这几年对美国出口增长较快的越南仅下降了8.7%。同期,美国总出口也下降了16.2%,但是美国对中国的出口仅下降了10.3%,远低于总出口的下降程度,同样显示出中国在扩大自美国进口,改善对美国贸易失衡方面所做出的努力。

应该看到,虽然美国出口额的下降速度略高于进口额,但是由于美国的出口额远小于进口额,所以从绝对值上看,进口额的下降幅度要大于出口额,因而导致了贸易逆差的改善。也就是说,2020年上半年美国贸易状况的改变基本上是由疫情冲击造成的,与贸易保护政策关系不大。如果美国自身的产业结构和贸易优势没有发生变化,其总体贸易状况就不会出现根本性转变,目前美国积极谋划的全球价值链重构依然可能还是加快贸易转移而已。

六 结论和展望

美国经济增长在2019年下半年如期出现了进一步放缓的迹象,而2020年春暴发的新冠肺炎疫情给美国经济原有的增长轨迹和内生机制造成了严重的外生冲击,各项经济指标都出现了拐点式变化,因而也造成了货币政策和财政政策的重大调整。无限量宽和主街贷款等货币政策的变化暗示着中央银行的职能和目标在面临外生冲击的威胁下已经发生了变化,而民主党控制的国会在财政刺激和救济方案与共和党执政的白宫之间的极化争执不仅会影响到抗疫的效果,也可能会影响到未来几年的经济增长,而政府财政赤字大幅度上升带来的影响可能更加深远。从短期看,如果疫情能够得到较快的控制,在现有政策框架下,2021年美国经济可能出现一定的反弹,但是相比其他经济指标,在一定时期内,通货膨胀可能维持在低位而失业率则维持在相对高位,显示出疫情给经济带来的持久影响。

参考文献

Congressional Budget Office, "Sequestration Update Report," August 2020.

Phillip L. Swagel, "Letter to Charles Grassley, Chairman of Committee on Finance of United States Senate, Economic Effects of Additional Unemployment Benefits of $600 per Week," Download from CBO website, 2020.

Board of Governors of the Federal Reserve System, "Monetary Policy Report to the Congress," June 2 and February 7, 2020.

Congressional Budget Office, "An Updated Budget Projections: 2020-2030," July 2020.

Office of Management and Budget, "A Budget for a Better America's Future: Budget of the U.S. Government," Fiscal Year 2021.

Office of Management and Budget, "Mid-Session Review: Budget of the U.S. Government," Fiscal Year 2021.

Board of Governors of the Federal Reserve System, "Federal Reserve Issues FOMC Statement," March 3, March 15, March 23, 2020.

Board of Governors of the Federal Reserve System, "Economic Projections of Federal Reserve Board Members and Federal Reserve Bank Presidents, under Their Individual Assumptions of Projected Appropriate Monetary Policy," June 10, 2020.

Phillip L. Swagel, "Letter to Rick Scott, Budgetary Effects of the 2020 Coronavirus Pandemic," Download from CBO website, 2020.

Powell, Jerome H., "Current Economic Issues," Speech at Peterson Institute for International Economics, Washington, D.C., May 13, 2020.

Y.3
欧洲经济：复苏之路崎岖

陆婷 东艳[*]

摘 要： 2020年新冠肺炎疫情的暴发，改变了欧洲近两年经济持续弱增长的局面。受疫情冲击，欧盟成员国全部陷入经济衰退，失业率快速攀升，贸易表现大幅下滑。为扶持民生经济、稳定金融市场，欧洲央行迅速采取了一系列释放流动性的措施，欧盟和各国政府也纷纷出台纾困政策，使欧洲经济在疫情缓解后得到部分恢复。然而，由于疫情仍存在较大不确定性，全球贸易经济环境亦充满变数，未来欧洲经济复苏之路注定崎岖。预计随着欧盟复苏计划的推进，在没有出现英国无协议脱欧、主权债务危机等重大风险事件的前提下，欧洲经济或于2021年春季后回暖。

关键词： 欧洲经济 经济复苏 欧盟

2020年新冠肺炎疫情的暴发，使2019年就已显现出疲态的欧洲经济再度遭受重创。在限制民众出行、关闭公共场所等多项隔离防疫措施的共同影响下，欧洲制造业和服务业活动一度被迫中断，导致欧洲经济在2020年上半年全面陷入衰退。显然，受疫情这一突发因素影响，欧洲经济下滑程度超出了我们在2020年度世界经济黄皮书中的预期——当时我们的判断是2019年

---

[*] 陆婷，经济学博士，中国社会科学院世界经济与政治研究所副研究员，主要研究领域为国际金融；东艳，经济学博士，中国社会科学院世界经济与政治研究所研究员，主要研究领域为国际贸易。

下半年至 2020 年上半年欧洲"经济弱增长态势持续"。不过，在 2020 年 3 月疫情全面爆发前，欧洲经济走势基本符合"弱增长"的判断。

一 宏观经济增长趋势

（一）经济陷入衰退，复苏之路坎坷

2019 年下半年，欧盟（不含英国，下同）和欧元区经济延续了上半年弱增长的态势，第三、四季度实际 GDP 同比增长率分别为 1.6%、1.2%（欧盟）和 1.4%、1.0%（欧元区），经季节与工作日调整后的环比季度增长率分别为 0.4%、0.1%（欧盟）和 0.3%、0.1%（欧元区）。随后，以 2020 年第一季度新冠肺炎疫情的暴发为转折点，欧洲经济迅速转入负增长区间。欧盟和欧元区在 2020 年第一季度的实际 GDP 同比增速分别为 -2.7% 和 -3.2%，在第二季度进一步下滑至 -13.9% 和 -14.7%。

从支出法分解来看，新冠肺炎疫情暴发前，欧盟和欧元区的家庭及政府消费表现尚属平稳，能够在一定程度上为区域内经济增长提供支撑；固定资本形成和净出口则受英国脱欧和美欧贸易摩擦不确定性的影响，走势较为波动，二者叠加后在 2019 年第三、四季度对 GDP 环比增长的贡献几乎接近于零。疫情暴发后，由于区域内隔离措施的实施和国际贸易的停滞，欧盟及欧元区家庭消费、固定资本形成以及净出口均急剧萎缩。其中，萎缩程度最严重的是家庭消费，其次是固定资本形成，它们对 GDP 增速的拖累在 2020 年第二季度高达 9.7 个百分点（欧盟）和 10.2 个百分点（欧元区）。

表 1 欧盟和欧元区实际 GDP 增长率及各组成部分的贡献

单位：%，个百分点

指标	2019 年第一季度	2019 年第二季度	2019 年第三季度	2019 年第四季度	2020 年第一季度	2020 年第二季度
欧盟（27 国，不含英国）						
同比增长率	1.7	1.5	1.6	1.2	-2.7	-13.9

续表

指标	2019年第一季度	2019年第二季度	2019年第三季度	2019年第四季度	2020年第一季度	2020年第二季度
环比增长率	0.5	0.3	0.4	0.1	−3.3	−11.4
最终消费	0.42	0.26	0.34	0.27	−2.38	−6.84
家庭与NPISH消费	0.30	0.17	0.22	0.16	−2.22	−6.34
政府消费	0.12	0.09	0.12	0.11	−0.16	−0.50
总资本形成	−0.55	1.21	−1.16	0.71	−0.58	−3.51
固定资本形成	−0.23	1.21	−0.96	1.04	−1.05	−3.44
存货变动	−0.32	0.00	−0.20	−0.33	0.47	−0.07
净出口	0.69	−1.28	1.18	−0.88	−0.32	−1.07
出口	0.45	0.10	0.34	−0.06	−1.60	−9.30
进口	0.25	−1.39	0.83	−0.82	1.28	8.23
欧元区（19国）						
同比增长率	1.4	2.3	1.4	1.0	−3.2	−14.7
环比增长率	0.5	0.2	0.3	0.1	−3.7	−11.8
最终消费	0.41	0.21	0.32	0.12	−2.55	−7.11
家庭与NPISH消费	0.28	0.12	0.20	0.06	−2.41	−6.56
政府消费	0.13	0.09	0.12	0.06	−0.15	−0.55
总资本形成	−0.72	1.43	−1.34	0.93	−0.72	−3.72
固定资本形成	−0.36	1.35	−1.15	1.22	−1.17	−3.79
存货变动	−0.37	0.08	0.19	−0.29	−0.46	0.07
净出口	0.83	−1.52	1.34	−1.00	−0.45	−0.94
出口	0.48	0.09	0.28	0.00	−1.88	−9.06
进口	0.35	−1.61	1.05	−1.00	1.43	8.13

注：表中数据均基于以不变价格计算的实际值，环比增长率为经季节与工作日调整后的值。GDP同比、环比增长率的单位为%，其他各单项为对GDP增长的环比贡献，单位为个百分点。NPISH，即Non-Profit Institutions Serving Households，为家庭服务的非营利性机构。

资料来源：Eurostat。

分季度来看，2019年第三季度欧洲经济展现出一定韧性。在企业投资放缓的负面影响下，欧盟和欧元区季调后的GDP实际环比增长率仍较前一个季度小幅提升了0.1个百分点，分别达到0.4%和0.3%。净出口是支撑该季度经济增长的主要因素。受商品和服务进口规模下降的影响，欧盟和欧元区净出口（含服务贸易）大幅改善，分别较前一季度扩大了381亿欧元（约450亿美元）和369亿欧元（约436亿美元）。居民消费表现亦较为良好，季调后欧盟和欧元区居民消费支出实际环比增长率均为0.4%。固定资本形成则是该季度经济增长最大的拖累。10月脱欧大限的逼近加剧了英国无协议脱欧的风险，美欧航空补贴和汽车关税争端亦愈演愈烈，导致企业投资信心受挫，当季欧盟和欧元区固定资本形成分别下滑了4.2%和5.1%，成为2015年9月以来最低季度环比增速。

2019年第四季度，欧洲经济加速放缓，欧盟前三大经济体德国、法国和意大利经济增长均陷入停滞，欧元区更创7年以来最低实际同比增速。欧盟和欧元区制造业收缩加剧，工业生产指数连续11个月同比下滑，暗淡的经济和收入前景使消费者信心指数震荡下行，导致季内居民消费支出对经济增长的支撑力度大幅减弱，对GDP环比增长贡献度分别较前一个季度下降0.06个百分点（欧盟）和0.14个百分点（欧元区）。与此同时，在服务贸易顺差减少的带动下，欧盟和欧元区净出口对GDP增长的贡献亦转为负值。这两方面因素抵消了固定资本形成在本季度小幅改善的正向影响，致使整体经济表现走弱。

2020年第一季度，新冠肺炎疫情开始在欧洲蔓延，并于3月中下旬迎来暴发高峰期。针对疫情的管制使欧洲当地经济活动大面积停摆，欧盟和欧元区多项经济指标在该季度表现疲软。其中，服务业所受打击最为沉重，3月欧元区服务业采购经理人指数（PMI）从2月的52.6大幅降至26.4，达到1998年7月以来最低水平。大部分制造业也采取了停产防疫的措施，大众、宝马等企业纷纷关闭其位于欧洲的车厂，机械工程、纺织、航空等行业也随即跟进。受其影响，欧盟和欧元区季调后的固定资本形成在该季度分别环比下滑了4.6%和5.2%。相应地，居民消费信心和支出亦大幅下挫，零售销售指数在3月暴跌了9.6%（欧盟）和10.4%（欧元区），给经济带来巨大压力。

2020年第二季度，疫情给欧洲经济带来的负面影响进一步显现，工业产出、进出口、家庭消费等经济指标在4月继续下探至历史低位。不过，随着疫情拐点的出现、隔离政策的放宽和各类纾困措施的实施，欧洲经济在此后两个月有所改善，但依旧未能完全恢复至疫情暴发前水平。第二季度欧盟和欧元区GDP创下自 1995 年有相关统计以来的最大降幅，季调后的货物和服务进出口规模、居民消费支出、固定资本投资规模的季度环比下滑程度均在 18% 左右，其中居民消费的滑坡最为引人注目，对 GDP 环比增长率的负向贡献高达 6.84 个百分点（欧盟）和 7.11 个百分点（欧元区），成为欧洲经济萎缩的主要动因。

（二）疫情引发失业率攀升

2019 年 7 月至 2020 年 3 月，欧盟与欧元区就业数据表现良好，失业率走势稳中有降。从图 1 所显示的月度失业率数据来看，欧盟和欧元区的失业率分别从 2019 年 7 月的 6.7% 和 7.5% 下降到 2020 年 3 月的 6.5% 和 7.2%，欧盟和欧元区的青年（25 岁以下）失业率也同样呈现下降态势，分别从 2019 年 7 月的 15.0% 和 15.6% 下降到 2020 年 3 月的 14.8% 和 15.4%。然而，进入 2020 年第二季度后，新冠肺炎疫情给欧洲劳动力市场带来的冲击开始显现，短短 4 个月内，欧盟和欧元区的失业率就上升了 0.7 个百分点，分别升至 2020 年 7 月的 7.2% 和 7.9%。青年失业率上升得尤为迅猛，欧盟青年失业率甚至一举跳升了 2.2 个百分点，在 2020 年 7 月达到 17.0% 的高位，创 2018 年以来的最高纪录。

分国别看，2020 年 7 月，捷克（2.7%）和波兰（3.2%）失业率为欧盟成员国内最低，希腊（17.0%[①]）、西班牙（15.8%）、意大利（9.7%）的失业率则处于较高水平。与 2019 年同期相比，法国失业率下降幅度最大，从 8.5% 下降至 6.9%，爱尔兰、斯洛文尼亚和塞浦路斯均下降了 0.1 个百分点，波兰和意大利则维持不变。英国和其他欧盟成员国的失业率在疫情的影响下有所上升，其中升幅最大的是爱沙尼亚，从 2019 年 6 月的 4.7% 上升至 2020 年 6 月的 8.0%，上升了 3.3 个百分点，其次是瑞典、拉脱维亚和立陶宛，三者的失业率均较 2019 年 7 月上升了 2.6 个百分点。

（三）物价水平受抑

在能源价格震荡下行和区内消费萎缩的共同影响下，欧盟的消费价格调和

[①] 2020 年 5 月数据。

图 1 欧盟和欧元区失业率

资料来源：Eurostat。

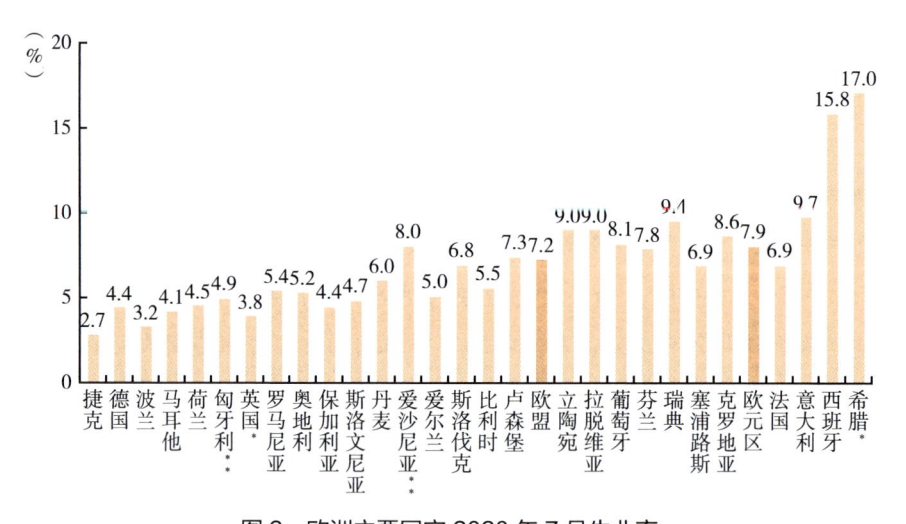

图 2 欧洲主要国家 2020 年 7 月失业率

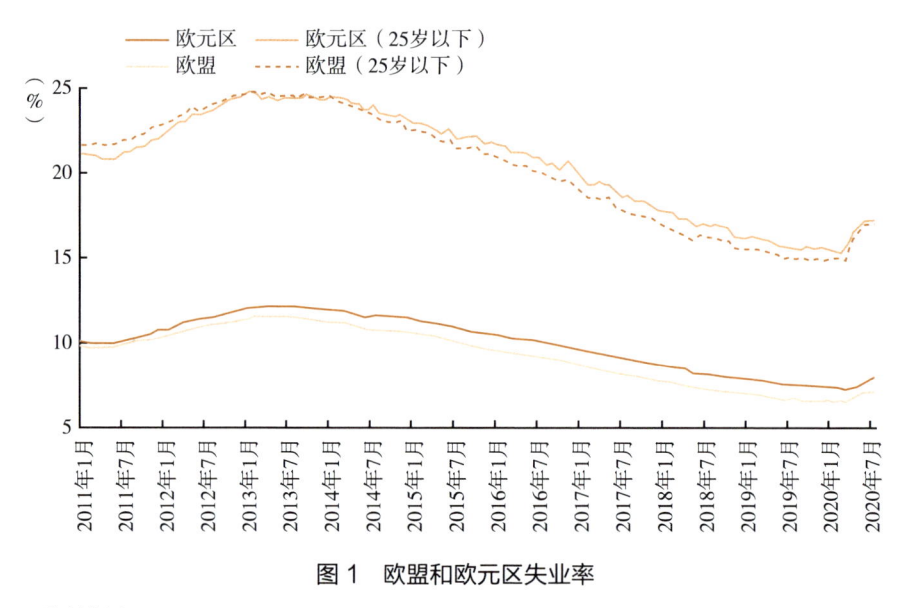

注："*"表示 2020 年 5 月数据，"**"表示 2020 年 6 月数据。
资料来源：Eurostat。

指数（HICP）在 2019 年下半年至 2020 年上半年整体受抑，并于 2020 年 5 月达到 2016 年 11 月以来当月同比增速的最低水平。2020 年前 7 个月，欧盟 HICP

月度平均增长率为1.07%，而欧元区HICP月度平均增长率仅为0.63%。从分项来看，能源价格波动是促使欧盟HICP此轮震荡下行的主要原因，服务和食品价格则相对坚挺，尤其是食品价格，在2020年第二季度平均同比增长率高达3.9%。

欧盟和欧元区剔除能源和非加工食品的核心HICP在2020年前7个月的平均水平分别为1.46%和1.01%，前者较2019年同期增加了0.23个百分点，后者则几乎与上年同期相同。欧盟和欧元区核心HICP走势的分化在一定程度上反映出欧洲各国受疫情冲击程度、经济复苏条件和节奏存在显著差异。有鉴于此，欧洲央行在疫情后积极扩大与非欧元区国家央行的流动性安排，以确保其货币政策向欧洲所有地方平稳传导。

图3 欧盟消费价格调和指数及其组成部分相关数据

注：数据为当月同比增长率。
资料来源：Eurostat。

（四）差异性复苏格局逐步形成

2019年下半年，欧洲大部分国家经济增速都较上半年有所放缓，其中德国、法国、意大利、英国第四季度年化环比增长率均小于等于零，而爱尔兰、罗马尼亚、塞浦路斯、立陶宛第四季度年化环比增长率均在4%以上，延续了2018年下半年至2019年上半年核心国疲弱、边缘国平稳的局势。2020年

世界经济黄皮书

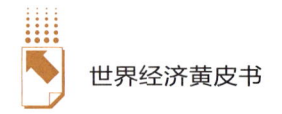

上半年，核心国和边缘国[①]的经济表现在疫情冲击下重新"洗牌"，受疫情打击较轻、政府应对公共危机能力较强、经济体系较能抵御冲击的国家经济恢复得较快，差异性复苏的局面开始形成。

表2 欧洲各国实际GDP年化季度环比增长率

单位：%

国别（地区）	2019年第一季度	2019年第二季度	2019年第三季度	2019年第四季度	2020年第一季度	2020年第二季度
德国	2.5	-2.0	1.2	-0.1	-7.8	-33.5
法国	2.2	1.0	0.6	-0.8	-21.5	-44.8
意大利	0.8	0.5	0.0	-0.9	-20.1	-42.2
西班牙	2.3	1.5	1.6	1.7	-19.3	-55.8
荷兰	2.0	1.4	1.3	1.8	-5.8	-29.9
比利时	0.4	1.2	1.6	1.9	-13.3	-40.2
奥地利	3.5	0.3	-1.0	-0.9	-9.1	-35.6
爱尔兰	4.2	7.9	13.8	5.4	-8.0	-22.1
芬兰	0.6	3.0	1.2	-1.3	-7.3	-16.8
希腊	2.5	3.5	0.9	-3.5	-2.7	-45.4
葡萄牙	2.0	2.0	1.0	2.0	-14.2	-45.0
卢森堡	0.4	8.7	1.5	1.4	-11.2	—
斯洛文尼亚	2.2	-0.2	3.1	1.7	-17.8	-33.3
立陶宛	4.4	3.5	3.2	4.3	-1.4	-20.1
拉脱维亚	-1.9	2.9	2.3	0.5	-11.1	-23.7
塞浦路斯	1.2	4.7	2.4	4.8	-8.1	-38.9
爱沙尼亚	8.1	3.1	5.7	-0.3	-8.5	-20.7
马耳他	3.7	21.1	-7.7	2.0	-1.6	-46.6
斯洛伐克	—	—	—	—	—	—
欧元区19国	2.1	0.5	1.3	0.2	-14.1	-39.4

---

① 核心国主要指德国、法国、意大利等经济体量在欧盟中占比较大且曾作为欧盟创始国在欧盟事务中居主导地位的国家，边缘国主要指2004年欧盟东扩后加入的国家。

续表

国别（地区）	2019年第一季度	2019年第二季度	2019年第三季度	2019年第四季度	2020年第一季度	2020年第二季度
波兰	5.8	2.7	4.9	0.8	−1.5	−31.0
瑞典	0.9	0.3	1.2	0.5	0.8	−29.3
丹麦	0.7	5.1	0.8	2.0	−7.8	−25.0
捷克	2.1	2.2	1.9	1.7	−12.6	−30.6
罗马尼亚	6.1	2.6	1.9	4.9	1.2	−40.7
匈牙利	8.0	3.1	3.7	2.7	−1.6	−46.6
克罗地亚	4.6	2.3	2.4	1.6	−4.9	−47.6
保加利亚	4.0	2.7	2.7	3.1	1.2	−34.4
欧盟27国*	2.3	0.8	1.5	0.4	−12.5	−38.4
英国	2.7	−0.2	2.1	0.0	−8.5	−59.8
瑞士	2.0	2.1	1.8	3.1	−9.5	−29.1
塞尔维亚	4.4	6.2	8.7	6.6	−1.8	−32.1
挪威	0.2	0.9	−0.1	6.2	−6.6	−19.0

注：" * " 不含英国，"—"表示无法获取。
资料来源：Eurostat。

疫情后，德国属于经济复苏较好的第一梯队。根据德国联邦政府9月的秋季经济预测报告，德国经济已于5月度过了经济下行的谷底阶段，月度经济数据表现出显著的复苏态势，季调后第二季度GDP环比增速为−9.7%，也好于初值的−10.1%。不过，考虑到德国主要贸易伙伴的疫情情况，德国联邦政府认为，经济复苏可能会以一种缓慢的速度持续进行，并于2022年初恢复至疫情暴发前水平。

北欧国家经济由于韧性较强，受疫情冲击程度较小，复苏也较快，即便是主张全员免疫而没有实施强制隔离措施，从而导致死亡人数远超邻国的瑞典。瑞典央行对其全年经济损失的评估也仅为4.5%左右。封锁较为及时的挪威、芬兰和丹麦经济受损程度则更小，零售、工业产出亦在7~8月基本实现了环比正增长。

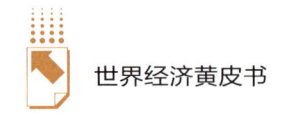

法国从疫情中恢复的进程则喜忧参半。法国商业活动在 5 月封闭措施逐步解禁后回暖，6 月工业产出环比增加 12.7%，超出此前市场预期的 8.9%。7 月服务业 PMI 更创 2018 年 4 月以来新高，家庭消费也出现补偿性反弹，为法国经济步入复苏区间提供了支撑。然而，各行业活动仍低于正常水平，新订单持续萎靡，在 2019 年已给法国经济带来沉重压力的贸易逆差加剧扩大。2020 年第二季度法国贸易逆差达到 204 亿欧元，环比较第一季度增加 69 亿欧元，表明外贸疲软继续掣肘着法国经济的复苏。

以旅游业为支柱产业的西班牙和意大利复苏前景堪忧，尤其是西班牙，2020 年第二季度经济萎缩程度为欧盟成员国之冠，过往 6 年取得的经济复苏成绩完全消耗殆尽。疫情的反复给旅游业能否在年底前恢复画上了问号，而旅游业的低迷又进一步促使意大利、西班牙两国临时用工需求骤减，劳动力市场大量就业岗位流失。与此同时，长期存在的结构性问题也使两国作为经济主体的小企业抗危机能力较差，增加了经济复苏的难度。

东欧国家受疫情打击相对较轻，且得益于政府迅速采取封锁和控制措施，当地新冠病毒的感染率和死亡率都较低。但这些国家经济恢复进程不太乐观，它们对欧盟内部贸易出口和旅游业依赖程度较高，国家政府为经济救援计划提供资金的能力较弱，未来经济如何复苏存在较大不确定性。

二　货币与金融状况

（一）货币政策大幅放松

2019 年下半年，为刺激通胀、提振欧元区经济，欧洲央行于 9 月采取了降息和重启量化宽松的操作，下调欧元区隔夜存款利率至 -0.5%，同时维持欧元区主导利率和隔夜贷款利率不变。这是欧洲央行自 2016 年 3 月以来首次调降欧元区关键利率。欧洲央行还决定从 11 月起重启资产购买计划，每月购债规模为 200 亿欧元，直至下次加息前结束。

2020 年，新冠肺炎疫情的暴发使欧洲央行采取了一系列释放流动性的措施，包括在 2020 年底前额外增加 1200 亿欧元资产购买计划、推出额度高达 1.35 万亿欧元的新冠肺炎疫情紧急购债计划（PEPP）、为银行机构提供疫情应对紧急长期再融资操作（PELTROs）、下调第三轮长期定向再融资操作（TLTRO Ⅲ）利率等。同时，欧洲央行还向欧元区以外国家的央行提供预防性的欧元回购便利，以应对疫情冲击下的市场失灵及其所引发的欧元流动性需求。

这些举措大幅缓解了欧洲经济在此次疫情中所遭受的负面冲击。随着解封后经济复苏苗头的显现，欧洲央行在 9 月议息会议上采取了相对谨慎的观望姿态，维持各项政策立场不变。不过，市场普遍预计，如果欧元区未来通胀下行压力加剧，或疫情出现二次反弹，欧洲央行或会进一步增加货币政策的宽松程度。

（二）货币供给急速扩张

受欧洲央行量化宽松政策驱动，欧元区货币供应量（M3）在 2018 年第三、四季度保持温和增长，增速分别为 5.7% 和 4.9%。2020 年增速则急速跳升，第一、二季度增速分别为 7.5% 和 9.2%。从各分支项目看，M3 增长主要动力来自流动性较高的 M1，尤其是隔夜存款。2019 年第三季度至 2020 年第二季度，M1 增速分别为 7.9%、8.0%、10.4% 和 12.6%，均较上年同期有所提升，为区内经济活动提供了有效支撑。

疫情暴发前，欧元区信贷对政府部门收缩而对私人部门温和扩张，2019 年末政府部门信贷余额同比下降 1.9%，私人部门信贷余额则同比增加 3.4%。此后，由于整体经济前景恶化，借款人信用风险增加，欧元区银行在 2020 年第一季度收紧了对私人部门，尤其是家庭部门的信贷标准，但叠加政府纾困政策以及企业在疫情下对短期贷款需求激增的影响，私人部门贷款规模在 2020 年第一、二季度仍然保持了较高的增长，同比增长率分别为 4.2% 和 4.7%，其中，非金融企业是信贷扩张的主要驱动力，第一、二季度同比分别增长 4.9% 和 6.5%，家庭信贷增速则在消费需求萎缩的影响下较 2019 年末有所放缓，第一、二季度同比分别增长 3.3% 和 3.2%。

表3 欧元区货币与信贷的同比增长率

单位：%

指标	2019年*	2019年第三季度	2019年第四季度	2020年第一季度	2020年第二季度
欧元区货币供给总量					
M1	8.0	7.9	8.0	10.4	12.6
其中：流通中现金	4.8	4.7	4.8	7.0	9.7
隔夜存款	8.5	8.5	8.5	10.9	13.1
M2-M1（其他短期存款）	0.1	1.1	0.1	0.0	0.8
其中：2年期以下定期存款	-5.3	-2.6	-5.3	-3.7	-3.3
通知期在3个月以下的可赎回存款	2.7	3.0	2.7	1.8	2.7
M2	5.7	5.9	5.7	7.4	9.2
M3-M2（可交易有价证券）	-8.2	1.1	-8.2	10.1	9.2
M3	4.9	5.7	4.9	7.5	9.2
欧元区信贷规模					
对政府部门信贷	-1.9	-1.1	-1.9	1.6	13.6
对私人部门信贷	3.4	3.2	3.4	4.2	4.7
其中：对非金融企业信贷	2.6	2.9	2.6	4.9	6.5
对家庭信贷	3.5	3.2	3.5	3.3	3.2

注："*" 2019年全年的货币供给与信贷余额数据取年末值，因此也是2019年第四季度的数据。表中数据为年增长率，经过季度调整。

资料来源：European Central Bank (2020), Economic Bulletin, Issue 6/2020。

（三）疫情后欧元汇率快速上扬

2019年7月至2020年2月，欧元汇率整体表现稳中有降。欧元对42个最主要贸易伙伴货币的名义有效汇率（EER-42）指数在2020年2月降至113.5，为2017年7月以来的最低值，较2019年7月下降了1.6%。然而，疫情在全球范围蔓延给世界各国经济都带来了下行压力，相比之下对冲击具有较强的抵御能力使得欧元名义有效汇率自2020年3月开始快速上扬，并于8月达到122.4的高位，创2009年末以来最高纪录。

图 4　欧元名义有效汇率（EER-42）

注：月度平均数据，1999 年第一季度为 100。
资料来源：ECB。

从双边汇率来看，2019 年第三季度至 2020 年第二季度，欧元兑美元先跌后升，最终累计下跌仅 0.8%。欧元兑英镑在 2020 年 2 月英国正式结束其 47 年的欧盟成员国身份时跌至 1 欧元兑 0.83 英镑的低位，随后逐步回升，并在英国宣布进入紧急抗疫状态前后升至 0.93 的高位，最终第四季度累计升值约 1.7%。就亚洲主要货币而言，欧元兑人民币累计升值 1.9%，兑日元累计贬值 1.8%。

未来一段时间，欧元汇率的走势将主要取决于欧洲相对于世界其他国家从疫情中恢复的情况，以及欧洲央行货币政策的方向。欧洲国家债务和金融问题，以及英国在脱欧过渡期与欧盟的谈判等事件也值得关注，它们或将给欧元汇率带来负面冲击。

三　财政状况

（一）积极财政政策纾困疫情

为应对疫情冲击，欧盟在 2020 年 3 月激活了欧盟成员国国家预算规则中的义务免责条款，暂停各国为达到赤字和债务目标所应承担的义务，并于 9 月表示只有当经济不再面临严重下滑风险时，预算约束才会重新生效。这一举措为欧盟成员国利用积极财政政策进行经济纾困提供了极大的便利。截至 2020 年 9 月初，欧盟各国政府已相继宣布了高达 3.7 万亿欧元的财政支持措施，其中，德国政府提供的救助资金规模超过 1.3 万亿欧元，救助力度在欧盟成员国中居首位。法国亦不遑多让，继 4 月出台 1100 亿欧元的应急计划后，又于 9 月宣布了 1000 亿欧元的"法国复苏"计划，使其向经济注入的公共资金占 GDP 的比例居欧洲国家前列。

在欧盟层面，4 月欧盟推出了 5400 亿欧元的一揽子救助计划，分别为劳动者、中小企业和欧元区国家提供资助。7 月，欧盟有史以来规模最大的财政支出计划"复苏基金"获得通过，欧盟委员会将通过金融市场筹集 7500 亿欧元分配给各国发展经济。7500 亿欧元中，3900 亿欧元是给成员国的无偿拨款，其余属于低利息贷款项目。意大利和西班牙成为该计划受益最大的两个国家，所获资金在基金总额中的占比分别为 28% 和 19%。与此同时，欧盟还将 2021 年至 2027 年长期预算金额定为 1.074 万亿欧元，较上一个七年度的财政预算高 1100 多亿欧元。这两个方案使欧盟未来能够动用总规模高达 1.8 万亿欧元的财政工具，从而为欧洲经济复苏铺路。

（二）财政赤字上升

受经济增长放缓的影响，欧盟和欧元区国家财政改善的状况在 2019 年出现倒退。2018 年欧盟和欧元区的财政赤字率分别为 0.4% 和 0.5%，2019 年则双双上升至 0.6%。就欧盟主要国家而言，意大利的财政赤字率由 2018 年的 2.2% 下降到 2019 年的 1.6%，法国的财政赤字率由 2.3% 上升到 3.0%，西班牙和比利时的财政赤字率亦分别由 2.5% 和 0.8% 上升到 2.8% 和 1.9%。欧盟外的英国财政赤字率则小幅改善，由 2.2% 下降到 2.1%。

广义政府债务占 GDP 的比例方面，欧盟和欧元区政府债务在 2019 年均有所下降，政府部门杠杆率分别由 2018 年的 79.6% 和 85.8% 下降至 77.8% 和 84.1%。希腊、葡萄牙、比利时等国政府部门杠杆率均有不同程度的改善，但依旧处于很高的水平，分别为176.6%、117.7%和98.6%。意大利政府部门杠杆率则维持与2018年相同的水平，为134.8%。

2020年疫情的暴发使欧洲各国政府不得不打破财政纪律的束缚，实施财政刺激。这显然给欧盟和欧元区国家的财政状况带来较大压力。2020年第一季度，季调后欧盟和欧元区的财政赤字率分别为2.3%和2.2%，较上季度飙升了1.6个和1.4个百分点，为2008年金融危机以来的最大季度涨幅，同时也刷新了2015年第二季度以来最高赤字率纪录。根据欧盟委员会春季预测，2020年欧盟和欧元区财政赤字率将分别跃升至8.3%和8.5%，其中，意大利赤字率将达到11.1%，西班牙为10.1%，法国为9.9%，德国为7.0%。同时，还预计欧盟和欧元区政府债务占GDP的比例在2020年将分别上升至95.1%和102.7%。这意味着欧洲后续将面临巨大的去杠杆挑战。

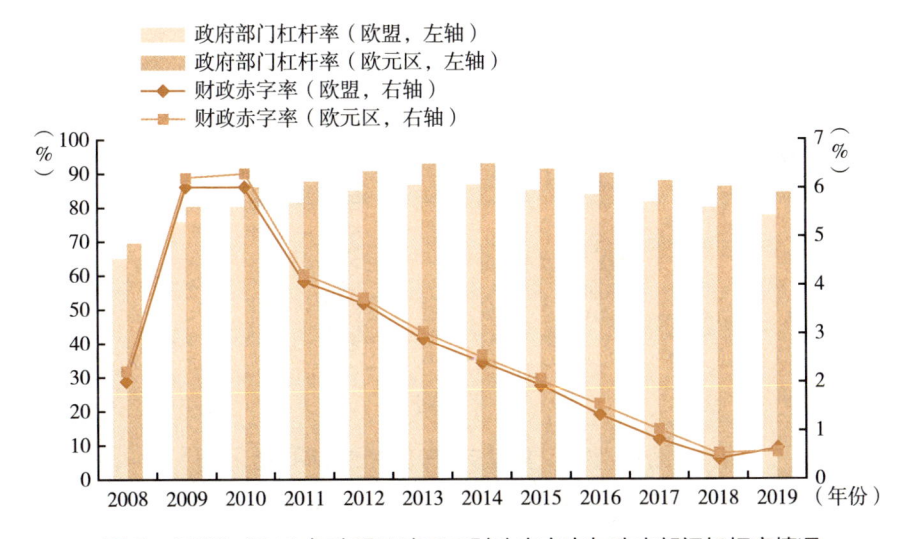

图5 2008~2019年欧盟及欧元区财政赤字率与政府部门杠杆率情况

资料来源：根据Eurostat相关数据整理。

四 对外贸易状况

受全球经济增长乏力及疫情冲击，欧洲货物贸易在报告期内呈现较大幅度下滑。根据世界贸易组织的相关数据[①]，2019年第三季度至2020年第二季度，欧盟27国对外货物贸易出口额为22155.31亿美元，进口总额为20083.94亿美元，同比增速分别为-7.38%和-9.70%。从季度同比增速看，欧盟27国2019年第三季度和第四季度对外货物贸易出口额下降趋势有所缓和，增速分别为-0.6%和-0.2%，而在2020年第一季度对外货物贸易出口额下降了4.6%，第二季度则大幅度下降24.3%，与同期美国和中国的情况对比来看，疫情对主要经济体的出口均产生了重要冲击，美国在2020年第二季度的出口额同比下降近30%，而中国在2020年第一季度面临出口13.4%的较大下滑后，在第二季度恢复了正增长。进口方面的情况和出口类似，在2020年第二季度出现大幅度下滑。

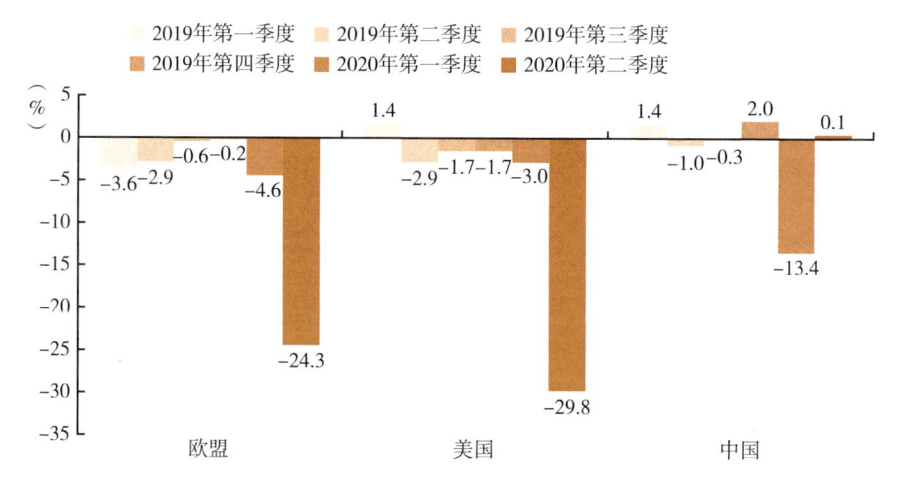

图6 欧盟、美国及中国货物出口额增速

注：欧盟的数据为欧盟对外货物出口额增速，不包括欧盟内贸易部分。
资料来源：根据WTO相关数据整理。

与货物贸易总体发展情况类似，欧盟服务贸易在2019年后两个季度增长较为平稳，而在2020年前两个季度则受到明显冲击，2019年第三季度至2020年第二季度，欧盟对外服务贸易出口额为9626.68亿欧元（10814.03亿

---

① 根据 https://data.wto.org/ 相关数据计算得出。

欧洲经济：复苏之路崎岖

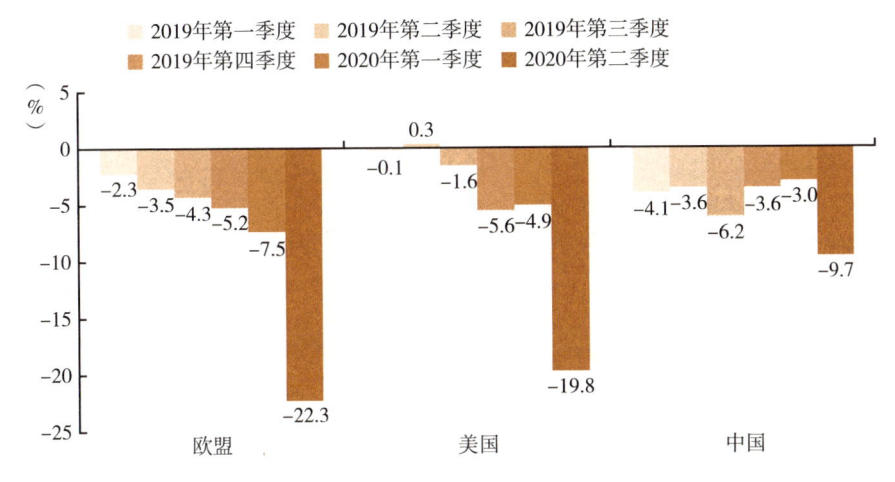

图7 欧盟、美国及中国货物进口额增速

资料来源：根据WTO相关数据整理。

美元），服务贸易进口总额为8939.68亿欧元（10042.3亿美元），同比增速分别为-2.82%和1.36%。从季度同比增速看，2020年第一季度和第二季度，欧盟对外服务贸易出口分别下降了16.69%和13.33%，对外服务贸易进口分别下降了11.55%和24.53%，各行业的表现出现分化，其中，旅行业出口在这两季度分别下降了34.64%和72.07%，旅行业进口在这两季度分别下降了25.83%和74.83%。而金融服务贸易在2020年第二季度恢复正增长。

表4 欧盟服务贸易出口

单位：十亿欧元

项目	2019Q1	2019Q2	2019Q3	2019Q4	2020Q1	2020Q2
服务	227.83	254.77	271.46	270.52	225.37	195.32
加工服务	6.42	6.47	6.20	7.09	6.41	6.44
维护和维修服务	4.53	5.07	4.97	5.27	4.99	4.13
运输	42.00	46.17	48.98	46.03	40.61	32.93
旅行	28.32	43.63	57.32	33.80	22.09	6.17
建设	4.62	3.00	2.94	2.87	2.21	2.89
保险和养老金服务	5.06	4.84	5.05	4.82	5.17	4.11

063

续表

项目	2019Q1	2019Q2	2019Q3	2019Q4	2020Q1	2020Q2
金融服务	18.01	18.68	19.32	19.77	18.18	18.96
知识产权使用费	18.70	20.14	18.46	23.26	20.03	20.00
电信、计算机和信息服务	37.74	41.14	41.96	48.58	41.75	39.71
其他商业服务	56.05	58.63	58.85	70.73	57.09	52.88
个人、文化和娱乐服务	3.39	3.73	3.97	3.82	3.53	3.19
政府服务	1.53	1.65	1.92	1.88	1.47	1.43
其他	1.48	1.61	1.51	2.59	1.84	2.47

注：数据为未经季节和工作日调整的数据。
资料来源：根据 Eurostat 相关数据整理。

表5 欧盟服务贸易进口

单位：十亿欧元

项目	2019Q1	2019Q2	2019Q3	2019Q4	2020Q1	2020Q2
服务	196.67	248.88	216.27	265.55	234.88	177.26
加工服务	4.18	4.09	3.86	4.94	3.92	4.17
维护和维修服务	3.90	3.93	3.97	4.41	4.09	3.19
运输	33.83	35.09	36.21	35.68	32.86	27.31
旅行	25.03	27.33	35.45	28.45	21.10	5.31
建设	1.49	1.68	1.43	1.62	1.31	1.46
保险和养老金服务	4.80	4.87	4.94	5.38	5.53	4.80
金融服务	14.40	14.87	15.36	16.09	15.52	16.42
知识产权使用费	27.21	30.40	28.35	31.14	35.51	32.28
电信、计算机和信息服务	16.95	16.90	17.14	20.06	17.25	16.75
其他商业服务	60.62	105.51	64.66	113.06	93.77	61.95
个人、文化和娱乐服务	3.13	3.32	3.48	3.37	3.05	2.67
政府服务	1.01	0.79	1.12	1.24	0.97	0.85
其他	0.10	0.11	0.28	0.12	0.02	0.11

注：数据为未经季节和工作日调整的数据。
资料来源：根据 Eurostat 相关数据整理。

欧盟是全球价值链的三大中心之一，欧盟内部的价值链较为完备。从价值链增加值来看，欧盟出口对区域外部的价值增值依赖程度不高，2019年中国、美国、俄罗斯及日本在欧盟出口中增加值的比重分别为4.45%、2.81%、1.43%和1.39%，其他部分主要源自欧盟内部。[①] 受疫情影响，全球价值链区域化的趋势将有所加强。

欧盟和英国的贸易谈判悬而未决，谈判预计最晚在2020年12月31日结束，但双方在渔业政策、政府对公司的援助规定等方面存在较为明显的分歧，贸易协定谈判进展缓慢。此外，英国脱欧后，一方面需要重新与之前欧盟有贸易协定的多国商议贸易协定；另一方面，也在谋求与美国等商谈新贸易协定，以及考虑加入CPTPP等区域性贸易协定。

欧盟与美国的贸易争端从传统领域向新兴领域扩展。2019年10月，世界贸易组织对旷日持久的美欧航空补贴争端进行裁决，如果欧盟及其部分成员国继续对空客公司进行违规补贴，美国将有权每年对近75亿美元的欧盟输美商品和服务采取加征关税等措施。美欧关于数字服务税的争端也不断升级。2020年7月，美国贸易代表办公室（USTR）称，为报复法国拟开征数字服务税，美国拟对价值约13亿美元的法国输美商品加征25%的关税。

欧盟主动参与和引领国际贸易治理体系改革，力求继续维护以规则为基础的多边贸易体制，并继续通过区域贸易协定谈判来巩固同贸易伙伴的关系，促进本地区的经济增长。欧盟-越南自由贸易协定于2020年8月31日生效。2019年，欧盟对越南的出口额为130.66亿美元，欧盟自越南的进口额为446.65亿美元。[②] 协定约定双方将逐步消除99%的货物贸易关税，同时，对劳工、环境标准等进行了约定。欧盟同印尼、澳大利亚、新西兰和智利的自由贸易协定谈判也取得一定进展。

---

① 资料来源于联合国贸发会议Eora全球价值链数据库。
② 资料来源于UN Comtrade数据库，此处为欧盟28国的数据。

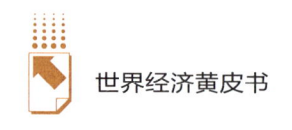

五 2021年欧洲经济展望

美欧贸易摩擦和英国脱欧不确定性是2019年下半年欧洲,尤其是德国、法国等核心国经济放缓的主要原因。进入2020年,疫情的暴发改变了欧洲经济增长格局,欧盟成员国几乎全部陷入衰退,失业率快速攀升,通胀萎靡不振,贸易表现下滑。为此,欧洲央行、欧盟和各国政府纷纷出台纾困政策,托底民生经济,致使欧洲在疫情缓解后经济得到部分恢复。

展望2021年,欧洲经济复苏之路仍面临诸多挑战。首先,疫情的发展依旧存在较高不确定性。9月初,欧洲疫情有卷土重来的迹象,各国新增确诊病例数不断走高。为遏制疫情再抬头,多国政府不得不重新收紧防控措施,包括限制聚集人数上限、调整服务行业营业时间等。2021年疫情是否还会对欧洲经济造成扰乱仍难以判断。一旦出现疫情反复的情况,欧洲经济复苏必将被拖累,尤其是经济较为倚重旅游业的东南欧国家。

其次,尽管欧盟及其成员国政府积极动用财政刺激助力经济复苏,这些雄心勃勃的刺激政策最终对实体经济的作用效果还有待观察。一方面,不少援助款项是分批划拨的,且有较为严苛的前置条件,有些甚至会和政治表现或民主改革挂钩,受疫情影响的国家能否及时获得足额的资金尚未可知;另一方面,尽管法国、德国等国家将绿色经济和数字转型作为推动疫情后复苏的重要领域,但它们的复苏计划缺乏能够立即提供帮助的方案和配套措施。一些南欧国家,如从复苏基金中获益最多的意大利,则连明确的投资方向和复苏计划都没有。这意味着,即便财政刺激计划能够及时到位,但切实发挥其对经济的正面作用,也将是一个缓慢、长期的过程。

最后,外部风险和金融风险同样制约着欧洲经济的复苏。全球经济低迷、外需不足,全球贸易大幅度下滑,全球价值链向本地回缩。英国虽在2020年初正式退出欧盟进入为期11个月的"脱欧"过渡期,但双方的贸易谈判却迟迟未能达成共识,12月底英国"无协议脱欧"的风险仍然存在,给2021年双方经贸关系蒙上阴影。美欧贸易争端从传统领域向新兴领域扩展,美国不断采取的关税威胁使双方经贸关系存在较大不确定性。此外，扩张财政政策带来的主权债务累积，以及疫情冲击下企业和居民信用违约增多带来的欧洲银行资产质量下降，都威胁着欧洲本已脆弱的金融体系，一旦个别风险事件（如疫情恶化程度超出控制）触发危机，将给欧洲经济带来灾难性后果。

整体来说，欧洲经济复苏道路崎岖，充满不确定性。短期内即便二次疫情对经济的损伤可控，受政策刺激效果时滞性、欧洲自身结构性问题、外部贸易环境不稳的影响，欧洲经济也较难出现强劲反弹。不过，若无其他负面风险因素如英国无协议脱欧、债务危机爆发等的影响，在复兴计划的支持下，欧洲经济2021年春季之后或会逐步回升，预计2021年欧盟和欧元区经济增长率均为4%~5%。

参考文献

东艳、陆婷:《欧洲经济：下行风险持续增加》，载张宇燕主编《2020年世界经济形势分析与预测》，社会科学文献出版社，2020。

European Central Bank, "Economic Bulletin," Issue 6/2020.

European Commission, "European Economic Forecast, Spring 2020," Luxembourg: May, 2020.

European Commission, "European Economic Forecast, Summer 2020," Luxembourg: July, 2020.

IMF, "World Economic Outlook," Update, Washington, D.C., June 2020.

World Bank, "Global Economic Prospects: Pandemic, Recession: The Global Economy in Crisis," Washington, D.C., June 2020.

Y.4
日本经济：重创之下难以迅速反转

周学智[*]

摘　要： 2019年日本实际GDP增长0.7%。日本经济在2019年第四季度大幅负增长，消费税率提升是直接诱因，这也预示着如履薄冰的日本经济开始下沉。2020年新冠肺炎疫情在全球蔓延，日本经济受到重创，几乎所有重要经济指标都在2020年上半年出现崩塌式走坏。疫情期间，日本国内的消费需求和投资需求萎缩，外需不振也大幅拖累了日本经济。为应对疫情带来的经济下滑，日本央行在2020年上半年不断宽松金融政策，日本政府试图依靠增发公债渡过经济难关。以新冠肺炎疫情的蔓延态势看，日本经济料已度过最严重加速跌落期，但经济状态若想恢复到疫情暴发之前仍需时日。2020年下半年至2021年日本经济仍将以修复为主。

关键词： 金融政策　财政政策　消费　投资　日本

2019年日本经济经历了从逐步上升到断崖式暴跌的过程，以日元计的实际国内生产总值（GDP）增长率为0.7%，稍低于我们在《2020年世界经济形势分析与预测》中0.8%的预测值，但总体吻合。2019年日本经济增速在第四季度暴跌，主要是由消费税率的提升对消费需求造成巨大冲击所致。2019年10月日本政府上调消费税率至10%，随后日本实际GDP在第四季度同比萎缩

---

[*] 周学智，中国社会科学院世界经济与政治研究所助理研究员，主要研究领域为国际投资。

0.7%，显著拉低了2019年全年的GDP增长率。

进入2020年，新冠肺炎疫情在日本蔓延。鉴于新冠肺炎疫情的蔓延态势，国际奥委会委员3月宣布初步计划将2020年东京奥运会推迟到2021年举办。4月，日本首相安倍晋三发表"紧急事态宣言"，日本经济几乎陷入"冰冻"。2020年前两个季度，日本多项经济指标大幅恶化，多年以来的经济温和平稳上升态势彻底结束。

2020年下半年至2021年，日本经济仍将面临较多不确定性因素。其中最主要因素仍会是新冠肺炎疫情在日本和全球的蔓延态势。此外，安倍晋三辞职后日本经济政策走向、东京奥运会能否在2021年召开等都会对日本经济恢复产生影响。从长期角度看，人口老龄化问题、政府部门债务问题等仍将继续困扰日本经济。综合判断，我们预计日本实际GDP增速在2020年和2021年将分别为-6.0%和3.5%，日本经济在未来一段时期仍以恢复为主。

一 2019年至2020年上半年日本经济状况急转直下

2019年日本实际经济增长率为0.7%，高于2018年的0.3%。尽管日本年经济增长率继续维持正值，但增长动力已经在2019年显现疲态。正如我们在《2020年世界经济形势分析与预测》中所提到的，日本经济的复苏周期已经如履薄冰。2019年第四季度，随着消费税率提升至10%，日本经济尤其是消费需求出现大跌。2019年第四季度，日本私人部门消费同比下降1.9%，不含房租的私人消费同比下跌2.9%。不仅如此，私人部门投资也呈现显著萎缩——私人企业设备投资同比下降4.6%。政府部门的消费和投资则在第四季度呈现同比增长，分别为2.3%和5.5%，政府行为在一定程度上对冲了私人部门消费和投资的下滑。不过，由于私人部门的消费和投资约占日本GDP的70%，政府部门消费和投资仅约占25%，后者的"托底"并不能阻挡日本经济在2019年第四季度的萎缩。相较于第四季度，日本经济在2019年第三季度表现较好，实现1.7%的正增长。不过这其中包含了增税前"突击"消费和投资的因素。

进入2020年，日本实际GDP增速大幅下跌，第一、第二季度同比增长率分别为-1.8%和-9.9%。若将2019年第四季度考虑在内，日本实际GDP已是连续三个季度同比负增长，经济陷入衰退期。具体来看，日本GDP中除政府部门之外的各项指标全面萎缩。2020年第一、二季度，私人部门消费分别同比下降2.4%和10.9%，私人企业设备投资分别下降2.0%和4.3%；进出口总额分别下降5.0%和14.6%。从以上数据可以看出，第一，日本经济下行在新冠肺炎疫情全面暴发前就已开始。2020年第一季度，日本GDP中的重要指标全面下滑，2019年就已经显现的颓势在2020年得到延续。[①] 2019年第四季度日本政府提高了消费税率，按照2014年增税的经验，增税对日本经济的短期负面影响会至少持续两个季度。第二，2020年第二季度指标恶化程度加深，主要是由新冠肺炎疫情在全球及日本蔓延所致。2020年4月，安倍晋三发布"紧急事态宣言"，与此同时全球越来越多的国家相继进入隔离状态。新冠肺炎疫情在全球的全面暴发，对日本国内私人消费和投资以及日本进出口均造成巨大冲击。

表1 日本经济实际同比增长率

单位：%

指标	2019Q1	2019Q2	2019Q3	2019Q4	2020Q1	2020Q2
GDP	0.8	0.9	1.7	-0.7	-1.8	-9.9
私人部门消费	0.4	0.7	1.4	-1.9	-2.4	-10.9
私人住宅投资	0.7	3.0	4.3	0.3	-5.5	-5.5
私人企业设备投资	1.4	0.5	5.5	-4.6	-2.0	-4.3
政府消费	0.5	2.1	2.8	2.3	2.1	1.0
公共投资	1.0	1.0	4.0	5.5	2.3	2.9
出口	-1.8	-2.2	-0.6	-1.8	-5.7	-23.3
进口	-0.9	0.2	2.6	-4.4	-4.3	-6.2

注：数据为季节调整实际同比增长率。
资料来源：日本内阁府。

---

① 具体可参考《2020年世界经济形势分析与预测》中"日本经济：战后最长扩张周期如履薄冰"部分。

日本在 2019 年取得了正的经济增长率，但经济景气度已经明显进入下行周期。我们在《2020 年世界经济形势分析与预测》中判断，日本经济会在 2019 年下半年至 2020 年明确地步入下行通道。从截至 2020 年 6 月的经济景气动向指数（CI）看，日本经济已经处在"恶景气"时期。同时也应该注意到，2020 年第二季度后半段，日本经济景气程度有所回升，具有一定预测意义的"先行指数"反弹幅度较大。这预示着在新冠肺炎疫情背景之下，日本经济在 2020 年下半年至 2021 年继续恶化的程度会减弱。不过，所有指数尚远低于 100 荣枯线，日本经济立即转向强劲复苏并不现实。

图 1 日本经济景气动向指数（CI）

资料来源：日本内阁府。

综上所述，日本经济在 2019 年上半年已显现疲态，并在 2019 年第四季度转为显著向下。2020 年，日本经济在自身周期因素和新冠肺炎疫情因素叠加之下遭受重创。2020 年下半年至 2021 年，日本经济仍将面临巨大挑战。日本政府在 5 月解除"紧急事态宣言"后，新冠肺炎疫情多次出现反弹迹象，疫情在日本蔓延恐成常态。我们认为，新冠肺炎疫情能否在日本乃至全球范围内得到有效控制，是影响日本经济在 2020 年下半年至 2021 年反弹力度的关键。

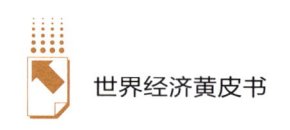

二 金融状况

(一) 金融政策扩张力度加大

在"安倍经济学"背景之下,日本的货币宽松政策已经实施多年。在新冠肺炎疫情暴发前,日本银行金融政策的宽松力度基本稳定,2020年1月与2019年全年金融政策力度都大体相当。[①] 新冠肺炎疫情暴发后,日本银行在原有基础上实施了更加宽松的金融政策。2020年1~6月,日本央行金融政策发生了明显的变化,如表2所示。

表2 2020年上半年日本银行金融政策决定事项

项目	对象	1月	3月	4月	5月	6月
短期利率	政策利率	-0.1%	-0.1%	-0.1%	-0.1%	-0.1%
长期利率	10年期国债	0	0	0	0	0
资产买入	ETF(年增上限)	6万亿日元	12万亿日元	12万亿日元	12万亿日元	12万亿日元
	J-REIT(年增上限)	900亿日元	1800亿日元	1800亿日元	1800亿日元	1800亿日元
	商业票据、短融债(买入上限)	2.2万亿日元	3.2万亿日元	二者合计上限为20万亿日元	7.5万亿日元	7.5万亿日元
	公司债(买入上限)	3.2万亿日元	4.2万亿日元		7.5万亿日元	7.5万亿日元
	国债(年增上限)	80万亿日元	80万亿日元	无上限	无上限	无上限
通胀目标	通货膨胀率	2%	2%	2%	2%	2%
其他支援措施	美元贷款利率	—	降低0.25%	—	—	—
	1周到期、3个月到期贷款	—	增加供给	—	—	—
	私人企业债务担保	—	8万亿日元,最长一年的0利率资金供给	扩大范围,总额增至23万亿日元		

注:ETF为交易型开放式指数基金,J-REIT为不动产投资信托。
资料来源:根据日本银行在2020年1~6月公布的《金融市場調節方針に関する公表文》整理。

[①] 日本银行:《当面の金融政策運営について》,2019年6月20日、2020年1月21日。

2020年3月开始，日本银行对金融政策不断进行调整，本已宽松的金融政策趋向更加宽松。日本央行利率操作空间已经不大，无论是短期还是长期利率，在2020年上半年都基本维持不变。日本央行主要在量化宽松方面进行努力，以应对新冠肺炎疫情带来的经济震荡。

2019年，日本消费者价格指数（CPI）增速为0.5%，远远低于2%的目标。日本央行依旧定下了2%的通胀目标，不过2020年实现该目标的难度会更大。2020年前三个月，日本CPI分别上涨0.7%、0.4%和0.4%。第二季度，受到新冠肺炎疫情影响，日本CPI 4~6月均同比上涨0.1%。2020年达成CPI上涨2%的目标基本无望。

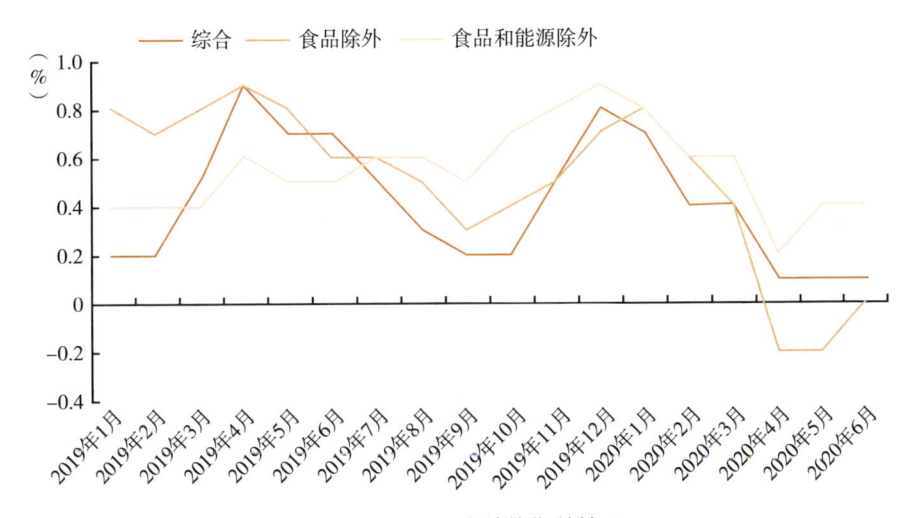

图2 日本消费者价格指数情况

资料来源：日本总务省统计局。

（二）流动性充沛，股市剧烈震荡后回到高位平台

2019年至2020年上半年，日本货币环境依旧宽松。2019年日本基础货币数量较2018年增长3.6%。2020年上半年，日本基础货币数量保持最低2.3%（4月）、最高6.0%（6月）的同比月度增幅。[①] 广义货币M2在2019年各个

---

① 资料来源：日本银行。

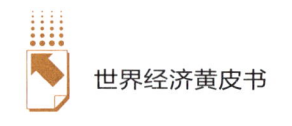

月份均保持 2.3% 以上的同比增长，2020 年上半年更是最高达到 7.3%（6 月）的同比增长率。

国债方面，2019 年至 2020 年上半年，日本国债利率呈现先抑后扬的态势。尤其是中短期债券利率在 2019 年总体维持在 0 之下。2020 年第三季度后，日本国债利率开始显著上升，10 年期国债在 2020 年达到 0 附近——这与日本政府在此期间加大国债供给有关。

图 3　日本国债利率走势

资料来源：日本财务省。

股市方面，日经 225 指数在 2019 年上涨了 18.2%，金融宽松叠加美国股市强势上涨，是日本股市在 2019 年上涨的重要原因。不过，日本股市在 2020 年第一季度则经历了巨幅震荡。伴随着美国股市的暴跌，日经 225 指数从 2020 年 1 月 17 日的阶段高点 24116 点，最低跌至 2020 年 3 月 19 日的 16358 点，其间最大跌幅高达 32.1%。随着包括日本在内的全球多国制定经济刺激措施以应对疫情带来的冲击，全球股市开始大幅反弹。日经 225 指数从 16358 点回升至 22000 点附近，并大体保持稳定。截至 2020 年 6 月 30 日，日经 225 指数收在 22288.14 点，较 2019 年最后一个交易日收盘下跌 5.8%。

三 财政状况

（一）新冠肺炎疫情导致2020年度财政预算巨大调整

2019年日本财政预算收入中，通过发行公债获得收入的比重继续降低，占比为32.2%。与2018年相比，日本2019年财政预算中各细项占比整体变化不大。

进入2020年，为应对新冠肺炎疫情，日本政府对收入和支出都进行了调整，财政预算较2019年发生了巨大变化，主要体现在以下三点。第一，大幅加大发债力度。为应对疫情对社会和经济的冲击，日本政府在2020年度财政预算中，将发行公债收入占比从2019年度的32.2%大幅提高到56.3%，绝对金额从336922亿日元增加到901589亿日元。第二，新冠肺炎疫情下，日本政府加大了对中小企业资源倾斜的力度。相较于大企业，中小企业抵御风险的能力较差，为帮助中小企业渡过难关，日本政府预算支出中"中小企业对策费"占比从2019年度的0.2%大幅提升到14.0%。第三，预算支出中新增"新冠肺炎疫情对策费"（新型コロナウイルス感染症対策予備費）项。该项总金额达到115000亿日元。综合以上三点，2020年度日本政府对预算收入和预算支出的调整，主要围绕应对新冠肺炎疫情做出。在2020年度补正预算中，与应对新冠肺炎疫情相关的财政支出达到318171亿日元。包括雇用调整助成金、企业资金周转金对应强化金、房租支付支援金、医疗体制强化金、新冠肺炎应对预备费，以及其他费用。

表3 日本财政收入、支出预算构成

单位：%

项目	2018年（10月版）	2019年（10月版）	2020年（7月版，二次补正）
税收	60.5	61.6	39.6
其他收入	5.1	6.2	4.1
公债	34.5	32.2	56.3
以上收入合计	100.0	100.0	100.0

续表

项目	2018年（10月版）	2019年（10月版）	2020年（7月版，二次补正）
社会保障相关费	33.7	33.6	25.3
文教及科学振兴	5.5	5.5	3.7
国债费	23.8	23.2	15.0
恩赐费用	0.3	0.2	0.1
地方转移支付	15.9	15.8	9.9
防卫相关费用	5.3	5.2	3.3
公共事业相关费	6.1	6.8	4.3
经济合作费	0.5	0.5	0.4
中小企业对策费	0.2	0.2	14.0
能源对策费	0.9	1.0	0.6
食品供给费	1.0	1.0	0.8
其他	6.3	6.7	15.1
预备费用	0.4	0.5	0.3
新冠肺炎疫情对策费	—	—	7.2
以上支出合计	100	100	100

注："国债费"指的是国债利息及偿还费用，"恩赐费用"指的是公务员退休金，"经济合作费"指的是对发展中国家的经济援助费用。

资料来源：日本财务省《日本の財政関係資料》，2018年10月、2019年10月、2020年7月。

（二）政府债务问题加剧

日本政府2009年度公债依存度达到阶段性历史最高值，为51.5%。[①] 此后，日本政府的公债依存度逐年下降，2017年度降至34.2%的低点。2018年度和2019年度公债依存度有所上升，但均未超过36%。日本政府在减少对债务依赖方面做出了一定努力。不过新冠肺炎疫情的暴发打乱了日本政府的节奏。根据日本政府2020年度预算，公债依存度将提升至56.3%，创历史新高。

虽然日本政府在减少对公债的依赖方面做出努力，但政府部门债务存量

---

① 公债依存度是公债发行额与政府支出之比。

较高，且仍呈增长态势。截至 2019 年度末，日本长期国债和长期地方债总计 1117 万亿日元，较 2018 年度增长 22 万亿日元。根据 2020 年度补正预算，日本长期国债和长期地方债总规模将达到 1182 万亿日元，与 GDP 之比将达到 200%，若以日本政府总体债务计，2020 年度其与 GDP 之比将达到 237.8%。

不断攀高的债务存量，一方面限制了日本政府动用财政手段刺激经济、改善福利的空间，另一方面日本政府在未来需支付更多利息。这不仅会加重日本政府负担，也会进一步缩小财政政策的空间。

四 私人部门消费与投资

（一）私人部门需求因消费税率提升而减少后，再因新冠肺炎疫情暴跌

2019 年至 2020 年上半年，日本国内消费主要受消费税率上调和新冠肺炎疫情等因素影响。日本消费税率提升不到 4 个月，新冠肺炎疫情暴发，之后消费税率上调因素与疫情因素交缠在一起，共同对日本的国内消费造成巨大冲击。接下来将分三阶段来分析日本国内私人部门需求状况。

第一，消费税率提升前后至新冠肺炎疫情全面暴发前阶段，2019 年第四季度数据能够体现出日本消费税率提升对日本国内私人部门需求造成的冲击。2019 年前三个季度，日本私人部门消费依旧保持增长，尤其在第三季度同比实际增长 1.4%，远高于前两个季度。不过，这主要是由日本国民在消费税率提升之前"突击消费"所致。2019 年 10 月 1 日消费税率上升后，日本消费显著下降，第四季度同比实际减少 1.8%。季节调整后实际环比跌幅为 1.8%，该数值略好于上次提税后的 2014 年第二季度的 -1.9%，但同样给此前仍保持增长的日本经济带来阴影。

第二，疫情暴发后，日本私人部门消费呈现断崖式下跌。2020 年前两个季度，日本私人部门消费实际同比增长率分别为 -2.4% 和 -10.9%，较 2019 年第四季度大幅恶化。受新冠肺炎疫情影响，日本政府在 2020 年第二季度提倡"居家隔离"，安倍晋三发表"紧急事态宣言"，日本私人部门消费因此受

到巨大冲击。同时，日本消费者信心指数大跌。日本消费者信心指数在4月降到22.1的低点，较2019年同期降低18.8；日本国民对工作的担忧显著加剧，对雇佣环境的信心降低到15.4，2019年同期则为43.7。

第三，5月后，日本消费者信心指数开始反弹，或预示日本居民消费需求已度过阶段性谷底。日本消费者信心指数在4月触底后开始缓慢反弹，5月和6月分别为24.7和29.2，反弹趋势明显。尽管如此，日本居民的消费信心仍显不足，整体数值仍明显低于1月。日本居民的消费信心恢复仍需要时间。

2020年下半年至2021年，预计日本私人部门消费的跌幅将逐步收敛，消费者信心指数会继续反弹，但要恢复到2019年上半年的水平则可能是一个缓慢的过程。

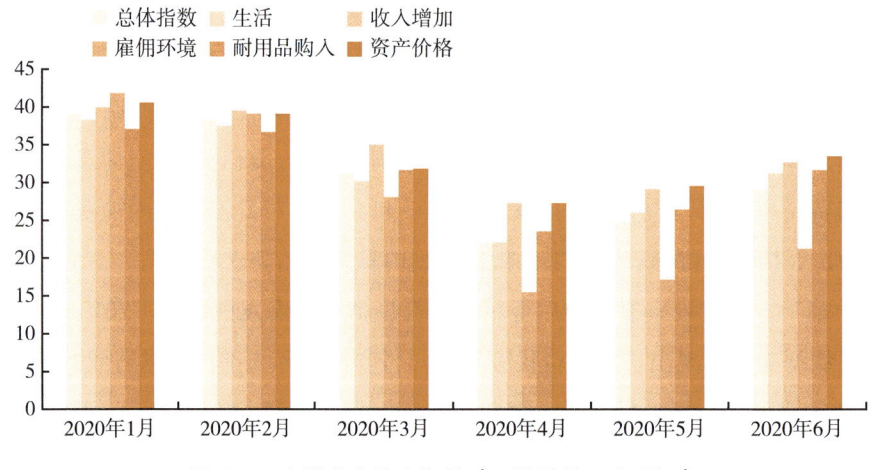

图4 日本消费者信心指数（原始数值，非季调）

资料来源：日本内阁府。

（二）私人企业设备投资惨淡

与私人部门消费情况类似，私人部门设备投资2019年第三季度出现5.5%的实际同比高增长，这一增长率创2014年第一季度以来的新高。[①] 不过，与

---

① 2014年第一季度，日本私人部门设备投资实际同比增长11.5%。2014年4月1日，日本政府将消费税由5%提高到8%。

2014年第一季度一样，日本2019年第三季度私人部门设备投资也包含提税前的"突击投资"因素。2019年第四季度私人部门设备投资出现4.6%的同比负增长，这既与2019年投资增长率呈现趋势性下跌有关，也与提高消费税率后投资者对未来经济增长动力看淡有关。①

2020年前两个季度，受到全球新冠肺炎疫情影响，日本私人部门设备投资实际同比增长率继续为负，分别为-2.0%和-4.3%。日本内阁府公布的机械订单数据表现同样令人担忧，佐证了日本国内私人部门投资不振的情况。2019年全年各个月份，日本机械订单金额呈现同比下降的态势，最好为8月的-0.2%，最差为11月的-15.4%。日本机械订单减少的主要原因是制造业机械订单减少。

2020年日本企业（大企业）投资信心依旧不足。日本政策投资银行在年中对1784家大企业（资本金在10亿日元以上）进行调查。在有关新冠肺炎疫情带来的影响的调查中，九成企业认为会有负面影响，其中，

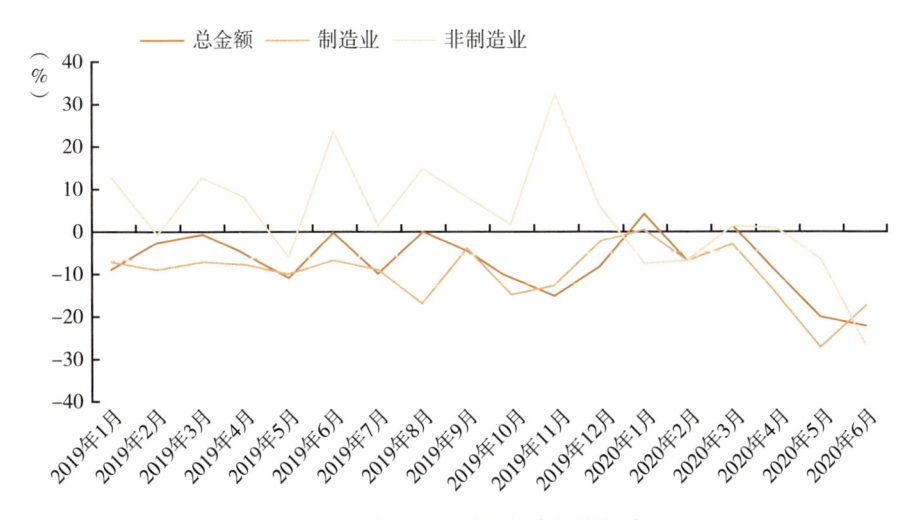

图5 日本企业机械订单金额增长率

资料来源：日本内阁府《机械订单调查报告》。

---

① 对于2018年后日本投资增长动力不足，我们在《2020年世界经济形势分析与预测》中进行了分析。

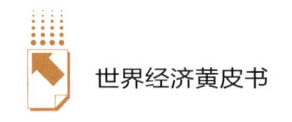

三成企业认为疫情会带来创纪录的影响；三成企业认为直到 2021 年上半年企业营收才能达到疫情前的水平；三成企业认为疫情会对日本经济造成中长期影响。①

五 对外经济部门

2019 年之前，日本出口额已经实现连续 6 年增长。② 日本的进口额在次贷危机后也呈现持续增长的态势。③ 然而 2019 年，日本的出口额和进口额双双出现萎缩。其中出口总额下降 1.61%，进口总额下降 0.70%。贸易逆差较 2018 年扩大 46%，拉低日本 2019 年实际经济增长率 0.2 个百分点。

日本进出口萎缩在一定程度上反映出日本内需和外需的不振。分季度看，2019 年日本出口同比实际增长率在每个季度都呈现为负数。进口额在第二和第三季度实际同比正增长，其中第三季度实际同比增长 2.6%。不过这一较高的增长率仍与日本国民在消费税提升前"突击消费"有关。消费税提升后，日本进口需求锐减，2019 年第四季度进口额实际同比减少 4.4%，这一跌幅是 2009 年以来的最大季度跌幅。

进入 2020 年，日本进出口数据因新冠肺炎疫情在全球暴发而继续大幅恶化。2020 年前两个季度，日本进口额实际同比增长率分别为 -4.3% 和 -6.2%，与日本国内需求萎缩状况基本吻合。相较于进口，日本出口遭受了更严重的打击——前两个季度实际同比增长率分别为 -5.7% 和 -23.3%，创美国次贷危机以来的最差纪录。2020 年上半年日本净出口额增速继续为负。2020 年第一和第二季度，贸易赤字分别拉低日本实际经济增长率 0.2 个和 3.0 个百分点。

2019 年日本对外直接投资一改前两年连续下滑的趋势，对外直接投

---

① 日本政策投资银行株式会社：《2019・2020・2021 年度設備投資計畫調査》，2020 年 8 月 5 日。
② 此部分内容中，有关增长率、贡献率等指标均在以日元计价的基础上得出。
③ 2016 年除外。

资流量达到 2486.8 亿美元，较 2018 年增长 57%。对外直接投资存量达到 18588.1 亿美元，较 2018 年增长 13.2%。2019 年日本企业对外直接投资金额最多的三个国家为美国、瑞士和新加坡。相较 2018 年而言，对外直接投资流量增长最快的国家是瑞士、澳大利亚和美国，分别增长 821.8%、151.7% 和 80.8%。由此可见日本企业在 2019 年对外直接投资重点的转换。日本对外证券投资流量在 2019 年出现萎缩，由 2018 年的 1882.5 亿美元减少到 1846.7 亿美元，其中股票类资产的对外投资流量由 916.9 亿美元骤降至 267.4 亿美元。不过，日本对外股票类资产的存量则由 40687.8 亿美元上升到 46108.4 亿美元，估值效应产生的资本利得达到 5153.2 亿美元，收益率为 26.7%。[①] 同期，明晟全球指数（MSCI World Index）上涨 27.67%。这表明日本对外资产中的股票类投资在 2019 年因全球股票市场走强而获得了较好的收益。

六 日本经济形势展望

影响 2020~2021 年日本经济走势的最重要因素是新冠肺炎疫情。根据日本政策投资银行的一项调查，2020 年 3~5 月，因居家隔离而取消大型群体活动所造成的直接损失达到 3 万亿日元。[②] 疫情给日本经济造成的实际损失远不止如此。日本经济在 2020 年将大概率为负增长。在新冠肺炎疫情不再进一步蔓延的前提下，日本经济 2021 年将有望实现正增长，不过这并不一定意味着经济回暖，而是由 2020 年经济基数较小所致。表 4 为各机构对日本实际增长率的年度预测。

[①] 估值效应为 46108.4-40687.8-267.4=5153.2（亿美元）。计算方法原理可参见周学智、张明《中国对外资产价值变化的轨迹与原因——基于国际投资头寸表的视角》，《国际经济评论》2019 年第 6 期。

[②] 日本政策投资银行：《新型コロナウイルス感染拡大によるイベント等自粛の経済的影響について》，2020 年 6 月 25 日。

表4 国际和日本机构对日本实际经济增长率的预测

单位：%

机构	发布时间	报告或文献	2020年	2021年
国际货币基金组织	2020年10月	世界经济展望报告	-5.3	2.3
世界银行	2020年6月	全球经济展望	-6.1	2.5
OECD	2020年6月	OECD经济展望	-7.3	-0.5
日本银行	2020年7月15日	经济物价情势展望	-5.7~-4.5	3.0~4.0
日本综合研究所	2020年6月8日	2019~2020年度展望修订版	-4.6	3.3
瑞穗综合研究所	2020年8月18日	2020~2021年度内外经济展望	-6.0	3.4
三菱UFJ研究咨询	2020年8月19日	2020~2021年度短期经济展望	-6.5	4.2
第一生命经济研究所	2020年6月10日	2020~2021年度日本经济展望	-6.1	3.4

注：国际机构IMF、世界银行和OECD公布的预测值为年预测值，其余日本机构的预测值为财年预测值。

资料来源：IMF,"World Economic Outlook," Update, 2020年10月；World Bank, "Global Economic Prospects," 2020年6月；OECD, "OECD Economic Outlook: Trade Uncertainty Dragging down Global Growth," 2020年6月；日本银行：《経済・物価情勢の展望》，2020年7月15日；日本総研：《2020～2021年度改訂見通し》，2020年6月8日；みずほ総合研究所：《2020・2021年度内外経済見通し》，2020年8月18日；三菱UFJリサーチ＆コンサルティング：《2020～2021年度短期経済見通し》，2020年8月19日；第一生命经济研究所：《日本経済見通し（2020・2021年度）》，2020年6月10日。

我们判断，日本经济2020年实际增长率为-6.0%，2021年实际增长率会达到3.5%。2020年下半年至2021年，日本经济增长将主要存在以下变数。第一，新冠肺炎疫情在日本以及全球范围的蔓延情况；第二，安倍晋三在2020年8月宣布辞任日本首相，日本未来经济政策是否会发生变动；第三，美国总统大选后美国经济政策以及美国经济走向如何；第四，全球经济复苏力度如何。长期而言，日本经济社会领域中存在的人口老龄化、政府债务水平较高等问题，仍将继续困扰日本的中长期经济发展。为应对新冠肺炎疫情，日本政府在2020年加大了发行公债的力度，这使日本政府债务问题进一步恶化，未来如何解决这一问题，将是摆在日本政府面前的难题。

参考文献

周学智:《日本经济：战后最长扩张周期如履薄冰》,载张宇燕主编《2020年世界经济形势分析与预测》,社会科学文献出版社,2020。

周学智、张明:《中国对外资产价值变化的轨迹与原因——基于国际投资头寸表的视角》,《国际经济评论》2019年第6期。

日本财务省:《日本の財政関係資料》,2018年10月。

日本财务省:《日本の財政関係資料》,2019年10月。

日本财务省:《日本の財政関係資料》,2020年7月。

日本银行:《金融市場調節方針に関する公表文》,2020年1~6月各期。

日本银行:《経済・物価情勢の展望》,2020年7月15日。

日本政策投资银行株式会社:《2019・2020・2021年度設備投資計画調査》,2020年8月5日。

日本政策投资银行:《新型コロナウイルス感染拡大によるイベント等自粛の経済的影響について》,2020年6月25日。

日本総研:《2020~2021年度改訂見通し》,2020年6月8日。

みずほ総合研究所:《2020・2021年度内外経済見通し》,2020年8月18日。

三菱UFJリサーチ＆コンサルティング:《2020~2021年度短期経済見通し》,2020年8月19日。

第一生命経済研究所:《日本経済見通し（2020・2021年度）》,2020年6月10日。

IMF, "World Economic Outlook," Update, 2020年10月。

World Bank, "Global Economic Prospects," 2020年6月。

OECD, "OECD Economic Outlook: Trade Uncertainty Dragging down Global Growth," 2020年6月。

Y.5
亚太经济：疫情下经济复苏不均

杨盼盼*

摘　要： 受疫情冲击影响，亚太经济体经济2020年出现负增长，加权实际经济增速预计为-2.4%，比2019年低6.9个百分点。疫情冲击使得本已受贸易摩擦和外需放缓负面影响的亚太经济运行进一步走弱。亚太地区在2020年的经济表现总体好于全球，但对全球经济的带动主要来自中国，除中国外其他亚太经济体的增长表现逊于全球整体水平。区域内多数国家2020年经济为负增长或近乎零增长，仅中国、缅甸、越南为显著正增长。亚太地区通货膨胀下行，货币相对美元升贬不一，经常账户余额多有下降。本报告关注的四大经济体复苏受疫情控制情况、外部环境和政策空间影响，经济复苏前景由强到弱依次为韩国、澳大利亚、加拿大、印尼。展望2021年，亚太地区经济将从疫情冲击的谷底中回升，但仍面临较多不确定性。

关键词： 亚太地区　经济复苏　通货膨胀

在《2020年世界经济形势分析与预测》中，我们预计亚太地区主要经济体[①]2019年的加权实际经济增速为5.0%，高于2019年最终实现的4.5%增

---

* 杨盼盼，中国社会科学院世界经济与政治研究所副研究员、国际金融研究室副主任，研究领域为国际金融、亚太经济。
① 本报告中的亚太经济体包含17个国家，包括：中国、日本、韩国、东盟十国（文莱、柬埔寨、印度尼西亚、老挝、马来西亚、缅甸、菲律宾、新加坡、泰国、越南）、印度、澳大利亚、新西兰、加拿大。

速，反映出亚太经济在2019年下半年进一步向下探底。亚太地区2020年受到新冠肺炎疫情冲击，经济在前期疲弱的基础上大幅下挫，预计全年为负增长，疫情的蔓延和社交隔离措施使区内经济体内外需皆受困，各行业遭受冲击，疫情冲击对经济造成的短期负面影响超出了2008年全球金融危机时的水平。预计亚太地区经济增速2020年为-2.4%，2021年底部反弹，增速预计为6.4%，但复苏前景仍因疫情走势不明朗而充满不确定性。

一 亚太经济形势回顾：2019~2020年

亚太经济体在2019年至2020年首先呈现经济缓慢下行态势，随后因疫情冲击出现加速下行，总体经济在2020年出现负增长。2020年，亚太地区17个国家的加权平均经济增速预计为-2.4%（见表1），比2019年低6.9个百分点。在疫情冲击于2020年初出现之前，亚太地区就处在始于2018年年中的经济下行通道中，2019年经济增速创下2010年以来新低，疫情使得亚太地区经济雪上加霜。本区域内的发达经济体在2020年的加权平均经济增速预计为-5.1%，相比上年下降6.3个百分点；新兴和发展中经济体在2020年的加权平均经济增速为-1.7%，与上年相比下降了7.1个百分点。疫情对区内新兴和发展中经济体的负面影响更大，如果排除经济出现正增长的中国，其他本区内的新兴和发展中经济体在2020年的加权平均经济增速为-6.9%，相比上年下降11.4个百分点。

亚太经济2020年增速高于全球经济增速，但主要受中国正增长带动。根据国际货币基金组织（IMF）2020年10月发布的预测，2020年全球经济增速预计为-4.4%，亚太经济比全球经济增速高1.9个百分点，总体来看，亚太经济仍是全球经济避免更大负增长的重要贡献者。然而，除中国外的其他亚太经济体2020年经济增速预计为-6.2%，反映亚太地区受疫情冲击及复苏并不均衡，前期疫情对经济冲击较大，同时，疫情仍在一些国家蔓延，持续恶化着当地经济。按规模贡献来看，区内规模较大的经济体日本和印度经济出现大幅负增长（预计2020年分别增长-6.0%和-10.3%），成为经济总量下降的重要来源。按发展阶段分组，区内发达经济体2020年的经济增速相对较高，比世界全部发达经济体的平均经济增速高0.8个百分点；亚太地区新兴和发展中经济体整体增速较高，比世界全部新兴和发展中经济体的平均经济增速高出1.6个百分点，但除中国之外的其他经济体增速则较低，比世界全部新兴和发展中经济体的平均经济增速低3.6个百分点，低于IMF公布的新兴和发展中欧洲（-4.5%）、中东和中亚（-4.0%）及撒哈拉以南非洲（-3.0%）等三个新兴和发展中国家组的经济增速，仅高于拉美和加勒比经济体经济增速（-8.1%）。

疫情在2021年仍有不确定性，即便因为2020年基期的原因，2021年经济增长将有所反弹，但是其反弹力度仍然有限。将过去五年（2015~2019年）与2019~2021年的平均增速作一比较，亚太经济体在2019~2021年的年增长率均值预计为2.8%，较2015~2019年低2.5个百分点，在低位徘徊。

表1 亚太主要国家和区域加总经济增速

单位：%

区域	2016年	2017年	2018年	2019年	2020年	2021年	2015~2019年	2019~2021年
亚太17国								
中国	6.8	6.9	6.8	6.1	1.9	8.2	6.7	5.4
日本	0.5	2.2	0.3	0.7	-6.0	3.5	0.9	-0.6
韩国	2.9	3.2	2.9	2.0	-1.5	2.7	2.8	1.1
文莱	-2.5	1.3	0.1	3.9	0.1	3.2	0.7	2.4
柬埔寨	6.9	7.0	7.5	7.0	-2.8	6.8	7.1	3.7
印度尼西亚	5.0	5.1	5.2	5.0	-1.5	6.1	5.1	3.2
老挝	7.0	6.8	6.3	5.2	0.2	4.8	6.3	3.4
马来西亚	4.5	5.8	4.8	4.3	-7.5	8.0	4.8	1.6
缅甸	6.4	5.8	6.4	6.5	2.0	5.7	6.3	4.7
菲律宾	7.1	6.9	6.3	6.0	-8.3	7.4	6.6	1.7
新加坡	3.2	4.3	3.4	0.8	-6.0	5.0	2.9	-0.1
泰国	3.4	4.1	4.2	2.4	-7.1	4.0	3.5	-0.3
越南	6.7	6.9	7.1	7.0	2.7	6.7	6.9	5.5
印度	8.3	7.0	6.1	4.2	-10.3	5.0	6.4	-0.4
澳大利亚	2.8	2.4	2.8	1.8	-4.2	3.0	2.5	0.2

亚太经济：疫情下经济复苏不均

续表

区域	2016年	2017年	2018年	2019年	2020年	2021年	2015~2019年	2019~2021年
新西兰	4.2	3.8	3.2	2.2	-6.1	4.4	3.4	0.2
加拿大	1.0	3.2	2.0	1.7	-7.1	5.2	2.0	-0.1
区域及全球加总								
世界	3.3	3.8	3.5	2.8	-4.4	5.2	3.4	1.2
亚太经济体	5.5	5.7	5.2	4.5	-2.4	6.4	5.3	2.8
除中国外的亚太经济体	4.6	4.8	4.1	3.2	-6.2	4.8	4.2	0.6
发达经济体	1.8	2.5	2.2	1.7	-5.8	3.9	2.1	-0.1
亚太发达经济体	1.5	2.7	1.6	1.3	-5.1	3.6	1.7	-0.1
新兴和发展中经济体	4.5	4.8	4.5	3.7	-3.3	6.0	4.3	2.1
亚太新兴和发展中经济体	6.8	6.7	6.3	5.4	-1.7	7.2	6.4	3.6
除中国外的亚太新兴和发展中经济体	6.8	6.3	5.8	4.5	-6.9	5.6	6.0	1.1

注：亚太发达经济体包括日本、韩国、新加坡、澳大利亚、新西兰、加拿大。亚太新兴和发展中经济体包括中国、文莱、柬埔寨、印尼、老挝、马来西亚、缅甸、菲律宾、泰国、越南、印度。区域及全球加总经济增速均采用基于购买力平价（PPP）的各国GDP权重测算加权平均增速。增速为保留1位小数四舍五入，这一做法会轻微影响文中差值比较。

资料来源：国际货币基金组织（IMF）《世界经济展望》数据库，2020年10月。2020年和2021年部分国家为笔者预测，部分加总指标由笔者测算。

（一）所有经济体经济增长放缓

图1中横坐标对应的是2019年亚太地区17个国家的实际GDP增速，纵坐标对应的是2020年这些国家的实际GDP增速预测值，所有国家在2020年的经济增速较上年大幅放缓。从各国的相对位置可以看出：①预计越南、缅甸、中国、老挝、文莱、韩国、印度尼西亚2020年的经济增长率将高于亚太经济体平均水平，是本区域相对高速增长的国家。②预计柬埔寨、澳大利亚、日本、新加坡、新西兰、加拿大、泰国、马来西亚、菲律宾和印度的经济增长率在均值以下，是本区域相对低增长的国家。③受疫情冲击影响，亚太国家增长中枢普遍下移，部分国家经济失速严重，柬埔寨、马来西亚、菲

律宾、泰国和印度2020年的经济增长水平较上年放缓接近或超过10个百分点。

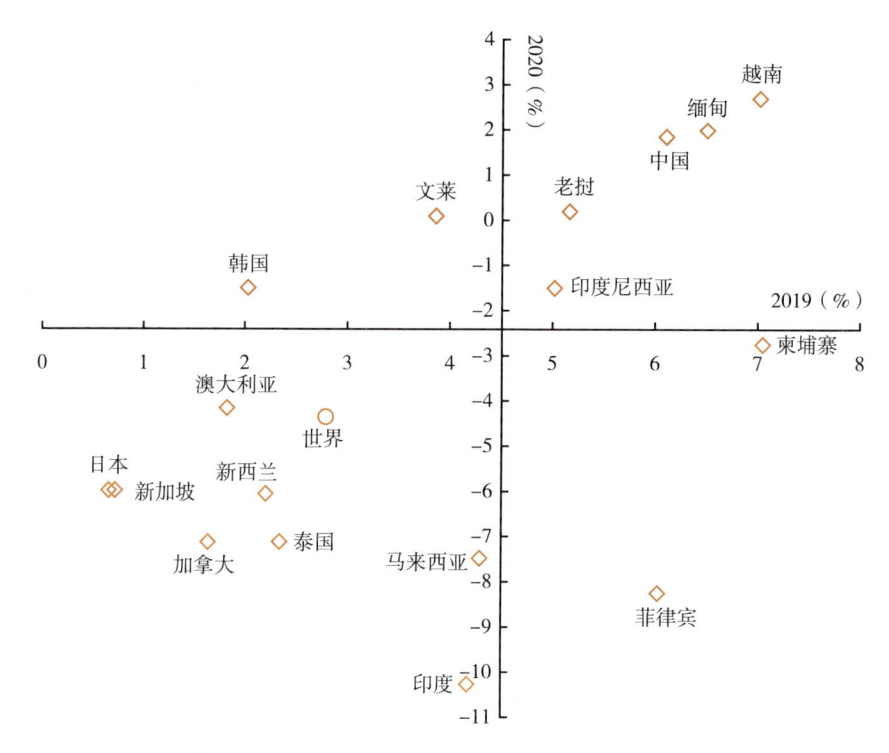

图1 2019年和2020年的亚太主要国家经济增长

注：横轴和纵轴分别代表了对应国家在2019年和2020年经济增长的情况，交叉点对应横轴的数值为2019年17国实际GDP增速的加权平均值（4.5%），交叉点对应纵轴的数值为2020年17国实际GDP增速的加权平均预测值（-2.4%）。因此，第一象限（右上）的国家是2019年和2020年GDP增速均快于均值的国家，第三象限（左下）的国家是2019年和2020年GDP增速均慢于均值的国家，第二象限（左上）的国家是2019年GDP增速慢于均值但2020年GDP增速快于均值的国家，第四象限（右下）的国家是2019年GDP增速快于均值但2020年GDP增速慢于均值的国家。按常例，2020年增速较上年提升的国家将用实心点标注，增速下降或持平的将用空心点标注，但2020年所有国家均较上年增速下降，因而均为空心。

资料来源：国际货币基金组织（IMF）《世界经济展望》数据库，2020年10月。2020年和2021年部分国家为笔者预测，部分加总指标由笔者测算。

2020年亚太地区主要经济体经济增长普遍放缓的共同原因是受新冠肺炎疫情冲击，疫情同时影响一国的内需和外需。从内需来看，主要的渠道包括：

①消费增速放缓。疫情冲击下各国实施不同强度的社交隔离措施对国内需求产生显著冲击，失业率上升，居民收入和消费者信心下降，私人部门消费受到很大冲击。这一冲击影响区内所有国家，特别是以私人消费为主导的区内经济体。②企业部门产出下降。疫情对亚洲地区的价值链产生冲击，导致制造业的产值下降，对价值链上的经济体尤其是区内开放经济体产生显著负面影响；国内服务业受社交隔离和疫情恐慌影响较大，持续时间更长，这对于区内服务业占比较高的经济体冲击更大。③投资增速放缓。疫情带来的不确定性和流动性紧缺使企业做出递延或取消投资的决策，抑制了投资增长。从外需来看，主要的渠道包括：①全球主要经济体遭受疫情冲击，并通过货物出口、旅游、直接投资、侨汇等渠道影响所有亚太经济体，即使是那些本土疫情较轻的国家，也同样会受到较大的负面冲击，如越南、老挝等。②全球衰退带来的低油价影响区内大宗商品出口国的原油、液化天然气（LNG）的出口，如澳大利亚、文莱、加拿大等。③国界关闭和跨境航班停飞沉重打击了旅游业、酒店业和航空业，这对于较为依赖旅游业和国际旅行者的国家打击最大。除疫情因素外，特定经济体经济增长放缓的原因还有：①区域内出口市场份额的竞争。柬埔寨、孟加拉国和越南之间在劳动密集型产品上的竞争加剧，越南占据优势，柬埔寨受到负面影响较大。②政治局面，马来西亚总理马哈蒂尔于2020年3月宣布辞职，马来西亚的政治不确定性上升，对其经济产生不利影响。

（二）通货膨胀下行

亚太地区主要国家2020年消费者价格指数（CPI）平均值相比2019年下降0.2个百分点至1.9%。同期世界通货膨胀水平从2019年的3.5%下降至2020年的3.2%。亚太地区通货膨胀的下行趋势与全球经济一致，反映出疫情冲击之下需求普遍不足。

2020年，亚太地区共有9个国家出现通货膨胀水平下行，7个国家通胀水平上升不超过1个百分点，仅有1国通胀出现显著上升（见图2）。疫情是导致通货膨胀下行的主要原因：①经济增长大幅放缓和需求紧缩带来价格下行压力上升。②疫情冲击带来私人部门消费的持续不足，直接从需求面对消费者价格产生冲击。③疫情阻碍了国内和国际旅行，压低了住宿和餐饮业、交通运输业的通胀水平。④全球能源价格的低水平，4月西德克萨斯中质石油期货曾跌到负值，而后虽迅速反弹，但燃料价格仍处于低值区间，这将影响各国的能源、交通运输业的价格水平。不过，疫情除了从需求面带来通缩外，还会从供给面带来通胀压力。由于工厂关闭、价值链中断等因素，疫情会抑制生产继而从供给面带来通胀压力，出现这种情况的典型国家是印度和文莱。疫情对文莱的冲击主要来自供给面而非需求面，文莱对食品和工业品进口依赖较高，边境关闭带来货品和防疫物资短缺，其价格水平由2019年的通缩变为2020年的通胀。疫情对粮食供应链的影响较大，印度受疫情冲击，本就碎片化的食品供应链受到严重打击，食品价格在2020年中出现大规模上涨，粮食库存为五十年来最低点，这使得印度即使在疫情期间，通货膨胀水平也达到了5.0%，面临负增长和高通胀并存的格局。非疫情因素方面，非洲猪瘟对菲律宾、老挝、中国、越南等国通胀压力的影响持续。

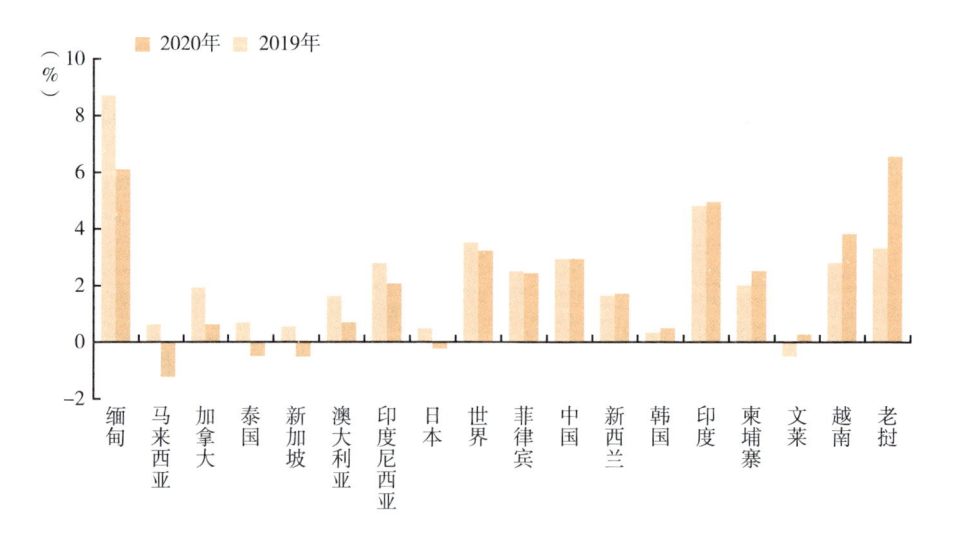

图2 2019年和2020年亚太主要国家的通货膨胀率

注：通货膨胀率为年平均消费者价格指数（CPI）的变动率，国家按2020年与2019年的通胀水平之差由低到高排序。

资料来源：国际货币基金组织（IMF）《世界经济展望》数据库，2020年10月。

（三）亚太地区的货币相对美元升贬不一

2020 年以来，亚太地区各经济体货币对美元升贬不一（见图 3），以 2020 年 9 月末相对于 2020 年 1 月初的汇率走势看，共有 6 国货币相对于美元升值，11 国货币相对于美元贬值，平均升值 0.3%。区域内货币走势共同受到疫情因素影响。2020 年第一季度末，全球疫情蔓延，伴随着美联储超预期货币政策的公布，市场恐慌情绪上升，美股熔断带动全球资产价格下跌，全球避险情绪上升，流动性不足，全球范围内对美元需求迅速上升，市场出现美元荒现象。因此，亚太地区大部分国家的货币对美元出现不同程度的贬值。在避险情绪消退之后，美元开始贬值，对应地，亚太地区大部分国家的货币开始升值，相较于年初，缅甸、澳大利亚、菲律宾、日本和中国的货币升值幅度较大，升值的原因包括：疫情控制较好，经济开始企稳回升；相对稳健的货币政策；疫情需求不足和通胀高企带来对进口品需求下降，继而使得本国对于美元需求减弱，本币相对升值。不过，多数货币在 9 月并未回到年初水平，印尼卢比、印度卢比、泰铢、老挝基普在 2020 年 9 月相对于年初还有超过 2% 的贬值。

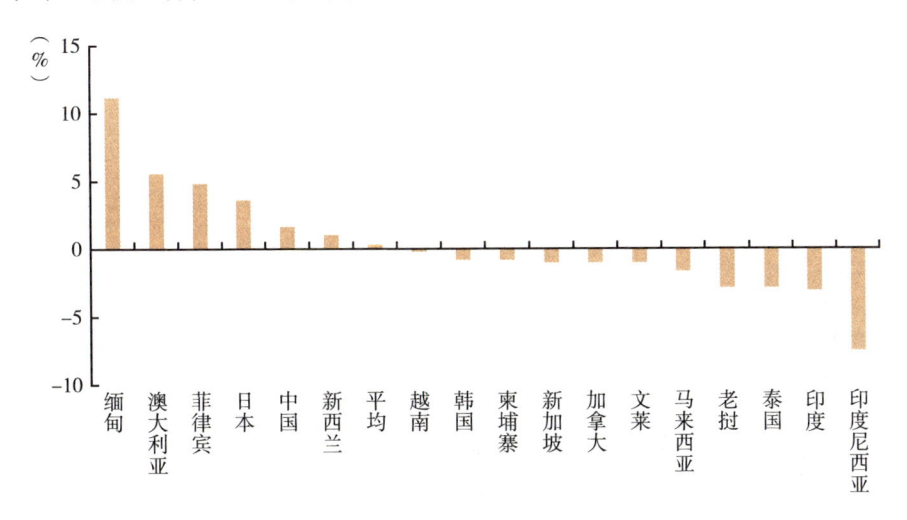

图 3　2020 年亚太主要国家汇率走势

注：①所有国家汇率走势均为 2020 年 9 月相对于 2020 年 1 月的变动。②正数表示本币相对于美元升值，负数表示本币相对于美元贬值，图中按照升值幅度由高到低排列。

资料来源：CEIC。

（四）经常账户余额多下降

2020年亚太地区的顺差国为10个，逆差国为7个。同上年相比，各国的经常账户余额的波动程度有所上升，余额下降国的调整幅度较大，余额上升国的调整幅度相对有限，总体反映疫情冲击下需求的低迷状态。亚太地区有10个国家的经常账户余额下降，其中柬埔寨和文莱的下降幅度分别达到9.6个和6.7个百分点，泰国、马来西亚、老挝和越南下降幅度均超过2个百分点，下降的原因包括：主要出口目的国疫情冲击带来的需求下降；受价值链冲击负面影响带来的出口品产能的下降，特别是区内ICT、汽车产业链上的参与国；跨境旅游贸易收入下降；油价低迷带来能源类商品出口金额的下降；侨汇收入的下降等。亚太地区有包括中国在内的7个国家的经常账户余额上升，但上升幅度有限，均未超过2个百分点，上升的原因包括：疫情冲击带来的国内进口需求下降；防疫物资出口的上升；对于价值链上产品缺口的补位效应；跨国旅行受限带来服务贸易逆差下降；非能源大宗商品价格上升带来的出口金额上升；中国领先于全球的经济复苏等。

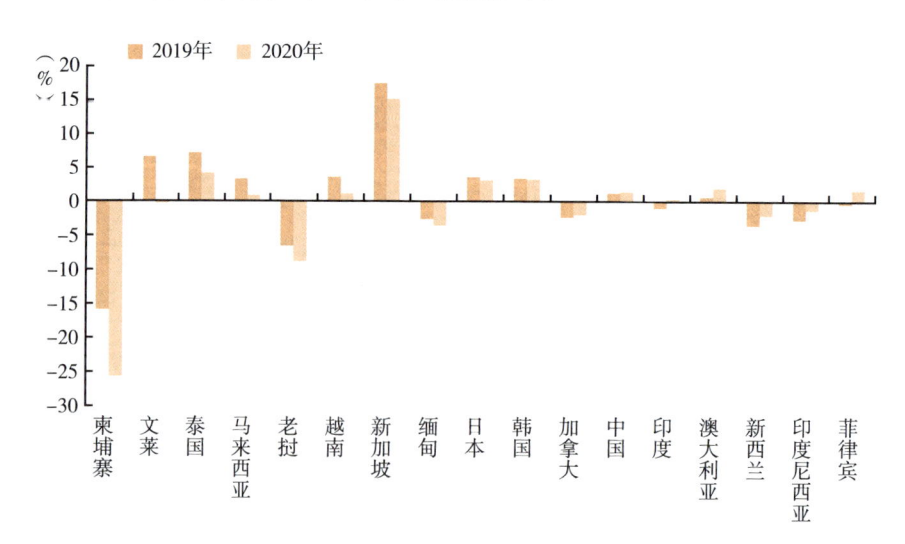

图4　2019年和2020年亚太主要国家经常账户余额占GDP走势

注：国家按2020年与2019年的经常账户水平之差由低到高排序。

资料来源：国际货币基金组织（IMF）《世界经济展望》数据库，2020年10月。

亚太经济：疫情下经济复苏不均

二 亚太主要国家经济形势回顾与展望

本部分主要回顾韩国、印度尼西亚、澳大利亚和加拿大2019年下半年至2020年上半年的经济形势，并对2021年做一简单展望①。整体来看，四个国家2020年的经济增长均将受到疫情的显著冲击，消费、投资和出口增速均出现较大幅度的放缓，至2020年10月，疫情在韩国和澳大利亚得到较好控制，印尼和加拿大的新增病例仍较多，这使得各国在后疫情时期的复苏步调不一。各国同样面临着不利的外部需求环境，但中国经济向好对于韩国和印尼有更大的支持，澳大利亚出口受制于中澳关系，加拿大面临美国经济增速放缓和低油价的双重约束。从政策空间来看，各国应对疫情财政赤字均出现显著上升，印尼的财政可持续性弱于其他国家。综合疫情控制情况、外部环境和政策空间，四国的经济复苏前景由强到弱依次为韩国、澳大利亚、加拿大、印尼②。

（一）韩国

韩国经济在2019年增长较弱，2020年初疫情冲击使经济加速下行。韩国经济在2019年延续了2018年的下行态势，受贸易摩擦和外需不足负面影响较大，实际GDP同比增速较上年下降0.9个百分点至2.0%。2020年，受疫情冲击，韩国经济出现收缩，同比增速预计为-1.5%。以制造业PMI反映的经济景气程度来看，韩国PMI在2019年始终未达荣枯线，由于受到疫情冲击，2020年第二季度PMI季均值降至42.1的低点，第三季度PMI反弹至48.4。

---

① 本地区主要经济体的选取参考的是亚太地区的G20国家，其中中国、日本和印度的经济形势请参见本黄皮书其他报告。
② 反弹力度除了参考上述维度，和各国的2021年预期增长也是一致的，由于各国人均收入阶段不同，潜在增速水平也不尽一致，比较反弹力度需要参考一国的基础增长水平，因此，在比较反弹力度的时候使用的算法是（2021增速+2020增速）/2-2019增速，其中"2019增速"作为基础增长水平。由此，尽管下文中韩国和印尼2021年的预期增速分别为2.7%和6.1%，但是从反弹力度来看，韩国是-1.4，印尼是-2.7，韩国读数更高，反映经济距离潜在增速更近，反弹力度更大。

093

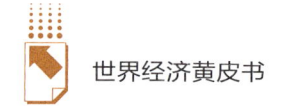

从支出法分解来看，2019年韩国经济增长放缓同时受到私人消费、固定资本形成和出口增速的拖累，这三项增速均不及上年，仅有政府部门支出增速较上年上升。私人消费增速放缓主要受消费者信心下降和家庭杠杆率上升影响，投资和出口增速放缓反映贸易摩擦对企业信心和国际贸易的冲击。2020年，受疫情冲击的影响，韩国的私人消费出现萎缩，出口因主要贸易伙伴和价值链受到疫情冲击也出现负增长。不过，韩国较早地控制住了疫情，虽然新增病例在第三季度有所反弹，但总体控制较好，经济在2020年下半年稳步复苏。在政策方面，韩国实施双扩张的货币政策和财政政策以应对疫情对经济的冲击。韩国央行2020年3月和5月两次降息，基准利率降至0.5%的历史最低；韩国共计出台四轮约67万亿韩元的补充预算用于应对疫情，2020年9月政府公布了创纪录的总计555.8万亿韩元（约4698亿美元）的2021年预算，较2020年预算（不含补充预算）增加8.5%，预算侧重于疫情后的财政刺激和经济复苏，在卫生和就业领域的支持力度进一步提升。

展望2021年，国内疫情控制得力是韩国经济复苏的基础，政府财政持续扩张对于修复国内收入和就业有积极作用，同时亚洲区域价值链的相对稳健也为韩国的复苏提供支持，韩国有望从疫情冲击中走出，但韩国国内政局走向和疫情在秋冬季的表现仍将使经济增长面临较大不确定性。2021年韩国经济增速预计为2.7%。

（二）印度尼西亚

印度尼西亚经济在2019年放缓，2020年因疫情冲击出现负增长。2019年，由于大宗商品价格下跌和外部需求总体偏弱，印尼经济较上年放缓0.2个百分点至5.0%。2020年，疫情对经济有显著冲击，印尼经济以内需为主，社交隔离政策对居民消费有较大影响，印尼经济增长率预计下滑至－1.5%。印尼经济的景气程度总体下降，制造业PMI在2019年未达到荣枯线上，受疫情冲击的影响，2020年第二季度制造业月度PMI季均值跌至34.0的低点，第三季度回升至48.3。

从支出法分解来看，2019年私人消费较为稳健，实现了5.2%的增长，但投资、出口和政府投资增速都有不同程度的下滑，出口出现负增长，这使得印尼2019年经济增长较上年放缓。2020年，第二季度印尼疫情暴发，第三季度疫情有所加剧，对私人部门消费产生了较大冲击，占GDP 70%的私人部门消费出现负增长，同时投资和出口也对经济增长产生拖累，由此，2020年印尼经济将出现负增长。在货币政策方面，印尼央行2020年累计4次降息，共降息100基点至4%的近年新低。财政政策方面，政府为应对疫情于7月初推出了四个财政刺激计划，并通过立法取消财政赤字占GDP不超过3%的限制。考虑到疫情在印尼仍未完全得到控制，预计2020年预算赤字规模约为6%，财政压力较大。为应对疫情冲击，印尼央行和财政部于7月6日达成协议，宣布400亿美元赤字融资计划，由央行直接从政府买债。

展望2021年，印尼经济将出现复苏，但复苏势头仍不强劲且有较大不确定性。疫情冲击对消费者信心的影响将持续，私人部门消费增速较疫情前的水平仍有较大差距，投资增速将伴随着政府基建计划的开展有所回升，中国经济的企稳向好也将对印尼出口产生持续的提振作用。预计2021年印尼经济增速约为6.1%。

（三）澳大利亚

澳大利亚经济在2019年呈现放缓态势，2020年受疫情冲击出现较大幅度的负增长。2019年澳大利亚受贸易增长放缓和住宅价格下跌的影响，经济增速出现了较大幅度的下降，实际GDP增速较上年放缓1个百分点至1.8%。受疫情影响，2020年澳大利亚经济增速将出现明显下滑，预计放缓6个百分点至-4.2%，这是澳大利亚自1991年以来的首次衰退。在疫情之前，澳大利亚的制造业PMI就在荣枯线之下，2019年第一季度和2020年第一季度制造业PMI分别为49.7和49.8，澳大利亚疫情单日新增的高峰分别出现在3月末和7月末，单日新增最高约600例，疫情冲击使2020年第二季度PMI降至46.4，第三季度制造业PMI季均值回升至54.3，显示环比景气程度回升。

从支出法分解来看，澳大利亚2019年经济放缓的首要因素是私人消费部门增速放缓，主要是受房地产价格下跌的财富效应和私人部门杠杆率高企的影响。受贸易摩擦和全球贸易放缓的影响，投资也出现负增长。2019年末至2020年初的森林大火对农业、旅游业等产生负面影响。2020年，为应对疫情实施的社交隔离措施导致私人部门消费急剧下降，而私人消费是支撑澳大利亚经济过去几年增长的关键，预计2020年私人消费增速将出现超过5个百分点的负增长。同时，疫情带来的前景担忧和设施关闭使企业递延投资，投资也将出现负增长。外需部门总体疲软。出口和进口均出现负增长。在政策方面，货币政策与财政政策大幅宽松以应对疫情冲击。澳联储银行于2020年3月降息两次共计50个基点，基准利率降至0.25%的历史新低。同时，澳联储开展了收益率曲线控制的非常规货币政策，将三年期政府债券的收益率控制在0.25%左右。财政政策方面，在2020年3月疫情蔓延时，政府公布了应对疫情的两轮纾困和刺激计划，规模分别为176亿澳元和660亿澳元，此外，还宣布了一项为期6个月的工资补贴计划，7月将这一计划延长至2021年3月。政府还宣布了多项创造就业、转移支付、基础设施、公共卫生等计划和对支持计划的扩展。根据政府于2020年10月6日公布的2021财年预算，至2023~2024财年，应对疫情的财政刺激措施总价值达2723亿澳元（约占GDP的14%），大部分计划将于2020~2021年完成。

展望2021年，疫情对于消费者收入和信心的影响还将持续一段时间，经济要恢复至正常轨道尚需时日。此外，澳大利亚被视为中国经济的晴雨表，澳大利亚多年未见衰退得益于中国经济的发展，但中澳关系的恶化有可能加剧中澳经济脱钩，并将对澳大利亚商品出口、旅游和教育及国内投资产生负面影响。预计2021年澳大利亚经济增速为3.0%。

（四）加拿大

加拿大经济在2019年放缓，2020年受疫情影响经济出现下行。2019年加拿大经济因美国挑起的贸易摩擦和低油价而延续了上年的放缓态势，实际GDP较上年下降0.3个百分点至1.7%。2020年，受疫情带来的社交隔离、跨省旅行限制和美加跨境非必需旅行限制的影响，加拿大经济出现了显著负增长，预计实际GDP增速为-7.1%，衰退幅度显著大于全球金融危机时的水平。

加拿大经济景气程度先升后降，2019年下半年，因美加墨协议达成并签署，制造业PMI季均值重新回到荣枯线以上，2020年上半年，受疫情冲击和油价大幅下跌影响，PMI重新跌落荣枯线以下，第二季度达到40.5的低点，第三季度重新回到荣枯线之上，为54.7，景气程度环比回升。

从支出法分解来看，2019年私人部门消费受到私人部门杠杆率高企的影响持续低迷，私人消费同比增速较上年下降0.5个百分点至1.6%。加拿大2019年企业信心总体处于低水平，导致投资出现停滞。2020年，疫情冲击对加拿大的消费者信心和收入产生显著负面影响，9月起加拿大遭受了第二次疫情冲击，魁北克和安大略省重新开启限制措施，经济重启前景面临较大不确定性。除了疫情冲击，低油价也影响了加拿大的出口和投资。总体来看，2020年加拿大消费、投资、出口"三驾马车"都将出现负增长。在政策方面，加拿大央行3月将隔夜政策利率降低150个基点至0.25%，并加大了各类资产购买力度、创设新的流动性融资机制。在财政领域方面，加拿大政府为应对疫情而推出的支出和税收措施总价值将达3540亿加元（占GDP的16.4%），其中的核心是对企业和家庭的补贴、工资、保险、育儿福利等的支持，占总计划的70%，其余还包括卫生系统的支持和税收递延等。

展望2021年，加拿大的复苏之路仍然较为曲折，政府的支持有望在一定程度上缓解疫情的影响，经济增速在2020年-7.1%的基础上能够触底回升。但截至2020年10月末，加拿大第二轮疫情仍未平息，疫情的不确定性仍然对复苏前景产生持续的影响。能源价格的低位运行、美国疫情蔓延和环保政策的不确定性，也会影响加拿大关键部门产出的复苏。预计2021年加拿大经济增速为5.2%。

三　2021年亚太经济展望

受疫情冲击，亚太地区加权制造业PMI在2020年4月跌至40.6的谷底，随后不断回升，9月为52.5。这意味着，尽管疫情在一些地区出现反复甚至蔓延，但是市场参与者已经从最初的恐慌性冲击中走出来，逐步接受在疫苗出

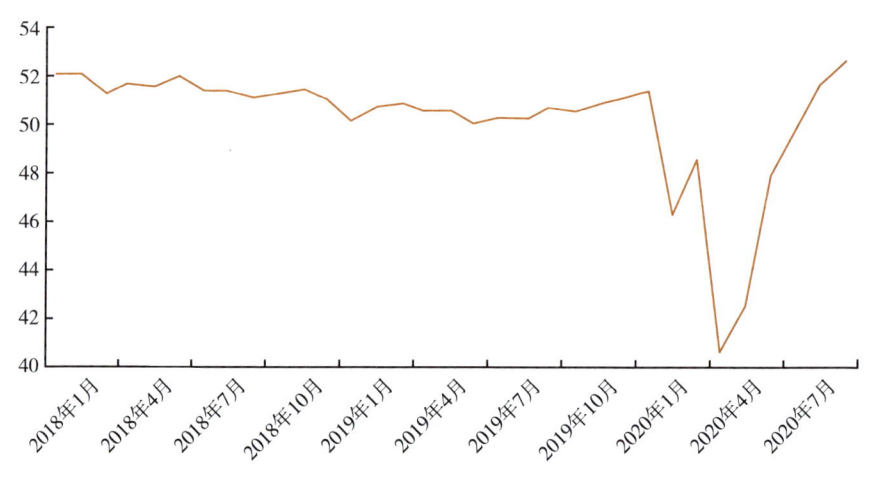

图 5　亚太地区加权月度 PMI

注：所有 PMI 均为 Markit 制造业 PMI，东盟使用的是整体 PMI，由于 Markit 未发布新西兰 PMI，新西兰使用澳大利亚 PMI，加权时采用 2017 年固定权重。

资料来源：CEIC。

现之前疫情防控常态化的现实。这对于修复预期、增强经济动能有积极作用。鉴于此，2021 年经济持续的调整复苏态势是确定的，预计 2021 年亚太地区经济体加权增速为 6.4%[①]，高于 IMF 预计的 5.2% 的全球增速。但是对于 2021 年增长水平的预测面临前所未有的困难：全球尚没有度过一个与新冠病毒共存的完整的冬天，金融部门的脆弱性可能卷土重来，这都会加大 2021 年经济下行风险。同时，疫苗研发的进展以及亚太地区复苏的共振效应，又有望使得本区域经济出现超预期的复苏。因此，像面对未知病毒一样，审慎面对未来一段时期的经济增长是必要的。

疫情对亚太经济的重塑包括三个方面：第一，疫情冲击带来的经济体相对规模的变化。亚太经济体经济恢复的差距，与其对疫情的快速响应相关，也与经济结构密切相关，例如基于制造业和服务业的相对占比，疫情对服务业的冲击更加持久，因而以服务业为主的国家经济恢复的速度更慢。复苏的差距将改变经济体的相对规模，这一情形在上一次全球金融危机后也曾出现。

---

① 其中，区内规模较大的新兴经济体中国和印度在 2021 年预计经济增长分别为 8.2% 和 5.0%。

第二，区域价值链的重塑。疫情对于价值链冲击的短期影响是让生产停摆和价值链断链，中长期影响则有两个：一是价值链、产业链兼顾效率和安全，各国考虑产业链回流、分散和备份；二是疫情相对持久的不确定性加强了从疫情中较快恢复或较少受疫情影响国的产业链竞争力，这两个影响因素成为亚太地区后疫情时代产业链重构的推动力量。第三，公共部门债务累积和债务可持续性。政府应对疫情带来财政赤字和公共部门债务上升，降低了未来政策应对空间。低收入经济体还需关注债务可持续性，目前缅甸加入了 G20 暂停偿债倡议（DSSI）框架，老挝尚未加入且面临较高债务风险。

参考文献

张宇燕等主编《2020 年世界经济形势分析与预测》，社会科学文献出版社，2020。

中国社会科学院世界经济与政治研究所世界经济预测与政策模拟实验室：《CEEM 全球宏观经济季度报告》，2019 年第 3 季度至 2020 年第 3 季度。

Asian Development Bank (ADB), "Asian Development Outlook (ADO) 2020: What Drives Innovation in Asia?" April 2020.

Asian Development Bank (ADB), "Asian Development Outlook (ADO) 2020 Update: Wellness in Worrying Times," September 2020.

AMRO, "ASEAN+3 Regional Economic Outlook 2020," April 2020.

AMRO, "Update of the ASEAN+3 Regional Economic Outlook 2020," August 2020.

Economist Intelligence Unit (EIU), "Country Reports, 17 Countries: Australia, Brunei Darussalam, Cambodia, Canada, China, India, Indonesia, Japan, Korea, Lao P.D.R., Malaysia, Myanmar, New Zealand, Philippines, Singapore, Thailand, Vietnam," October 2020/Third Quarter 2020.

International Monetary Fund (IMF), "World Economic Outlook: The Great Lockdown," April 2020.

International Monetary Fund (IMF), "World Economic Outlook: A Long and Difficult

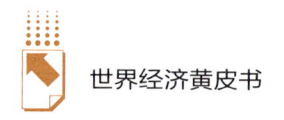

Ascent," October 2020.

International Monetary Fund (IMF), "World Economic Outlook Database," October 2020.

International Monetary Fund (IMF), "COVID-19 Policy Tracker," https://www.imf.org/en/Topics/imf-and-covid19/Policy-Responses-to-COVID-19.

World Bank, "COVID-19: Debt Service Suspension Initiative, How DSSI Benefits Low-Income Countries (The estimates are current as of October 16, 2020)," June 2020.

Y.6
印度经济：疫情冲击下脆弱性加剧

冯维江*

摘　要： 印度 2019~2020 财年实际 GDP 增长率 4.2%，不仅大幅低于上一个财年的 6.8%，也显著低于我们在上年报告中预计的 6.0% 左右。除了 2020 年 3 月起新冠肺炎疫情逐渐在包括印度在内的世界各地蔓延影响了国内和外部需求的意外因素之外，自 2019 年第三季度就开始的固定资本形成对 GDP 的负贡献超出预期也是实际 GDP 增长率明显低于预测值的重要原因。新冠肺炎疫情暴发之前，印度经济增速已经出现比较明显的放缓势头。2020 年特别是进入第二季度后，疫情大流行给印度造成严重冲击，国内消费和生产均受创严重。经济增长虽然出现大幅下跌，但通货膨胀压力相较之前有所上升，突破了印度央行 4% 的通胀目标并维持在相对较高水平。股市受疫情大流行冲击迅速下跌后出现反弹。疫情暴发初期印度失业率大幅上升，而后逐渐回落至疫情前水平。印度 2020~2021 财年的财政预算案可谓"雄心勃勃"，疫情冲击之下政府推出了经济刺激计划并保持宽松货币政策。2020 年第三季度部分领域出现复苏信号，但未来仍面临较大不确定性。综合考虑各方面因素，本报告认为印度 2020~2021 财年实际 GDP 增长率在 -10% 左右，2021~2022 财年或将恢复至 5.0% 左右。

关键词： 经济刺激政策　印度　失业率

---

* 冯维江，中国社会科学院世界经济与政治研究所研究员，研究领域为世界经济、国际政治经济学。

一 疫情冲击加速经济下滑

印度2019~2020财年（2019年4月1日至2020年3月31日）实际GDP增长率4.2%，不仅大大低于上一个财年的6.8%，也显著低于我们在上年报告中（以及国际货币基金组织、世界银行、印度央行等多数机构当时）预计的6.0%左右。除了2020年3月起新冠肺炎疫情逐渐在包括印度在内的世界各地蔓延影响了国内和外部需求的意外因素之外[①]，自2019年第三季度就开始的固定资本形成对GDP的负贡献超出预期也是实际GDP增长率明显低于预测值的重要原因。

新冠肺炎疫情暴发之前，印度经济增速已经出现比较明显的放缓势头。2018年第一季度实际GDP同比增长率8.2%，2019年第一季度就下降至5.7%，并由第二季度的5.2%、第三季度的4.4%下降至第四季度的4.1%。具体从分项来看，2019年第三和第四季度，印度私人消费的增长势头尚算正常，同比增长率分别为6.4%和6.6%，较第一季度的6.2%和第二季度的5.5%还略有上升，相应地，其对实际GDP增长率的贡献也和此前水平相差不大，第三季度和第四季度分别贡献了3.5个和3.9个百分点。但是，印度的固定资本形成在2019年第三和第四季度出现同比负增长，分别为-3.9%和-5.2%，显著低于第一和第二季度的4.4%和4.6%，对实际GDP增长率的贡献为负，分别为-1.2个和-1.7个百分点，主要原因是以非银行金融机构为代表的影子银行信用过度扩张并出现违约，由此引发的流动性危机及紧缩效应向以房地产投资为代表的固定资产投资领域蔓延。近年来印度影子银行超过55%的贷款投向房地产，但迅速上升的房地产库存恶化了贷款质量，[②] 而影子银行违约后房地产市场、金融系统以及依赖这一系统的数百万

---

① 印度因疫情在3月提出执行全国封锁措施2个月，不过其对经济的负面影响更多的是在第二季度之后才开始显现。对外贸易方面受到疫情冲击反应更要快一些，2020年第一季度印度净出口对实际GDP增长率的贡献由上季度的1.7个百分点下降至-0.2个百分点。

② 沈建光、徐天辰：《印度经济发展的现状与挑战》，《国际融资》2020年第10期。

中小企业与消费者都陷入困境。印度的进出口在 2019 年第三和第四季度也显现颓势，出口同比增长率由第一季度的 11.6% 和第二季度的 3.2% 转为第三季度的 -2.2% 和第四季度的 -6.1%，只不过因为进口同比增长率下降幅度更大（第三和第四季度分别为 -9.4% 和 -12.4%），净出口才分别实现了对同期 GDP 的 1.9 个和 1.7 个百分点的正贡献。

2020 年，特别是进入第二季度后，疫情大流行给印度造成严重冲击。截至 2020 年 10 月 29 日，印度新冠肺炎累计确诊超过 804 万例，成为感染人数仅次于美国的第二大国；累计死亡人数超过 12 万，排在美国和巴西之后列世界第三；10 月下旬印度疫情仍在以每日新增 4 万~5 万感染者的速度发展。为了遏制疫情蔓延，印度曾在 2020 年 3 月 24 日宣布全国封锁，但疫情没有得到遏制，经济严重下滑，大量民众丧失生计、生活难以为继，印度政府不得不在 5 月放弃全国封锁，并宣布了一系列开放措施。10 月的第五轮放宽措施宣布，自 10 月 15 日起，疫情严重的"红色区域"以外的电影院、剧院可重新开放，其座位容量不超过 50%，用于训练运动员的游泳池、商业展览和娱乐公园及类似场所也可开放。印度经济 2020 年第一季度延续了疫情之前的增长下滑趋势，实际 GDP 同比增长率 3.1%。其中，私人消费支出的贡献较之前有所下降，但仍贡献了 1.5 个百分点；政府消费则发挥了一定程度的对冲增长率下行压力的作用，贡献了 1.2 个百分点；固定资本形成则明显拖累了经济增长，对实际 GDP 同比增长率的贡献为 -2.1 个百分点；净出口有 0.2 个百分点的微弱贡献。第二季度受疫情大流行影响，经济出现断崖式下降，实际 GDP 同比增长率为 -23.9%。其中，私人消费支出同比增长 -26.7%，为实际 GDP 同比增长率贡献了 -15.0 个百分点；贵重物品同比增长 -91.0%，为实际 GDP 同比增长率贡献了 -1.3 个百分点；[①] 固定资本形成同比增长 -47.1%，为实际

---

① 贵重物品是指并非主要用于生产或消费的资产，这些资产主要是作为贵重物品获得和持有的，即黄金、宝石、饰品。贵重物品在印度 GDP 中所占比例非常高，主要是因为印度对黄金的巨大需求造成其拥有世界上最大的黄金市场。"净购置贵重物品"支出数据，在印度被列为资本形成总额的单独类别。Rakesh Kumar, "Treatment of Valuables as Capital Formation in India: Some Issues and Perspectives," RBI Working Paper Series, No. 9, Aug. 4, 2011, https://www.rbi.org.in/Scripts/PublicationsView.aspx?id=13552。

GDP同比增长率贡献了-15.1个百分点；出口同比下降19.8%，但由于进口同比下降高达40.4%，净出口对实际GDP同比增长率的贡献为5.5个百分点；政府消费继续发挥了对冲经济下滑的作用，同比增长16.4%，对实际GDP同比增长率的贡献为1.9个百分点。

具体来看，印度国内消费和生产均受创严重。消费方面，从对GDP有较大影响的汽车消费来看，原本印度政府出台的更加严格的排放标准，已经使得汽车制造商提升价格并对需求产生了抑制，疫情大流行更令该行业雪上加霜。印度汽车制造商协会（SIAM）数据显示，2020年4月，印度主要汽车制造商宣布暂停生产且报告销售量为零，6月印度国内汽车和运动型多用途车（SUV）销量同比下降50%，而被广泛视为农村经济健康指标的两轮车销量也下降了39%。业内人士预计汽车销量可能需要3~4年才能恢复至2018年的水平。[1] 消费意愿的大幅下降也反映了私人消费疲弱的状况。印度央行发布的消费者信心调查（Consumer Confidence Survey）显示，消费者信心指数在触及2019年3月104.6的高点之后一路走低，2020年3月为85.6，5月降至63.7，7月和9月分别为53.8和49.9。[2] 生产方面，工业生产指数自2020年3月起出现较为严重的同比负增长，3月和4月分别为-18.7%和-57.3%，而后跌幅有所收敛，5~8月分别为-33.4%、-15.8%、-10.8%和-8.0%。经营情绪（Business Sentiments）指数也出现大幅下跌，并仍然处于收缩区间，反映了生产经营意愿的不足。印度央行发布的经营情绪评估指数（Business Assessment Index）2020年第一季度为102.2，第二季度下跌至该指数有记录以来的最低值55.3，第三季度恢复至96.2，但仍处于收缩区间。[3]

---

[1] SIAM, "India's Auto Sales Volume will Take 3-4 Years to Recover," https://www.deccanchronicle.com/business/autos/150720/indias-auto-sales-volume-will-take-3-4-years-to-recover-siam.html, Jul. 15, 2020.

[2] Reserve Bank of India, "Consumer Confidence Survey," https://m.rbi.org.in/Scripts/PublicationsView.aspx?id=19981, Oct. 9, 2020.

[3] 该指标通过综合总体经营状况、生产、订单、原材料库存、产成品库存、利润率、就业、出口和产能利用率等9个方面的参数来概括制造业的经营意愿。数值高于100表示整体经营活动扩张，数值低于100表示收缩。公布的为财年季度，这里为表述方便调整为历年季度。"Industrial Outlook Survey of the Manufacturing Sector for Q2:2020-21," https://m.rbi.org.in/Scripts/PublicationsView.aspx?id=19984, Oct. 9, 2020.

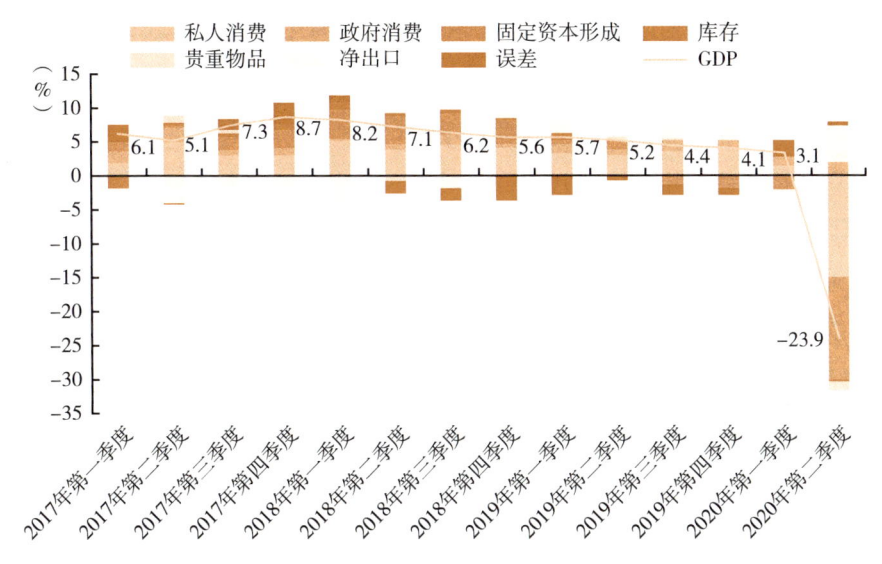

图 1　印度实际 GDP 季度同比增长率及其分项贡献

资料来源：根据 Wind 数据库数据计算整理。

二　通胀压力升至高位，失业率暴涨后回落

2019~2020 财年，印度经济增长虽然出现大幅下跌，但通货膨胀压力相较之前有所上升，突破了印度央行 4% 的通胀目标并维持在相对较高的水平。2019 年 9 月，印度消费者价格指数（CPI）同比增长率由年初 0.8% 的低值攀升至 4.0%，此后一路上行至 2020 年 1 月的高点 8.8%，而后略有回落但一直处于 4% 通胀目标以上，7~9 月分别为 6.7%、6.7% 和 7.3%。疫情冲击下生产活动中断或放缓，物价压力有增无减。

从农村和城市 CPI 同比增长率来看，两者都出现了上升势头，并且农村 CPI 同比增长率上升势头更猛。2019 年多数时间农村 CPI 同比增长率明显低于城市，但从 2019 年末以来，两者水平大致相当。2020 年第一季度还出现农村 CPI 同比增长率略高于城市的现象。这意味着经济脆弱性较高的农村地区承受的通货膨胀压力显著增加。

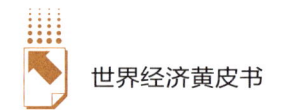

批发价格指数（WPI）同比增长率在2020年1月达到3.5%的近期高点后，出现了一个明显的下跌和反弹的过程。2020年4月出现负增长（-1.6%），5月进一步下降至-3.4%，6月和7月降幅收敛，同比增长率分别为-1.8%和-0.2%。8月WPI同比增长率由负转正，为0.2%，9月进一步回升至1.3%，这一水平与历史水平相比并不算高，但增长的势头较为明显。疫情冲击下，WPI短期下跌程度明显高于CPI，可能是因为批发商判断未来需求将大幅收缩且其议价能力相对较强。

除了"对内贬值"之外，疫情大流行冲击下，印度卢比还出现了一个短期内对外明显贬值而后回升的过程。实际有效汇率指数在2019年12月达到99.6的近期峰值后有所下降，并在2020年4月回落至92.8的低点，此后至9月维持在95左右的水平。印度卢比兑美元汇率走势与实际有效汇率类似。2019年8月至2020年2月都维持在1美元兑71卢比上下，3月骤然贬值至1美元兑74.4卢比，4月继续贬值至1美元兑76.2卢比，此后略有回升，5~9月维持在1美元兑75卢比左右，较年初及上年仍有所贬值。卢比贬值是其经济基本面走弱在货币上的反映。

印度股市受疫情大流行冲击迅速下跌后出现反弹。2020年初，印度股指

图2 印度农村和城市CPI同比增长率

资料来源：Wind数据库。

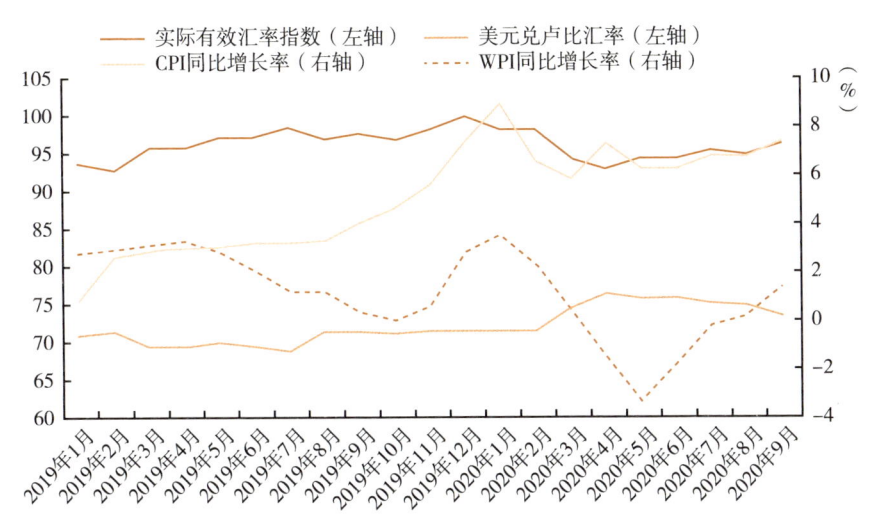

图3 印度通货膨胀率及卢比汇率

资料来源：Wind 数据库。

创下历史新高。孟买敏感30指数（Sensex 30）在1月中旬突破42000点，1月20日达到42274的历史最高点。但是随着3月印度国内新冠肺炎疫情蔓延，股市也遭受重大冲击。3月24日孟买敏感30指数降至27463点，较年初峰值下跌了35%。其后股指逐渐恢复，主要是外国投资者大量涌入，押注印度经济会相对较快复苏。IMF在2020年4月发布的《世界经济展望》中，预计受疫情影响2020年全球实际GDP增长率-3.0%，发达国家实际GDP增长率-6.1%，而印度将实现1.9%的正增长，比中国的1.2%还要高。印度股市似乎成了全球资本避开发达市场负增长陷阱的重要"安全区"。此外，孟买敏感股指2019年比摩根士丹利资本国际亚太指数（MSCI Asia Pacific Index）的表现落后约6.5个百分点，国际投资者认为其在2020年会迎头赶上地区平均水平，这也是2020年国际投资者青睐印度股市的原因之一。仅在8月外国投资者就斥资60亿美元买入印度股票，这是2019年3月以来的最高水平，而同期本地区其他新兴市场股市中，除了中国以外，都出现明显撤资。[1] 到2020

---

[1] "Foreign Investors Pour into India Stocks Despite Sinking Economy," https://www.financialexpress.com/market/shrinking-economy-fails-to-deter-foreign-investors-see-6-billion-poured-into-india-stocks-in-august/2076131/.

图 4　印度孟买敏感 30 指数盘中最高值

资料来源：Wind 数据库。

年 10 月，Sensex 30 已经恢复至 40000 点以上。

疫情暴发初期印度失业率大幅上升，而后逐渐回落至疫情前水平。2020年 3 月，印度政府为控制新冠肺炎疫情蔓延，先是关闭部分企业，而后随着全国进入封锁状态，就业进一步受到冲击。印度经济监测中心（CMIE）数据显示，3 月印度失业率达 8.8%，是 43 个月以来最高水平，4 月失业率进一步提升至 23.5%，5 月仍然维持在 21.7% 的高位。失业率居高不下，民众生计受到严重影响，迫使政府调整"锁国"措施，劳动力市场得到恢复。6 月失业率明显回落但仍在 10.2% 的较高水平。10 月，失业率回落至 7.0%。不过进入第三季度，印度农村失业情况有所加剧。通常农村失业率明显低于城市失业率 2 个百分点左右，但 10 月两者差距非常小，仅有 0.3 个百分点的微小差距，主要是由农村失业率大幅上升所致。随着疫情封锁措施的进一步放开，城市众多的服务业重新开放，使城市失业率在 10 月下降，从 9 月的 8.5% 降至 7.2%。但在农村地区，就业岗位本来就有限，返乡滞留的民工加剧了农村地区的失业情况，导致 10 月印度农村失业率从 9 月的 5.9% 升至 6.9%。

图 5　印度农村、城市及整体失业率月均值

资料来源：印度经济监测中心（CMIE）。

三　经济政策雄心勃勃，应对疫情强化刺激

2020年2月，印度财政部部长西塔拉曼发表2020~2021财年印度财政预算讲话。尽管上年印度经济增长表现不佳，但印度2020~2021财年财政预算案雄心勃勃地将名义GDP增长率确定为10%，预计财政收入22.46万亿卢比，支出30.42万亿卢比，财政赤字目标定为GDP的3.5%。预算案旨在通过短期、中期和长期措施的组合，为印度经济注入活力。

预算内容主要分为三个方面。一是提出了"提高生活水平，让社会各阶层都能获得健康、教育和更好的工作机会"的"进取印度"。二是实现"人人享有经济发展"，建设印度总统莫迪所说的"人人受助、人人发展、人人信赖"的新印度。三是社会建设。①

"进取印度"方面主要包括以下举措。第一，农业、灌溉和农村发展领

---

① 印度2020~2021财年预算概要详见 https://www.ibef.org/economy/union-budget-2020-21，本报告对财政政策的表述参考了该概要，详见 https://www.indiabudget.gov.in/budgetglance.php。

域。为农业、灌溉相关活动提供1.6万亿卢比（226.4亿美元），包括拓展农村太阳能计划（PM-KUSUM），为20万名农民提供独立的太阳能泵，并进一步为15万名农民提供并网泵等。为农村发展及治理提供1.23万亿卢比（174亿美元）。2020~2021财年农村信贷目标为15万亿卢比（2123.1亿美元），扩大国家农业和农村发展银行（NABARD）再融资计划。蓝色经济上，到2024~2025财年实现1万亿卢比（141.5亿美元）渔业出口，到2022~2023财年鱼产量达到200万吨，通过渔民组织鼓励青年参与渔业推广，推动海藻养殖业发展。印度铁路公司以公私合营（PPP）模式建立基桑铁路公司（Kisan Rail），用于冷供应链运输易腐货物。民航部推出农产品国内国际空运计划。出台鼓励园艺产品营销和出口的"一品一区"计划。第二，健康、水和卫生领域。为健康部门拨款6900亿卢比（97.6亿美元）。实施平价医院计划，预计到2024年在所有地区提供2000种药品和300种手术。发起结核病防治运动，到2025年消灭结核病。为家庭自来水供给计划投入3.6万亿卢比（509.5亿美元）。2020~2021财年为清洁印度计划投入1230亿卢比（17.4亿美元）。第三，教育培训领域。2020~2021财年为教育部门提供9930亿卢比（140.5亿美元）经费，为技能发展提供300亿卢比（4.2亿美元）经费。拟建国家警察大学和国家法医科学大学，发展治安科学、法医科学和网络法医等学科。全国排名前100的院校开设学位级完整在线教育课程。2021年3月，150所高等教育机构将开设学徒制嵌入式学位/文凭课程。

经济发展方面包括以下举措。第一，工业、商业和投资领域。2020~2021财年拨款2730亿卢比（38.6亿美元），用于发展和促进工业和商业。通过公私合营模式兴建五个新的智慧城市。为将印度打造为技术纺织品的全球领导者，推出规模148亿卢比（2.09亿美元）、为期四个财年的国家技术纺织品计划（National Technical Textiles Mission）。出台新的出口信用保险计划，通过更大保险范围，为小型出口企业提供更低的保险费以及简化理赔程序，提升出口信贷的发放水平。将政府采购电子商务市场（Government e-Marketplace）的营业额提高到3万亿卢比（424.6亿美元）。第二，基础设施领域。未来五年在基础设施领域投资100万亿卢比（1.41万亿美元）。国家管道基础设施方面，2019年12月31日启动总规模103万亿卢比（1.45万亿美元）的项目。建立单一窗口的国家电子物流市场。2020~2021财年对交通运输基础设施建设的财政支出将达到1.7万亿卢比（240.6亿美元）。公路方面，拟在2024年前对至少12个地段超过6000公里的高速公路收费。铁路方面，在铁路所属土地上的铁轨旁建立大型太阳能发电设施。开展4个车站重建项目，通过PPP方式运营150列旅客列车。推出更多连接标志性旅游目的地的特快列车。积极推进孟买—艾哈迈达巴德高铁项目。对耗资1860亿卢比（26.3亿美元）兴建的全长148公里的班加罗尔郊区交通项目，按地铁模式收费。港口和水运方面，按照"可持续恒河"（Arth Ganga）概念为沿岸经济活动注入活力。机场方面，到2024年再兴建100座机场，飞机数量由600架增加至1200架。能源方面，2020~2021财年为电力和可再生能源部门提供2200亿卢比（31.1亿美元）财政投入。扩建国家燃气网络，使得燃气管道长度从16200公里达到27000公里。第三，新经济领域。投资600亿卢比（8.49亿美元）继续实施印度高速宽带网络计划（BharatNet），光纤入户计划将覆盖10万个自然村。出台政策鼓励私营资本兴建数据园区。五年内在国家量子技术和应用上投入800亿卢比（11.3亿美元）。

社会建设方面包括以下举措。第一，妇女儿童与社会福利领域。为2020~2021财年营养相关方案拨款3560亿卢比（50.3亿美元）。为妇女专项方案拨款2860亿卢比（40.4亿美元）。为污水处理系统自动化技术提供财政支持。为表列种姓（Scheduled Castes）[①]和其他落后阶层的福利拨款8500亿卢比（120.3亿美元）。为表列部落（Scheduled Tribes）[②]的进一步发展和福利拨款5370亿卢比（76亿美元）。为老年公民福祉增加了950亿卢比（13.4亿美元）的拨款。第二，文化旅游领域。2020~2021财年为促进旅游业拨款250亿卢比（3.54亿美元）。2020~2021财年为文化部拨款315亿

---

① 又称贱民。
② 印度的某些世袭部落少数民族群体，一般远离其他民族和现代社会，也被称为野蛮部落、原始部落或山民。

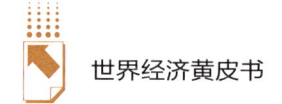

卢比（4.46亿美元），并且在文化部下设立一个具有大学地位的印度遗产和保护研究所。第三，环境与气候变化领域。2020~2021财年在这一领域的财政拨款为440亿卢比（6.23亿美元）。发起抗灾基础设施联盟（CDRI）国际倡议。

印度税收政策也有所调整。实行新的简化的个人所得税，取消现有100多项豁免和扣除项目中的约70项。新制度下，政府个税收入每年预计将减少4000亿卢比（56.6亿美元）。公司税方面，新设立的发电公司也享受制造业企业低至15%的所得税税率政策。为使印度成为更具吸引力的投资目的地，印度政府还决定取消股息分配税（Dividend Distribution Tax）[1]，并允许对控股公司从其子公司获得的股息进行扣除，为此政府预计每年将减少2500亿卢比（35.3亿美元）的收入。对营业额不超过10亿卢比（141.5万美元）的初创企业，在10年中连续3个评估年度享受100%的利润税扣除政策。对2024年3月31日前在基础设施和重点行业投资的利息、股息和资本收益100%免税，外国政府主权财富基金最低锁定期为3年。

疫情冲击之下，印度财政部推出了经济刺激计划。2020年3月，在全国封锁之前，印度政府宣布了一项1.7万亿卢比（约合230亿美元）的经济刺激计划，以救济受疫情影响的穷人，给他们直接现金转账和发放粮食等生活必需品。5月，印度总理宣布将推出总额为20万亿卢比（约合2680亿美元）的一揽子经济刺激计划（相当于GDP的10%左右），用于中小企业贷款担保、市场流动性支持、针对工人和商贩等的救济资金及基础设施建设等。不过这20万亿卢比中包括印度储备银行提供的流动性措施和银行根据政府措施提供的垫款，所以实际的额外预算支出金额相当于GDP的1.4%左右。10月，印度财政部部长西塔拉曼宣布从消费支出和资本支出两个方面着手推出经济刺激政策。在刺激消费支出上，推出了休假、旅行许可（LTC）现金券方案和特别节日预支方案（Special Festival Advance Scheme）。因疫情而无法出行，LTC现金券方案允许雇员放弃假期以获得现金券补偿。现金券可以在2021年

---

[1] 股息分配税税率15%，原本由分配股息的公司来承担，废除之后跨国公司在印度设立的子公司在向母公司分红时将不用缴纳股息分配税。

3月31日前用于购买消费税（GST）可征税范围内的商品和服务。特别节日预支方案则允许雇员提前预支零利率1万卢比的工资，分10期偿还，但也必须在2021年3月31日前消费完毕。在刺激资本支出上，出台了针对各邦的政策。为了促进各邦的资本支出，决定向各邦发放为期50年的特别无息贷款，用于1200亿卢比（16.4亿美元）的资本支出。向各邦提供的所有上述无息贷款应在2021年3月31日前用完；最初将提供50%的贷款，剩余的贷款将在用完第一笔50%的贷款后提供。中央或全国层面刺激增加资本支出的举措是，除了2020~2021财年预算中的4.13万亿卢比（565.6亿美元）外，额外预算2500亿卢比（34.2亿美元）用于道路、国防、供水、城市发展和国产资本设备等领域的支出。印度财政部预计，10月宣布的促进消费支出和资本支出的措施将增加7300亿卢比（100亿美元）的需求，并在2021年3月31日前实现支出。鉴于私营部门通过LTC税收优惠额外诱发的支出将至少为2800亿卢比（38.3亿美元），这轮措施所带来的总需求提升将超过1万亿卢比（138亿美元）。[1] 疫情冲击下，一方面是开支上升，另一方面是收入和名义GDP下降，预计2020~2021财年的财政赤字将扩大到相当于GDP的8%左右，显著超出其赤字目标。

债务约束对印度政府特别是其中央政府的约束越来越紧。截至2020年第二季度，印度中央政府债务达到101.4万亿卢比，较上年同期增长了15%。

货币政策方面，印度将保持趋向宽松的货币政策方向。印度央行货币政策框架的基准是通货膨胀目标，货币当局希望将消费者价格同比增长率控制在2%~6%并接近4%的通胀目标。为应对新冠肺炎疫情的影响，印度央行进一步放宽了货币政策。自2020年5月起将政策性回购利率下调115个基点至4%，同时将逆回购利率下调155个基点至3.35%。2020年10月，印度央行货币政策委员会决定将流动性调整机制下的政策性回购利率维持在4%不变，逆回购利率维持在3.35%不变，隔夜边际贷款工具（MSF）利率

---

[1] "Union Finance Minister Announces Stimulus to Boost Demand in the Economy: Highlights," https://www.ibef.org/news/union-finance-minister-announces-stimulus-to-boost-demand-in-the-economy-highlights.

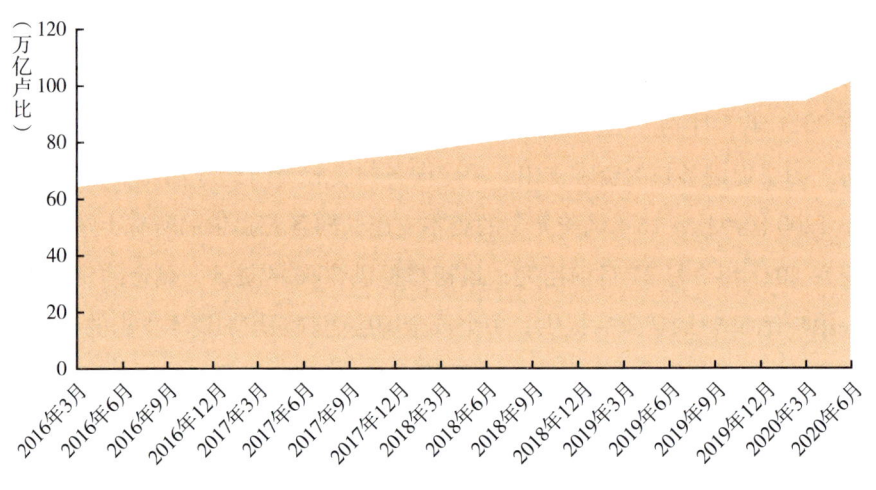

图6 印度中央政府债务总额

资料来源：Wind 数据库。

和银行利率维持在4.25%。印度货币政策委员会还决定，若有必要，至少在本财政年度和下一个财政年度继续保持宽松的立场，以维持持久的经济增长，减轻疫情对经济的影响，同时确保未来的通货膨胀率保持在目标范围内。

展望未来，印度央行货币政策委员会认为随着收获季节的到来，蔬菜等农产品价格上升压力将减轻，另外，由于进口关税提高，豆类和油籽的价格可能会保持坚挺。虽然需求前景疲软造成9月国际原油交易价格偏弱，但在没有任何税率回落的情况下，印度国内零售价格可能会继续走高。在需求不振的情况下，企业的定价能力依然偏弱。与新冠肺炎疫情相关的供应中断，包括劳动力短缺和高运输成本，可能会继续带来成本推升压力，但这些风险正因逐步放松或取消的封锁政策对跨邦运输的限制而得到缓解。印度央行货币政策委员会将疫情大流行背景下恢复经济作为执行货币政策的优先事项。虽然几个月来通货膨胀率一直高于容忍区间，但货币政策委员会判断，基本因素主要还是供应冲击，随着经济解锁、供应链恢复和活动正常化，这些冲击应在随后几个月内消散。基于这些考虑，货币政策委员会决定维持政策利率的现状,并等待通胀压力的缓解,以利用现有空间进一步支持经济增长。①

四 预测与展望

疫情对印度经济增长造成严重冲击,也影响了主要国际机构对其实际GDP增长率的预测。国际货币基金组织(IMF)2020年4月发布的《世界经济展望》中预计印度2020~2021财年实际GDP增长率为1.9%,6月IMF把这一预测值下调至-4.5%,10月进一步下调至-10.3%。评级机构穆迪在2020年3月把印度2020~2021财年实际GDP增长率预测值由此前的5.3%下调至2.5%,②8月进一步下调至-3.1%,③此后继续下调,10月预计其增长率为-11%。④印度央行2020年8月对本国2020~2021财年实际GDP增长率的预测值为-5.8%,⑤10月下调至-9.1%。⑥英国经济学人智库(EIU)2020年8月把对印度2020~2021财年实际GDP增长率的预测值由此前的-5.8%下调至-8.5%,10月进一步下调至-9.8%。⑦世界银行2020年10月发布的秋季号《南亚经济聚焦》中把对印度2020~2021财年实际GDP增长率的预测值由4

---

① Reserve Bank of India, "Minutes of the Monetary Policy Committee Meeting," https://www.rbi.org.in/Scripts/BS_PressReleaseDisplay.aspx?prid=50560, October 7 to 9, 2020.
② "Moody's Slashes India GDP Growth in 2020 to 2.5%," https://www.thehindubusinessline.com/economy/moodys-slashes-india-gdp-growth-in-2020-to-25/article31178965.ece.
③ "Moody's India's GDP to Slide to -3.1% in 2020," https://www.financialexpress.com/economy/moodys-indias-gdp-to-slide-to-3-1-in-fy21/2065305/.
④ Joel Rebello, "Moody's Says India's Fiscal Measures will Have Little Impact on Growth," https://economictimes.indiatimes.com/news/economy/indicators/moodys-says-indias-fiscal-measures-will-have-little-impact-on-growth/articleshow/78682954.cms.
⑤ "Survey of Professional Forecasters on Macroeconomic Indicators-Results of the 65th Round," https://www.rbi.org.in/scripts/PublicationsView.aspx?Id=19718, Aug. 6, 2020.
⑥ "Survey of Professional Forecasters on Macroeconomic Indicators-Results of the 66th Round," https://www.rbi.org.in/scripts/PublicationsView.aspx?id=19985, Oct. 9, 2020.
⑦ http://www.eiu.com/.

月春季号发布的2.8%[1]大幅下调至-9.6%。[2] 新冠肺炎疫情对印度经济冲击非常严重，其应对政策在封锁与放开上的摇摆也可能会在未来加剧经济社会受影响的程度，但放松对经济活动的限制短期内产生了一定的配合经济刺激政策的效果。例如，2020年第三季度印度乘用车销量较上年同期上涨了17%。[3] 再如，从季节调整后的制造业PMI来看，印度由4月触底的27.4，到8月重回扩张区间的52，再到9月回升至56.8并超过疫情冲击之前的水平，10月又进一步上升至58.9；季调后的服务业PMI在经历4月前所未有的低点5.4之后，在10月重回扩张区间达到54.1，这一数值与疫情冲击前的水平相比，也处于较高水平（是2018年8月以来的第三高，仅次于2020年1月和2月）。这些都显示出一定的复苏信号。尽管如此，疫情及经济刺激政策效果的不确定性仍然十分巨大。综合考虑各方面因素，本报告认为印度2020~2021财年实际GDP增长率在-10%左右，2021~2022财年或将恢复至5.0%左右。

参考文献

张宇燕主编《2020年世界经济形势分析与预测》，社会科学文献出版社，2020。

沈建光、徐天辰：《印度经济发展的现状与挑战》，《国际融资》2020年第10期。

SIAM, "India's Auto Sales Volume will Take 3-4 Years to Recover," Jul. 15, 2020, https://www.deccanchronicle.com/business/autos/150720/indias-auto-sales-volume-will-take-3-4-years-to-recover-siam.html.

---

[1] World Bank, "South Asia Economic Focus, Spring 2020 : The Cursed Blessing of Public Banks," Washington, D. C.: World Bank. © World Bank, https://openknowledge.worldbank.org/handle/10986/33478 License: CC BY 3.0 IGO, 2020.

[2] World Bank, "South Asia Economic Focus, Fall 2020 : Beaten or Broken? Informality and COVID-19," Washington, D. C.: World Bank. © World Bank, https://openknowledge.worldbank.org/handle/10986/34517 License: CC BY 3.0 IGO, 2020.

[3] SIAM, "Passenger Vehicle Sales in India Rise 17% in September Quarter," https://www.moneycontrol.com/news/technology/auto/passenger-vehicle-sales-in-india-rise-17-in-september-quarter-siam-5972171.html, Oct. 16, 2020.

Reserve Bank of India, "Consumer Confidence Survey," https://m.rbi.org.in/Scripts/PublicationsView.aspx?id=19981, Oct. 9, 2020.

"Industrial Outlook Survey of the Manufacturing Sector for Q2:2020-21," https://m.rbi.org.in/Scripts/PublicationsView.aspx?id=19984, Oct. 9, 2020.

"Foreign Investors Pour into India Stocks Despite Sinking Economy," https://www.financialexpress.com/market/shrinking-economy-fails-to-deter-foreign-investors-see-6-billion-poured-into-india-stocks-in-august/2076131/.

"Union Finance Minister Announces Stimulus to Boost Demand in the Economy: Highlights," https://www.ibef.org/news/union-finance-minister-announces-stimulus-to-boost-demand-in-the-economy-highlights.

Reserve Bank of India, "Minutes of the Monetary Policy Committee Meeting," https://www.rbi.org.in/Scripts/BS_PressReleaseDisplay.aspx?prid=50560, October 7 to 9, 2020.

"Moody's Slashes India GDP Growth in 2020 to 2.5%," https://www.thehindubusinessline.com/economy/moodys-slashes-india-gdp-growth-in-2020-to-25/article31178965.ece.

"Moody's India's GDP to Slide to -3.1% in 2020," https://www.financialexpress.com/economy/moodys-indias-gdp-to-slide-to-3-1-in-fy21/2065305/.

Joel Rebello, "Moody's Says India's Fiscal Measures will Have Little Impact on Growth," https://economictimes.indiatimes.com/news/economy/indicators/moodys-says-indias-fiscal-measures-will-have-little-impact-on-growth/articleshow/78682954.cms.

"Survey of Professional Forecasters on Macroeconomic Indicators-Results of the 65th Round," https://www.rbi.org.in/scripts/PublicationsView.aspx?Id=19718, Aug. 6, 2020.

"Survey of Professional Forecasters on Macroeconomic Indicators-Results of the 66th Round," https://www.rbi.org.in/scripts/PublicationsView.aspx?id=19985, Oct. 9, 2020.

World Bank, "South Asia Economic Focus, Spring 2020: The Cursed Blessing of Public Banks," Washington, D. C.: World Bank. © World Bank, https://openknowledge.worldbank.org/handle/10986/33478 License: CC BY 3.0 IGO, 2020.

World Bank, "South Asia Economic Focus, Fall 2020: Beaten or Broken? Informality and COVID-19," Washington, D. C.: World Bank. © World Bank, https://openknowledge.worldbank.org/handle/10986/34517 License: CC BY 3.0 IGO, 2020.

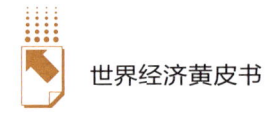

SIAM, "Passenger Vehicle Sales in India Rise 17% in September Quarter," https://www.moneycontrol.com/news/technology/auto/passenger-vehicle-sales-in-india-rise-17-in-september-quarter-siam-5972171.html, Oct. 16, 2020.

Y.7
俄罗斯经济：大幅萎缩

贾中正　张誉馨[*]

摘　要：新冠肺炎疫情的暴发和迅速蔓延，叠加国际油价的剧烈波动，使俄罗斯经济雪上加霜。俄罗斯经济增速在经历2020年第一季度的下滑后，在第二季度出现断崖式下跌，同比增长-8.0%。采购经理人指数（PMI）的走势显示，俄罗斯经济在经历急剧萎缩后开始复苏。通货膨胀率总体上稳步上升；生产者价格指数（PPI）呈先抑后扬的走势；失业率持续攀升，经济活动中的就业人口数量也明显下降。新冠肺炎疫情的发展及应对效果、国际油价的走势、大国博弈以及地缘政治风险变化等，都将对俄罗斯经济的复苏进程产生重要影响。展望未来，俄罗斯经济增长前景仍存在较大的不确定性，2020年预计将大幅萎缩，2021年出现反弹的可能性较大。

关键词：俄罗斯经济　国际油价　中俄经济合作

2019年，按不变价测算的俄罗斯国内生产总值（GDP）约为90.6万亿卢布（现价GDP约为110.0万亿卢布），同比增长1.3%。该增速略高于我们在2020年的预测值，主要是因为2019年下半年最终消费特别是居民部门消费对拉动经济增长发挥了支柱作用，而资本形成总额在第四季度又大幅增

---

[*] 贾中正，中国社会科学院世界经济与政治研究所马克思主义世界政治经济理论研究室助理研究员，主要研究领域为世界经济；张誉馨，中国社会科学院世界经济与政治研究所马克思主义世界政治经济理论研究室助理研究员，主要研究领域为俄罗斯国家治理。

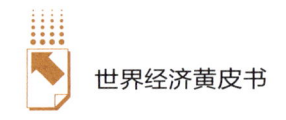

长，导致俄罗斯经济增速出现逐季攀升的超预期走势。受新型冠状病毒肺炎（COVID-19）疫情冲击和国际油价剧烈波动等影响，俄罗斯经济增长在2020年可能萎缩4%左右，2021年出现反弹的可能性较大。

一 2019~2020年俄罗斯总体经济形势

新冠肺炎疫情的暴发和蔓延，给全球经济带来严重冲击。联合国贸易和发展会议（UNCTAD）2020年9月发布的《2020年贸易和发展报告》显示，由于新冠肺炎疫情的影响，全球经济面临深度衰退，但衰退程度可能不会像2020年早些时候预测得那样严重。2020年全球经济预计将收缩4%以上，全球产出将减少超过6万亿美元。在此情况下，俄罗斯经济也难独善其身。

受燃料和能源产品的出口量和价格出现下降的影响，俄罗斯经济在2020年第一季度就疲态尽显；后因新冠肺炎疫情的冲击，固定资产投资在第二季度大幅下滑，并创近五年来的最低水平，俄罗斯经济增速在第二季度出现断崖式下跌，同比增长-8.00%。不过，采购经理人指数（PMI）在3~6月跌破50%的荣枯线后开始反弹，7月和8月再次站到荣枯线以上，意味着俄罗斯经济在经历急剧萎缩后开始复苏。通货膨胀率总体上稳步上升；生产者价格指数（PPI）呈先抑后扬的走势。然而失业率持续攀升，经济活动中的就业人口数量也明显下降。随着复工复产不断推进，消费和投资活动逐步恢复，俄罗斯经济也将逐渐复苏，但这种复苏仍存在较大的不确定性。

经济增速出现断崖式下跌。根据俄罗斯联邦统计局和Wind数据库的数据，俄罗斯季度实际GDP同比增速从2019年第一季度的0.39%逐季攀升至第四季度的2.11%。进入2020年后，因燃料和能源产品的出口量和价格出现下降，第一季度实际GDP增速下滑至1.63%。随着疫情全球肆虐，俄罗斯也难以独善其身，经济增长在第二季度遭受重创，实际GDP增速同比为-8.00%，主要原因是疫情给绝大多数市场主体的经营带来显著冲击，财务状况恶化导致固定资产投资在第二季度大幅下滑，并创近五年来的最低水平。2020年上半年，俄罗斯公司的总净利润下降了51.6%，有约36%的企业处于亏损状态。根据俄罗斯中央银行的预测，随着复工复产不断推进，投资活动将逐步恢复，但这一复苏过程可能会很漫长，且存在不确定性。

从需求侧"三驾马车"对季度GDP的拉动作用来看，2020年第一季度，最终消费支出对GDP的拉动作用为2.20个百分点，主要与家庭部门对商品和金融服务的支出增加有关。其中，居民部门、政府部门以及为居民服务的非营利机构对GDP的拉动作用分别为1.91个百分点、0.29个百分点和0.02个百分点。总投资对GDP的拉动作用为0.37个百分点，其中，固定资产投资对GDP的拉动作用为0.29个百分点。货物和服务净出口对GDP的拉动作用为-1.23个百分点，其中，出口和进口对GDP的拉动作用分别为-0.97个百分点和0.26个百分点。石油和天然气出口减少导致商品和服务出口下降，进口却仍保持增长，导致净出口下降。2020年第二季度，导致俄罗斯经济急剧萎缩的主要原因是最终消费支出特别是居民部门的消费支出以及固定资产投资的拉动作用为负值。具体来看，最终消费支出的拉动作用为-11.72个百分点，其中，居民部门消费支出的拉动作用为-12.32个百分点。总投资的拉动作用为-1.36个百分点，其中，固定资产投资的拉动作用为-2.37个百分点。

表1 2019年第三季度至2020年第二季度俄罗斯国内生产总值（GDP）增速及各分项对季度经济增长的拉动作用

单位：%，个百分点

指标	2019年第三季度	2019年第四季度	2020年第一季度	2020年第二季度
实际GDP同比增速	1.54	2.11	1.63	-8.00
最终消费支出	1.75	1.72	2.20	-11.72
居民	1.34	1.33	1.91	-12.32
政府	0.40	0.38	0.29	0.30
为居民服务的非营利机构	0.01	0.01	0.02	0.01
资本形成总额	0.90	3.23	0.37	-1.36
固定资本	-0.24	0.84	0.29	-2.37
货物和服务净出口	-1.32	-2.96	-1.23	5.47

续表

指标	2019年第三季度	2019年第四季度	2020年第一季度	2020年第二季度
出口	-0.22	-0.67	-0.97	0.07
进口	1.10	2.29	0.26	-5.40
统计误差	0.21	0.28	0.40	-0.49

资料来源：俄罗斯联邦统计局，Wind数据库。

俄罗斯总统普京在2020年8月认为，2020年俄罗斯GDP将萎缩5%~6%。[①] 俄罗斯经济发展部在2020年9月发布更新版的《2020~2023年俄罗斯社会经济发展中期预测》，将2020年俄罗斯GDP增速降幅从6月预测的4.8%下调至3.9%。该预测相对乐观的主要原因在于，应对新冠肺炎疫情的限制措施虽使俄罗斯经济面临系统性危机的挑战，但这些影响仅局限在中小企业的框架内，并未对主要企业和行业产生重大影响。俄罗斯经济发展部预测，俄罗斯经济将于2021年第三季度恢复至新冠肺炎疫情前的水平，全年增速约为3.3%；2022年的经济增速将达到3.4%，但2023年的增速将收窄至3%。

除此之外，从反映宏观经济景气度的采购经理人指数（PMI）、消费者价格指数（CPI）、生产者价格指数（PPI）、失业率及经济活动中的就业人口等指标的表现来看，俄罗斯经济形势的主要特征如下。

一是采购经理人指数在急剧下跌后又重新站上荣枯线。受新冠肺炎疫情的显著冲击，俄罗斯经济在2020年4月曾一度遭受重创，而后随着疫情防控成效逐步显现，经济开始缓慢复苏。根据俄罗斯联邦统计局和Wind数据库的数据，俄罗斯的综合采购经理人指数在3月跌破50%的荣枯线，最低跌至4月的13.9%，随后开始反弹，7月和8月再次站到荣枯线以上，分别达到56.8%和57.3%。相较而言，俄罗斯服务业经济的恢复程度要好于制造业经济。服务业采购经理人指数的走势与综合采购经理人指数的走势较为相似，在3~6月跌至荣枯线以下，7月和8月再次站上荣枯线，分别为58.5%

[①] 《俄罗斯总统普京：2020年俄罗斯GDP将萎缩5%~6%》，http://finance.sina.com.cn/stock/relnews/cn/2020-08-27/doc-iivhuipp1051286.shtml，2020年8月27日。

和58.2%。制造业采购经理人指数在新冠肺炎疫情冲击之前的2019年5月就已跌至荣枯线以下，在疫情最为严重的2020年4月曾一度下探至31.3%的最低点，此后开启回升进程，并在8月重新站上荣枯线，达到51.1%。这说明新冠肺炎疫情冲击之后的服务业经济恢复扩张的进展要好于制造业。

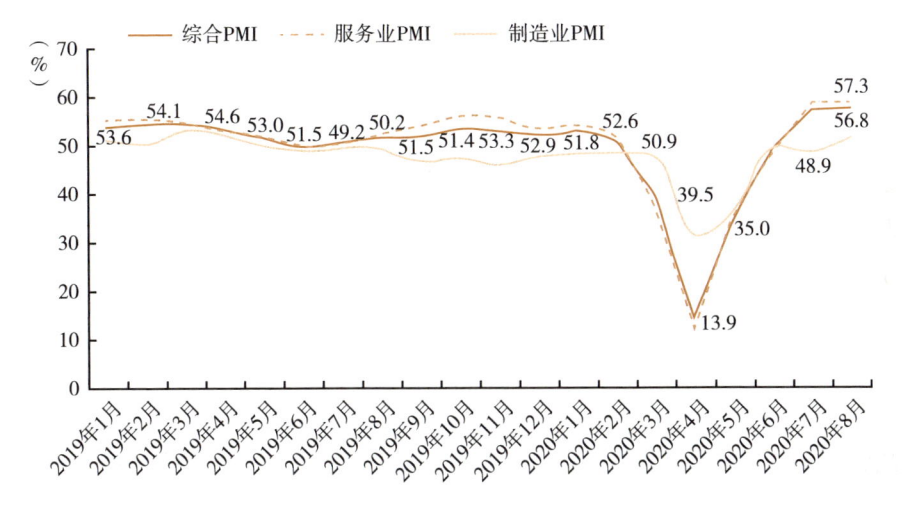

图1 2019年1月至2020年8月俄罗斯采购经理人指数（PMI）走势

资料来源：俄罗斯联邦统计局，Wind数据库。

二是通货膨胀率总体呈稳步上升之势。根据俄罗斯联邦统计局和Wind数据库的数据，从同比来看，俄罗斯的通货膨胀率从2020年1月的2.4%攀升至7月的3.4%。从环比来看，俄罗斯的通货膨胀率先从2020年1月的0.4%上升至4月的0.8%，后又下滑至7月的0.4%（见图2）。其中主要原因包括：一方面，俄罗斯为应对疫情采取的封锁和隔离等措施被解除后，之前被压制的消费需求快速释放，内需大幅回升；另一方面，国际市场油价剧烈波动以及地缘政治风险上升等，导致俄罗斯卢布汇率出现波动，总体处于贬值状态。俄罗斯中央银行在2020年9月预计，截至2020年底，俄罗斯的通货膨胀率将接近4%。俄罗斯经济发展部则在2020年9月预测认为，2020年俄罗斯的通货膨胀率将处于3.6%~3.7%。

三是生产者价格指数呈先抑后扬走势。价格传导机制一般始于生产领域

图2 2019年1月至2020年7月俄罗斯消费者价格指数（CPI）走势

资料来源：俄罗斯联邦统计局，Wind数据库。

的原材料价格波动，通过产业链逐步向下游产业扩散，最后会影响流通领域的最终消费品价格。因而，生产者价格指数作为衡量工业企业产品出厂价格变动趋势和变动程度的指数，对消费物价指数变化具有一定先导作用。根据俄罗斯联邦统计局和Wind数据库的数据，从同比变化来看，俄罗斯的生产者价格指数先从2020年1月的-0.7%下滑至5月的-14.1%，随后逐步回升至7月的-2.2%。从环比变化来看，俄罗斯的生产者价格指数先从2020年1月的0.9%下滑至4月的-7.2%，后又回升至7月的4.3%（见图3）。生产者价格指数同比降幅收窄，而通货膨胀率却持续攀升，这可能与经济复苏乏力、原油等大宗商品价格下跌带来输入性通缩、内需虽回升但仍然疲弱等因素有关。

四是失业率持续攀升。在新冠肺炎疫情暴发之前，俄罗斯的失业率总体较为稳定；新冠肺炎疫情暴发之后，俄罗斯采取了停工停产、封锁和隔离等应对措施，失业率开始持续攀升。根据俄罗斯联邦统计局和Wind数据库的数据，2020年1~3月，俄罗斯失业率基本稳定在4.6%~4.7%，随后受新冠肺炎疫情的猛烈冲击，失业率开始持续攀升，从3月的4.7%逐月攀升至7月的

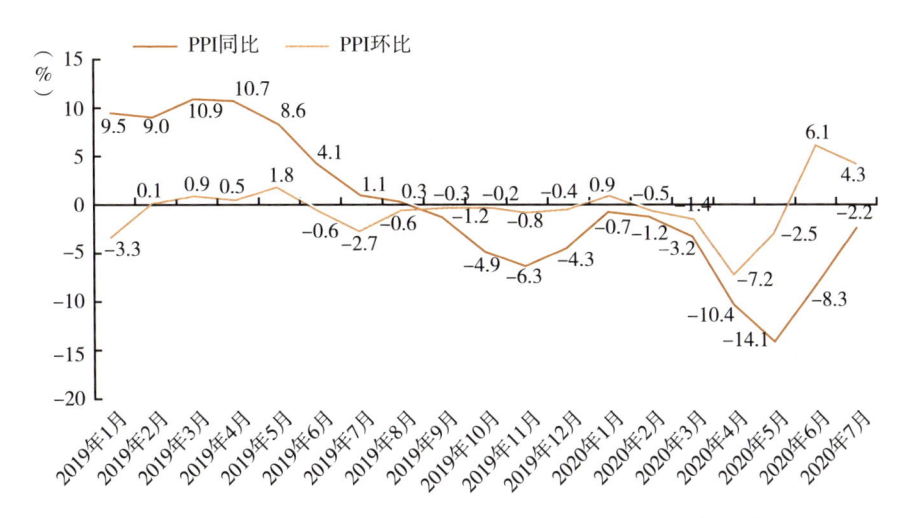

图3 2019年1月至2020年7月俄罗斯生产者价格指数（PPI）走势

资料来源：俄罗斯联邦统计局，Wind数据库。

6.3%。同期，俄罗斯经济活动中的就业人口数量也明显下降。2020年1~3月，俄罗斯经济活动中的就业人口数基本稳定在7110万~7140万人，但在4~7月则大幅下滑至7000万~7030万人（见图4）。这说明俄罗斯就业市场受新冠肺炎疫情的冲击较大，若要完全恢复至疫情前的水平仍旧需要时间。

图4 2019年1月至2020年7月俄罗斯失业率和经济活动中的就业人口

资料来源：俄罗斯联邦统计局，Wind数据库。

二 财政政策与货币政策

为了应对新冠肺炎疫情和国际油价剧烈波动的冲击，俄罗斯采取了更加积极的财政政策，将原定的财政盈余修改为财政赤字，并大幅增加国债规模。同时，继续采取宽松的货币政策，将关键利率维持在自2014年12月以来的最低点4.25%。此外，俄罗斯卢布先贬值后升值，随着疫情防控形势好转，经济逐步复苏，国际油价走稳，俄罗斯卢布预计将保持升值。

财政政策更加积极。2020年以来，受新冠肺炎疫情的冲击、国际油价剧烈波动以及油气行业税改的影响，俄罗斯财政收入减少，而为了抗击疫情，俄罗斯又扩大了财政支出，以刺激经济快速复苏。根据俄罗斯财政部在2020年9月的初步估算，2020年1~8月，俄罗斯联邦财政收入为11.69万亿卢布，财政支出为13.38万亿卢布，财政赤字为1.69万亿卢布。其中，油气行业贡献了约3.41万亿卢布的财政收入，非油气行业约为8.28万亿卢布，分别完成既定额度的56.8%和63.4%。同时，为了应对新冠肺炎疫情的冲击，俄罗斯联邦主体投资支出增加近40%，主要用于道路等基础设施的建设。财政支出执行率最高的领域是民生保障和卫生保健，分别达到73.3%和66.4%；国防建设、国民经济和市政建设的支出执行率分别为61%、48.2%和65.6%。另据俄罗斯审计署在2020年8月发布的报告，2020年上半年俄罗斯政府共动用储备基金1.42万亿卢布，其中，用于防疫抗疫以及消除疫情对经济部门负面影响的资金高达1.25万亿卢布。俄罗斯通过采取积极的财政政策，刺激经济尽快走出衰退的阴影。

财政盈余变为赤字。2020年上半年，俄联邦预算收入结构发生重大变化，在9.09万亿卢布的预算收入中，油气收入仅为2.66万亿卢布，占比29.3%，同比下降13.9个百分点。其中下降最明显的是碳氢化合物的矿产资源开采税，减少了1.13万亿卢布，降幅为36.4%；其次是原油、天然气及石油产品出口税，减少了0.61万亿卢布，降幅为53.6%。油气收入下降主要受油气出口税下降、油价下滑、天气情况造成的天然气出口量减少以及欧洲经济活动放缓等因素的影响。俄罗斯财政部发布的2020年财政预算报告显示，俄罗斯原计划要在2020年实现占GDP比重0.8%的财政盈余。然而，2020年3月新冠肺炎疫情暴发并快速蔓延、国际原油价格暴跌等，迫使俄罗斯将2020年的财政盈余修改为财政赤字，以应对疫情扩散和油价下跌对经济的冲击。国际货币基金组织（IMF）在2020年4月预测认为，2020年俄罗斯的财政赤字率将达到4.8%。《经济学家》在2020年9月发布的预测认为，2020年俄罗斯的财政赤字率约为4.3%。俄罗斯财政部则在9月预测，2020年俄罗斯的财政赤字率约为4.4%，2021年的财政赤字率为2.4%，2022年则进一步降为1%。财政赤字扩大，国债规模上升。俄罗斯财政部在2020年9月发布的《2021~2023年俄罗斯联邦预算草案》显示，为支持俄罗斯经济发展，弥补财政预算赤字，俄罗斯政府将国债规模大幅增加约1倍。2021年俄罗斯的国债规模将达到23.5万亿卢布，约占GDP的20.3%；2022年为25.8万亿卢布，约占GDP的20.8%；2023年为28.3万亿卢布，约占GDP的21.3%。

货币政策继续宽松。因克里米亚危机引发的美俄相互制裁，给俄罗斯经济带来较大下行压力。2014年12月以来，俄罗斯的货币政策总体上进入了宽松的周期，关键利率从2014年12月的17.0%下滑至2020年7月的4.25%。2020年9月18日，俄罗斯联邦中央银行董事会决定继续维持关键利率为4.25%。最近几个月，因解除封锁后的消费需求积极回升、全球市场普遍动荡和较高的地缘政治风险导致俄罗斯卢布贬值，俄罗斯的物价增长率总体上略高于俄罗斯联邦中央银行的预期，且家庭和企业部门的通货膨胀预期仍然很高。尽管短期内这些推升通货膨胀的因素的影响有所增强，但从中期来看，通货紧缩的风险仍然存在，主要原因在于，解除封锁限制和刺激经济复苏的政策措施在使经济实现快速反弹后，俄罗斯经济向潜在增长率回归的步伐将放缓，这会对物价增长产生约束作用。根据俄罗斯联邦中央银行的预测，在当前的货币政策状态下，2020年的通货膨胀率为3.7%~4.2%，2021年为3.5%~4.0%，之后将稳定在4%左右。基于对经济发展的实际情况、预期通货膨胀动态、内部和外部条件以及金融市场反应所带来的风险等因素的考虑，未来俄罗斯联邦中央银行有可能进一步降低关键利率。

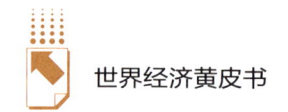

卢布汇率先升后降。根据俄罗斯联邦中央银行和 Wind 数据库的统计数据，按直接标价法计算的卢布对美元汇率先从 2020 年 1 月的 63.0359 卢布/美元升至 3 月的 77.7325 卢布/美元，后又下滑至 6 月的 69.9513 卢布/美元，截至 8 月，卢布对美元的汇率又回升至 74.6382 卢布/美元。总体而言，2020 年以来，卢布对美元处于贬值状态。卢布汇率与国际油价存在较强的相关性，2020 年 3 月和 4 月国际油价暴跌是导致俄罗斯卢布大幅贬值的主要原因。之后国际油价持续反弹，加之美元指数持续下滑，卢布在波动中有所升值，但与 2020 年初相比，卢布仍然处于贬值状态。《经济学家》在 2020 年 9 月发布预测则认为，2020 年卢布对美元的汇率同比下滑约 16.8%。随着疫情形势好转，经济逐步复苏，国际油价走稳，卢布最终将出现升值。

三　对外贸易与国际收支

受新冠肺炎疫情的冲击，全球需求受到抑制，国际贸易急剧萎缩，俄罗斯进出口也曾大幅下滑。随着全球疫情防控效果显现，外部需求环境改善，俄罗斯进出口开始回升，经常账户趋于平衡。中俄货物贸易虽经历下滑，但仍保持较好发展势头。截至 2019 年底，中国仍是俄罗斯第一大出口市场和第一大进口来源地，且已连续十年成为俄罗斯第一大贸易伙伴国。中俄相互投资与合作持续深化。俄罗斯与欧洲主要贸易伙伴的贸易额下滑显著。俄罗斯的储备资产稳步增加，黄金储备创历史新高，外债规模先降后升。

对外贸易大幅萎缩后开始回升。受新冠肺炎疫情的冲击，全球需求受到抑制，国际贸易急剧萎缩。根据联合国贸易和发展会议（UNCTAD）在 2020 年 9 月发布的《2020 年贸易和发展报告》，2020 年全球经济面临深度衰退，全球贸易将减少约 1/5，外国直接投资可能下降 40%。在此情况下，俄罗斯进出口也出现大幅下滑。而随着全球疫情防控效果显现，外部需求环境改善，俄罗斯进出口开始回升，经常账户趋于平衡。根据俄罗斯联邦海关和 Wind 数据库的统计数据，俄罗斯货物进出口总额从 2020 年 1 月的 474.3 亿美元下滑至5月的381.2亿美元，而后反弹至6月的430.7亿美元。2020年上半年，俄罗斯货物进出口总额为2670.9亿美元，相较于2019年同比下滑17.0%。其中，出口额为1572.1亿美元，同比下滑了22.9%；进口额为1098.8亿美元，同比下滑了6.6%。国际货币基金组织（IMF）在2020年4月发布的预测认为，2020年俄罗斯经常账户顺差占GDP的比重约为0.7%，而《经济学家》在2020年9月发布的预测则认为，2020年俄罗斯经常账户顺差占GDP的比重约为1.8%，比2019年下降2个百分点。这说明俄罗斯的经常账户有所改善，经常账户趋于平衡。总体而言，新冠肺炎疫情对俄罗斯货物进出口的影响较为明显，其对外贸易复苏的步伐将取决于疫情防控形势及疫苗或特效药等的研发进展和应用范围等。

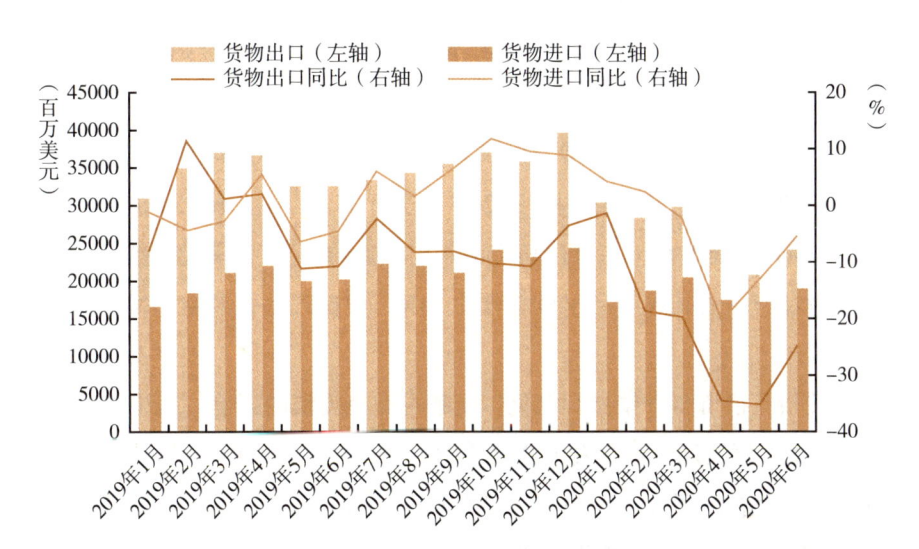

图5　2019年1月至2020年6月俄罗斯货物进出口（FOB）及其同比变化

资料来源：俄罗斯联邦海关，Wind数据库。

中俄货物贸易虽下滑但仍保持较好发展势头。新冠肺炎疫情不可避免地对中俄经贸往来带来一定影响，但随着疫情逐步得到控制以及俄罗斯与中国的政治互信和战略协作不断加强，中俄两国在经贸领域的合作发展迅速。中国经济信息社于2020年9月发布的《中俄经贸指数报告（2020）》显示，

2019年中俄贸易指数总体呈现平稳上升态势，较2018年上涨12.66%。2020年第一季度中俄贸易额达到253.5亿美元，同比增长3.4%，该增速在中国主要贸易伙伴中居第二位。在新冠肺炎疫情导致全球贸易大幅萎缩的情况下，中俄双边贸易却继续保持增长态势，实属不易。总体而言，中俄双边经贸合作在规模和质量上不断提升，未来发展态势良好。从中俄贸易结构来看，俄罗斯与中国之间的贸易具有较强的互补性。同时，根据《中俄经贸指数报告（2020）》中的贸易互补性指数，在中国向俄罗斯出口的产品中，贸易互补性较强的是按原料分类的制成品、机械与运输设备和杂项制成品，包括食品、纺织品、钢铁和机械。在俄罗斯向中国出口的产品中，非食用原料、矿物燃料和润滑油的互补性较强。从中俄之间农产品贸易情况来看，中国已成为俄罗斯农产品出口的最大买家。根据俄罗斯经济发展部在2020年9月发布的预测报告，2020年俄罗斯谷物和豆类作物产量预计可达1.225亿吨，同比增长1.1%。到2023年，得益于播种面积的扩大，谷物产量将增至1.375亿吨，与2019年相比增长13.5%。俄罗斯农业部农业出口中心发布的数据显示，截至2020年9月，俄罗斯向中国出口26.7亿美元的农产品，比上年同期增加了27%。其中，鱼类产品为主要出口产品，出口额约为11亿美元。俄罗斯对中国出口的农产品占其农产品出口总量的14%，中国已是俄罗斯出口农产品的最大购买方。

中俄相互投资与合作持续深化。受新冠肺炎疫情的影响，2020年全球投资大幅下滑。联合国贸易和发展会议（UNCTAD）在2020年6月发布的《2020年世界投资报告》预计，2020年全球外国直接投资（FDI）流量将在2019年1.54万亿美元的基础上下降近40%，这将使全球外国直接投资自2005年以来首次低于1万亿美元。2021年全球外国直接投资预计将进一步减少5%~10%，2022年才有望复苏。总体而言，全球外国直接投资的前景将取决于新冠肺炎疫情的持续时间以及为减轻疫情经济影响政策措施的有效性。在此大背景下，中国与俄罗斯的相互投资与合作却仍保持较好的发展势头。根据中国商务部、国家统计局与国家外汇管理局在2020年9月联合发布的《2019年度中国对外直接投资统计公报》，2019年，中国对外直接投资流量为1369.1亿美元，约占全球份额的10.4%，[①]居全球第二位；对外直接投资存量为21988.8亿美元，约占全球份额的6.4%，居全球第三位。其中，对俄罗斯的直接投资存量为128亿美元，约占中国对外直接投资存量总额的0.6%，居中国对外直接投资存量的第13位。

2020年，中俄两国继续保持良好的投资合作势头。具体来看，中国铁建于2020年9月成功签署了俄罗斯"莫斯科—喀山高速公路项目"第五标段项目，这是中企首次签约俄罗斯国家级重点高速公路项目。该项目合同总额高达582.6亿卢布（约52亿元人民币），预计于2024年完工。莫喀高速公路是"欧洲—中国西部"国际交通走廊俄罗斯段的组成部分。"欧洲—中国西部"国际交通走廊是贯穿俄罗斯、哈萨克斯坦、中国的大规模综合投资项目，通车后将极大缩短中国至中亚和欧洲的陆上运输时间，带动丝绸之路经济带沿线国家的经济发展。从俄罗斯对中国的投资意愿来看，俄罗斯国营开发公司VEB.RF于2020年9月发布的对在中国或与中国合作伙伴运营的200多家俄罗斯公司的调查结果显示，81.8%的俄罗斯公司计划在2021年扩大与中国的合作。俄中两国联合投资的领域主要涵盖能源、采矿、化工生产、基础设施建设和高科技等。

俄罗斯与欧洲主要贸易伙伴的贸易额下滑显著。俄罗斯联邦海关于2020年9月发布数据显示，2020年1~7月，俄罗斯对外贸易总额为3114亿美元，同比减少17.7%。其中，出口额为1854亿美元，同比减少23.3%；进口额为1260亿美元，同比减少7.7%。在俄罗斯与欧洲的主要贸易伙伴中，俄罗斯与德国的贸易额为221亿美元，同比减少26.8%；俄罗斯与荷兰的贸易额为169亿美元，同比减少43.4%；俄罗斯与英国的贸易额为121亿美元，同比增长56.9%；俄罗斯与意大利的贸易额为108亿美元，同比减少24.8%；俄罗斯与波兰的贸易额为77亿美元，同比减少16.6%。除了波兰外，俄罗斯与欧洲其他主要贸易伙伴间的贸易额下降幅度均大于俄罗斯对外贸易总额的下降幅度。

储备资产稳步增加，黄金储备创历史新高。根据俄罗斯联邦中央银行和

[①] 说明：因信息来源和统计口径存在差异，该数据与《2020年世界投资报告》中的数据略有出入。

Wind 数据库的数据，俄罗斯官方储备资产从 2020 年 1 月的 5623.1 亿美元攀升至 7 月的 5917.5 亿美元，截至 7 月末同比增长 13.8%。其中，外汇储备从 1 月的 4464.9 亿美元微升至 7 月的 4474.3 亿美元，期末同比增长 7.1%。黄金储备从 1 月的 1158.2 亿美元大幅攀升至 7 月的 1443.2 亿美元，期末同比增长 41.6%（见图 6）。俄罗斯储备资产稳步增加，主要得益于外币汇率走强及黄金价格上涨。另据俄罗斯中央银行的数据，2020 年 8 月俄罗斯继续增持黄金等贵金属，银行对黄金的持有量已达到 121 吨，黄金储备创历史新高。由于美国及其盟友对俄罗斯的持续制裁，俄罗斯自 2018 年以来一直在减持美债，以减少对美元资产的依赖，与此同时，将减持美债回笼的资金转而增持黄金。目前，俄罗斯已成为全球第五大黄金储备国。

图 6　2019 年 1 月至 2020 年 7 月俄罗斯的官方储备资产

资料来源：俄罗斯联邦中央银行，Wind 数据库。

外债规模先降后升。根据俄罗斯联邦中央银行和 Wind 数据库的统计数据，俄罗斯的外债规模先从 2019 年第四季度的 4914.2 亿美元降至 2020 年第一季度的 4577.2 亿美元，而后反弹至第二季度的 4772.3 亿美元（见表 2）。具体来看，相较于 2020 年第一季度，2020 年第二季度一般政府的外债增加了 48.8 亿美元，主要是由联邦政府外债规模扩大所致；货币当局和银行部门的外债规模分别减少了13.4亿美元和14.7亿美元，而包括家庭部门和非金融企业部门的其他部门的外债规模增加了174.4亿美元，成为推动俄罗斯外部债务规模反弹的主要力量。俄罗斯财政部在2020年9月发布的《2021~2023年俄罗斯联邦预算草案》显示，未来三年俄罗斯的国家外债规模将达5.1万亿~5.3万亿卢布。①

表2　2019年第一季度至2020年第二季度俄罗斯外债及各分项情况

单位：百万美元

项目	2019年第一季度	2019年第二季度	2019年第三季度	2019年第四季度	2020年第一季度	2020年第二季度
外债总额	469367	483678	474913	491418	457718	477229
一般政府	53329	64487	64789	69930	60592	65468
一般政府：联邦政府	53164	64323	64638	69783	60475	65338
一般政府：地方政府	164	164	151	147	117	130
货币当局	14446	11803	11915	13914	12180	10844
银行	84481	80705	74596	76954	73060	71591
其他部门	317111	326684	323612	330619	311886	329326

资料来源：俄罗斯联邦中央银行，Wind数据库。

四　未来展望

基于前文对各经济指标、宏观经济政策、对外贸易与国际收支等的研究，本部分还将对影响俄罗斯经济未来走势的其他因素进行分析，具体如下。

一是疫情影响及应对效果。新冠肺炎疫情的暴发和蔓延，给俄罗斯经济带来巨大冲击。特别是2020年4月国际油价暴跌，令本已脆弱的俄罗斯经济

---

① 资料来源：中国驻俄罗斯联邦大使馆经济商务处，http://ru.mofcom.gov.cn/article/jmxw/202009/20200903002489.shtml。

雪上加霜。新冠肺炎疫情造成俄罗斯财政收入大幅减少、大量企业倒闭、失业率上升等,为了应对疫情,俄罗斯先后出台了多项支持政策,包括减税、退税、提高失业救助金、为有孩子的家庭发放补助等。这些支出挤占了用于实施国家项目和行政改革的投入,[1] 滞缓了俄罗斯经济建设和经济改革的步伐。[2] 尤为值得警惕的是,新冠肺炎疫情第一波还没有完全结束,第二波可能已经在俄罗斯登场了。根据俄罗斯新冠病毒防疫官网在2020年9月28日发布的统计数据,俄罗斯新增8135例新冠肺炎确诊病例,累计确诊116.0万例,新增新冠肺炎死亡病例61例,累计死亡2.0万例。这是自6月16日以来俄罗斯单日新增确诊病例首次再度超过8000例,疫情出现明显反弹,这为俄罗斯经济的复苏之路投下了阴影。未来,新冠肺炎疫情的发展态势、应对疫情的政策措施的效果、新冠病毒疫苗或特效药的研发进展等因素,将会对俄罗斯经济前景产生重要影响。

二是国际油价剧烈波动。俄罗斯是典型的能源依赖型国家,来自油气的相关收入占据俄联邦财政收入的半壁江山,国际油价剧烈波动给俄罗斯财政和经济增长带来显著负面影响。2020年初暴发的新冠肺炎疫情令全球经济深度衰退,一方面,世界各经济体为应对疫情纷纷出台防控措施,使国际市场对原油等大宗商品的需求急剧萎缩;另一方面,沙特等OPEC主要产油国与俄罗斯等非OPEC产油国就原油长期减产协议难以达成一致,原油供给出现不可控的严重过剩,最终导致国际原油价格在4月出现创纪录的暴跌。其中,4月20日的WTI原油期货结算价格跌至-37.63美元/桶,NYNEX轻质原油

---

[1] Мишустин о криптовалюте и цифровой экономике. Главные цитаты. https://www.rbc.ru/crypto/news/5e2038f29a7947423ddeab0f; Мишустин утвердил состав правительственной комиссии по цифровому развитию. https://www.dp.ru/a/2020/02/27/Mishustin_utverdil_sostav; Мишустин поручил до 10 марта внести в кабмин программы развития отстающих регионов. https://tass.ru/ekonomika/7849621; Светлана Сухова, Проблема не в числе чиновников, а в качестве управления (интервью директору Института анализа предприятий и рынков НИУ ВШЭ Андрея Яковлева), Источник: Огонек, No. 20, 25 мая 2020 г. С. 14-15. https://dlib.eastview.com/browse/doc/59402065.

[2] Об особенностях формирования проекта федерального бюджета на 2021-2023 годы. https://minfin.gov.ru/ru/press-center/?id_4=37167-ob_osobennostyakh_formirovaniya_proekta_federalnogo_byudzheta_na_2021__2023_gody.

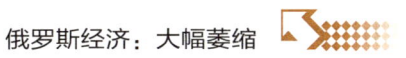

期货收盘价跌至 -13.10 美元/桶，4 月 21 日布伦特原油期货结算价格跌至 19.33 美元/桶。随着全球应对疫情的防控效果显现，市场对原油等大宗商品的需求开始回升，同时，OPEC 与非 OPEC 主要产油国就未来两年内的原油减产达成一致，国际油价开始逐步回升至 45 美元/桶左右。进入 9 月后，国际油价再次大幅下跌，与新冠肺炎疫情再次蔓延以及市场对原油需求前景的忧虑有关。未来，国际油价能否企稳或回升，将直接影响俄罗斯的财政收入和经济发展前景。

三是大国博弈日益激烈。大国博弈的激烈程度对俄罗斯乃至全球政治和经济格局产生重要影响。从俄罗斯与美国的关系来看，俄美一直处于较为紧张的状态，特别是特朗普政府将俄罗斯列为竞争对手，从政治、经济、军事、信息、技术、人文交流等多个维度对俄罗斯的生存空间进行挤压，进一步加剧了俄美间的紧张程度。俄罗斯科学院世界经济与国际关系研究所发布的《俄罗斯与世界：2020》认为，2020 年美国大选结果对俄罗斯与西方关系发展走向至关重要，尽管美方的缓和愿望不强烈，但若特朗普连任，美俄两国仍有机会开展有限对话。从俄罗斯与中国的关系来看，2019 年 6 月中俄关系提升为新时代全面战略协作伙伴关系，标志着两国关系得到进一步加强。在国际重大议题方面，中俄借助联合国、G20、金砖国家、上海合作组织等多边平台，保持密切沟通，协调统一立场，共同维护新兴和发展中国家利益。在经贸合作方面，即使遭受新冠肺炎疫情的冲击，2020 年第一季度俄中经贸仍保持密切往来，且这一良好发展势头预计将得以延续。从俄罗斯与欧洲的关系来看，俄欧均有改善双边关系的意愿，但克里米亚归属问题引发美欧与俄罗斯之间相互制裁仍在持续，而近期俄罗斯反对派人士纳瓦利内中毒事件又进一步加剧了俄罗斯与欧洲之间的紧张关系，这些都是影响俄欧关系未来走向的重要因素，求同存异或许是俄罗斯发展对欧关系的有效方式。

四是地缘政治风险上升。当前，新冠肺炎疫情仍在全球肆虐，但地缘政治纷争却未见消停，叙利亚危机引发的中东乱局、持续动荡的委内瑞拉政局、延续至今的乌克兰危机、阿塞拜疆和亚美尼亚之间的领土之争等，均预示着地缘政治风险有所上升。俄罗斯作为具有全球影响力的大国，实用主义是其地缘政治策略与外交原则的特点之一。它既希望与世界范围内所有尊重其国际地位与利益的国家进行合作，[①] 同时也秉持务实原则，采取灵活手段，积极改善与西方国家的关系。为此，俄罗斯处理地缘政治事务的举措主要服务于两个目标：保障自身的地缘政治安全、通过保障外部环境稳定为本国政治改革与经济建设提供有利条件。

展望未来，俄罗斯经济的复苏步伐将受新冠肺炎疫情的发展态势及全球防控的效果、国际油价的波动、大国博弈的激烈程度以及地缘政治风险等因素的影响，除此之外，俄罗斯国内改革的节奏、"五月命令"实施的进展、政府治理能力和效率的提升等，也将对俄罗斯经济复苏发挥至关重要的作用。基于此，预计俄罗斯经济增长在2020年萎缩4%左右，2021年出现反弹的可能性较大。

参考文献

李建民：《油价下跌和新冠肺炎疫情下的俄罗斯经济：影响与政策选择》，《俄罗斯学刊》2020年第3期。

孙壮志主编《俄罗斯发展报告（2020）》，社会科学文献出版社，2020。

徐坡岭：《新冠肺炎疫情对俄罗斯经济的影响：抗疫反危机措施、经济运行状况与增长前景》，《新疆财经》2020年第4期。

张宇燕主编《2020年世界经济形势分析与预测》，社会科学文献出版社，2020。

中华人民共和国商务部、国家统计局、国家外汇管理局：《2019年度中国对外直接投资统计公报》，2019年9月16日。

Economic & Financial Indicators, "The Economist," September 26th, 2020.

United Nations Conference on Trade and Development (UNCTAD), "Trade and Development Report 2020: From Global Pandemic to Prosperity for All: Avoiding Another

---

[①] Дмитрий Тренин, Выборы в США и российско-американские отношения, *Россия в глобальной политике*, No.1 2019 г. С. 163-173.

Lost Decade," September, 2020.

United Nations Conference on Trade and Development (UNCTAD), "World Investment Report 2020: International Production beyond the Pandemic," June, 2020.

Дмитрий Тренин, Выборы в США и российско-американские отношения, *Россия в глобальной политике*, No.1 2019 г. С. 163-173.

Дынкин А. А. Барановский В.Г. и др. Россия и мир: 2020. Экономика и внешняя политика. Ежегодный прогноз. М.: ИМЭМО РАН, 2019.

Министерство Финансов Российской Федерации. Проект федерального бюджета на 2021 год и плановый период 2022 и 2023 годов. сентябрь 2020 г.

Y.8
拉美经济：经济与疫情的双重压力

熊爱宗*

摘 要： 在新冠肺炎疫情的冲击下，2020年拉美和加勒比地区经济将面临严重衰退，经济增长率预计为-9.1%。拉美和加勒比地区成为全球疫情较为严重的地区，受疫情前期社会隔离措施的影响，各国经济出现大幅衰退，但在卫生危机和经济危机的双重压力之下，各国不得不在疫情防控和经济恢复之间寻求艰难的平衡。疫情引发的全球经济衰退进一步恶化了地区外部环境，对外出口、旅游和侨汇收入大幅下降，同时疫情也可能加剧国际资本流动的波动性，引发本地区金融市场动荡。各国普遍采取积极财政政策和宽松货币政策进行应对，但政府债务攀升、货币政策利率降至历史低位也限制了政府进一步刺激经济的空间。

关键词： 拉美和加勒比地区 经济形势 就业

2019年拉美和加勒比地区经济陷入停滞，经济增速为零，比我们在《2020年世界经济形势分析与预测》中的预测值低0.2个百分点。全球经济减速造成外部需求下降，整个区域内部需求全面疲软，主要经济体经济增长不及预期，甚至出现衰退，这使得2019年成为拉美和加勒比地区在近三年来经济增速最低的一年。新冠肺炎疫情的暴发，使得地区经济反弹的希望破灭。

---

* 熊爱宗，中国社会科学院世界经济与政治研究所全球治理研究室副研究员，主要研究领域为国际金融、新兴市场。

在内外部冲击之下，拉美和加勒比地区或将面临有统计以来最严重的经济衰退，预计2020年该地区经济将萎缩9.1%。

一 2019年至2020年上半年经济情况

经济陷入严重衰退。据联合国拉美和加勒比经济委员会（Economic Commission for Latin America and Caribbean，ECLAC）初步统计，2019年拉美和加勒比地区经济增长为零，相比2018年下降0.9个百分点，经济增长陷入停滞。2020年拉美和加勒比地区经济步入衰退，在国内需求下降以及外需疲弱的情况下，第一季度经济同比萎缩1.5%，其中，南美洲地区经济同比萎缩1.7%，中美洲和墨西哥地区经济同比萎缩1.1%。从2020年3月中旬开始，拉美和加勒比地区广泛地采取疫情应对措施，造成该地区经济活动进一步下降，大多数国家经济在第二季度出现大幅衰退。在经济增长压力之下，各国疫情防控措施有所放松，第三季度和第四季度经济有所恢复，但依然处于衰退区间。拉美和加勒比地区各国仍面临着疫情防控与经济恢复之间的艰难平衡，经济仍处于高度的不确定性之中，ECLAC预计2020年该地区经济萎缩将达到9.1%。

就业状况大幅恶化。在疲弱的经济增长之下，2019年拉美和加勒比地区的平均失业率为8.1%，相比2018年轻微上升0.1个百分点。在疫情冲击之下，2020年上半年拉美和加勒比地区多数国家失业率出现较大幅度上升，预计2020年该地区的失业率将会上升至11.5%。巴西仍是该地区失业率较高的国家，2019年其失业率曾出现较大降幅，从2019年3月的12.7%下降至2019年12月的11.0%，不过2020年巴西失业率再次出现上升，2020年7月达到13.8%，比2020年1月上升2.6个百分点。阿根廷、哥伦比亚、秘鲁等国的情况与巴西类似，2019年这些国家失业率总体呈下行走势，但在疫情冲击下，2020年其失业率再次走高。其中阿根廷城镇失业率从2019年12月的8.9%上升至2020年6月的13.1%，哥伦比亚失业率则从2019年12月的9.5%上升至2020年7月的20.2%，秘鲁失业率也从2019年12月的5.4%上升至2020年

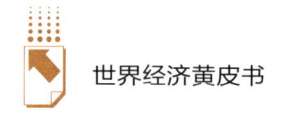

3月的7.6%。智利失业率在2019年始终维持在8%以下,但进入2020年迅速上升,2020年7月达到13.1%。疫情暴发之前,墨西哥的失业率相对较低,2020年3月降至2.9%,但在疫情的冲击下,8月其失业率也攀升至5.2%。

通货膨胀率大幅走低。2019年拉美和加勒比地区多数国家通货膨胀率经历了先上升后下降再上升的趋势。该地区可获得数据的20个国家的平均通货膨胀率在2019年5月曾达到6.1%的相对高点,此后逐步下降,2019年第四季度则再次出现轻微回升。进入2020年,该地区通货膨胀率大幅走低,以上20国平均通货膨胀率在2020年5月已降至4.0%。据统计,截至2020年5月已有24个国家的通货膨胀率低于3%。分国家来看,巴西通货膨胀率在2020年5月降至2%以下,此后虽有回升,但2020年8月也仅为2.4%。墨西哥通货膨胀率在2020年4月降至2.1%,此后有所反弹,2020年9月为4.0%。智利通货膨胀率在2019年呈现快速上升趋势,但从2020年3月开始大幅下降,2020年7月已经降至2.5%。秘鲁通货膨胀率自2019年下半年开始一直处于低位,2020年上半年均在2%以下,2020年7月微弱上升至2.2%。委内瑞拉和阿根廷仍是本地区通货膨胀率最高的两个国家,但2020年也均出现大幅下降。2020年1月,委内瑞拉通货膨胀率下降至10000%以下,为9585.5%,5月进一步降至2296.6%。阿根廷通货膨胀率在2019年达到53.8%,为1991年以来的最高,进入2020年后,阿根廷通货膨胀率缓慢下降,7月已降至42.4%。

货币贬值压力加大。多数拉美和加勒比地区货币相对美元有所贬值。2019年12月相比2018年12月,阿根廷比索对美元贬值37.4%,乌拉圭比索对美元贬值14.3%,智利比索对美元贬值11.5%,巴拉圭瓜拉尼、巴西雷亚尔、哥伦比亚比索等对美元贬值也在5%以上。委内瑞拉玻利瓦尔继续维持大幅贬值,其对美元汇率从2018年12月的1美元兑349.4玻利瓦尔上升到2019年12月的1美元兑44161玻利瓦尔。受疫情冲击,进入2020年多数国家货币维持贬值走势,且汇率波动性加大。在疫情影响下,3月多数国家货币出现大幅贬值,墨西哥比索对美元相比2月贬值超过15%,乌拉圭比索、哥伦比亚比索、巴西雷亚尔对美元贬值也超过10%。不过此后,随着国际资本流出的减缓甚至资本流动发生逆转,部分国家货币对美元汇率出现回调，如巴西雷亚尔对美元汇率在6月相比5月升值8.7%，墨西哥比索对美元升值5.5%。

外部经济环境总体较为严峻。2019年，拉美和加勒比地区商品出口相比2018年下降2.8%，商品进口下降3.9%，经常项目逆差占GDP的比例从2018年的2.4%下降至1.8%。2020年，受疫情影响，拉美和加勒比地区国际贸易大幅萎缩。据ECLAC统计，2020年1~5月，拉美和加勒比地区商品进出口额同比下降17%，其中5月该地区出口和进口均同比下降37%，远超过2008年全球金融危机后的情形。分国家来看，2020年前5个月，出口同比下降较为严重的国家包括委内瑞拉（-65%）、古巴（-29.8%）、萨尔瓦多（-23.6%），墨西哥、秘鲁、哥伦比亚、玻利维亚、乌拉圭等国出口同比下降也超过20%。进口同比下降较为严重的国家包括委内瑞拉（-45.1%）、古巴（-40.7%），阿根廷、墨西哥、智利、秘鲁等国出口贸易同比下降也超过或接近20%。2019年，流入拉美和加勒比地区的外商直接投资为1642.4亿美元，相比2018年增长10.3%。其中，巴西2019年流入外资达到719.9亿美元，相比2018年增长20.4%，哥伦比亚和秘鲁流入外资分别增长25.6%和37.1%，智利流入外资增长更是达到62.9%。墨西哥仍是本地区第二大外资流入国，不过2019年相比2018年下降5.3%。据联合国贸发会预计，受疫情影响，2020年拉美和加勒比地区吸引的外资可能会下降至2019年的一半。

货币政策大幅宽松。在经济减速和通胀走低的推动下，拉美和加勒比地区继续保持货币政策宽松立场，特别是在疫情冲击下，多个国家已将货币政策基准利率降至历史低位。2019年8月，秘鲁央行在时隔16个月之后再度宣布降息至2.5%，创下近9年来的低点，此后又分别在2019年11月、2020年3月和4月将货币政策利率连续下调至0.25%。智利央行在2019年启动降息周期，从2020年4月开始将利率下调至0.5%，而最近一次达到如此低的利率水平是在2008年全球金融危机之后。货币政策利率降至1%以下的国家还包括牙买加（2019年8月降至0.5%）、巴拉圭（2020年6月降至0.75%）等。巴西央行在2019年四次降息的基础上，2020年降息进程进一步加快，截至2020年8月共降息五次累计250个基点至2.0%，利率水平创下1999年以来新

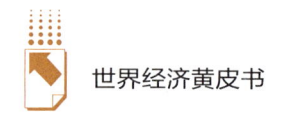

低。墨西哥央行自2019年8月启动降息进程以来，至2020年9月也累计降息十一次，基准利率维持在4.25%，未来仍有一定的降息空间。2019年9月阿根廷央行也转变了此前的货币紧缩立场，开始下调7天期流动性票据（LELIQ）利率，2020年3月该利率下降至38%，这不到2019年9月利率水平的一半。

政府债务压力明显增大。尽管近年来拉美和加勒比地区总体实施财政整固政策，但由于经济增长疲弱、利息支出不断增加以及税收增长缓慢，该地区的政府债务压力不断增加。2019年拉美地区（18国）中央政府公共债务占GDP比例从2018年的41.9%上升至44.8%，尽管其政府债务比例并不是特别高，但近年来上升迅速。其中，阿根廷政府公共债务占GDP比例在2019年达到89.4%，巴西达到75.8%，哥斯达黎加也达到61.3%。加勒比地区（13国）中央政府公共债务占GDP比例在2017年达到高点（72.8%）之后，近两年有所下降，但2019年依然高达68.5%，其中，巴巴多斯中央政府公共债务占GDP比例达到122.6%，伯利兹和牙买加分别达到93.7%和87.4%。疫情导致政府支出增加以及公共收入减少，2020年拉美和加勒比地区国家将面临更大的政府债务压力，这也将限制这一地区应对经济危机和卫生危机的财政空间。

二 主要国家经济形势

拉丁美洲和加勒比地区主要国家包括巴西、墨西哥、阿根廷、委内瑞拉、智利和秘鲁等国。本部分主要对巴西、墨西哥、阿根廷和委内瑞拉的经济形势进行简要分析。

（一）巴西：经济回落到10年前水平

2019年巴西经济增长1.1%，相比2018年下降0.2个百分点，连续三年实现正增长。不过，受新冠肺炎疫情冲击，2020年巴西经济再次陷入衰退。第一季度巴西经济环比增长-2.5%，同比增长-0.3%，第二季度巴西经济全面恶化，环比收缩9.7%，同比下降11.4%，均创下1996年以来最差水平，巴西经济也再次陷入"技术性衰退"。2020年上半年巴西经济同比下降5.9%，回落至2009年底的水平。

疫情进一步恶化本就严峻的就业形势。在疫情冲击下，2020年4月巴西全国失业人数累计达1280万，失业率达12.6%，7月失业人数达到1310万，失业率进一步上升至13.8%，为2012年以来的最高水平。与此同时，就业率从2020年4月的51.6%下降至7月的47.1%，达到历史低点。为缓解疫情对就业的冲击，3月16日，巴西经济部表示，将投入1473亿雷亚尔应急资金，为经济部门和社会弱势群体提供帮助，避免失业率攀升。此后，巴西联邦政府也宣布实施总额882亿雷亚尔的经济支持计划。不过，由于疫情相关刺激措施的出台，巴西政府支出明显增加，同时经济衰退也使得巴西2020年总体财政赤字大幅攀升，这引发对政府财政可持续性的担忧。受疫情影响，2020年5月巴西通货膨胀率降至1.9%，此后有所回升，但仍在巴西央行通胀目标区间之内，这为巴西央行降息刺激经济提供了政策空间。2020年8月，巴西央行在2020年共进行了五次降息，利率水平维持在2.0%，为近20年来最低值。

疫情给巴西经济带来较大冲击，虽然2020年第三季度巴西经济部分指标出现好转迹象，如制造业PMI在2020年6月开始重回景气区间，8~9月甚至突破60，但经济增长的不确定性仍然较大。与此同时，由于财政赤字大幅增加、政府债务不断攀升以及货币政策基准利率降至历史低位，巴西政府的经济刺激空间逐步收窄。预计2020年巴西经济增长为-9.0%。

（二）墨西哥：2020年经济萎缩幅度将达两位数

2019年墨西哥经济增长-0.1%，相比2018年下降1.9个百分点，经济再次陷入衰退。2020年，新冠肺炎疫情进一步加剧墨西哥经济衰退程度，第一季度经济同比下降2.2%，环比下降1.2%，第二季度经济同比下降18.7%，环比下降17.1%，至此，墨西哥经济已经连续五个季度出现萎缩。2020年上半年墨西哥经济同比萎缩10.4%。

面对经济下行压力，2020年4月，墨西哥总统洛佩斯宣布启动一系列措施重振经济，以缓解疫情带来的冲击，包括增加250亿比索投入住宅修缮等

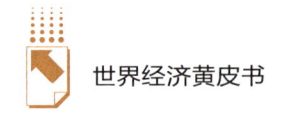

民生工程、向国家公职人员群体发放总金额为350亿比索的贷款、扩大农民直接补助发放群体规模等。不过，经济衰退令墨西哥财政收入下降。与此同时，墨西哥国家石油公司（PEMEX）财务和经营状况持续恶化继续侵蚀墨西哥的财政实力，这使得墨西哥在4月之后并没有推出大规模的经济刺激措施。据墨西哥财政部统计，截至2020年6月，墨西哥公共债务占GDP之比已经升至62%，这限制了未来经济刺激的空间。墨西哥通货膨胀压力走低为货币政策宽松提供了条件。2019年墨西哥通货膨胀率总体不断走低，2019年12月降至2.8%。2020年第一季度有短暂回升，但在疫情的冲击下，2020年4月再次下探至2.2%的低点，2020年9月重新升至4.0%。尽管通胀率有所回升，但墨西哥央行在2020年依然延续了2019年的降息进程，2020年9月，墨西哥央行在2020年已连续七次下调基准利率累计300个基点。在经济萎缩压力之下，墨西哥央行仍有进一步下调利率的空间和可能性。预计2020年墨西哥经济增长为-10%。

（三）阿根廷：面临严重的滞胀困境

2019年阿根廷经济萎缩2.2%，相比2018年萎缩程度收窄0.3个百分点。受疫情影响，阿根廷经济2020年第一季度同比萎缩5.4%，第二季度同比萎缩达到19.1%，已经连续四个季度处于萎缩态势。2020年上半年阿根廷经济同比萎缩12.6%。

为降低疫情对经济的影响，2020年3月，阿根廷政府宣布一项7000亿比索的经济刺激计划，以缓解食品和医疗用品的短缺，帮助企业和保护受疫情影响的工人和弱势群体。2020年9月，阿根廷政府再次推出促进工业特别是中小企业发展的新措施，通过对公司的融资支持、中小企业数字化转型计划、国家工业区发展计划等来促进国内企业恢复生产，并带动就业。但经济衰退令阿根廷财政收入大幅下降，2020年财政赤字将进一步扩大，政府公共债务也将会进一步上升。2020年8月，阿根廷政府与国际债权人达成债务重组协议，极大地减轻了阿根廷政府的债务偿还负担，但债务问题依然是阿根廷政府面临的严峻挑战。阿根廷货币政策也从紧缩转向宽松。尽管阿根廷通货膨胀率依然处于高位，但2020年相比2019年已经出现较大跌幅，与此同时，经济衰退的压力也要求货币政策保持一定的宽松。自2020年3月开始，阿根廷将基准利率下调至38%，未来仍存在进一步下调的空间。预计2020年阿根廷经济萎缩幅度将超过10%。

（四）委内瑞拉：仍处于严重经济危机之中

委内瑞拉仍陷入严重的经济危机之中。国际货币基金组织2020年4月估计，2019年委内瑞拉经济萎缩达到35%，连续六年出现衰退。石油工业的快速萎缩是经济陷入持续衰退的重要原因。根据石油输出国组织（OPEC）的统计，2019年委内瑞拉平均每天原油产量101.3万桶，相比2018年下降32.9%。石油出口也随之下降。2019年委内瑞拉原油出口量为每天84.7万桶，相比2018年下滑33.5%，伴随着石油价格的下跌，同期石油收入也大幅下降35.1%。2020年3月，俄罗斯石油公司（Rosneft）宣布终止在委内瑞拉的一切业务，退出委内瑞拉市场，而委内瑞拉有将近一半的石油出口由该公司进行，它的退出将导致委内瑞拉石油产量和石油出口再次大幅下降。2020年8月，委内瑞拉平均每天原油产量已经降至34万桶左右。

委内瑞拉仍面临较为严峻的通货膨胀和货币贬值形势。进入2019年，委内瑞拉通货膨胀率不断下降，但依然处于恶性通货膨胀状态。2019年12月，其通货膨胀率为9585.5%，相比2018年的130060%已大幅下降。2020年5月，委内瑞拉通货膨胀率进一步降至2297%，为2018年3月以来的最低。通货膨胀率的下降很大程度上来自货币投放速度的下降。从2019年开始，委内瑞拉广义货币（M2）同比增速不断下降，2020年8月已经降至1387.4%，而2019年8月其增速还高达19364.1%。与此同时，为了遏制通货膨胀，2020年4月，委内瑞拉政府重新对27种食品进行价格管制，并提高了最低工资以及养老金和食品补贴水平，但此举也可能加剧食品短缺从而助推通胀。与此同时，委内瑞拉玻利瓦尔仍在快速贬值，2020年9月玻利瓦尔对美元汇率进一步升至1美元兑369981玻利瓦尔，这可能带来更大的输入性通胀压力。

美国制裁下的石油工业萎缩成为委内瑞拉经济发展的主要障碍，而2020

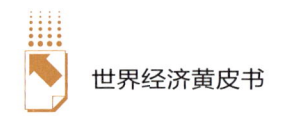

年暴发的新冠肺炎疫情则进一步给委内瑞拉经济带来挑战。2020年3月,委内瑞拉开始在全国范围内采取社会隔离措施,6月防疫措施有所放松,但由于疫情蔓延迅速,7月不得不在部分地区再次实施严格的限制性措施,这将进一步恶化原本就已严峻的经济形势。预计2020年委内瑞拉经济仍将萎缩30%以上。

三 全球疫情对拉美经济带来四重负面冲击

拉美和加勒比地区成为全球新冠肺炎疫情较为严重的地区。早在2020年7月初,联合国秘书长古特雷斯就表示部分拉美和加勒比地区已成为"疫情热点地区"。根据世界卫生组织的统计,截至2020年10月4日,拉美和加勒比地区累计确诊新冠肺炎病例超过957万例,占到全球累计确诊病例的27.5%,累计死亡病例突破35万例,占到全球的34.1%。其中,巴西累计确诊病例接近490万例,排全球第三位;哥伦比亚累计确诊病例超过84万例,排全球第五位;秘鲁累计确诊病例超过82万例,排全球第六位;阿根廷累计确诊病例接近78万例,排全球第八位;墨西哥累计确诊病例超过75万例,排全球第九位。疫情的暴发与快速蔓延进一步恶化了原本脆弱的地区经济。

面对疫情,最重要的行动之一是采取社会隔离措施,这造成企业生产活动的放缓甚至停滞,工人工作时间和收入大幅降低甚至面临失业。也因此,在疫情暴发初期,随着社会隔离措施的逐步实施,拉美各国经济均陷入了大幅衰退。在经济压力之下,各国不得不调整疫情防控等级,尝试在防控疫情的同时逐步恢复经济活动。同时,全球疫情的蔓延也通过多种渠道对拉美和加勒比地区经济造成冲击。

一是疫情导致国际贸易崩溃,恶化拉美和加勒比地区的外需环境。据世界贸易组织预计,受疫情影响,2020年世界贸易将会大幅下降13%~32%,下降幅度可能超过2008年全球金融危机时的水平。ECLAC估计,2020年拉美和加勒比地区出口将下降14.8%,与此同时,疫情也导致大宗商品价格的下跌,这将进一步恶化该地区对外出口形势。

二是疫情冲击拉美和加勒比地区旅游业。2020年前五个月，到墨西哥旅游的国际游客同比下降34%，到南美地区和中美洲地区旅游的国际游客均同比下降45%，而加勒比地区则同比下降50%。旅游业是一些中美洲和加勒比地区岛国经济和就业的主要支柱，如巴哈马、安提瓜和巴布达、圣卢西亚、格林纳达等国旅游业均占到本国经济的40%以上，安提瓜和巴布达、圣卢西亚等国旅游业就业均占到本国就业的比例接近或超过80%。因此旅游收入下降对这些国家的冲击尤其严重。

三是疫情造成拉美和加勒比地区的侨汇收入减少。侨汇是部分拉美和加勒比地区国家特别是欠发达国家的重要收入来源，但在疫情的冲击下，主要发达经济体的失业率不断上升，来自拉美和加勒比地区的移民和劳工在这些国家的收入也受到冲击。世界银行指出，疫情将造成移民劳工工资和就业减少，预计2020年全球侨汇将骤降20%。而ECLAC统计，2020年前五个月，流向本地区的侨汇收入同比平均下降7%，其中秘鲁下降38%，巴拉圭下降25%，玻利维亚下降14%，萨尔瓦多下降12%。

四是疫情加剧拉美和加勒比地区的金融不稳定。在疫情初期，全球风险偏好下降，拉美和加勒比地区（以及其他新兴经济体）出现国际资本流入骤停，资本流出规模甚至超过全球金融危机期间。不过从4月开始，国际投资者受经济重新开放以及各国实施大规模财政和货币政策的乐观预期鼓励，国际资本流动出现逆转，拉美和加勒比地区再次面临资本流入。因此，如果疫情发展或者经济衰退程度超过预期，或将可能导致新的风险规避情绪上升，从而再次引发资本外流，导致拉美和加勒比地区汇市、股市等金融市场动荡。

四 拉美经济形势展望

新冠肺炎疫情发生后，拉美和加勒比地区各国均实施积极的财政政策和货币政策予以应对。财政政策方面，拉美和加勒比地区推出了一系列包括增加公共支出、税收减免等支持措施。据统计，整体上拉美和加勒比国家应对新冠肺炎疫情的财政支出平均占该区域国家GDP的3.9%，其中巴西为7.5%，智利为5.7%，玻利维亚为4.9%，秘鲁为4.8%，阿根廷为3.9%。货币政策方面，在经济衰退、通货膨胀率处于低位的情况下，各国均大幅下调货币政策利率。不过，在财政支出增加和税收降低的双重压力下，各国财政赤字大幅增加，政府债务不断攀升，与此同时，部分国家的货币政策利率已经降至历史低位，甚至接近零，各国应对疫情和经济恢复的政策空间逐步收窄。

在新冠肺炎疫情的冲击之下，拉美和加勒比地区经济增速在2020年预计会出现大幅萎缩。疫情引发全球经济衰退，造成本地区外需疲弱、旅游和侨汇收入降低，同时也推动着全球风险偏好的变化，造成国际资本频繁流动，加剧本地区金融市场动荡。拉美和加勒比地区是全球疫情较为严重的地区，受社会隔离措施的影响，各国生产活动基本陷入停滞，此后虽然各国疫情防控措施有所放松，但各国仍要处理好疫情防控和经济恢复之间的关系。未来经济恢复的情况仍要视疫情的发展形势而定，如果疫情进一步蔓延，拉美和加勒比地区的疫情防控措施可能会趋严，经济将再次受到冲击。地区各国尽管都采取了大规模的刺激性财政政策和宽松性货币政策，但多数国家的政策空间不足，预计2020年拉美和加勒比地区经济将萎缩9.1%。

参考文献

ECLAC, Report on the Economic Impact of Coronavirus Disease (COVID-19) on Latin America and the Caribbean: Study Prepared by the Economic Commission for Latin America and the Caribbean (ECLAC), at the Request of the Government of Mexico in Its capacity as Pro Tempore Chair of the Community of Latin American and Caribbean States (CELAC), at the Virtual Ministerial Meeting on Health Matters for Response and Follow-up to the COVID-19 Pandemic in Latin America and the Caribbean, held on 26 March 2020 (LC/TS.2020/45), Santiago, 2020.

ECLAC, "The Effects of the Coronavirus Disease (COVID-19) Pandemic on International Trade and Logistics," COVID-19 Special Report No.6, August 2020.

ECLAC, "Addressing the Growing Impact of COVID-19 with a View to Reactivation with Equality: New Projections," COVID-19 Special Report No.5, July 2020.

ECLAC, "Economic Survey of Latin America and the Caribbean: Main Conditioning Factors of Fiscal and Monetary Policies in the Post-COVID-19 Era," 2020 (LC/PUB.2020/12-P), Santiago, 2020.

ECLAC / ILO, "Work in Times of Pandemic: the Challenges of the Coronavirus Disease (COVID-19), Employment Situation in Latin America and the Caribbean," No. 22 (LC/TS.2020/46), Santiago, 2020.

OPEC, "Annual Statistical Bulletin," 2020.

UNCTAD, "World Investment Report," 2020.

UNCTAD, "Foreign Investment in Latin America Expected to Halve in 2020," 16 June 2020.

World Bank, "World Bank Predicts Sharpest Decline of Remittances in Recent History," 22 April 2020.

Y.9
西亚非洲经济：触底风险加大

孙靓莹*

摘 要： 受到新冠肺炎疫情和石油价格的双重冲击，西亚非洲地区经济在2020年上半年出现严重困难。2020年西亚北非地区的经济萎缩程度将高于全球平均水平。疫情对需求端造成的巨大冲击将进一步恶化国际石油价格，在与全球性经济下行同期叠加的情况下，西亚北非地区的汇率与政府债务问题将更加严重，外部环境进一步恶化。撒哈拉以南非洲地区以旅游业和资源密集型产业为支柱产业的国家受到疫情带来的需求冲击最大。该地区医疗水平的薄弱使得控制疫情更为困难。在疫情得到有效控制的前提下，西亚非洲可能与世界一同出现经济反弹，预计2020年西亚北非地区经济将萎缩5.0%，撒哈拉以南非洲地区经济将萎缩3.2%，到2021年，西亚北非地区经济增长3.2%，撒哈拉以南非洲地区经济增长将达到3.4%。西亚非洲将面临疫情蔓延的严峻挑战。

关键词： 西亚 北非 撒哈拉以南非洲地区 经济形势 石油价格战

正如我们在《2020年世界经济形势分析与预测》中所预测的，由于油价低迷等多方面因素的综合作用，2019年西亚非洲地区经济增长持续放缓，下行风险进一步加剧。与2018年经济增长率1%相比，2019年西亚北非地区经济增长率为0.8%，创下近十年新低。2019年撒哈拉以南非洲地区的经济增长

---

* 孙靓莹，中国社会科学院世界经济与政治研究所助理研究员，主要研究领域为国际发展、联合国可持续发展议程和债务可持续性。

西亚非洲经济：触底风险加大

率为3.2%，与2018年的3.3%相比微幅放缓。2019年全球经济放缓以及石油市场的波动使得该地区石油出口国经济被拖累，经济增长不如之前的预期。2019年新兴市场和发展中经济体的平均增速为3.7%。与新兴经济体增速相比，由于2019年新兴市场和发展中经济体经济总体大幅放缓，西亚非洲经济增速与之差距略有缩小。

一 西亚非洲经济形势回顾：2019~2020年

IMF的数据显示[①]，2019年西亚北非地区经济跌幅持续扩大。西亚北非地区2019年全年增速为0.8%，增速减缓明显。由于疫情与油价低迷等因素，预计2020年西亚北非地区GDP将萎缩5.0%。同期全球预计萎缩4.4%。疫情对各国经济的影响具有普遍性。疫情过后，预计2021年全球经济复苏，增长率为5.2%，西亚北非地区增长率为3.2%，撒哈拉以南非洲地区增长率为3.1%，但经济增长的发力点仍缺乏坚实的基础。

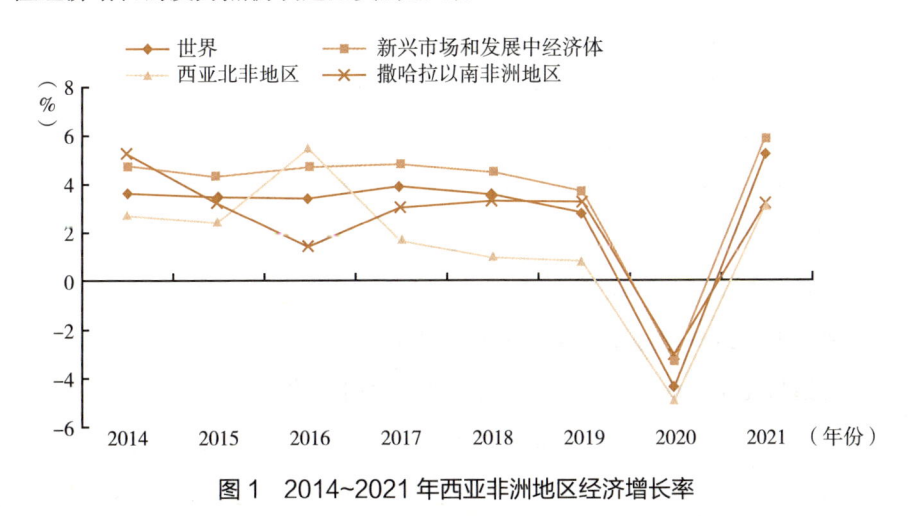

图1 2014~2021年西亚非洲地区经济增长率

注：2020~2021年为预测值。
资料来源：IMF, World Economic Outlook, October 2020。

---

① 在没有特别说明的情况下，本文数据来自IMF世界经济展望数据库（World Economic Outlook Database），https://www.imf.org/en/Publications/WEO/weo-database/2020/October，2020年10月22日。

151

2019年，西亚北非地区石油出口国经济增速为-0.8%，石油进口国为3.5%。预测石油出口国2020年GDP萎缩3.5%，2021年反弹4.7%；石油进口国2020年GDP萎缩0.7%，2021年反弹2.6%。由于地缘政治因素，少数国家经济出现负增长，影响该地区的平均经济增速。2019年，伊朗经济增速为-7.6%，极大拖累了石油出口国的平均经济增速。伊拉克和黎巴嫩的政治动荡使得疫情控制困难，2020年伊拉克经济增长预期为-6.0%，黎巴嫩经济增长预期为-12.0%。

2020年西亚北非地区经济增长预期大幅下跌，主要源于疫情以及疫情带来的后续冲击，尤其是石油市场需求冲击。欧佩克+组织[①]的石油减产政策持续拖累经济上行。2020年，西亚北非地区将面临疫情与石油价格暴跌的双重挑战。2020年3月，欧佩克+组织无法达成减产协议以应对疫情暴发以来的全球石油需求快速下降。布伦特原油价格下跌至35美元每桶，为近五年最低水平。2020年10月预测，西亚北非地区石油出口国GDP将萎缩6.6%，其中，海湾合作委员会成员国的GDP萎缩6.0%，这些国家的GDP中非石油部分将萎缩5.8%，非石油部分在2021年将增长3.4%[②]。

2019年西亚北非大部分地区通货膨胀水平维持稳定。石油出口国中沙特、阿联酋、伊拉克和卡塔尔均为负通胀率。石油出口国平均通胀率为7.5%。伊朗由于受到美国持续高压制裁，通胀率高达41%。石油进口国平均通胀率为10%，比上年的12.7%要低。这主要是得益于埃及的财政改革初见成效，通胀率成功从2018年的20.9%降至13.9%。对于西亚北非的大多数国家来说，受疫情影响，2020年通胀预期都在较低的范围内。

在通货膨胀方面，少数国家陷入高通胀陷阱。黎巴嫩在2020年3月出现主权债务违约，5月黎巴嫩通胀率上升至56%，7月达到112%。苏丹在2019

---

① 包括欧佩克成员国（阿尔及利亚、伊朗、伊拉克、科威特、利比亚、尼日利亚、沙特阿拉伯、阿拉伯联合酋长国、委内瑞拉、安哥拉、加蓬、赤道几内亚、刚果共和国）以及俄罗斯、阿塞拜疆、巴林、文莱、马来西亚、哈萨克斯坦、墨西哥、阿曼、南苏丹、苏丹等国。

② 《2020年中东北非地区石油输出国收入料同比减少2700亿美元》，中华人民共和国驻约旦哈希姆王国大使馆经济商务处，2020年8月11日。

西亚非洲经济：触底风险加大

图2 西亚北非地区GDP增长率

年军事政变后，经济难以恢复正常秩序，2019年通胀率为51.0%，预计2020年通胀率会升至81.3%。

在世界银行2020~2021年度国家收入类别划分中，西亚北非国家中阿尔及利亚和苏丹被划入更低一类收入类别。其中，阿尔及利亚长期处于边界线上。由于汇率问题，2018年苏丹调整后的人均国民收入从原来的1540美元降至840美元。阿尔及利亚由中等偏上收入国家划为中等偏下收入国家，苏丹由中等偏下收入国家划为低收入国家。贝宁、坦桑尼亚由于修订国民经济核算，收入类别转为更高一类，都由低收入国家划为中等偏下收入国家。

为应对疫情，西亚北非地区的各国政府主要通过货币政策和财政政策的手段救济困难产业以及维持资金流动性。

在货币政策方面，为了应对疫情，巴林、科威特、沙特和阿联酋等国在2020年3~4月率先降低法定利率，下调幅度平均为150个基点。埃及下调300个基点。阿尔及利亚的银行准备金率2020年2月为12%，4月下调至6%。巴林、卡塔尔、沙特、阿联酋央行直接向中小企业和受疫情冲击的主要行业提供贷款支持。摩洛哥将维持汇率自由波动作为经济自动稳定器。

在财政政策方面，西亚北非地区各国的财政状况出现分化。部分石油输出国（沙特、阿曼、卡塔尔、阿尔及利亚、巴林等）加大了对石油部门的财政支持力度，使得非石油部门的财政赤字减少。石油进口国的赤字增加较多。油价下降可能进一步影响到石油出口国的政策空间，从而影响石油出口国的银行体系安全。西亚北非地区到2020年下半年将面临210亿美元外债到期。任何导致金融环境收紧的变化都可能引发新一轮企业与政府债券价格的下行。旅游业以及侨汇是西亚北非地区外币主要来源。受疫情影响，旅游业的停滞加剧了外债问题。而外来务工者减少，又使得经济恢复更加困难。

截至2020年9月初，西亚北非地区疫情出现明显反弹，包括科威特、阿联酋、巴林、突尼斯和约旦等国。9月3日科威特日新增病例达到900例，科威特卫生大臣巴西勒表示可能会采取新的措施。阿联酋9月6日新增病例达到600例，随即宣布恢复以网课形式授课。突尼斯日新增病例9月7日达到有记录以来的最高265例。2020年1~8月，突尼斯旅游业总收入为14亿突第纳尔（约30.9亿元人民币），同比下降了61%。疫情得不到控制无疑对这些以旅游业为支柱行业的国家产生了巨大的冲击。这些国家放开疫情防控措施后的疫情反弹，将极大阻碍其经济复苏。伊拉克、摩洛哥、巴勒斯坦、黎巴嫩、利比亚、叙利亚的疫情形势相对更为严峻。伊拉克日新增病例超过5000例，摩洛哥日新增病例超过2000例，巴勒斯坦日新增病例超过700例，累计超过3万例。疫情严重影响了这些国家的经济发展，在未来可能进一步影响政治稳定。

撒哈拉以南非洲地区的经济增长在2019年维持平稳。2019年该地区平均增长率为3.1%，与2018年的3.2%基本持平。2020年，受疫情冲击，预计撒哈拉以南非洲地区的经济将萎缩3.2%，2021年将反弹为增长3.4%。疫情防控成为影响撒哈拉以南非洲地区经济增长的主要因素。目前，受疫情影响最大的是以旅游业为支柱产业的国家以及资源富集型国家，以毛里求斯、肯尼亚为代表的国家经济将平均萎缩5%。撒哈拉以南非洲地区目前确诊病例超过60%来自加纳、尼日利亚和南非三国。该地区有限的诊断能力使得现在很难预估实际感染数量，也使疫情控制更加困难。2019年撒哈拉以南非洲地区的石油出口国GDP增长为1.9%，预计在2020年GDP将萎缩1.9%。乌干达、卢旺达等产业较为分散的国家GDP预计能在2020年维持正增长，但较之前的预计仍需下调1.5个百分点。

撒哈拉以南非洲地区在疫情初期面临严峻的资本外流问题。2019年撒哈拉以南非洲地区的汇款收入为470亿美元。加蓬和加纳在2020年1~2月发行了价值40亿美元的欧洲债券。疫情暴发后，这批债券利率上升了1000个基点，同时出现了50亿美元资本外流。撒哈拉以南非洲地区的平均资本外流占GDP的0.5%。南非资本外流占GDP的1.25%，加纳为0.5%，科特迪瓦为0.75%。资本外流迫使撒哈拉以南非洲地区的政府放弃外部融资手段，采取成本更高的国内融资来应对疫情。侨汇收入是撒哈拉以南非洲地区外汇收入的最主要来源，预计撒哈拉以南非洲地区的侨汇收入将减少20%。

为了应对疫情，撒哈拉以南非洲地区GDP的0.75%被投入医疗相关的财政支出上。由于政府赤字的上升与GDP的下降，撒哈拉以南非洲地区的债务与GDP之比提升幅度较大，2019年为57.5%，2020年预期为64.3%。该地区的债务风险更加严峻，在撒哈拉以南非洲地区的低收入国家中，布隆迪、喀麦隆、中非共和国、吉布提、埃塞俄比亚、冈比亚、加纳、肯尼亚、毛里塔尼亚、塞拉利昂、赞比亚等国被IMF列为债务高风险国家。刚果（布）、索马里、南苏丹更是被IMF列为正处于债务危机中的国家。在此情况下，各国也纷纷采取宽松货币政策来应对疫情。南非下调政府利率275个基点，纳米比亚下调250个基点，乌干达下调200个基点，加纳下调150个基点。安哥拉、埃塞俄比亚、尼日利亚放松了利率浮动以应对金融和贸易冲击。博茨瓦纳、佛得角、几内亚、圣多美和普林西比等国放松了银行的管制。乌干达采取债务货币化来为财政融资。

撒哈拉以南非洲地区的新冠病毒传播速度比发达国家缓慢，是因为其人口结构偏年轻、居住较为分散等。同时，由于发达国家采取的经济刺激政策压低了利率，撒哈拉以南非洲地区的国家债券利率可能下行，这可能逆转其资金外流状况，使得金融市场表现与经济实体状况的差距扩大。截至2020年6月，撒哈拉以南非洲地区收到来自IMF的101亿美元援助。预计2020年非洲地区需要1100亿美元的国际援助，2020年6月共筹集援助约440亿美元[1]。

---

[1] https://www.imf.org/en/Publications/REO/SSA/Issues/2020/06/29/sreo0629.

二 西亚非洲主要国家经济形势回顾

（一）埃及：经济增长保持正增速

埃及经济增长较之前有所放缓，但仍保持正增速。2019年埃及经济增长率为5.6%，预计埃及2020年经济增长率为3.5%。新冠肺炎疫情对埃及经济造成巨大冲击。目前，占就业岗位9.5%和GDP 5.5%的旅游业因疫情停滞。旅游业的不景气将进一步打击零售业和服务业，私人消费增长也将受到严重影响。除此之外，埃及对外贸易也受到影响。疫情暴发后，出口的降幅比能源进口降幅更大，埃及在2020年上半年的贸易逆差收窄。

从长远来看，埃及经济增长仍充满潜力，随着全球需求的复苏，天然气和石油产品出口将会增加。与此同时，埃及的新能源项目正在蓬勃发展，进而带动投资。建筑和能源行业将是中期经济增长的主要引擎。政府正在实施多种低收入住房计划并将这些项目交给私人部门实施。埃及正在开罗以东建设一个新的行政首都，该项目已接近完工。受此带动，投资与货物进口将增长，以支持基础设施项目。埃及的通货膨胀在4月短暂上涨，这是因为居民囤积粮食和经济管制，水果蔬菜在4月价格上涨10%。但受国际石油价格暴跌、非石油大宗商品价格下跌以及国内需求低迷等因素影响，通胀已回落。2019年埃及消费者价格通胀率为5.7%，降至14年来的最低水平，而在2005~2006年该指标平均为13.9%。

汇率波动加剧，给埃及资本流动性带来了短期压力。根据埃及中央动员和统计局（CAPMAS）的数据，2020年4月，埃及石油进口额为1.9亿美元，较2019年4月下降了76.7%；非石油进口额约为40亿美元，同比下降35.2%。出口方面，2020年4月石油出口额约为1.21亿美元，较2019年4月下降了73.3%；非石油出口额达17.18亿美元，同比下降了24.1%。[①]

埃及的外汇储备面临挑战。尽管在经历了3月的波动之后，汇率逐步稳

---

① 《2020年4月埃及石油和非石油进出口同比均下降》，中华人民共和国驻阿拉伯埃及共和国大使馆经济商务处，2020年8月23日。

定，但这是以牺牲外汇储备为代价的：外汇储备在 3~5 月急剧下降。并且埃及当局恢复了对投资者的外币流动性担保要求政策，此前当局承诺汇率自由浮动。埃及对疫情的控制也取得一定成效，截至 2020 年 9 月 7 日，埃及日新增病例数控制在 200 例左右。9 月 1 日埃航宣布所有旅客入境埃及任何机场都需要提供 72 小时内核酸检测证明。随着病例减少，埃及市场对口罩的需求也降低了 80%。埃及财政部部长穆罕默德·马伊特（Mohamed Maait）8 月 29 日在亚历山大举行的一系列国家项目的落成典礼上表示，根据国际机构的估计，在新冠肺炎疫情结束后，埃及的 GDP 有望增长 6.5%。根据惠誉、穆迪、标准普尔的评价，埃及是非洲和中东唯一能够保持其社会稳定的国家。[1]

在政治形势方面，埃及将继续保持政治稳定，总统塞西在未来四年内将继续掌权，并且不排除连任六年的可能性。政治稳定为未来埃及经济持续健康发展提供了保障。

（二）伊朗：经济持续衰退

伊朗经济陷入持续衰退状态。伊朗 2018 年经济增长 -4.8%，2019 年衰退加剧达 6.5%，预计 2020 年经济将继续萎缩 5.0%。新冠病毒的传播将给本已陷入衰退的伊朗经济带来更严重的负面影响。冲击有多个传导渠道，包括对中国出口减少、地区贸易下滑、当地制造业和服务业活动中断以及旅游业萎缩。受美国制裁影响，伊朗石油收入出现较大幅度下降，油价下跌将进一步放大这种影响。伊朗的金融市场因长期信心不振而表现疲弱。随着逐渐结束经济管制，居民开始抛售股票来补贴在疫情中受到的损失，短期股票抛售可能影响伊朗股市的整体表现。[2]

据伊朗《金融论坛报》7 月 22 日报道，伊朗社会保障组织（SSO）的董事会成员莫特扎称，该组织本财年的预算为 1700 万亿里亚尔（76.5 亿美元）。

---

[1] 《埃及财长：新冠肺炎疫情结束后埃及 GDP 有望增长 6.5%》，中华人民共和国驻阿拉伯埃及共和国大使馆经济商务处，2020 年 8 月 31 日。
[2] 《德黑兰股票市场困境加剧》，中华人民共和国驻伊朗伊斯兰共和国大使馆经济商务处，2020 年 9 月 9 日。

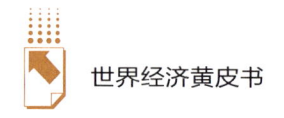

研究机构称，疫情对伊朗社会保障组织造成的损失为22万亿~51万亿里亚尔（10亿~23亿美元）。[①]伊朗社会保障组织是伊朗最大的保险公司，为私营部门员工提供保险，也提供自愿保险。现在，伊朗社会保障组织有1400万名受保人和370万名领取养老金者。疫情冲击下，该组织有可能出现短期亏损状况。

在汇率方面，根据国际货币基金组织的估计，伊朗的外汇储备在2019年底大约为860亿美元。尽管自2015年底以来下降了约1/4，但外汇储备仍足以提供近15个月的进口保障——从理论上讲，这足以支撑4.2万里亚尔兑1美元的官方汇率。5月，议会通过了一项法案，将货币的官方名称从里亚尔改为托曼，并将其面值减去4个零。尽管官方汇率不时有管理地贬值，但官方汇率和非官方汇率之间的巨大差异可能仍将持续。据伊朗波斯经济在线8月19日报道，计划和预算组织主席表示，本财年政府不允许从央行借款。这项政策主要是因为伊朗在2019年从国家发展基金中支取了54亿美元以补偿石油制裁造成的损失。因此，需要推动改进预算结构。由于制裁，伊朗政府期望的石油收入也没有实现。主要收入来源将是出售国有股份。[②]财政的制约也使得伊朗政府难以有足够的能力应对疫情冲击。

（三）沙特阿拉伯

新冠肺炎疫情与石油价格波动推动沙特阿拉伯经济转型。沙特阿拉伯2019年经济增长0.3%。为了应对疫情和油价暴跌带来的财政压力，沙特7月初将增值税从5%提高到15%，但这样的措施无疑会加大疫情带来的需求冲击。政府宣布大幅削减资本支出，这将抑制沙特建筑业等依赖政府投资型行业的增长。石化行业（最大非石油出口创收行业）未来国际市场需求或将减少。受疫情影响，2020年沙特限制了麦加朝觐的人数，预计将失去约200万

[①] 《疫情打击伊社会保障组织》，中华人民共和国驻伊朗伊斯兰共和国大使馆经济商务处，2020年7月26日。
[②] 《本财年伊政府不得从央行借款》，中华人民共和国驻伊朗伊斯兰共和国大使馆经济商务处，2020年8月23日。

名外国游客。由于新冠肺炎感染病例从6月底的每天4000多例减少到8月初的每天约1400例，限制措施正在逐步解除。尽管如此，如果政府被迫实施新的限制措施，这也会带来疫情再次反弹和进一步经济损失的风险。据ZAWYA 7月13日报道，沙特央行全资持有的沙特支付公司（Saudi Payments）的副总裁Ziyad Al-Essa在一场网络研讨会上表示，疫情导致消费者对电子商务严重依赖，2020年3~4月沙特的电子商务实现了74%的创纪录增长，而直接零售贸易下降了30%。[①] 疫情改变了沙特的商贸结构。不同行业受到的冲击是不同的，对于沙特这样有着一定韧性的经济体来说，疫情对经济的打击虽然很大，但也不会引发更大的危机。随着产业结构的调整，沙特可能逐渐恢复经济活力。但这一切都需要建立在疫情得到有效控制的基础上。

沙特阿拉伯近期政策的重点将是应对疫情。沙特政府采取了激进而有效的政策。从2020年5月7日开始，沙特央行（SAMA）的基础货币（M0）发行总量连续16周每周保持在2万亿里亚尔以上。6月初，沙特央行向银行系统注入了500亿里亚尔（约140亿美元）流动性。据阿拉伯新闻9月4日报道，投资大臣法利赫宣布，2020年上半年沙特政府颁发了506个新营业执照，其中6月的数量激增部分弥补了4~5月的大幅下滑。新增投资主要来自美国、英国和印度的公司，涉及教育、金融服务、住房、制造业和信息技术等行业。法利赫表示，沙特经济在上半年表现出的韧性令人鼓舞，6月的数据令人充满信心，经济正从疫情影响中恢复，外国投资恢复了近年来的强劲增长势头。财政和经济计划大臣贾丹表示，封锁措施在上半年末结束，一些部门显现复苏迹象。6月国内旅游业同比增长18%，酒店入住率回升到85%~90%。贾丹指出，信用评级机构仍对沙特保持"稳定"评级，国际市场对沙特债券发行持欢迎态度。两人均对经济恢复表示谨慎乐观，认为下一步经济发展将取决于疫情的控制状况。沙特央行（SAMA）数据显示，继4~5月急剧放缓后，POS机

[①] 《新冠疫情推动沙特电子商务实现74%的创纪录增长》，中华人民共和国驻沙特阿拉伯王国大使馆经济商务处，2020年7月14日。

交易6月同比增长78.5%，达到创纪录的99亿美元。①沙特的刺激政策取得了一定成效，2020年第二季度，沙特经济增速为-7%，即使与全球主要经济体相比也表现优秀，同期德国为-9.7%，美国为-31.4%，②而同为石油出口国的卡塔尔第二季度经济增速为-6.1%，也说明了油价反弹带来的影响。

（四）尼日利亚

尼日利亚经济运行艰难。预计2020年尼日利亚经济将萎缩4.3%。新冠肺炎疫情、国际油价暴跌以及政府财政状况不佳等因素影响了尼日利亚的经济增长。在石油领域，欧佩克+减产导致石油产量下降，应对疫情的封锁措施使得几乎所有行业都受到了影响。与此同时，尼日利亚政府财政状况困难，受限于政府预算约束，财政刺激将无法起到应有的作用。同时，尼日利亚的粮仓——中部地带的冲突导致农业供应中断，粮食稳定供应存在潜在困难。尼日利亚政府于4月底从IMF获得了34亿美元的低条件紧急支持贷款（相当于其储备配额的100%）。这一紧急贷款是向多边贷款机构寻求的69亿美元（约占国内生产总值的2%）的一部分，目的是为14亿美元的医疗基金、公共工程计划和为维持就业而减免企业工资税的项目提供资金。但是并非所有贷款都是低条件贷款，这在未来可能带来因贷款附带条款要求而产生改革的压力。

在汇率方面，尼日利亚出口受到疫情带来的需求冲击。官方汇率在2020年第二次对美元贬值。尼日利亚中央银行（CBN）的询价报价与尼日利亚自主外汇定盘（NAFEX）紧密一致，为386尼日利亚币兑1美元，但外汇局汇率为447尼日利亚币兑1美元，其间仍有很大的价差。CBN经常干预投资者和出口商的外汇窗口（使用NAFEX），由此导致外汇储备下降。本币的贬值也将提高银行的风险厌恶情绪；由于尼日利亚约40%的贷款以美元计价，当地企业的偿债成本将大幅上升，从而降低资产质量。在进出口方面，2020年，

---

① 《沙特经济复苏步伐随疫情减弱而提速》，中华人民共和国驻沙特阿拉伯王国大使馆经济商务处，2020年9月6日。
② 《沙特经济抗压表现优于全球主要经济体》，中华人民共和国驻沙特阿拉伯王国大使馆经济商务处，2020年10月6日。

尼日利亚出口下滑，主要原因是石油输出国组织限产以及油价下跌。这将使经常账户处于赤字状态。缺口为 GDP 的 2%。货币贬值使得商品和服务进口下降，但与石油部门利润下降导致的主要收入下降以及侨汇收入下降相比还有一定距离，贸易逆差难以减少。2021 年，经常账户预计将连续第三年处于赤字状态。油价仍将维持在过低水平，无法实现收支平衡。随着全球经济复苏继续提振油价，一个新的以出口为导向的巨型炼油厂开始投产，国内汇款也将开始增长，经常账户预计将在未来恢复盈余。

尼日利亚安全状况不佳，围绕石油的暴力冲突可能使得尼日利亚的石油生产面临风险。

（五）南非

南非经济增长速度同样因受新冠肺炎疫情影响而放缓，2020 年经济预计萎缩 8.0%。在 4 月采取严格的隔离措施之后，尽管南非经济在 5~6 月有过阶段性复苏，但疫情导致的供应链和运输中断、贸易下降以及旅游业的崩溃都对南非的经济造成严重破坏。

南非为控制疫情而采取的限制措施造成的社会混乱将影响供给和需求，挤压企业利润，抑制投资，侵蚀信心，引发大量失业，并使社会福利体系不堪重负。疫情导致的全国范围内的封锁加剧了社会紧张，凸显了普遍的贫困和严重的不平等。社会补助的大幅增加将缓解贫困家庭的压力，但广泛的失业可能会加剧社会矛盾进而引发社会动荡，这对 2019 年 5 月当选的西里尔·拉马福萨来说将是严峻的考验。

但是南非地缘政治地位在稳步提升。拉马福萨在 2020 年 1 月担任非洲联盟（AU）主席，南非的地区影响力随之增强。南非还将寻求建立更紧密的"南南"关系，特别是金砖国家（巴西、俄罗斯、印度、中国和南非）和其他非洲贸易集团，包括尚未形成的非洲大陆自由贸易区（AfCFTA）。由于边境关闭和航班禁飞，疫情在贸易和外交方面对区域关系造成了暂时的破坏，AfCFTA 计划于 2020 年 7 月启动的初始阶段将推后至 2021 年。区域机构（如非盟）的运作将受阻。因为疫情引发的经济衰退和油价下跌，南非的通货膨

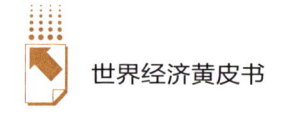

胀预计降至多年来的最低水平。南非农业的丰收使得食品价格涨幅得到了控制，经济衰退中主要的问题将是需求不足，而闲置的工业产能和零售业竞争环境恶化使得需求面形势日益严峻。

南非政府 2020 财年的主要预算收入将下降至 GDP 的 22.6%，评级机构穆迪对此表示，政府收入的损失情况将比南非经济活动减少状况严重得多。封锁措施、失业和信心下降导致的税基缩小是财政收入减少的主要原因，政府支持方案中包括的减税措施是导致财政收入减少的次要因素。与此同时，来自工会等有影响力的利益相关者的反对，限制了当局控制支出的能力。穆迪称，长期以来，收入表现不佳一直是南非信贷方面面临的主要挑战，将使补充预算到 2023 年实现债务稳定的目标进一步复杂化。穆迪预计，逐步取消为防控疫情而采取的限制措施，将在 2020 年下半年支持经济活动的复苏。然而，消费者和投资者信心疲软，加上南非国家电力公司（ESKOM）的重组，仍将导致 2020 年下半年经济同比萎缩 4.2%。预计经济复苏将持续到 2021 年，并支持 4.5% 的增长，但南非经济要到 2023 年才能恢复至 2019 年的经济活动水平。①

在进出口方面，疫情对要素流动的破坏使得南非这样主要依赖资源出口的国家更加困难。石油价格下跌和全球范围内的需求疲软可能导致进口总额萎缩。但矿产出口方面，基于市场多样化，部分矿物大宗商品（如铂类金属）市场比其他商品市场表现更加稳健。汽车出口将因全球疫情蔓延而下降。根据《非洲增长与机会法案》（African Growth and Opportunity Act），南非将保留对美国的优惠准入，该法案将于 2025 年到期。

三　西亚非洲地区债务情况回顾与展望

疫情和石油价格冲击无疑使得西亚非洲地区的债务压力更加凸显。国际货币基金组织和世界银行准备在 2020 年对人均 GDP 在 1175 美元以下的国家实施债务暂缓政策。这在一定程度上能够减轻这些国家在疫情冲击下的流动

---

① 《评级机构穆迪对南非不断萎缩的税基发出警告》，中华人民共和国驻南非共和国大使馆经济商务处，2020 年 9 月 10 日。

性紧缺问题。从图3和图4可以看到，在西亚非洲地区，大量高负债国家是小国并且经济增长率不高，这无疑使得其债务压力更大。西亚北非地区的石油出口国在过去往往能维持一定的经济增长，如吉布提在高债务的同时维持着较高的经济增长率，尚能维持债务稳定。但是这次疫情冲击下，西亚北非地区的石油出口国与撒哈拉以南非洲地区以旅游业为支柱的国家，受到了经济停滞和出口下降的双重需求冲击，外债支付压力巨大。考虑到疫情后全球利率的下行，债务利息的偿付压力也有所缓解。由于流动性紧缺，预计各国在2020年将借入更多的外债，当2021年经济进入反弹期时，利率可能上升。各国偿还债务利息的压力会增加，因此可能会选择在疫情过后将债务率向下调整。但这也受限于各国财政运行状况。同时，西亚非洲地区的石油出口国受到油价长期低迷的影响，债务风险可能高于同地区的石油进口国。

在图3中西亚北非地区的石油出口国，包括巴林、伊朗、伊拉克、科威特、利比亚、阿曼、沙特阿拉伯、阿联酋等国的外债数据是缺失的。叙利亚因为长期战乱，数据缺失。西亚北非地区石油出口国中经济体增速差异明显，例如，经济总量较大的埃及和沙特，经济增长差距就达到5%。国民生产总值在1000亿美元以内的国家经济情况普遍较好，如吉布提和约旦。西亚北非地区的石油输出国的经济在2020年上半年受到石油价格的冲击严重，也成为西亚北非地区预期经济下行超过世界以及周围地区平均水平的主要原因。西亚北非地区石油输出国经济比石油进口国预计在2020年多萎缩6%以上。2020年7月的预测数据表明，该地区2020年石油出口收入将比2019年减少超过2700亿美元。疫情和石油价格的双重打击使得石油出口国的情况更加艰难。

相比西亚北非地区，撒哈拉以南非洲地区的外债情况无疑更加脆弱。撒哈拉以南非洲地区长期的经济增长缓慢、汇率贬值以及高额财政赤字等问题都使得该地区的外债问题难以在短期内得到解决。2020年5月25日，国际货币基金组织和世界银行呼吁二十国集团对最贫穷国家实施债务减免。6月16日，国际货币基金组织宣布对21个撒哈拉以南非洲国家实行债务延期，并且可视情况延长至2年。8月15日，G20集团宣布对最贫困国家的140亿美元债务实行为期8个月的债务延期。

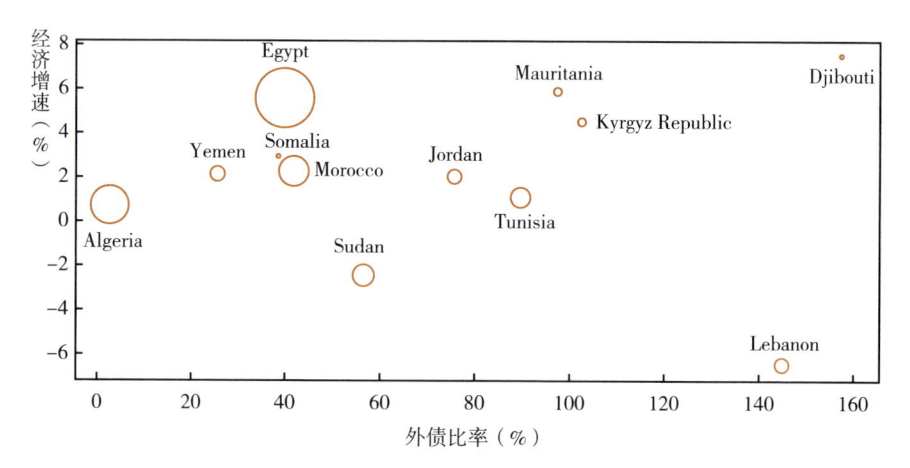

图3 西亚北非地区经济增速、外债比率与GDP

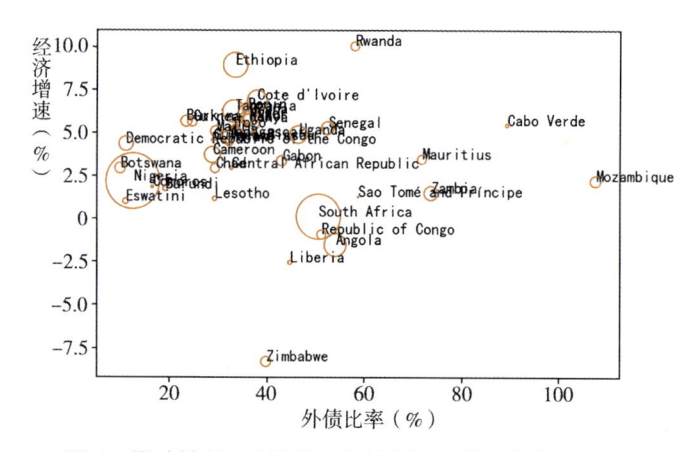

图4 撒哈拉以南非洲地区经济增速、外债比率与GDP

注：在经济增长率4%~6%以及负债率接近40%~60%的区域内，出现了很多国家聚集的情况。这些国家包括喀麦隆、科特迪瓦、埃及、加蓬、加纳、肯尼亚、莫桑比克、塞内加尔、坦桑尼亚与乌干达等，债务风险相对较低。

由于国际组织在疫情合作中提供的流动性，短期而言只有部分处于债务危机的国家运行困难。2020年西亚非洲地区的外债率将会上升。后续为了重新建立经济缓冲机制，降低债务率和调整财政体系都将是经济恢复阶段的重要工作内容。

四 西亚非洲地区经济展望

受新冠肺炎疫情冲击，2020年西亚北非地区经济萎缩5.0%，撒哈拉以南非洲地区经济萎缩3.0%。展望2021年，随着疫情冲击的逐渐缓解，预计2021年西亚北非地区经济增长3.2%，撒哈拉以南非洲地区经济增长3.1%。但这样的反弹所面临的不确定性是空前的。2020年，世界所有地区的经济预测值均为负数，这是二战后世界经济首次遇到的情况。外部经济环境的疲弱将降低对西亚非洲的投资和贸易，对西亚非洲的经济复苏极为不利。此外，对新冠肺炎疫情的控制也存在极大不确定性。面对极有可能的疫情二次冲击，各国在经济结构、财政能力、防疫行政措施等方面都面临着进一步的考验。这样的冲击有可能延续到2021年。对比世界其他地区，西亚非洲地区在2021年面临的风险将突出表现在以下几个方面。

首先，经济发展困难与社会动荡有可能形成恶性循环。新冠肺炎疫情蔓延让西亚非洲地区的大部分国家经济陷入了困境，并且由于疫情防控方面的困难，疫情反复将使经济问题复杂化，并向社会领域蔓延。长期的疫情冲击对社保体系形成巨大拖累，又进一步减弱了政府应对疫情的能力。这样的负面循环急需西亚非洲地区各国政府采取高效的应对疫情措施，在控制疫情进一步蔓延的前提下，逐步恢复经济正常运行。在可能的二次传播以及新的封锁措施实施后，可能造成更多的企业倒闭、社会需求萎靡，经济将进一步下行，导致恶性循环。西亚非洲地区贫富差距可能会扩大，经济情况可能变得更加糟糕。由于企业倒闭和政府刺激措施往往不对等，在政府对经济刺激后，贫富差距可能进一步扩大。由于疫情带来的失业和财富缩减，大量居民的生活水平将明显下滑。并且疫情可能带来的贫富差距扩大，将进一步加剧社会矛盾，这种不稳定因素又会进一步冲击经济，形成负面循环。

其次，疫情冲击可能永久性地改变跨国务工与跨国旅游业前景。从现在的民航和跨国务工流动情况来看，跨国务工和跨国旅游业极有可能在较长一段时间内无法恢复至疫情之前的水平。对于西亚非洲国家中侨汇和旅游业

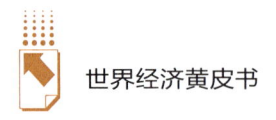

收入占比较大的国家来说，这种长期冲击可能意味着一部分国家收入的永久损失。

最后，粮食问题可能成为影响西亚非洲地区稳定的重要因素。粮食问题属于农业问题，前文分析不多，但粮食短缺问题在2021年有可能成为影响社会稳定，乃至经济稳定的重要外界因素，由于长期的要素流动和技术共享困难，未来西亚非洲地区农业产出可能减缓。跨国农业及农产品贸易受限也将成为严峻的问题。西亚非洲地区各国在国际市场上有可能面临粮食供应短缺或粮价高企的困境。由于海产品多次成为跨国疫情传播的中介，在未来，农产品尤其是海产品的国际贸易可能会萎缩，本地消费增加。西亚非洲地区各国为了满足本国人口的粮食需求，必然将投入更多要素到农业部门，这也可能带来新的产业结构调整，值得关注。

参考文献

EIU，"Country Report，"August 2020.

IMF，"Regional Economic Outlook Update: Sub-Saharan Africa，"June 2020.

IMF，"Regional Economic Outlook Update: Middle East and Central Asia，"July 2020.

IMF，"World Economic Outlook，"April 2020.

IMF，"World Economic Outlook，"October 2020.

World Bank，"Global Economic Prospects，"June 2020.

World Bank，"Africa's Pulse: An Analysis of Issues Shaping Africa's Economic Future，"No.21, April 2020.

Y.10
中国经济：
后疫情时期中国工业迎来"小时代"？

徐奇渊　张　斌　崔晓敏*

摘　要：2020年一季度，中国经济受到新冠肺炎疫情的较大冲击，不过在二季度迅速回暖，三、四季度有望逐步回归到疫情之前的增长轨道上来。尽管如此，后疫情时期中国经济增速特点发生了暂时性变化，甚至与长期趋势发生了一定的背离。在供给端，工业增速表现将强于服务业，需求端固定资产投资比消费表现更强，而有形的商品消费比服务业消费更强。这些变化在一定程度上背离了长期的经济结构变化趋势，但是与2003年"非典"时期、2009年全球金融危机时期的经济结构中期变化一致。本文还分析了疫情冲击下，上述暂时性变化如何得到了投资、消费、出口各方面因素的支撑。最后，本文对这一轮中国工业的"小时代"特点进行了展望：时间长度可能更短，程度也较前两轮更弱。

关键词：中国经济　工业　服务业　经济结构

在疫情冲击下，中国经济在2020年一季度增速陡然降至-6.8%。不过之后疫情得到有效控制，基本处于零星偶发状态。在此条件下，中国的复工

---

* 徐奇渊，中国社会科学院世界经济与政治研究所研究员；张斌，中国社会科学院世界经济与政治研究所研究员；崔晓敏，中国社会科学院世界经济与政治研究所助理研究员。

复产顺利推进，2020年二季度GDP增速恢复至3.2%。在疫情得到有效防控的条件下，2020年三季度经济增速恢复至5%以上、四季度经济恢复到6%左右已经成为共识，这也意味着2020年末中国经济将大体上回归到疫情之前的增长轨道上来。

按照这一增速水平来进行估算，中国全年增速将达到2%左右。根据IMF在10月发布的《世界经济展望》中的预测，2020年全球增速为−4.4%，其中新兴市场和发展中国家增速为−3.3%，发达国家为−5.8%。根据OECD在9月给出的预测，中国将成为G20集团中唯一实现正增长的国家。总体上，疫情冲击下的中国经济表现出较强的韧性，宏观调控政策总体上取得了较为积极的效果。

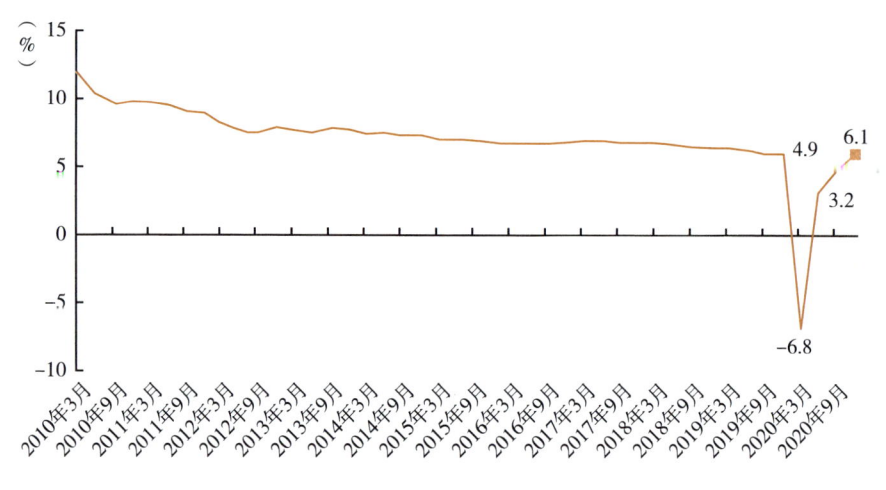

图1 中国经济增速：GDP季度数据

资料来源：国家统计局。其中，正方形数据来源为市场预测值，来自Wind数据终端，2020。

中国经济从整体上将在2020年末回到原有增长轨道上来，但是在后疫情时期，中国经济的供给、需求结构已经发生了较为明显的变化。本研究将揭示，在后疫情时期，供给端将表现为：工业强于服务业，需求端则将表现为：投资强于消费、有形的物质消费强于无形的服务消费，并进一步得出结论，中国工业或将迎来第三次工业"小时代"。

中国经济：后疫情时期中国工业迎来"小时代"？

一 什么是中国工业的"小时代"？

观察工业、服务业的 GDP 增速对比关系，新中国成立以来大半个世纪可以分为以下三个阶段：第一阶段，1996 年及以前的大部分时间，工业增速都快于服务业增速，结果是工业在 GDP 中的占比不断上升。第二阶段，从 1997 年开始出现了总需求不足、产能过剩的问题，直到 2013 年的这一时期，工业增速与服务业增速大体一致。从另一个角度看，工业在总体 GDP 中的占比较为稳定。第三阶段，2014 年进入新常态之后，工业增速显著、持续低于服务业增速，工业占 GDP 比例出现下降趋势，中国进入了产业结构的深刻调整时期。

上述三个阶段，是大部分工业化国家都经历过的产业结构变迁，是长期的观察视角。有趣的是，在服务业增速逐步超过工业增速的过程中，出现了两次逆历史潮流的"小时代"，即 2003~2004 年、2009~2012 年这两段时间，工业增速一度显著上升并短暂地反超服务业增速，工业在 GDP 中的占比也重拾升势。这就是中国工业经历过的两次"小时代"。

2020 年二季度以来，在全球贸易显著萎缩的情况下，中国出口增速反弹大

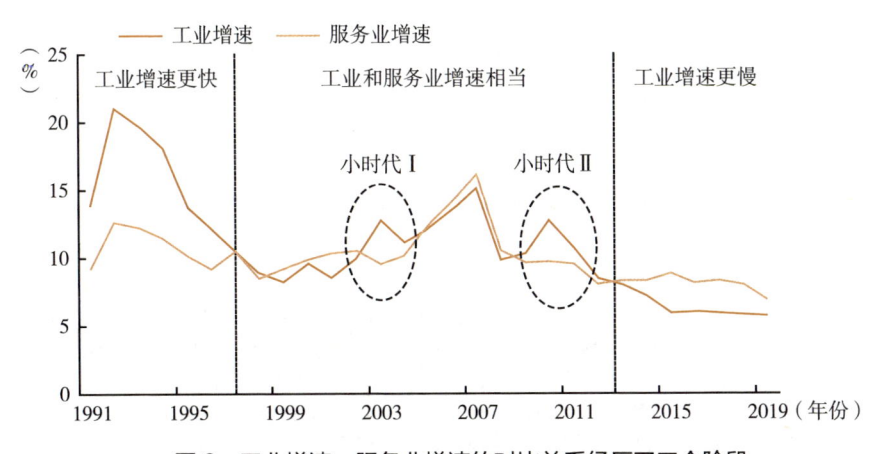

图 2　工业增速、服务业增速的对比关系经历了三个阶段

资料来源：国家统计局，Wind 数据终端，2020。

超预期。二季度,中国出口占全球市场份额创下了历史高点。[①]2020年8月,中国出口增速甚至达到11.6%(人民币计值),为多年来的较高水平。与此同时,中国工业的整体生产恢复状况也比较好,4月以来工业增加值同比增速持续反弹。种种迹象表明,中国工业生产增速已经比较接近正常水平。与此同时,服务业的恢复进程相对滞后。不论是国内外的比较,还是我国第二、三产业之间的比较,都显示出:中国工业活动表现相对强劲,似乎迎来了久别的"小时代"。

二 中国工业再次进入"小时代"的四个端倪

新冠肺炎疫情对中国经济造成冲击之初,工业、服务业双双大幅下行。而近期的四个信号显示,中国工业可能正在迎来第三个"小时代"。

(一)端倪之一:全局来看工业生产恢复明显好于服务业

服务业生产指数的同比增速,是剔除价格因素之后的物量指标,反映了当月服务业相对于上年同期的产出变化。规模以上工业增加值指数同比增速,则反映了同口径的工业部门的产出增速。

对比两者的历史表现可以看到:疫情发生之前,服务业生产指数持续高于工业增加值指数,这与2014年以来工业、服务业的增速对比关系完全一致。而疫情发生之后,工业生产活动一度受到更大冲击,但是2020年3月工业同比增速就超过了服务业。8月,工业同比增速达到5.6%,不仅超过服务业同比增速,而且已经基本上回到正常增速区间,甚至比2019年8月高1.2个百分点。同样在2020年8月,服务业同比增速为4.0%,比上年同期低1.4个百分点[②]。

---

① 崔晓敏、徐奇渊:《中国出口占全球份额达历史高点》,《财经》2020年7月12日。
② 一个可能的疑问是,疫情之后中国非制造业PMI持续高于制造业PMI。这可能是由两方面原因造成的:一方面,非制造业PMI包括建筑业,疫情之后建筑业PMI表现十分强劲,这对应于房地产、基建投资的恢复。因此,需要将建筑业PMI与制造业PMI进行加权处理来观察。另一方面,PMI是环比口径,不是定基同比。而我们经常提到的经济恢复水平,一般是定基或同比视角的比较。如果将"建筑业PMI"从"非制造业PMI"中剥离出来,并且与"制造业PMI"加权得到"工业PMI",然后将其与"服务业PMI"进行对比,本文的结论也可以得到支持。

中国经济：后疫情时期中国工业迎来"小时代"？

图3　疫情后的生产恢复：工业好于服务业

资料来源：国家统计局，Wind数据终端。

（二）端倪之二：小微企业状况也表明工业显著好于服务业

根据"经济日报—中国邮政储蓄银行"共同发布的小微企业运行指数（PSI），2020年8月，只有制造业小微企业的运行情况超出了疫情之前水平（102.3），其他行业小微企业状况均不及疫情发生之前。这从另一个侧面说明，小微企业运行状况面临更多困难，弱于大中型企业的表现。

8月小微企业运行状况的另一个明显特征是：制造业、建筑业小微企业运行状况，均超过或较为接近疫情之前的水平。而服务业当中的交通运输业、批发零售业、住宿餐饮业的表现则明显更弱。其中，住宿餐饮业的小微企业运行指数仍然低于疫情发生之前水平的20%以上。

（三）端倪之三：工业用电量恢复状况也明显好于服务业

2020年6月工业、服务业用电量同比增速分别为4.3%、7.0%，服务业用电量增速更高。不过，两个部门的单位GDP耗电量完全不同，因此两者增速不能直接对比。其中，6月工业用电量的同比增速为4.3%，但是已经达到了历史表现的中

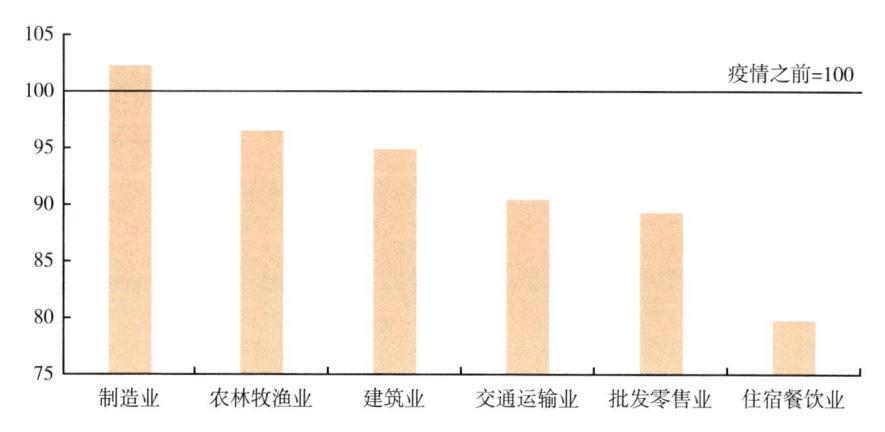

图 4 小微企业运行指数表明：工业明显好于服务业（截至 2020 年 8 月）

注：100 表示疫情之前（2020 年 1 月数据）的水平。
资料来源："经济日报—中国邮政储蓄银行"小微企业运行指数（PSI），Wind 数据终端。

等水平，而服务业用电量同比增速为 7.0%，但是仍然处于历史数值的较低水平。

具体而言，在 2018 年初以来的 28 个月当中，2020 年 6 月工业用电量处于 54% 的排名，几乎处于历史平均增速的中间状态。而 2020 年 6 月的服务业用电量则处于 79% 的排名，显然处于历史平均增速的更下游。为了使图 5 显示更清楚，这里使用了 2018 年初以来的数据，如果使用 2009 年以来的 117 个月的数据，则两者的排名分别变成 56%、80%，结果非常稳健。可见，从工业、服务业用电量的相对恢复水平来看，工业生产状况也明显好于服务业。

（四）端倪之四：行业景气显示，重工业好于轻工业、轻工业好于服务业

根据国家统计局的 40 个分行业景气指数，我们将 2019 年四季度的行业景气度设定为 100%，对比 2020 年二季度可以发现，总体上，重工业涉及的 21 个行业景气指数平均排名第 15 位，轻工业为第 24 位，服务业为第 31 位。

具体而言，景气指数前 10 名的行业均为重工业。其中前 4 位的行业在二季度景气指数已经超过了疫情之前：有色金属矿采选业（104%）、黑色金属冶炼及压延加工业（101%）、黑色金属矿采选业（101%）、非金属矿物制品业（101%）。上述主要涉及的行业有铜矿、钢铁、铁矿石、水泥等。与之相对应，景气度指数

中国经济：后疫情时期中国工业迎来"小时代"？

a.工业用电量增速

2020年8月位置（分位点：10%）

b.服务业用电量增速

2020年8月位置（分位点：73%）

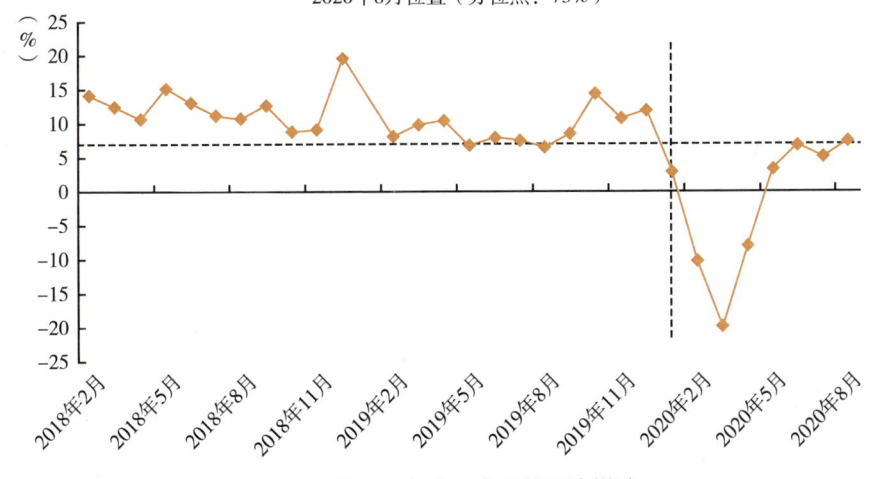

图5 工业、服务业用电量的同比增速

资料来源：国家统计局，Wind 数据终端。

倒数五位的行业都属于轻工业或服务业，具体分别是纺织服装、服饰业（93%），纺织业（80%），化学纤维制造业（80%），皮鞋、毛皮、羽毛及其制品和制鞋业（79%），住宿和餐饮业（66%）。

当然，重工业好于轻工业、轻工业好于服务业，这种格局更大程度上是由弱势行业跌幅更大带来的，强势行业回暖的解释力相对更小一些。

173

三 "小时代"的逻辑：投资和消费的支撑因素

中国工业的"小时代"已经初显了四个端倪，那么第三个"小时代"是否会来临？这与"小时代"背后的逻辑密切相关。

（一）前两次"小时代"的历史逻辑

回到图2揭示的两个"小时代"：2003~2004年、2009~2012年这两段时间，工业增速显著上升、短暂反超服务业增速，工业在GDP中的占比也重拾升势。

这两个"小时代"均发生在特殊时期：前者发生在"非典"疫情暴发和后疫情时代（2003~2004年），后者则发生在全球金融危机及其后危机时代（2009~2012年）。为什么工业增速放缓、服务业增速的赶超会被上面两个"小时代"短暂地打断？答案显而易见：其一，两个"小时代"当中，居民部门的消费者信心、消费需求都受到了一定程度的冲击，从而导致服务业恢复较为滞后。其二，政府部门推动的基础设施建设，带动了其他行业的固定资产投资和相应的工业生产，而对服务业，尤其是消费型服务业的带动效应较为滞后。

（二）本轮"小时代"获得固定资产投资方面的支撑

根据2020年一季度、二季度的GDP支出法分解，可以看到：一季度三大需求全面负增长，最终消费支出、资本形成总额、净出口分别贡献了-4.4个、-1.5个、-1.0个百分点。而在二季度经济恢复过程中，资本形成总额、净出口分别贡献了5.0个、0.5个百分点，两者合计拉动GDP增长5.5个百分点。而与此同时，最终消费支出对经济增速贡献了-2.3个百分点，拉低了整体增速。

固定资产投资的率先回暖，直接体现为房地产投资、基建投资的发力。两者受到的疫情冲击小于制造业投资，其恢复的速度也明显快于制造业投资。其中，房地产投资7月当月同比增速已经达到10.5%，基建投资在5月就已经恢复至同比增长10.9%。截至2020年8月，房地产投资当月同比增

中国经济：后疫情时期中国工业迎来"小时代"？

图6 疫情恢复阶段：固定资产投资和净出口起到支撑作用

资料来源：国家统计局，Wind数据终端。

速仍接近上年同期水平，基建投资同比增速则显著高于上年同期水平。而且这还都是基于名义增速的观察，由于2020年PPI负增长，房地产投资、基建投资的实际增速还将进一步好于名义增速的表现。从重型卡车、货车等车型产销量的快速上升来看，房地产投资、基建投资在可见的中短期内还将维持在较高的水平，这也将从需求端带动工业生产活动继续维持在较高水平，而对服务业生产（尤其是消费型服务业）的拉动效应则较为缓慢。

制造业投资的当月同比增速也在8月出现大幅反弹，从7月的-3.1%上升至8月的5.0%。这既得益于房地产、基建投资等上游产业的强势恢复，也得益于后文提到的消费需求的有形化、物质化。

（三）本轮"小时代"获得消费需求结构变化的支撑

在目前的经济恢复过程中，消费受到两大因素的制约：一方面，在疫情完全结束之前，消费者的就业预期、收入信心也存在一定程度的不确定性，这也使得总体消费中的可选消费受到了抑制，[①] 总体消费需求表现较弱。另一方面，由于疫情未完全结束，疫情防控形势仍然严峻，各方面措施不能完全松懈，这使得消费者的活动范围较正常时期受限。这就对交通运输、住宿餐饮业、电影

---

① 徐奇渊：《统计数据偏差大，消费真的复苏了？》，《财经》2020年6月15日。

175

图7 三大类固定资产投资的当月同比增速表现

资料来源：国家统计局，Wind 数据终端。

院线等线下服务业直接产生了更长时间的影响。在服务业支出明显下滑的情况下，为了维持效用水平相对稳定，需要消费更多的制造业产品。

由于上述原因，总体消费需求受到抑制，同时消费结构也出现了暂时性的变化，即消费更加倾向于有形的商品、更加物质化，而服务类消费则持续低迷[1]。观察 CPI 的消费品价格、服务类消费价格，可以发现：2020 年 5~8 月，CPI 消费品价格从 97.2 上升至 98.8，环比上升 1.64%（按这种速度折算年化通胀率将达到 6.6%）。而在同一时期，CPI 服务类消费价格则从 99.5 下降至 99.3，虽然降幅微弱，但要注意到这是在服务类供给收缩背景下发生的。

2020 年 5 月以来，CPI 的消费品价格、服务类消费价格一升一降，这进一步验证了居民消费结构更多倾向于物质化、有形的商品，而服务类消费仍然维持在低迷状态。这使得居民消费结构本身更多地转向商品消费，并在需求端对工业生产形成一定支撑。

---

[1] 由于疫情影响没有完全消除，旅游、电影院线等比较依赖于线下接触的服务业仍然受到一定的抑制。从消费者的效用函数来看，可以把所有的消费品分为无形的服务业消费、有形的商品消费。如果无形的服务业消费受到抑制，那么消费者为了维持效用在无差异的水平，就会消费更多有形商品。下文提到的 CPI 是一种验证。

图8　2020年5月之后CPI消费品价格上涨而CPI服务类消费价格下跌

注：两个价格指数均为定基指数，2020年1月为基期100。
资料来源：国家统计局，Wind数据终端。

四　"小时代"的逻辑：出口对工业的支撑

2020年二季度以来中国出口大超预期。在全球贸易整体下滑的背景下，中国出口增速在2020年二季度以来实现了"V"形修复。WTO 6月发布的《全球贸易数据与展望》显示，2020年一季度全球货物贸易量同比下降3%，预计二季度降幅约为18.5%。该降幅已经明显超出2009年金融危机时期的影响，而由于疫情的严重性和经济影响存在很大不确定性，实际情况还可能更差。2020年5月，美国、欧盟、日本的出口同比增速分别为-36%、-27%、-27%（均为美元口径），之后三者的出口负增长幅度有所收窄，但大体上仍然保持在负的两位数增长。

与之形成鲜明反差的是，中国出口增速在4月就恢复为2.7%的正增长，之后在5月稍有回落，随后7~8月的增速分别达到8.5%、12.8%。与之相对应的是，中国出口在全球市场的份额大幅上升。多年来，在13个最重要贸易伙伴的总进口当中，中国的出口份额一般在14%附近波动。2020年4月，中国的这一出口份额大幅拉升至17.2%，5月进一步提升至18.3%，较2019年

177

图9 中国、欧盟27国、美国、日本的出口：美元计当月同比增速

资料来源：WTO，Wind 数据终端。

同期分别提高4.4个和5.2个百分点，这也是2008年以来的最高水平。此后，随着同类国家度过疫情高峰并逐步开放经济，中国对其他国家的挤出效应以及出口市场份额增速都可能会有所弱化，但预计同比增速仍将维持高位。

2020年二季度以来，中国的出口市场份额大幅上升主要有三方面原因。第一，口罩、防护服、医疗设备等防疫物资出口激增。二季度以来，疫情在东亚以外的地区进一步蔓延。在疫情影响下，海外市场对口罩、防护服、呼吸机等防疫物资需求激增。之所以中国成为全球防疫物资的主要来源国：一方面，疫情之前中国就是全球主要的医用防护服（HS6位编码621010）、口罩（HS6位编码630790）生产国。2018年，中国这两类产品的出口分别占到全球份额的46.5%和43.8%。另一方面，中国率先遏制疫情并有序复工复产。在此背景下，防疫物资出口成为中国出口新的增长点。据海关总署统计，1~6月，在防护服等防疫物资出口带动下，纺织纱线、织物及制品出口同比增长27.8%，医疗仪器及器械出口同比增长41.4%。如果扣除中药材及中式成药，纺织纱线、织物及制品，医疗仪器及器械的带动作用，二季度出口增速将从零增长降至-3.8%。

但是，防疫物资出口并不能完全解释中国出口市场份额的大幅上升。以4~5月为参考，二季度中国出口市场份额较2016~2019年均值（13.3%）提高了近5个百分点，而根据我们的估计，在极端情况下，除医疗设备外的防疫物资对中国出口市场份额增长的贡献不超过3个百分点[①]。即使考虑医疗设备的作用可能也不足以完全解释。其中一个原因是产能受限，根据工信部在4月8日国务院联防联控机制新闻发布会上披露的信息，中国医疗设备产能的发挥受到全球供应链紊乱的影响，相关核心零部件供应不足。

第二，与远程办公相关的电子类产品出口增加。疫情期间，在保持社交距离和恢复正常办公秩序的相互权衡下，远程办公成为很多企业的选择。而这进一步激发了中国与远程办公相关的电子类产品的出口需求。2020年二季度，中国自动数据处理设备及其零部件的出口同比增速达36.8%，远高于2019年四季度的水平（-4.1%）[②]。其中，便携式电脑4~5月出口增速为49.4%，较2019年四季度提升54.7个百分点，手机5月和6月出口数量环比增速均在20%左右[③]。如果扣除集成电路和自动数据处理设备及其零部件等电子产品对出口的带动作用，二季度总体出口增速将从零降至-2.1%。如果完全扣除防疫物资和电子产品对出口的带动作用，二季度出口增速将跌至-6.6%，中国出口表现仍然明显好于美、欧、日、韩等其他经济体。但是，防疫物资和电子产品出口也不能完全解释中国出口市场份额的大幅上升。这是因为二季度（或4~5月）中国出口呈现增长的产品还有家用电器、电工器材、塑料制品、文化产品及照明装置等。

第三，各国纾困政策对需求起到了稳定作用，而国内外疫情分化使得中国在供给端、出口端的竞争力迅速凸显。

从需求端来看，在各国的经济纾困政策对冲下，家庭部门的资产负债表恶化程度可能低于企业部门，从而消费需求较为稳定。一方面，政府直接向

---

① 极端情形：假设中国出口占比从50%提高至90%，防疫物资隶属的其他纺织制品占全球总出口的比重在0.34%的基础上扩大10倍，此时贡献接近3个百分点。
② 2020年第一季度，国内疫情影响了中国出口，因此以2019年第四季度作为对比。
③ 2020年之前未单独统计手机出口情况。

居民发放补贴、提供福利或延缓贷款等。另一方面，政府提供给中小企业的补贴，也以维持就业为导向。比如，美国增加失业补助后的平均失业金水平甚至达到了非农行业的平均周薪水平。从供给端看，海外疫情持续、生产秩序受到影响，而同时国内却率先复工复产。在前述需求、供给两方面的作用下，中国出口的竞争优势凸显。根据美国国际贸易委员会（USITC）数据，美国自中国以外地区进口的消费品、中间品及资本品同比增速在4~5月持续恶化，而美国从中国进口的各类产品同比增速则较一季度明显回升，4月美国自中国进口消费品同比增速较3月回升33.3个百分点，5月进一步回升9.9个百分点，同比增速回正至0.59%。类似地，美国自中国进口的中间品和资本品较3月亦有明显回升，4~5月分别回升23个和1.1个百分点。这反映了中国出口对其他地区的份额有一定的挤出效应。

中国较其他国家率先走出疫情，而且工业体系覆盖门类齐全、供给能力强，因此在疫情全球蔓延的情况下，中国出口占全球市场的份额迅速上升。由于疫情在全球范围内将持续数年，中国的出口仍将扮演重要角色。此外，即便其他国家生产秩序逐步恢复，对防疫物资和远程办公用品的需求有所下降，但是正常生产、消费活动需要从中国进口的产品订单也将同步恢复。总体上，由于本轮疫情与2008年次贷危机不同，疫情暴发使得中国以外的市场需求、供给同时受到冲击，甚至极端宽松政策使得需求相对稳定，而供给遭受冲击更大，因此本轮冲击的特征将使得中国的出口总体上能够维持较为稳定的状态。这也是2020年以来出口大超预期的重要原因。

五 展望本轮中国工业"小时代"的特点

我们将可能看到本轮中国工业"小时代"具有以下特点。

首先，这确实是一个结构特征迥异的"时代"，三次产业结构变化将与历史趋势发生暂时性的偏离——工业部门增速超过服务业部门，而且将持续一段时间。二季度工业增速大幅高于服务业增速近3个百分点，这可能是"小时代"的开始。我们将会看到，工业部门和对应需求端的固定资产投资，将

中国经济：后疫情时期中国工业迎来"小时代"？

对后疫情时期的经济增速起到主要支撑作用。同时，工业占GDP的比例也将出现暂时上升。这一逻辑和2003~2004年、2009~2012年两个"小时代"的逻辑基本相似。

其次，这是一个"小"的时代。一方面，持续时间可能较短。目前，工业部门将迎来为期4个季度以上的"小"时代，具体持续时间与全球和国内的疫情形势有关。但是最终工业部门增速还将回归到低于服务业部门增速的长期趋势。另一方面，和第一轮2003~2004年相比，本轮"小时代"缺乏强劲外需的支持；和2009~2012年相比，本轮工业"小时代"缺乏巨量基建投资的支撑。因此，本轮中国工业的"小时代"，更多的是相对于服务业疲弱角度而言的"小"时代。

中国工业的"小时代"意味着什么？当我们在讨论宏观经济政策的时候，部分观点认为，当前需求端的消费偏弱、服务业偏弱，因此需要增加对消费者的转移支付，刺激消费需求。这方面尤其是关于消费券的讨论较多，例如林毅夫等（2020）、王成等（2020）、陈芳芳和朱德超（2020）。[1] 从公平和保障困难人群的基本生活水平来看，增加消费者转移支付的力度，这是比较有共识的。

不过，从宏观调控的视角来看，在2003~2004年、2009~2012年都出现过——消费、服务业偏弱，工业偏强——这样的情况。在疫情冲击或者经济衰退的冲击下，不确定性预期上升，居民预防性动机上升、储蓄率也会倾向于上升[2]。而不确定性对城镇居民储蓄率确实存在显著影响。[3] 这时候，消费特别是服务业较容易受到冲击。这时候即使政策对消费进行刺激，效果也会较为有限。

---

[1] 林毅夫、沈艳、孙昂：《中国政府消费政策的经济效应》，《经济研究》2020年第7期，第4~20页；王成、Jamal Khan：《财政压力下消费券的杠杆设计——兼论刺激消费的资金来源问题》，《财政研究》2020年第9期，第29~39页；陈芳芳、朱德超：《利用数字消费券迅速激活消费市场》，《浙江经济》2020年第6期，第47~48页。

[2] 根据人民银行数据，在2020年前9个月，居民户在金融机构的新增人民币存款达到9.95万亿元，是有数据以来的同期最高值，较上年同期增长16.7%。虽然居民存款和宏观意义上的储蓄率不是同一个概念，但这一指标仍有一定的启发意义。

[3] 沈坤荣、谢勇：《不确定性与中国城镇居民储蓄率的实证研究》，《金融研究》2012年第3期。

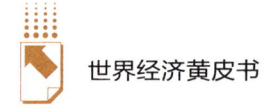

当然，固定资产投资、工业生产也对经济冲击敏感，但是基建等公共投资受政策调控影响更为直接。2020年疫情之后，中国经济结构在需求端、供给端的这种变化，实际上和2003~2004年、2009~2012年的变化是一致的。

如果看到了中国经济在中期经历这种结构变化的必然性，就能够以更少的争议得出以下结论：疫情后的一段时间，在消费者没有完全摆脱疫情等不确定性冲击带来的心理阴影的时候，宏观调控的重点仍然应该放在投资领域，以及将企业作为重点。而从目前的结果来看，我们的宏观政策框架也是顺势而为，遵循了这一方向。

参考文献

陈芳芳、朱德超：《利用数字消费券迅速激活消费市场》，《浙江经济》2020年第6期。

崔晓敏、徐奇渊：《中国出口占全球份额达历史高点》，《财经》2020年7月12日。

林毅夫、沈艳、孙昂：《中国政府消费券政策的经济效应》，《经济研究》2020年第7期。

沈坤荣、谢勇：《不确定性与中国城镇居民储蓄率的实证研究》，《金融研究》2012年第3期。

王成、Jamal Khan：《财政压力下消费券的杠杆设计——兼论刺激消费的资金来源问题》，《财政研究》2020年第9期。

徐奇渊：《统计数据偏差大，消费真的复苏了？》，《财经》2020年6月15日。

专题篇
Special Reports

Y.11
国际贸易形势回顾与展望：
陷入衰退 复苏不稳

苏庆义[*]

摘　要： 2019年世界货物贸易量下降0.1%，这是2010年以来世界货物贸易首次下降。2019年世界货物贸易额下降3%，下降幅度明显大于贸易量的下降幅度，主要源于能源价格的大幅下降，尤其是油价大幅下跌。2019年世界商务服务出口额为5.90万亿美元，增长2.1%，增速低于2018年。受疫情冲击，2020年上半年世界货物贸易量下降8.48%，世界服务贸易也出现下降态势。预计2020年下半年世界货物贸易形势稍好于上半年。2020年全年货物贸易

---

[*] 苏庆义，中国社会科学院世界经济与政治研究所副研究员，主要研究领域为国际贸易。

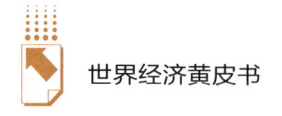

量降幅为 5%~8%，是 2009 年国际金融危机以来第二次衰退。预计 2021 年世界贸易将出现明显复苏，实际贸易增速将为 5%~10%，但是贸易复苏仍面临疫情反复等不确定性因素的影响。

关键词：国际贸易　衰退　复苏

一　2019 年国际贸易形势回顾

（一）货物贸易

2019 年世界货物贸易实际增速（贸易量的增长）为 -0.1%，远低于 2018 年的 2.9%，是 2010 年以来的首次负增长（见图 1）。[①] 本报告在上一年度对 2019 年世界货物贸易实际增速的预测是 2010 年以来的最低增速，事实证明这一预测是准确的，但对 2019 年货物贸易的实际增速预测是 0.5%~1.5%，略高于实际增速（-0.1%），原因在于，由于 2019 年下半年制造业活力下降，贸易摩擦影响商业信心、投资决策等，世界经济形势比预期的要差，[②] 世界贸易形势比预期的也要差一些。[③] 2009 年国际金融危机引发世界货物贸易大衰退，货物贸易下滑 12.7%。2010~2018 年，世界货物贸易实际增速均为正，平均增速是 4.2%。虽然下降幅度并不大，但 2019 年世界货物贸易出现十年来的首次下降。2019 年世界货物出口额为 19.05 万亿美元，中国是最大的货物贸易国，出口额为 2.50 万亿美元，占世界的比重为 13.2%，相比 2018 年提升 0.5 个百分点。

[①] 资料来源于世贸组织的《2020 年世界贸易统计》(World Trade Statistical Review 2020)。每年的《世界贸易统计》会对历年货物贸易增速进行微调，本报告以最新的数据为准。
[②] 国际货币基金组织的《世界经济展望》在 2019 年 7 月、10 月对 2019 年世界经济增速的预测值分别下调 0.1 和 0.2 个百分点，2019 年实际增速低于 2019 年 10 月的预测值 0.1 个百分点。
[③] 2019 年 10 月世贸组织发布的《贸易统计与展望》也高估了 2019 年世界贸易实际增速，当时的预测值为 1.2%。

国际贸易形势回顾与展望：陷入衰退 复苏不稳

图1 世界货物贸易的实际和名义增速

注：贸易增速是出口增速和进口增速的平均值，下同。
资料来源：《2020年世界贸易统计》。

分区域来看，独联体国家（CIS）[①]的对外货物贸易增速最高，达3.1%，相比2018年仅下降0.6个百分点。中南美洲和加勒比地区、中东地区的外贸增速均是负的，分别是-2.2%和-3.4%。北美洲、欧洲、非洲、亚洲的外贸均实现微弱的正增长。各区域的外贸增速相比2018年均呈现不同程度的下降。由此可见，2019年世界贸易主要由北美洲、欧洲、亚洲等区域的增长驱动。但是这些区域相比2018年贸易形势均明显变差。

从细分经济体和区分进出口的角度来看，墨西哥的出口表现最好，增速达到4.4%，印度、加拿大、中国的出口表现也很好，增速分别是2.8%、2.4%、1.9%。欧盟、挪威、澳大利亚的出口增速均为正。世界主要经济体的出口增速较2018年均出现较大程度下降。在进口方面，英国、巴西、加拿大的表现相对较好，增速分别是5.2%、2.2%、1.3%。欧盟、挪威、日本的进口增速也为正。大部分经济体的进口增速相比2018年均出现不同程度的下降。从国别来看，美国的贸易形势明显变差，中国、印度等新兴经济体以及北美的加拿大、墨西哥等支撑了2019年的贸易增长。

---

① 独联体国家包括亚美尼亚、阿塞拜疆、白俄罗斯、摩尔多瓦、哈萨克斯坦、吉尔吉斯斯坦、塔吉克斯坦、乌兹别克斯坦、俄罗斯。

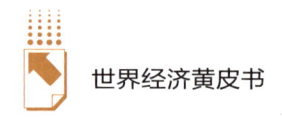

表 1　世界代表性地区和经济体货物进出口额的实际增速

单位：%

区域	出口 2010~2019年	出口 2018年	出口 2019年	进口 2010~2019年	进口 2018年	进口 2019年
世界	2.7	2.5	-0.1	2.7	3.2	-0.2
北美洲	3.3	3.8	1.0	3.1	5.2	-0.4
加拿大	3.4	2.5	2.4	2.5	3.5	1.3
墨西哥	5.9	3.8	4.4	3.5	6.5	-1.4
美国	2.6	4.1	-0.3	3.1	5.2	-0.5
中南美洲和加勒比	1.0	0.1	-2.2	0.8	5.3	-2.1
巴西	2.5	4.4	-3.2	0.0	11.4	2.2
欧洲	2.1	2.0	0.1	1.7	1.5	0.5
欧盟	2.1	1.9	0.1	1.7	2.4	0.1
英国	0.4	1.7	-2.6	0.8	-3.5	5.2
挪威	0.2	0.7	1.5	1.6	-1.0	0.6
瑞士	1.3	3.0	-0.5	1.1	5.7	-0.6
独联体国家	1.6	3.6	0.7	0.8	3.8	5.5
非洲	-0.2	0.3	0.6	2.4	4.4	0.7
中东	1.5	-0.7	-6.5	1.9	-4.5	-0.2
亚洲	3.8	3.7	0.9	4.0	4.9	-0.6
澳大利亚	3.4	5.1	0.7	2.6	-0.9	-1.4
中国	4.8	4.1	1.9	4.5	6.4	0.0
印度	4.4	3.6	2.8	4.7	3.4	-2.0
日本	1.0	2.6	-2.0	2.1	2.0	0.3
东亚经济体	3.1	3.0	-0.8	3.0	4.2	-1.9

注：东亚经济体包括中国香港、韩国、马来西亚、新加坡、中国台湾、泰国。
资料来源：《2020年世界贸易统计》。

2019年世界货物贸易实际增速下降主要源于结构性因素。如往年的报告指出，周期性因素和结构性因素是影响世界货物贸易增速的两大原因。周期性因素即需求因素，指世界国内生产总值（GDP）增长对国际贸易的拉动，可以由GDP增速的变动来表示。结构性因素是指一单位经济增长拉动多少单位的国际贸易增长，即贸易收入弹性。贸易收入弹性的变动代表了结构性因素对贸易增速的影响。结构性因素包括很多，如贸易保护程度、地缘政治风险、自然灾害、经济活跃度、经济政策不确定性等，还有经常被忽视的基期效应。可以用如下公式探讨 2019 年贸易增速下降的原因。假设贸易增速用 t 表示，经济增速用 g 表示，贸易收入弹性用 e 表示，则：

$$t_{2019} - t_{2018} = g_{2019}e_{2019} - g_{2018}e_{2018} = e_{2018}(g_{2019} - g_{2018}) + g_{2019}(e_{2019} - e_{2018})$$
$$= e_{2019}(g_{2019} - g_{2018}) + g_{2018}(e_{2019} - e_{2018})$$
$$= \underbrace{\frac{e_{2018} + e_{2019}}{2}(g_{2019} - g_{2018})}_{\text{周期性因素贡献}} + \underbrace{\frac{g_{2018} + g_{2019}}{2}(e_{2019} - e_{2018})}_{\text{结构性因素贡献}}$$

上述公式中，t_{2019} 和 t_{2018} 分别表示 2019 年、2018 年的世界贸易增速，g_{2019} 和 g_{2018} 分别表示 2019 年、2018 年的世界 GDP 增速，e_{2019} 和 e_{2018} 分别表示 2019 年、2018 年的贸易收入弹性。

计算结果表明，结构性因素是 2019 年货物贸易增速下降的最主要原因。周期性因素导致贸易增速下降 0.29 个百分点，贡献度仅是 9.57%；结构性因素导致贸易增速下降 2.71 个百分点，贡献度高达 90.43%。也就是说，2019 年世界货物贸易增速下降主要源于贸易摩擦等因素导致的贸易收入弹性下降，而非世界经济增速下降。周期性因素的贡献度略高于 2018 年（8.02%），表明周期性因素对世界货物贸易的负面影响增大。

表2　2019 年贸易增速下降背后的因素分解

贸易增速下降幅度	GDP 增速下降幅度	贸易收入弹性下降幅度	周期性因素贡献	结构性因素贡献
3.0 个百分点	0.6 个百分点	1.04	−0.29 个百分点（9.57%）	−2.71 个百分点（90.43%）

注：贸易增速下降幅度是指下降多少个百分点，GDP 增速下降幅度同理。贸易收入弹性下降幅度是指下降的绝对值。周期性因素贡献是指 GDP 增速对贸易增速贡献多少个百分点，括号中分别是周期性因素和结构性因素贡献的比重。2018 年和 2019 年世界贸易实际增速分别是 2.9% 和 −0.1%，2018 年和 2019 年贸易收入弹性分别是 1 和 −0.04。

资料来源：笔者根据《2020 年世界贸易统计》中的数据以及上述分解公式计算得出。

2019年世界货物贸易额名义增速（贸易额的增长）是-3%，低于实际增速2.9个百分点，主要源于能源价格的大幅下降，尤其是油价大幅下跌。贸易额的名义增速主要受三个因素的影响：实际增速、商品价格、美元汇率。实际增速当然是支撑名义增速的重要原因，不再赘述。因为名义增速使用美元标价，美元及世界其他主要货币汇率走势也是影响名义增速的重要原因。根据国际清算银行（BIS）的数据，2019年世界主要货币的汇率较为稳定。2019年美元名义有效汇率升值3%，人民币和欧元分别升值2%和1%，日元升值5%，英镑汇率没有变动。因此汇率因素并非世界货物贸易名义增速为负的主要原因。根据国际货币基金组织（IMF）和世贸组织商品价格数据，虽然金属品价格上升7%，但是食品、农产品价格分别下降3%和5%，尤其是能源价格跌幅高达17%。其中，石油价格下跌10.2%。油价大幅下跌的原因是，从需求侧来看，世界经济形势不好导致对石油的需求下降；从供给侧来看，美国页岩油产量创历史新高，导致供给增加。由此，价格下降是世界货物贸易名义增速下降的主要原因。

分产品来看货物贸易额的名义增速，三大类产品中，2019年农产品、能源和矿产品、制成品的名义出口增速分别是-1.5%、-7.5%、-2.0%。因此，三大类产品的名义出口均下降，其中，因为能源价格下降17%，能源和矿产品的名义出口下降幅度最大。此外，三大类产品的名义出口额均从2018年的较高的正增长转变为2019年的下滑。

（二）服务贸易

2019年，世界商务服务出口额为5.90万亿美元，增长2.1%，明显低于2018年的增速（8.4%）。[①] 这也是受到整个世界经济形势不好的影响。从国别来讲，世界服务贸易发展主要由美国、欧洲、日本、中国和巴西等国家或地

---

① 基于数据可得性，本报告对服务贸易的分析仅限于商务服务业，而且仅作回顾，不作展望分析。商务服务业实际上是现代服务业，主要为企业提供服务，是高附加值的服务业。世贸组织《2020年世界贸易统计》中的商务服务业包括运输，旅游，与货物相关的服务，电信、计算机和信息服务，保险，个人、文化和娱乐服务，其他商业服务，使用知识产权的费用，建筑，金融等。

国际贸易形势回顾与展望：陷入衰退 复苏不稳

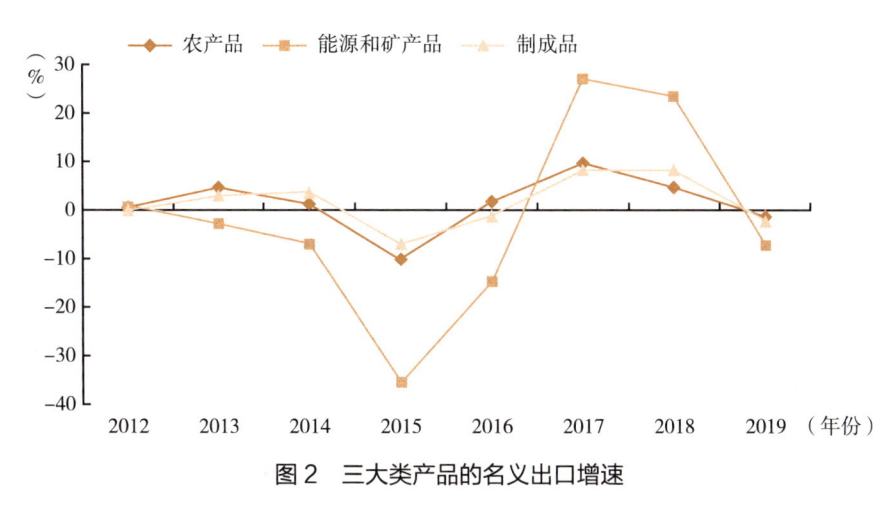

图2 三大类产品的名义出口增速

资料来源：《2020年世界贸易统计》。

区的服务贸易增长驱动。美国是世界第一大商务服务贸易大国，出口和进口占世界的比重分别是14.1%和9.8%。中国商务服务出口排世界第五位，进口排世界第二位，占世界的比重分别是4.6%和8.7%。从主要经济体的进出口来看，日本的商务服务出口增速最高，达6%；印度和中国的商务服务出口分别维持了5%和4%的增速，美国和欧盟的商务服务出口增速分别是2%和1%。巴西和俄罗斯的商务服务出口增速为负。欧盟、中国、俄罗斯、美国的商务服务进口增速都大于或等于5%，日本和印度的商务服务进口增速较低，巴西的商务服务进口增速甚至是负的（见表3）。分部门种类来看，其他商业服务的出口增速最高，为3.3%；其次是与货物相关的服务，出口增速是2.1%；旅游的出口增速是1.0%，运输的出口下降0.8%。

表3 2019年代表性经济体的商务服务进出口增速

单位：%

项目	美国	欧盟	日本	中国	印度	巴西	俄罗斯
出口	2	1	6	4	5	−4	−3
进口	5	8	2	8	1	−3	7

资料来源：《2020年世界贸易统计》。

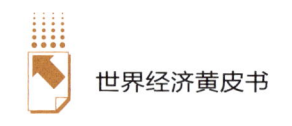

二 2020年国际贸易形势分析

(一) 2020年上半年国际贸易形势分析

受新冠肺炎疫情冲击，2020年上半年世界货物贸易实际下降8.48%，其中进口下降8.37%，出口下降8.58%。分季度来看，一季度贸易下降3.09%，二季度贸易继续恶化，下降14.52%。分月度来看，1~7月，每个月的贸易都同比下降。1~2月，贸易下降幅度较小，3月，贸易下降幅度明显增大，4月和5月，贸易大幅下滑，6月和7月，贸易大幅下降的趋势减缓，有回升的态势。

分地区和国别来看，发达经济体的出口和进口下降幅度明显高于新兴和发展中经济体。2020年上半年，发达经济体出口和进口分别下降12.07%和10.51%，新兴和发展中经济体的出口和进口分别下降4.09%和5.21%。美国、日本、欧元区、其他发达经济体的出口下降幅度分别是13.21%、12.04%、12.67%、10.40%，均超过10%。发达经济体的进口中，欧元区和其他发达经济体的进口下降幅度较大，分别是11.77%和11.13%；日本的下降幅度较小，是5.85%。新兴和发展中经济体中，中国实现了2.35%的进口增速，拉丁美洲的进口下降幅度达14.53%。亚洲新兴经济体（中国除外）、独联体国家、非洲和中东的进口均呈现不同程度的下降。新兴和发展中经济体各经济体的出口下降幅度为3.17%~5.58%。发达经济体贸易形势更差，原因在于其受到的疫情冲击更大。国际货币基金组织2020年4月的《世界经济展望》中将发展中经济体的经济增速调低5.4个百分点，将发达经济体的经济增速调低7.7个百分点。

2020年上半年商品贸易价格呈现下降态势，平均下降4.82%。其中，能源价格下降35.1%，基本商品（能源除外）价格下降4.0%。预计2020年上半年货物贸易名义增速为较大幅度的负增长。①

---

① 荷兰经济政策分析局的世界贸易监测数据库。

国际贸易形势回顾与展望：陷入衰退 复苏不稳

表4 2020年1~7月国际贸易形势

单位：%

项目	上半年	一季度	二季度	1月	2月	3月	4月	5月	6月	7月
世界贸易	-8.48	-3.09	-14.52	-2.50	-1.48	-5.28	-16.31	-17.65	-9.52	-6.61
世界进口	-8.37	-3.43	-13.67	-2.51	-2.55	-5.23	-15.45	-16.52	-8.96	-7.37
发达经济体	-10.51	-4.93	-16.79	-3.00	-3.43	-8.34	-19.55	-18.94	-11.84	-8.52
美国	-9.06	-4.64	-15.03	-4.15	-4.52	-5.27	-14.22	-17.27	-13.56	-4.49
日本	-5.85	-5.14	-4.45	-3.57	-11.49	-0.41	2.95	-8.82	-7.46	-12.13
欧元区	-11.77	-5.37	-19.03	-2.65	-1.52	-11.90	-24.42	-19.75	-12.90	-9.19
其他发达经济体	-11.13	-4.42	-18.45	-2.38	-3.16	-7.72	-23.08	-22.17	-9.86	-9.93
新兴和发展中经济体	-5.21	-1.19	-9.07	-1.77	-1.23	-0.57	-9.53	-12.91	-4.67	-5.66
中国	2.35	-0.63	2.48	-0.50	-3.84	2.46	-4.79	1.67	10.94	10.99
亚洲新兴经济体（中国除外）	-7.34	-1.05	-12.93	-3.07	0.97	-0.99	-11.01	-18.06	-9.62	-9.27
独联体国家	-6.44	-1.04	-10.42	2.19	-2.16	-3.06	-12.98	-10.00	-8.20	-10.43
拉丁美洲	-14.53	-3.08	-22.37	-2.30	-3.81	-3.14	-17.90	-31.56	-17.09	-24.65
非洲和中东	-2.61	-0.92	-3.83	-0.68	-0.11	-1.97	-3.08	-2.74	-5.66	-3.97
世界出口	-8.58	-2.76	-15.37	-2.49	-0.40	-5.34	-17.17	-18.77	-10.08	-5.84
发达经济体	-12.07	-3.28	-21.63	-1.14	0.29	-8.91	-26.36	-24.06	-14.41	-9.94
美国	-13.21	-2.10	-24.86	-1.69	1.02	-5.61	-24.11	-30.30	-20.06	-12.41
日本	-12.04	-2.54	-20.16	-1.89	-1.53	-4.21	-18.15	-20.68	-21.66	-16.25
欧元区	-12.67	-4.45	-22.38	-2.05	-0.09	-11.13	-30.16	-23.17	-13.79	-8.41
其他发达经济体	-10.40	-2.18	-19.00	0.98	1.08	-8.43	-23.72	-23.03	-10.03	-9.17
新兴和发展中经济体	-4.09	-2.08	-7.28	-4.21	-1.30	-0.70	-5.21	-12.00	-4.50	-0.63
中国	-3.17	-6.54	-2.63	-9.15	-5.11	-5.28	1.29	-5.18	-3.77	5.39
亚洲新兴经济体（中国除外）	-3.64	0.31	-8.31	-0.92	2.19	-0.31	-9.63	-12.47	-2.64	-1.49
独联体国家	-4.83	-1.59	-6.34	-5.92	-1.06	2.53	-3.48	-7.60	-7.94	-10.10
拉丁美洲	-5.58	-1.23	-12.80	-4.34	-3.51	4.52	-11.88	-25.76	-0.34	2.79
非洲和中东	-5.47	-1.05	-8.63	-2.21	-1.95	1.02	1.99	-13.00	-14.94	-9.43

资料来源：荷兰经济政策分析局的世界贸易监测数据库，https://www.cpb.nl/en/worldtrademonitor。

图3 世界货物贸易月度实际增速

资料来源：荷兰经济政策分析局的世界贸易监测数据库。

2020年上半年世界货物贸易大幅下降主要是受新冠肺炎疫情的影响。受疫情影响，世界经济和贸易形势不容乐观。上半年世界工业实际产出下降7.32%，在这种情况下，世界货物贸易也大幅下滑。图4表明，2020年1~2月全球和美国经济政策不确定性指数没有明显上升，但是3月以来全球和美国经济政策不确定性指数大幅上升。经济政策不确定性指数上升主要源于疫情冲击。经济政策不确定性上升导致企业生产、投资、贸易等都受到较大影响。

相比2019年，2020年上半年全球服务贸易形势表现很差。各经济体1月的服务贸易表现尚可，大部分实现了正增长，但是随后服务贸易呈现下降态势，尤其是二季度的表现相比一季度更差。在主要经济体中，2020年上半年，中国和印度的下降幅度较小，但是美国、欧盟、日本、巴西、俄罗斯的下降幅度都超过10%，其中，俄罗斯的表现最差，下降30.00%。

国际贸易形势回顾与展望：陷入衰退 复苏不稳

图4 全球和美国经济政策不确定性指数

资料来源：经济政策不确定性指数数据库，http://policyuncertainty.com/index.html。

表5 2020年1~7月代表性经济体的服务出口增速

单位：%

经济体	上半年平均增速	1月	2月	3月	4月	5月	6月	7月
美国	-19.77	0.54	-0.97	-19.28	-29.88	-30.51	-29.74	-28.57
欧盟	-17.03	3.23	-5.47	-12.49	-29.78	-29.81	-23.95	-20.91
日本	-24.36	-3.68	-18.30	-22.55	-38.06	-27.90	-24.57	-35.43
中国	-4.62	-8.53		-5.84	3.80	-5.78	-5.11	1.35
印度	-3.32	6.99	6.88	1.22	-8.92	-10.24	-8.39	-10.76
巴西	-12.23	9.03	-8.73	-4.26	-18.76	-27.36	-2.96	-32.59
俄罗斯	-30.00	7.33	-1.36	-12.85	-45.84	-51.52	-53.60	-52.15

注：表中统计的是服务出口额的增速，即名义增速。不同于货物贸易，服务贸易仅统计名义增速。巴西、中国、日本、美国的是商务服务，其余经济体是总服务。

资料来源：根据世贸组织国际贸易统计数据库计算得出。

（二）2020年下半年国际贸易形势预测

2020年下半年世界贸易形势相比上半年有所改善，而且有迹象表明贸易在复苏。世贸组织2020年8月和9月发布的货物贸易晴雨指数和服务贸易晴雨指数显示[①],6月的货物贸易晴雨指数是84.5,所有的分项指数均低于93;服务贸易晴雨指数是95.6,除民航指数之外,其余分项指数均大于90。而且这两个指数尚未出现反弹趋势。由于晴雨指数低于100这个基准数字,这意味着下半年的货物贸易和服务贸易在量上与上半年相比会有所下降。但由于2019年下半年世界贸易形势比2019年上半年差,2019年下半年基数较低,换算成下半年的贸易增速,2020年下半年的增速将高于2020年上半年。货物贸易的出口订单指数开始止跌回升,服务贸易的民航指数、集装箱港口吞吐量指数、建筑指数、全球服务业PMI指数等也都开始止跌回升。这表明世界贸易在缓慢复苏。

表6 世界贸易展望指数

货物贸易	指数值	服务贸易	指数值
货物贸易晴雨指数	84.5	服务贸易晴雨指数	95.6
出口订单	88.4	全球服务业PMI	97.0
国际航空货运	76.5	金融服务	100.3
集装箱港口吞吐量	86.9	ICT服务	94.6
汽车生产和销售额	71.8	民航	49.2
电子元器件	92.8	集装箱港口吞吐量	92.4
农业原材料	92.5	建筑	97.3

资料来源:世贸组织发布的"Goods Trade Barometer"和"Services Trade Barometer"。

(三)2020年全年国际贸易形势预测

我们在2019年的报告中预测2020年世界贸易形势要好于2019年,贸易增速将为1.5%~2.5%。很显然,由于2019年没有考虑到不可预测的新冠肺炎疫情对世界经济和贸易的影响,2019年的预测与实际情形相比偏差较大。疫情通过需求、生产、运输三个渠道影响世界贸易。需求方面,受疫情影响,世界产出大幅下降,通过影响收入进而影响需求,国际货币基金组织不断下

---

① 即原来的世界贸易展望指数(World Trade Outlook Indicator)。

调世界经济增速预测值。在疫情暴发之前，2020年1月，《世界经济展望》预测2020年世界经济增速为3.3%，但是4月和7月预测的经济增速被分别下调为-3%和-4.9%。在生产方面，疫情期间的隔离措施使得劳动力供给受到极大影响，不同行业的生产经营均受到劳动力短缺的影响。根据经济合作与发展组织的估算，一个月的完全封锁造成的生产停滞会使得GDP下降2个百分点。除需求和生产之外，货物和人员运输中断也会影响世界贸易。以航空运输为例，国际航空运输协会（IATA）发布的全球航空货运市场数据显示，2020年上半年，全球航空货运量同比降幅超过18%。[1] 在这种情况下，即便需求和生产不受影响，也会通过货物运输的受阻影响世界贸易。

基于乐观情景和悲观情景，2020年6月世贸组织发布的《贸易统计与展望》预计2020年货物贸易下滑的区间是13%~32%。但是，鉴于6月和7月世界贸易的表现比预期好很多（下降幅度并没有那么大），世贸组织10月发布的《贸易统计与展望》预测2020年世界贸易下降幅度为9.2%。因此，2020年世界贸易表现比疫情暴发初期预期的情形要好一些。但是世界贸易仍面临不确定性，如果疫情在2020年四季度出现反复，世界贸易下滑幅度要大于9.2%。国际货币基金组织和世界银行分别预计2020年贸易下降11.9%和13.4%，鉴于下半年世界贸易的复苏迹象，我们相对乐观，认为2020年世界贸易下降幅度在5%~8%。

三 2021年国际贸易形势展望

诸多国际组织的预测表明，2021年世界贸易形势相比2020年会有所好转，2021年世界货物贸易实际增速将会有较大幅度的增长。世贸组织2020年6月和10月的预测分别表明2021年贸易增速是21.3%和7.2%。很显然，世贸组织最初预计2021年世界贸易会强劲反弹，但是最新的预测表明，2021年世界贸易将出现"弱复苏"，原因在于，世贸组织认为，2021年疫情的不确定性

---

[1] http://www.caacnews.com.cn/1/6/202008/t20200813_1308587.html.

加大，各国政府应对效果的不确定性也在加大。国际货币基金组织预测2021年贸易增速是8.0%，世界银行预测2021年贸易增速是5.3%。平均而言，这三大组织预测2021年贸易增速是6.8%。基于这些国际组织的预测结果，我们认为，2021年世界贸易会出现复苏，增速将为5%~10%。分地区和进出口来看，北美和欧洲的出口增速将高于中南美和亚洲。欧洲的进口增速将高于北美、中南美和亚洲（见表8）。

表7 三大国际组织对国际贸易形势的预测

单位：%

国际组织	2021年预测值
世贸组织	7.2
国际货币基金组织	8.0
世界银行	5.3
平均值	6.8

注：国际货币基金组织和世界银行的预测是货物和服务贸易，世贸组织的预测是货物贸易。
资料来源：笔者根据世贸组织、国际货币基金组织、世界银行的预测整理得出。World Trade Organization, "Trade Statistics and Outlook," 2020年10月；International Monetary Fund, "World Economic Outlook," 2020年6月；World Bank, "Global Economic Prospects," 2020年6月。

做出2021年贸易会出现明显复苏的判断，主要是基于以下三个原因。

第一，2021年世界经济增长相比2020年会反弹。根据世贸组织、国际货币基金组织和世界银行对世界经济增长的预测，2021年世界经济增长会反弹，预测增速分别是4.9%、5.4%、4.2%。[1]整体而言，2021年世界经济增长反弹是支撑2021年贸易复苏的周期性或需求因素。

第二，结构性因素也是影响贸易增长的重要因素，预计2021年贸易收入弹性相比2020年将有所改善。做出这一判断的依据是疫情的影响得到控制。尽管疫情可能会出现反复，但随着疫苗的研发上市以及人类控制疫情的能力

---

[1] World Trade Organization, "Trade Statistics and Outlook," 2020年10月；International Monetary Fund, "World Economic Outlook," 2020年6月；World Bank, "Global Economic Prospects," 2020年6月。

提升，疫情对供给、需求、运输带来的影响将得到控制。

第三，基期因素作为结构性因素之一，是不可忽视的因素。鉴于2020年贸易大幅下滑，2020年的贸易量（额）成为较小的基数，有利于2021年的贸易增速提升。历史经验表明，基期因素非常重要。

当然，也需要警惕影响贸易复苏的不确定性因素，比如疫情的反复、中美经贸关系恶化带来的影响等。这些都会造成世界贸易复苏的不稳定。

表8 分地区和分进出口预计2021年世界货物贸易增速

单位：%

项目	2019年	2020年（预测）	2021年（预测）
世界贸易	-0.1	-9.2	7.2
出口			
北美	1.0	-14.7	10.7
中南美	-2.2	-7.7	5.4
欧洲	0.1	-11.7	8.2
亚洲	0.9	-4.5	5.7
其他地区	-2.9	-9.5	6.1
进口			
北美	-0.4	-8.7	6.7
中南美	-2.1	-13.5	6.5
欧洲	0.5	-10.3	8.7
亚洲	-0.6	4.4	6.2
其他地区	1.5	-16.0	5.6

资料来源：世贸组织2020年10月发布的《贸易统计与展望》。

四 总结

2019年世界货物贸易实际增速从2018年的2.9%回落至-0.1%，是2010年以来的最低值。2019年贸易增速回落主要源于结构性因素，周期性因素的影响很小。2019年世界货物贸易额名义增速是-3%，明显低于实际增速，主

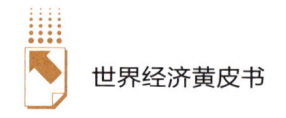

要源于能源价格的大幅下降，尤其是油价大幅下跌。2019年世界商务服务出口额为5.90万亿美元，增长2.1%，增速低于2018年。

受到疫情的影响，2020年上半年世界货物贸易实际下降8.48%，6月和7月下降趋势减缓。2020年上半年世界服务贸易也出现下降态势。预计2020年下半年世界货物贸易形势稍好于上半年。2020年全年的货物贸易实际增速在-8%~-5%，是2009年国际金融危机以来的第二次衰退。预计2021年世界贸易将出现明显复苏，增速将为5%~10%，但是仍面临一些不确定性因素的影响，复苏的基础仍然不稳固。

参考文献

International Monetary Fund,"World Economic Outlook,"2020年6月。
World Bank,"Global Economic Prospects,"2020年6月。
World Trade Organization,"Trade Statistics and Outlook,"2020年6月。
World Trade Organization,"Trade Statistics and Outlook,"2020年10月。
World Trade Organization,"Goods Trade Barometer,"2020年8月。
World Trade Organization,"Services Trade Barometer,"2020年9月。
World Trade Organization,"World Trade Statistical Review,"2020.

Y.12
国际金融形势回顾与展望

高海红 杨子荣*

摘 要： 2020年的国际金融市场笼罩在高度的不确定之中。新冠肺炎疫情暴发重创全球经济，各国普遍采取抗疫措施并推出史无前例的经济救助和刺激政策，全球利率水平进一步下调，各国当局纷纷采取财政刺激和纾困政策。与此同时，各国的债务水平再度攀升。高度的不确定性持续影响信心，国际投资者避险情绪急剧升温，美元避险功能凸显，黄金市场大幅走高。而在全球流动性充裕背景下，股票市场走势与实体经济表现严重背离。在国际油价剧降、外部融资条件恶化和金融脆弱性增强的背景下，新兴市场国家的金融稳定性再次面临挑战，多数国家货币纷纷贬值，资本流动的波动性大增，在严重时期甚至出现急停现象。展望未来，全球"低增长、低通胀、低利率、高债务、高赤字"的现象将存在一段时期，全球经济复苏路径和国际金融市场仍存在高度不确定性。

关键词： 国际金融风险 美元流动性 国际证券市场 股票市场 外汇市场

在《2019年国际金融形势回顾与展望》中，我们认为不确定因素正在不断加大国际金融市场动荡的风险和世界经济陷入衰退的可能性，全球利率中

---

* 高海红，中国社会科学院世界经济与政治研究所研究员，主要研究领域为国际金融；杨子荣，中国社会科学院世界经济与政治研究所助理研究员，主要研究领域为国际金融。

枢将进一步下行。[1]2019~2020年全球经济和金融的动态变化基本验证了这一判断。2020年新冠肺炎疫情暴发，这一突发的公共卫生事件始料不及。伴随着疫情暴发和油价暴跌，国际金融市场剧烈动荡，全球经济陷入衰退，美联储采取了无限量宽松货币政策，各国央行也普遍推出宽松货币政策，全球利率中枢进一步下降。本报告将分析2019~2020年的国际金融风险，分别阐述全球长期国债市场、国际负债证券市场、全球股票市场和外汇市场的走势及原因，并展望未来国际金融发展形势。

一 国际金融风险

2020年的国际金融市场笼罩在高度的不确定之中。新冠肺炎疫情暴发重创全球经济，各国普遍采取抗疫措施并推出经济救助和刺激政策。但因疫情在各国和各地区蔓延程度有所差异，各国采取的各项措施的力度也有所不等，政策效果和经济恢复前景十分不确定。这一时期美联储采取了无限量宽松政策和大幅度融资救助举措，各国央行也普遍推出超强刺激政策，进一步降低政策利率，并通过各种渠道对财政刺激和纾困政策提供直接支持。各项政策使全球在进一步落入低通胀区间的同时，债务水平再度攀升。高度的不确定性持续影响信心，国际投资者避险情绪急剧升温，美元避险功能凸显，黄金市场大幅走高。而在全球流动性充裕背景下，股票市场走势与实体经济表现严重背离。在国际油价剧降、外部融资条件恶化和金融脆弱性增强的背景下，新兴市场国家的金融稳定性再次面临挑战，多数国家货币纷纷贬值，资本流动的波动性大增，在严重时期甚至出现急停现象。具体看，影响国际金融市场的主要因素和风险包括如下几个方面。

（一）应对疫情的无限量宽松政策

2019年8月美联储将联邦基金利率下调至2%~2.25%，从而中止2015年

---

[1] 高海红、杨子荣：《2019年国际金融形势回顾与展望》，载张宇燕主编《2020年世界经济形势分析与预测》，社会科学文献出版社，2019。

12月开始的加息周期。随后在9月和10月又两次降息，将联邦基金利率调至1.50%~1.75%。进入2020年，尤其是3月疫情在美国暴发，美联储快速采取行动，先后在3月3日和16日下调联邦基金利率100个和50个基点，使联邦基金利率保持0~0.25%的低位（见图1）。英格兰银行在3月两次降息，将银行利率从0.75%降至0.1%。欧洲中央银行再融资利率自2016年3月以来一直保持为零。日本央行负利率政策实施多年，其贴现率一直保持在-0.1%的水平。包括加拿大、澳大利亚、瑞士和瑞典在内的发达国家平均官方利率水平已步入负值区间。新兴市场利率也普遍处于低水平，尽管各国降息程度有所差异，但总体来看，包括中国、韩国、巴西、墨西哥和印度在内的新兴经济体平均官方利率从2019年底的4.28%降至2020年6月的3.19%。

本次疫情对实体经济造成显著冲击，供给和需求两端同时出现全面停摆。多国央行不得不采取直接购买资产的方式向金融体系注入流动性，并与财政刺激政策和纾困措施配合以应对疫情所造成的经济悬崖式下跌。为了缓解2020年3月出现的美元资金市场流动性大规模短缺和国债市场的剧烈波动，美联储迅速采取行动，包括通过设立一系列新的信贷工具对隔夜再融资市场进行干预，并展开大规模的资产购买，仅在3月的4周时间内就购买了1万亿美元的联邦政府债券。除了联邦政府债券，美联储购买的资产种类还包括公司债券和商业票据。此外，美联储启动美元互换安排，新建与其他9国中央银行有限额的临时美元互换安排。美联储的各种措施有效缓解了美国债市场价格剧跌和收益率暴增的局面。欧洲中央银行在已有的资产购买计划下购买1200亿欧元资产。此外，欧央行在3月新设立了疫情紧急资产购买计划，在2021年6月底之前购买规模至1.35万亿欧元。日本央行也出台各项稳定美元融资市场的措施，在4月宣布无限量购买国债。

值得关注的是，大规模购买资产计划使得中央银行资产负债表规模瞬间膨胀，其膨胀速度在数周内多次超过2008年国际金融危机时。比如，美联储的资产负债表在3个月内从4万亿美元增加至7万亿美元。巨大的资产负债规模限制了市场流动性，虽然维持了表面上的平静，但是隐含了更为剧烈的动荡发生的风险。

图 1 主要发达国家的政策利率

注：政策利率分别指欧洲中央银行的再融资利率、美联储的联邦基金利率、英格兰银行的银行利率、日本中央银行的基本贴现率。发达四国的数据为澳大利亚、加拿大、瑞典和瑞士各国官方利率的平均值。
资料来源：国际清算银行数据库。

未来货币政策将呈现长期宽松之势。在 2020 年 8 月召开的杰克逊霍尔货币政策年会上，美联储主席鲍威尔宣布，美联储决定采用新的货币政策框架，即将货币政策目标采用的 2% 长期通胀目标改为一段时间内 2% 平均通胀目标。同时，鲍威尔提及美联储货币政策对就业目标的关注将更侧重于低收入阶层。美联储的这一新政策框架遭到一些质疑，主要是批评其缺乏清晰的解释和实施细节。但总的来看，美联储采用"平均通胀目标"框架实则表明其未来货币政策将对通胀有更大的容忍度。

（二）全球流动性危机

疫情走势的高度不确定性对金融市场信心形成严重打击。其中最为重要的表现是美元融资市场出现危情。2020 年 3 月中上旬，美国国债市场出现大幅度超卖，国债价格迅速降低，国债收益率急速上升。美国债市场的动荡通过各种渠道对全球美元融资市场和美元流动性产生影响。在过去二十年间，在美国境外银行机构持有的美元负债从 2000 年的 3.5 万亿美元增加到 2019 年底的 10.3 万亿美元；当美国货币市场出现流动性紧缺时，更多的机构需要通过岸外美元互换市场获得美元资金。

美元融资市场出现危机迹象，美联储迅速采取多项救助行动。美联储首先直接向隔夜拆借市场注入流动性，随后再度降低联邦基金利率降息水平，扩大资产购买规模。与此同时，美联储承诺无限量购买美国国债，启动与 5 家银行在早期建立的无限额互换安排，并新建与另外 9 家中央银行和货币当局有限额的临时美元互换安排，扩大美元流动性获得的覆盖范围。美联储的这些举措对稳定美元市场尤其重要。美国债市场在 4 月下旬得以回稳，美元流动性短缺得到缓解。

面对全球性流动性风险，国际货币基金组织（IMF）迅速采取救援行动。IMF 拥有 189 个成员国，是覆盖面最广、救助能力最强的全球多边救助机构。针对疫情导致的经济全面停摆以及国际金融风险急升，IMF 迅速启用救助工具箱，扩大紧急救助工具的使用额度，降低获得救助的门槛，设立短期流动性贷款工具，并对低收入国家提供特别救助渠道。2020 年 3 月下旬至 8 月中旬，IMF 通过主要紧急救助工具、常备安排以及灾难控制和减除信托提供了约 2500 亿美元的救助，相当于 IMF 的 1 万亿美元救助能力的 1/4。

（三）新兴市场的资本流动风险

新冠肺炎疫情暴发初期，国际资本大幅度流出新兴市场，在一些国家甚至出现资本流入急停。多数新兴市场的货币对美元都出现了程度不等的贬值。值得关注的是，这一轮国际资本流动在新兴市场间具有明显的差异性。比如，2020 年 4 月，土耳其、巴西和沙特等国家面临较大的资本外流压力的同时，亚洲新兴市场的国际资本流动相对稳定。通常，那些存在经常项目逆差、外币负债高企，以及国际储备有限的国家容易面临资本外流压力[1]。泰国、马来西亚和菲律宾等亚洲国家的外汇储备与其资本项下的外部融资相比较充裕；但南非、阿根廷、墨西哥和土耳其等国家应对外部融资下降的储备累积具有较大的缺口。

---

[1] IMF, "External Sector Report: Global Imbalance and the COVID-19 Crisis," August 2020.

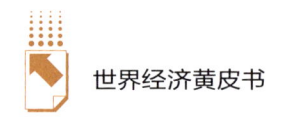

新兴市场资本流动深受全球美元资金市场条件的变化的影响。疫情对全球经济冲击巨大，国际资本寻求安全资产效应凸显。美元流动性紧缩意味着全球美元资金市场融资成本大幅提高。这对新兴经济体而言更是雪上加霜。过去多年，新兴市场美元外部融资成倍增加。比如，2009~2019年，沙特以美元计价的国际证券发行额增加了13倍，印尼增加了11倍，南非增加了9倍。当美元资金市场条件缩紧时，风险偏好变化导致新兴市场主权债息差大幅度提升，成为诱导资本流出的重要技术指标。

在疫情冲击下，经济活动停摆、油价巨幅波动以及旅游等行业遭受重创，一些新兴市场国际收支严重恶化，这是造成资本大幅度流出的重要动因。为缓解收支压力，新兴市场国家普遍增加对本国货币贬值的容忍度，对外汇市场进行有限的干预。除了汇率变动，一些国家加大对资本流动的管理力度，以避免资本大幅度流出。比如，针对大规模的资本外流和对外汇资产需求的大幅增加，土耳其采取严格的限制措施，限制本地银行的里拉外汇交易，规定其岸外投资不得超过其股权的0.5%，针对外汇资产对冲基金管理增收15%的税率，等等。这些举措将土耳其逼近对资本流动进行管制的边缘。

二 全球证券市场走势

2020年新冠肺炎疫情暴发并在全球蔓延，引发全球经济增速大幅下滑和金融市场剧烈动荡，"逆全球化"进程加速，贸易保护主义和民粹主义抬头，地缘政治等不确定性因素增加。下文将对全球长期国债市场、国际负债证券市场和全球股票市场展开分析。

（一）全球长期国债市场

在过去的一年中，主要发达国家国债市场收益率进一步下降或继续处于低位。受疫情冲击，全球金融市场避险情绪陡升，导致避险资产需求急增和国债收益率快速下降，随后美国和全球股市大跌导致美元流动性紧张与资金回流至美国，国债等避险资产又因被紧急抛售而收益率急剧上升，此后再度恢复下跌趋势。

2019年9月美国、英国、日本和德国的长期国债收益率均值分别为1.7%、0.6%、-0.2%和-0.6%，而2020年8月这四个国家长期国债收益率的均值分别为0.6%、0.3%、0.04%和-0.5%。比较来看，在过去的一年里，英国、美国等国长期国债收益率趋于下降，日本、德国等国长期国债收益率持续保持在低位（见图2）。

图2 美国、德国、英国和日本四国10年期国债收益率

资料来源：Wind数据库。

2019~2020年美国国债收益率表现出多种显著特征：第一，美国国债收益率呈下降趋势，主要是因为美国经济增速持续下滑，一季度和二季度实际GDP同比增速分别为0.32%和-9.14%，同时通货紧缩压力上升，二季度CPI同比回落至0.43%。第二，美国国债收益率在2020年2~3月先快速下滑后短暂陡升。第三，美国国债收益率在2020年2月再现短暂的倒挂现象，主要是受疫情蔓延和油价暴跌双重冲击，市场避险情绪陡升，避险资产的需求激增，长期国债收益率下降幅度超过短期国债。第四，美国国债收益率有所陡峭化，2020年4月以来陡峭化趋势渐缓，主要是由于新增的中长期国债被货币市场基金、美联储和金融机构所消化。

2019~2020年英国国债收益率与美国表现出相似特征，国债收益率呈下降趋势，在2020年2~3月先快速下行后短暂陡升。2020年5月英国首次发行负利率国债，英国以-0.003%的收益率出售了37.5亿英镑的三年期英国国债，该次拍卖获得2.15倍认购，这是英国国债拍卖的中标收益率首次低于零水平，市场认为英国距负利率政策更近一步。英国出现负国债收益率与其经济衰退和通货紧缩密切相关，2020年二季度英国实际GDP同比增速暴跌至-21.72%，CPI同比下滑至0.63%。

日本、德国等国长期国债收益率维持在低位，日本长期国债收益率基本在0上下移动，德国长期国债收益率持续为负。除了在2020年3月短暂陡升外，欧元区主要国家长期国债收益率水平也相对稳定（见图3）。

图3 欧元区部分国家10年期国债收益率

资料来源：Wind数据库。

（二）国际负债证券市场

2019~2020年，国际负债证券市场呈现两大特征：第一，发展中经济体在国际负债证券市场上的份额继续小幅上涨，未清偿余额占比有所增加，但仍远低于发达国家；第二，发达国家与发展中经济体的国际负债存在结构性差异，发达国家的国际负债以金融机构和企业为主，而发展中经济体的国际负债以政府部门为主。

从总量来看，在2020年一季度末，发展中经济体未清偿余额占国际负债证券市场未清偿总额的13.91%，较2019年一季度上涨0.79个百分点。从净发行额来看，2019年二季度至2020年一季度，发达国家国际负债证券市场净发行额累积达6690亿美元，高于同期发展中经济体的2930亿美元（见图4）。

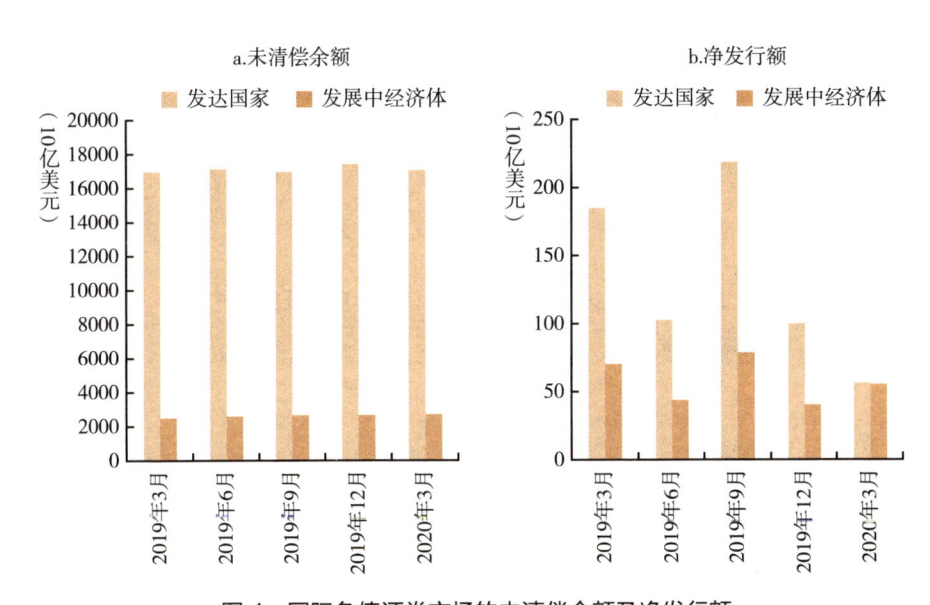

图4 国际负债证券市场的未清偿余额及净发行额

资料来源：国际清算银行数据库。

从结构上看，发达国家与发展中经济体在国际负债证券市场上存在显著的结构性差异。2019年二季度至2020年一季度，发达国家的金融机构、企业和政府部门的国际负债证券市场净发行额分别累积达3448亿美元、1440亿美元和-62亿美元，而发展中经济体的金融机构、企业和政府部门的国际负债证券市场净发行额分别累积达230亿美元、778亿美元和1210亿美元。发达国家的国际债券发行以金融机构为主，企业次之，政府部门的净发行额甚至为负。发展中经济体由于金融机构和企业的评级和信誉度不足，主要依赖主权债务融资，不过企业融资规模增长迅速（见图5）。

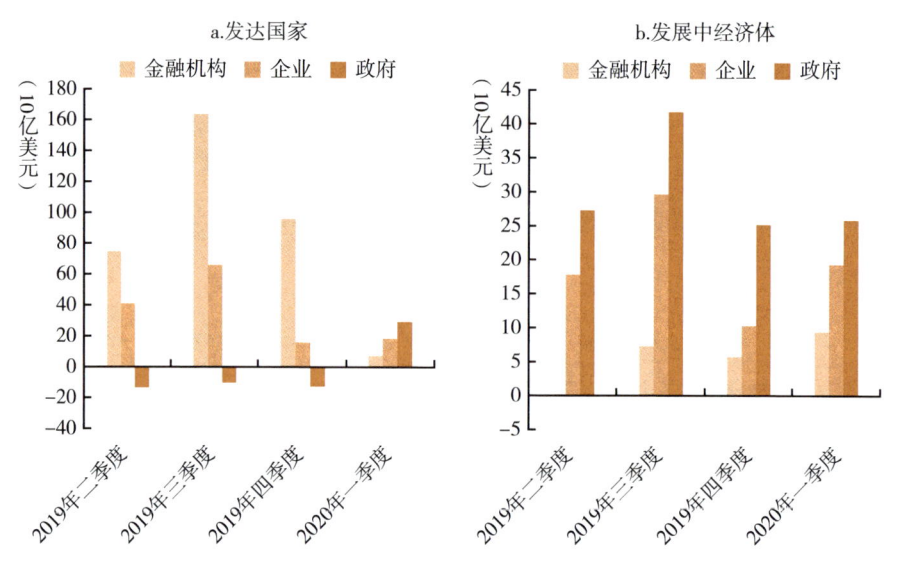

图5 发达国家和发展中经济体分部门国际负债证券净发行额

资料来源：国际清算银行数据库。

（三）全球股票市场

2020年全球股票市场表现出两大特征：第一，与2019年全球股市明显回暖相比，2020年全球股市较年初整体实现微涨；第二，在疫情蔓延和油价暴跌的冲击下，2020年全球股市经历了先短期快速暴跌后逐步恢复的过程。

2020年受疫情影响，正常的经济活动被阻断，全球经济陷入衰退，股市也经历了暴跌。在纾困政策和货币政策双重刺激下，经济复苏迟缓，部分地区股市则创新高，股市走势与经济表现出背离现象。整体来看，2020年MSCI全球指数微涨2.81%，MSCI发达国家指数上涨2.8%，MSCI新兴市场指数下跌2.7%（见图6）。

在选定的全球11个主要股市中，2019年所有国家股市都实现了较大幅度的正增长。2020年前8个月，除了中国和美国外，其余9国股市指数都出

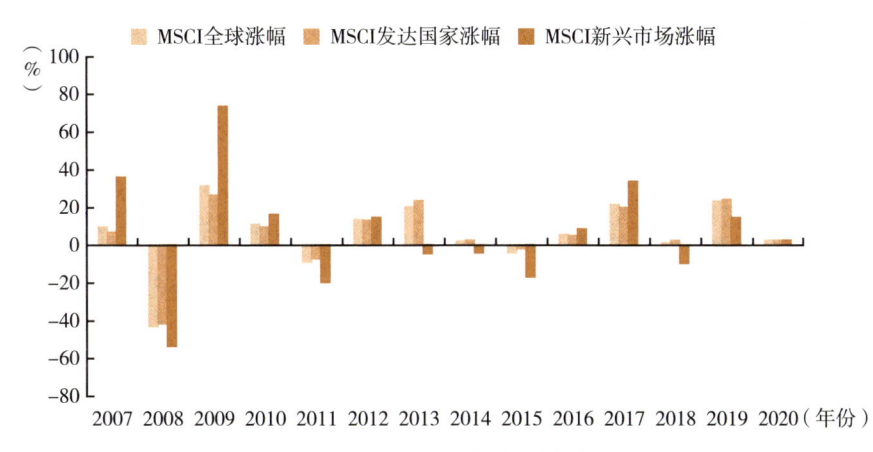

图6 MSCI全球国别股指增长率比较

注：2020年数据截至8月30日。
资料来源：Wind数据库。

现了不同幅度的负增长（见图7）。

在发达经济体中，美国是股市走势与经济表现背离最为明显的国家之一，这是美联储激进的救市政策和美国失衡的经济结构的特别产物。首先，美联储通过无限量QE向市场注入流动性，并通过大规模购买债券的方式稳定市场。2020年8月底美联储资产负债表规模高达7万亿美元，相比于3月中旬增加了2.6万亿美元。其次，美联储将利率降至零，国债收益率不断下降，大

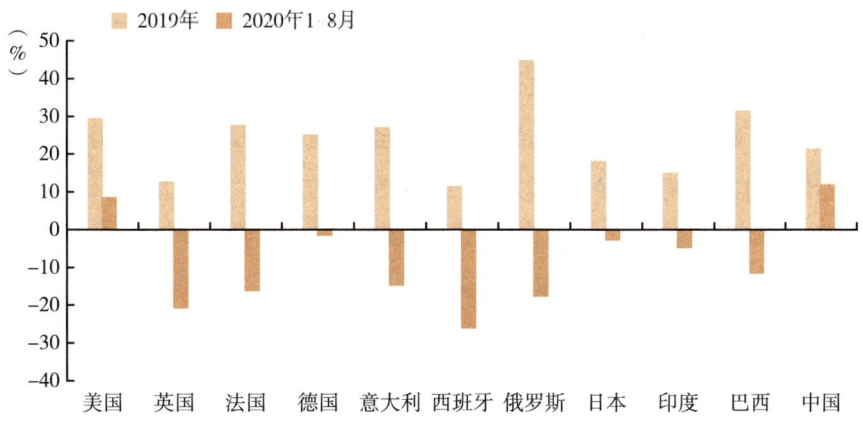

图7 全球主要股市2019年和2020年1~8月增长率

资料来源：Wind数据库。

209

量资金涌入股市等风险市场。最后，美国科技龙头公司的业务受疫情影响较小，而且也是过去几年美股牛市的核心驱动力，导致美股出现结构性泡沫，而疫情冲击和美联储的极度宽松货币政策强化了这种有缺陷的结构。

与美国形成对比的是中国股市的表现相对突出。首先，中国率先从疫情中恢复，逐步复工复产，2020年二季度实际GDP同比增速为3.2%，实现正增长，IMF预测中国2020年实际GDP增速为0.96%，2021年实际GDP增速反弹至8.2%，远高于全球经济增速。海外受疫情影响生产活动受阻，而中国疫情得到有效控制、完整的产业链再次得以强化，全球对中国经济的信心进一步增强。此外，中国相对稳健的财政政策与货币政策，在消化疫情影响的同时，也为未来留足了政策空间。其次，作为全球第二大经济体，中国A股在全球股票指数中的权重与其经济体量严重不符，国际投资者的投资组合中A股资产占比严重偏低。近年来，中国政府开启了多项关键改革措施，包括沪港通、沪伦通，取消合格境外投资者投资额度限制和金融业外资持股比例限制，推动股票注册制改革等，A股逐渐被国际投资者所认可，并有望成为全球核心配置资产。

2020年上半年全球股市反弹先于经济复苏，主要受益于史无前例的纾困政策和货币宽松政策，在低利率环境下，现金和债券收益率过低甚至为负，投资者涌向风险更高的股票等资产，而股市上涨又强化了投资者的风险偏好。2020年下半年全球股市的表现主要取决于以下因素：首先，疫情防控与经济复苏。股市上涨的一个预期是经济衰退是暂时的。如果疫情蔓延且得不到有效控制，经济将陷入长期萧条，经济复苏动能受到实质性破坏，股市也可能二次探底。其次，未来财政与货币政策是继续边际宽松还是逐步退出，将决定股市预期与市场流动性。最后，投资者偏好的改变。昂贵的成长型股票能否继续推动指数上涨还是获利了结、周期股能否接力推动指数继续上涨等，也是影响下半年股市表现的重要因素。

三　全球外汇市场走势

2020年全球外汇市场表现出了三大显著特征：第一，美元指数冲高回落，大概率开启贬值通道;第二,发达国家货币兑美元汇率走势普遍先贬值后升值,新兴市场国家货币兑美元汇率出现分化;第三,人民币兑美元汇率重回"6"时代。

2019年美元指数高位震荡,2020年美元指数大起大落。2020年3月,受疫情蔓延和石油价格暴跌的影响,全球金融市场剧烈动荡,美元资金回流救市和避险资产需求激增等导致美元指数快速上涨,最高点突破103(见图8)。6月以来,美元指数开始持续下行。美元指数下行,主要有三大压制因素:其一,疫情防控不力,经济陷入衰退,复苏路径维艰;其二,基于巨额的财政赤字和无限量宽松的货币政策,市场越来越质疑未来美元的购买力;其三,欧美之间的疫情错位,美国疫情二次暴发,而当时欧洲疫情防控形势较好。未来仍有部分因素可能会支撑美元指数反弹或避免美元指数过度走弱:首先,地缘政治冲突加剧,投资者避险情绪再度升温;其次,全球经济迟迟不能反弹,金融市场二度探底;最后,随着欧洲疫情不断发酵,如果欧美之间的疫情继续收敛(或者美国向好,或者欧洲转差),美元指数短期或重拾上涨动力。

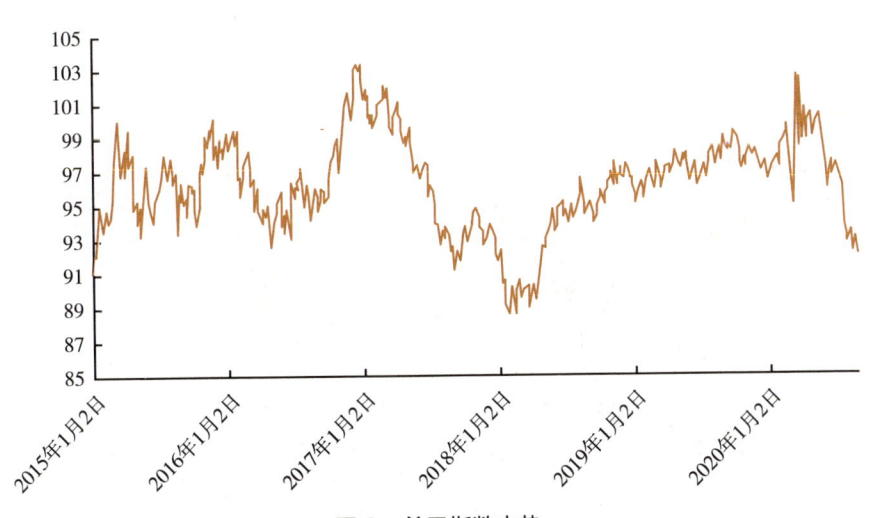

图8 美元指数走势

注:美元指数选取1973年3月=100。
资料来源:Wind数据库。

2020年主要发达国家货币兑美元汇率走势较为同步，皆是先贬值后升值（见图9）。主要发达国家的货币兑美元汇率走势与美元指数走势基本相反，先是受疫情蔓延和石油价格暴跌的影响，避险情绪急升，美元指数上涨，主要发达国家货币兑美元贬值；然后，美元指数开始回落，主要发达国家货币兑美元升值。各国货币兑美元升值幅度主要取决于其相对于美国经济的复苏

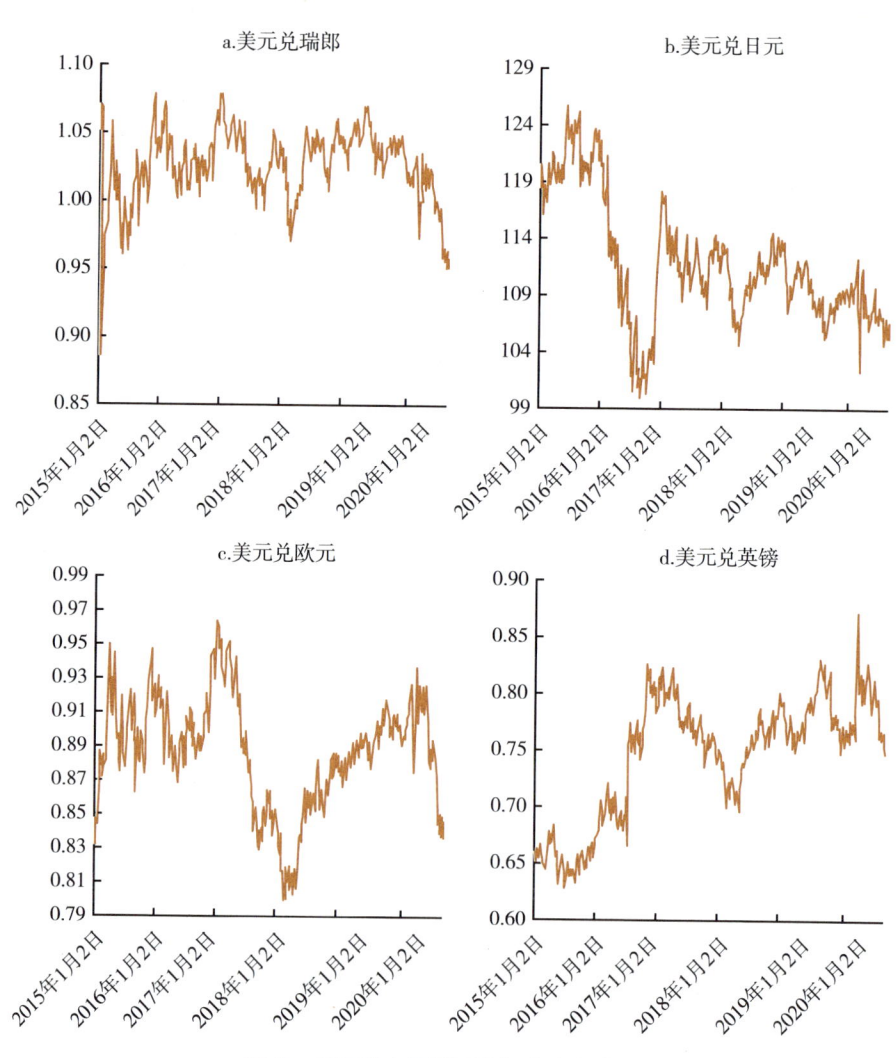

图9 美元兑主要货币的汇率变化走势

资料来源：Wind 数据库。

速度和货币政策宽松程度。

2020年金砖国家货币兑美元汇率有所分化（见图10）。首先，2020年3月，在全球金融市场动荡和避险情绪急升的时候，金砖国家货币兑美元汇率先纷纷贬值，而后升值。其次，近期金砖国家货币兑美元汇率有所分化，巴西和俄罗斯货币兑美元再度贬值，印度和南非货币兑美元则相对强势。

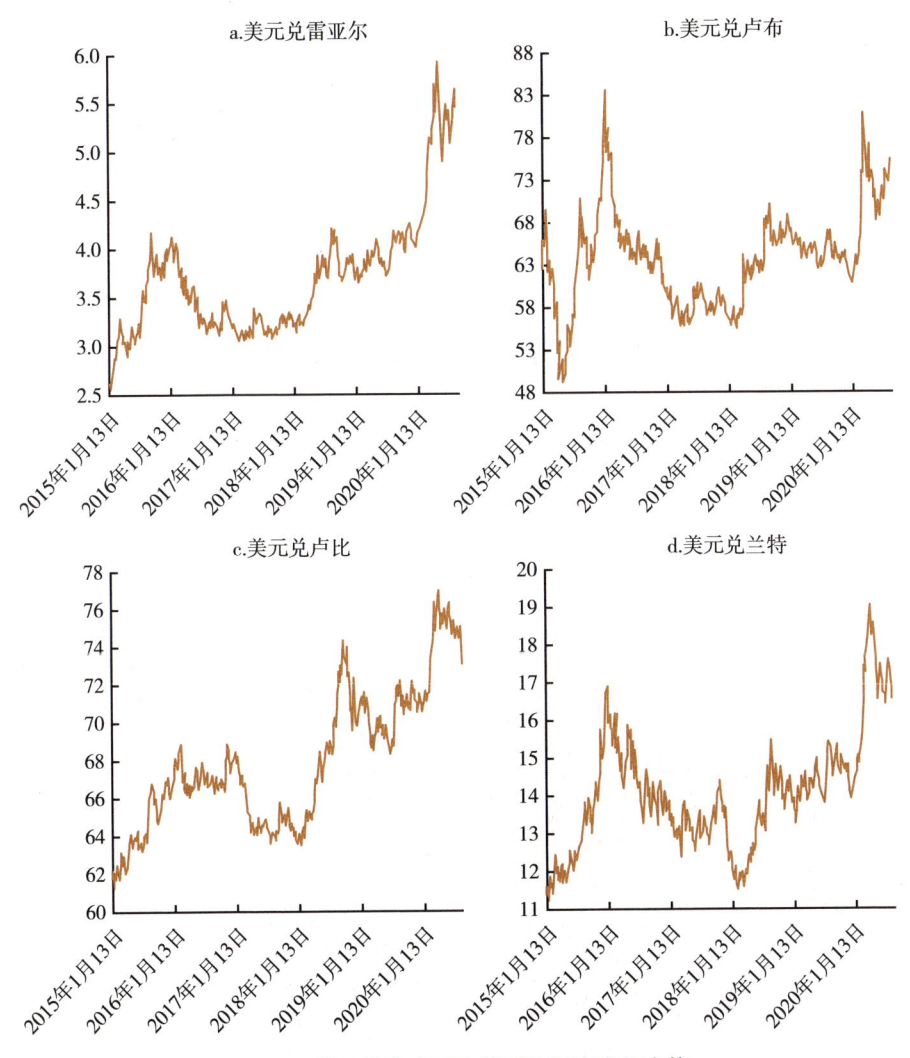

图10 美元兑金砖国家货币的汇率变化走势

资料来源：Wind 数据库。

2020年人民币兑美元汇率先贬值后升值，近期更是重回"6"时代，短期升值强劲（见图11）。近期人民币兑美元汇率升值虽然与中国经济率先复苏和货币政策稳健有关，但更多的是由外部因素推动的，这是因为人民币兑美元汇率走势与主要发达国家货币兑美元汇率走势十分相近，而且CFETS人民币汇率指数并未显著上行。外部因素主要是美联储重启无上限量化宽松货币政策，美联储资产负债表半年内规模扩张超过2.6万亿美元，过多的美元流动性供给降低了美国长期国债收益率，降低了美元吸引力，而且巨额的财政赤字和美联储越来越不负责任的货币政策使得市场担心未来美元的购买力。未来人民币兑美元汇率走势，既取决于双方经济复苏速度以及财政和货币政策的边际变化，又取决于中美经贸摩擦。无论未来人民币汇率走势如何演绎，我们都应继续提升人民币汇率定价的市场化程度，放松资本管制要求和推进人民币国际化。不过，在中短期内，如果人民币强劲升值，热钱可能过多过快流入，引发资产价格泡沫，因此，须区别对待短期热钱与长期资本，加强对短期热钱的识别与监管，并注意强化金融稳定与安全。

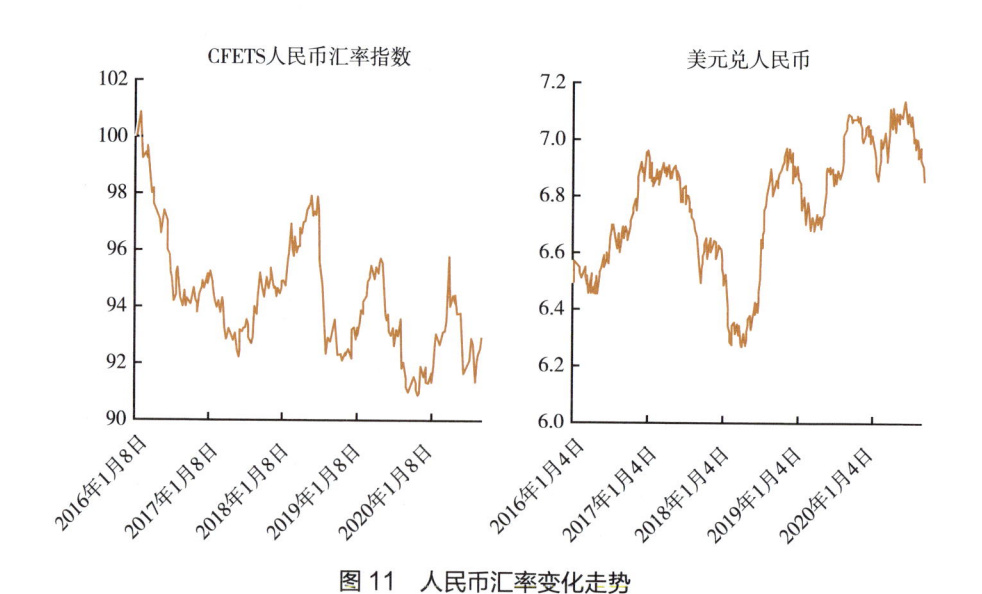

图11 人民币汇率变化走势

资料来源：Wind数据库。

四　小结与展望

2020年的国际金融市场笼罩在高度的不确定之中。受疫情蔓延和油价暴跌双重冲击，国际金融市场剧烈动荡，主要国家国债收益率先短暂陡升后持续下降，英国首发负利率债券，全球利率中枢进一步下调，各国债务水平再度攀升。全球股市经历暴跌后先于经济复苏，股票市场走势与实体经济表现严重背离。受避险情绪影响，美元指数一度冲高回落，考虑到美国经济复苏路径艰难以及巨额的财政赤字和无限量宽松的货币政策，美元大概率进入熊市周期，主要发达国家货币兑美元汇率相对同步升值，新兴市场国家货币兑美元汇率有所分化，人民币兑美元重回"6"时代，短期升值强劲。

展望未来，全球"低增长、低通胀、低利率、高债务、高赤字"的现象将长期存在，全球经济复苏路径尚存在高度不确定性。除了疫情蔓延和经济衰退外，地缘政治冲突加剧、贸易保护主义和民粹主义抬头，以及中美经贸摩擦趋于激烈等因素使得全球金融市场面临越来越大的不确定性。美国疫情防控不力，经济复苏路径艰难，而巨额的财政赤字和无限量宽松的货币政策，使得市场越来越质疑未来美元的购买力，美元指数有进一步下行压力。近期疫情二次"预警"，欧洲经济阴霾再现，强势复苏路径可能被中断。新兴经济体将面临资本大进大出和外部需求疲弱的影响，金融稳定性和债务可持续性面临严峻挑战。疫情导致全球贸易活动被物理性隔断，产业链可能出现断裂或重大调整，"逆全球化"趋势再次得以强化，人类站在了新的十字路口。

参考文献

高海红、杨子荣：《2019年国际金融形势回顾与展望》，载张宇燕主编《2020年世界经济形势分析与预测》，社会科学文献出版社，2019。

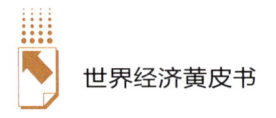

IMF, "External Sector Report: Global Imbalance and the COVID-19 Crisis," August 2020.

BIS, "BIS Annual Economic Report," June 2020.

IMF, "Financial Stability Reports: Markets in the Time of COVID-19," April 2020.

Y.13
国际直接投资形势回顾与展望

王碧珺　陈胤默[*]

摘　要： 2019年国际直接投资（FDI）的小幅复苏步伐被2020年初在全球暴发的新冠肺炎疫情打断。联合国贸发会议（UNCTAD）预计，2020年全球国际直接投资流量将比2019年大幅下降40%；疫情对需求的严重冲击，将导致2021年全球国际直接投资流量在2020年的水平上进一步减少5%~10%。疫情对国际直接投资的影响，将大于2008年全球金融危机的影响。从长期来看，疫情造成的全球经济衰退，以及东道国可能制定政策以实现关键产品的自给自足、扩大战略产业的生产能力，都将给全球国际直接投资带来更为深远的影响。

关键词： 国际直接投资　对外直接投资　世界经济

在经过2016~2018年连续三年的下降后，2019年全球国际直接投资流量小幅回升至1.54万亿美元，同比增长3%（见图1）。全球国际直接投资存量达到36万亿美元，同比增长11%。2019年全球国际直接投资增长的主要原因是，2018年开始实施的美国税制改革影响逐渐减弱，发达经济体和转型经济体的国际直接投资有所增加。美国税制改革对国际投资的具体影响可参见

---

[*] 王碧珺，中国社会科学院世界经济与政治研究所副研究员，《国际经济评论》编辑部主任，主要研究方向为国际投资；陈胤默，中国社会科学院世界经济与政治研究所博士后，主要研究方向为国际投资。

图 1 2008~2019年全球外商直接投资增长情况

资料来源：笔者根据联合国贸发会议数据库整理（https://unctad.org/en/Pages/statistics.aspx）。

2019年的世界经济黄皮书。[①]

然而，2019年国际直接投资的小幅复苏趋势在2020年初被全球暴发的新冠肺炎疫情打断。联合国贸发会议（UNCTAD）预计，2020年全球国际直接投资流量将比2019年大幅下降40%，这将是2005年以来全球国际直接投资流量首次不到1万亿美元；2021年全球国际直接投资流量将在2020年的水平上进一步减少5%~10%，只有不到9000亿美元，较全球金融危机以来的峰值（2015年的2.04万亿美元）下降60%。[②] 疫情对国际直接投资的影响，将大于2008年全球金融危机的影响。从长期来看，疫情造成的全球经济衰退，以及东道国可能制定政策以实现关键产品的自给自足、扩大战略产业的生产能力，都将给全球国际直接投资带来更为深远的影响。

本报告将从投资区位、投资者、国别投资政策和国际投资协定的角度，分析2019年国际直接投资形势，并分析2020年疫情的暴发对国际直接投资的冲击及其未来对国际直接投资可能的影响。

---

① 土碧珺、陈胤默：《国际直接投资形势回顾与展望》，载张宇燕主编《2020年世界经济形势分析与预测》，社会科学文献出版社，2020。

② UNCTAD, "World Investment Report 2017: Investment and the Digital Economy," New York and Geneva: United Nations Conference on Trade and Development, 2017.

一 国际直接投资分化：发达国家增长，发展中国家下降

2019年，发达国家在国际直接投资舞台上表现抢眼。在吸引国际直接投资（FDI流入）方面，流入发达国家的FDI为8000亿美元，同比增长5%；流入发展中国家的FDI为6850亿美元，同比下降2%；流入转型经济体[①]的FDI为550亿美元，同比增加59%。在对外直接投资（FDI流出，或者OFDI）方面，发达国家OFDI达到9170亿美元，同比大幅增长72%；发展中国家OFDI则下降了10%，降至3730亿美元；转型经济体OFDI大幅下降了37%，降至240亿美元。发达国家因而在国际直接投资舞台上重新占据主导地位，在全球FDI流入中的份额达到52%，在全球OFDI中的份额达到70%。

（一）FDI流入：发达国家有所增长，发展中国家小幅下降

尽管全球宏观经济表现疲软，国际投资政策不确定性上升，2019年流入发达国家的FDI仍然增长了5%。这主要是由流入欧洲的FDI增长所驱动。2019年，欧洲的FDI流入增长了18%，达到4290亿美元，占全部发达国家FDI流入的54%。欧洲内部各国FDI流入的状况有较大差异。其中，流入爱尔兰的FDI，从2018年的-281亿美元（净撤资）增加到2019年的782亿美元，占2019年当年欧洲FDI流入的18%。同期，其他欧洲FDI流入大国荷兰、英国、德国、法国、意大利的FDI流入在2019年则有不同程度的下降，降幅分别达到26.3%、9.4%、50.6%、11.1%和19.2%（见表1）。

流入北美的FDI则保持平稳，达到2970亿美元。尽管美国的FDI流入略有下降（2.9%），但其仍然是全球最具吸引力和最大的FDI流入目的地，2019年美国FDI流入2462亿美元，占全球的16%，比第二大（中国）和第三大（新加坡）FDI流入之和还要多129亿美元。

[①] 转型经济体主要是指东南欧、独联体国家和格鲁吉亚。

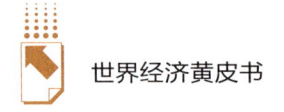

发展中国家 FDI 流入 2019 年下降了 2%，这主要是由亚洲发展中国家 FDI 流入减少所致。2019 年，流入亚洲发展中国家的 FDI 下降了 5%，降至 4470 亿美元，占全部发展中国家 FDI 流入的 65%。而亚洲发展中国家 FDI 流入的下降主要是由于中国香港地区的外商直接投资大幅下降了 34.4%。但亚洲仍然是全球最大的外国直接投资目的地，占全球 FDI 流量的 30% 以上。在全球前五大 FDI 流入目的地中，有 2 个位于亚洲，分别是居第二位的中国和居第三位的新加坡。此外，印度和印度尼西亚也是亚洲地区吸引外资较多的国家。

除了流入亚洲发展中国家的 FDI 有所下降外，流入非洲的 FDI 也减少了 10%，达 450 亿美元，占全部发展中国家 FDI 流入的 6.6%。受经济增长趋缓、商品需求减弱的影响，不论是经济相对多样化的国家（如南非、摩洛哥和埃塞俄比亚），还是主要依靠商品出口的国家（如尼日利亚、苏丹），其 FDI 流入均出现了下降的情况。流入非洲的外商直接投资金额普遍较小，埃及是 2019 年非洲地区 FDI 流入的第一大目的地，其 FDI 流入金额达 90 亿美元，同比增长 11%。

与亚洲发展中国家和非洲地区 FDI 流入下降形成对比，拉丁美洲和加勒比地区（不含离岸金融中心）的发展中国家 FDI 流入 2019 年达到 1640 亿美元，同比增加 10%，占全部发展中国家 FDI 流入的 24%。其中，流入巴西、智利、哥伦比亚和秘鲁的 FDI 增幅较大，主要投资于大宗商品，对公用事业和服务业的投资也有所增加。尤其是可再生能源成为拉丁美洲和加勒比地区 FDI 投资的热点。

（二）FDI 流出：发达国家显著增长，发展中国家降幅较大

2019 年发达国家对外直接投资达到 9170 亿美元，同比大幅增长了 72%，但仍未回到全球金融危机前 2007 年的最高值。同期，发展中国家和转型经济体的对外直接投资分别下降了 10% 和 37%。这一趋势导致发达经济体在世界 OFDI 中的总体份额从 2018 年的 54% 大幅上升到 2019 年的 70%。在前五大对外直接投资国中，除了中国，其他都是发达国家。

日本、美国、荷兰、德国和加拿大是发达国家对外直接投资的主体，2019年五国OFDI金额共6515亿美元，占全部发达国家对外直接投资的71%。日本蝉联世界上最大的对外直接投资国，2019年日本OFDI大幅增长了58.3%，达到创纪录的2266亿美元。其中，跨境并购额从2018年的360亿美元增长至2019年的1040亿美元。代表性并购案为日本瑞萨电子（Renesas Electronics）以63亿美元收购了美国半导体及相关设备制造商集成设备技术公司（Integrated Device Technology），日本软银集团（SoftBank Group）以60亿美元收购了美国办公空间服务提供商WeWork。从投向来看，日本跨国公司在欧洲和北美的投资增加了一倍。日本在欧洲的投资主要集中在批发和零售、化工和制药行业；日本在北美的投资增长了139%，主要投向通信和电机行业。美国跨国公司在2018年受税改影响将大量海外利润汇回国内，这导致2018年美国对外直接投资流量大幅下降至906亿美元，即净撤资906亿美元。[1] 税改对美国OFDI的负面影响在2019年有所减弱，美国OFDI恢复至1249亿美元，但仍然只有2017年的37%。[2] 此外，荷兰、德国和加拿大的对外直接投资在2019年都有显著增长，增幅分别达到761.5%、25.2%和53.6%。

发展中经济体跨国企业的海外投资活动在2019年下降了10%，降至3730亿美元，其中亚洲发展中国家的OFDI下降了19%，这主要由中国OFDI下降所致。2019年中国对外直接投资1369亿美元，占全部发展中国家OFDI的36.7%。中国OFDI在2016年达到峰值后，2017~2019年连续三年下降。2019年中国OFDI只有2016年峰值的69.8%，海外并购交易降到了过去十年的最低水平。中国OFDI的连续收缩是受国际直接投资政策持续收紧、地缘政治局势日趋紧张以及全球贸易和投资环境不确定性增加等因素影响。中国对外直接投资快速增长的时代难以复还，已经迈入更具波动性和挑战性的新

---

[1] 王碧珺、陈胤默：《国际直接投资形势回顾与展望》，载张宇燕主编《2020年世界经济形势分析与预测》，社会科学文献出版社，2020。
[2] 葛琛、葛顺奇、陈江滢：《疫情事件：从跨国公司全球价值链效率转向国家供应链安全》，《国际经济评论》2020年第4期。

表1 2020年全球首20大FDI参与国（地区）

单位：亿美元，%

2019年位次	FDI流入 国家和地区	2018年	2019年	增速	FDI流出 国家和地区	2018年	2019年	增速
1	美国（1）	2536	2462	-2.9	日本（1）	1432	2266	58.3
2	中国（2）	1383	1412	2.1	中国（2）	1430	1369	-4.3
3	新加坡（5）	797	921	15.5	美国（162）	-906	1249	237.8
4	荷兰（3）	1143	842	-26.3	荷兰（161）	-188	1247	761.5
5	爱尔兰（189）	-281	782	378.5	德国（5）	788	987	25.2
6	巴西（9）	598	720	20.4	加拿大（7）	499	766	53.6
7	中国香港（4）	1042	684	-34.4	中国香港（4）	822	593	-27.9
8	英国（8）	653	591	-9.4	法国（3）	1056	387	-63.4
9	印度（12）	422	506	19.9	韩国（9）	382	355	-7.0
10	加拿大（11）	435	503	15.8	新加坡（12）	298	333	11.8
11	德国（6）	736	364	-50.6	英国（8）	414	315	-24.0
12	澳大利亚（7）	680	362	-46.9	意大利（11）	327	249	-23.7

续表

2019年位次	FDI 流入 国家和地区	2018年	2019年	增速	2019年位次	FDI 流出 国家和地区	2018年	2019年	增速
13	法国（13）	382	340	−11.1	13	西班牙（13）	271	241	−10.9
14	墨西哥（14）	347	329	−5.3	14	瑞典（18）	168	228	35.7
15	俄罗斯（21）	132	317	139.9	15	俄罗斯（10）	358	225	−37.1
16	意大利（15）	329	266	−19.2	16	比利时（14）	265	197	−25.7
17	塞浦路斯（38）	65	242	274.8	17	爱尔兰（42）	7	181	2486.1
18	印度尼西亚（17）	206	234	13.9	18	丹麦（157）	−11	160	1549.5
19	瑞典（49）	39	206	433.3	19	阿联酋（19）	151	159	5.4
20	以色列（16）	21	182	−12.3	20	巴西（160）	−163	155	195.0

注：括号中为2018年的排名。

资料来源：笔者根据联合国贸发会议数据库整理（https://unctad.org/en/Pages/statistics.aspx），中国OFDI的数据来自《2019年度中国对外直接投资统计公报》。

223

图2 中国对外直接投资趋势

资料来源：笔者根据《2019年度中国对外直接投资统计公报》整理。

阶段[①]。此外，中国香港2019年OFDI同比下降27.9%，韩国OFDI则同比下降7%。

转型经济体的对外直接投资在2019年大幅下降了37%，降至240亿美元。转型经济体的OFDI一直以来主要来自俄罗斯。俄罗斯跨国公司对外扩张，特别是在发达国家进行投资，面临越来越多的限制，尤其是在金融和高科技领域。2019年，俄罗斯对外直接投资为225亿美元，同比下降37.1%。

二 国别投资政策变化：发达国家加大监管，发展中国家提升便利度

2019年，涉及外商直接投资国别政策变化的国家个数和政策数量都有所减少。有54个国家和经济体进行了107项涉及外商直接投资的政策变化，比2018年的55个国家、112项政策变化分别减少了1.8%和4.5%。从这107项政策变化的组成来看，66项涉及投资自由化和促进措施，21项施加了新

---

① 王碧珺：《中国对外直接投资：新环境、新阶段与防风险问题研究》，中国社会科学出版社，2020。

的投资限制性或监管措施,余下 20 项是中性政策。不包括中性政策,涉及投资自由化和促进措施的政策比例从 2018 年的 68% 上升至 2019 年的 76%,涉及限制性或监管措施的政策比例从 2018 年的 32% 下降至 2019 年的 24%(见图 3)。

图 3　国别投资政策变化

资料来源:World Investment Report 2020: International Production Beyond the Pandamic。

虽然涉及限制性或监管措施的政策比例在 2019 年有所下降,但近几年来涉及国家安全审查的投资政策仍有增加的趋势,这主要体现在发达经济体中。预计疫情结束后,这一趋势将会加剧。东道国政府担心受疫情影响,本国战略性产业可能成为外国投资者收购的牺牲品。《美国外国投资风险评估现代化法案》(FIRRMA)于 2020 年 2 月 13 日正式生效。该法案扩大了美国外国投资委员会(CFIUS)的审查范围,明确增加了 4 种新类型的"涵盖交易","敏感行业"的范围也有所扩大,整个审查周期最多可扩展至 120 天。尤其是新增了专门针对中国投资报告的部分,要求从法案生效起至 2026 年,CFIUS 应当每两年提交一份关于中国在美国的直接投资报告。[①] 美国针对外资监管改革的以上变化,意味着外国企业尤其是中国企业在美国直接投资将会面临更多的阻碍和风险。

① 王碧珺:《中国对外直接投资:新环境、新阶段与防风险问题研究》,中国社会科学出版社,2020。

但在发展中国家里，面临疲软的经济环境，许多国家在2019年推出了更加宽松或是便利化的投资政策。在采矿、能源、金融、运输和电信等传统受管制较多的行业，部分国家的外资政策朝着自由化方向迈出了一步。此外，许多国家也努力简化行政审批程序，抑或加强投资激励，以期吸引更多的外国投资者。例如，中国放宽或取消了农业、采矿业、制造业等多个行业的外资限制，并进一步向外资开放了金融业；菲律宾开放了专业服务行业；巴林允许外资全资进入石油和天然气钻探行业；马来西亚降低了外资进入房地产业的门槛等。

分区域来看，在涉及外商直接投资的国别政策变化中，亚洲发展中国家继续采取新的投资政策吸引外资。2019年亚洲发展中国家在国际投资政策制定方面表现得更加活跃，有50项涉及外商直接投资的政策变化，比2018年的42项增长了19%（见图4）。此外，涉及外商直接投资国别政策变化的性质在不同地区之间存在显著差异。亚洲发展中国家有36项政策变化涉及投资自由化和促进措施，而只有4项政策变化涉及投资限制性或监管措施。相比之下，发达国家有一半以上的政策变化旨在加强投资限制性或监管。

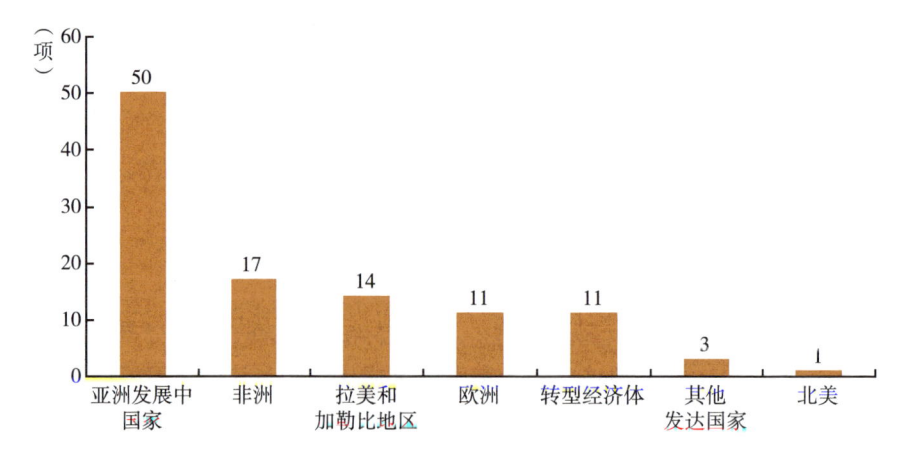

图4 2019年国别投资政策变化的区域分布

资料来源：World Investment Report 2020: International Production Beyond the Pandamic。

三 国际投资协定：终止的个数再次超过新达成的个数

2019年全球共缔结了22个国际投资协定（International Investment Agreements，IIAs），其中，双边投资协定（Bilateral Investment Treaties，BITs）16个，其他国际投资协定（Treaties with Investment Provisions，TIPs）6个。在新缔结国际投资协定方面，最活跃的经济体是澳大利亚、巴西和阿联酋，它们每个都有3个新缔结的国际投资协定。

国际投资协定终止的数量再次超过新达成的国际投资协定数量。2019年，至少有34个国际投资协定终止生效，这是自2017年首次出现国际投资协定终止的数量超过新达成的国际投资协定数量以来，第二次出现类似情况。在这34个终止生效的国际投资协定中，22个是单方面终止，6个是经同意终止，4个是因新条约生效而被替代，2个是已过期；波兰终止了17个，印度终止了7个。从1980年到2019年，终止的国际投资协定总数达到349个。

终止的国际投资协定总数的增加，尤其是单方面终止的较高的比例，说明老一代国际投资协定中存在一些问题。[①] 其一，东道国在投资者—国家争端解决（ISDS）仲裁中利益受损。老一代国际投资协定大多包含了宽泛而模糊的规定，几乎没有例外和保留条款，这些特征使投资者能够通过ISDS机制挑战东道国在环境、金融、能源和健康等关键领域的政策，并且由于措辞的模糊性，可能导致东道国在仲裁中面临意料之外，甚至前后矛盾的针对IIAs核心条款的解释。其二，国际投资规则的混乱。老一代协定的存在造成各种协定之间关系的重叠，新缔结的区域投资协定与其缔约主体之间现存的老一代双边或多边投资协定同时存在，其管辖的内容往往有所重叠，导致规则适用上的混乱，加剧了国际投资规则的碎片化。其三，影响其他国际法规则的执行。IIAs会与环境、劳工、人权、税收和贸易领域的国际法相互影响，老一代协定阻碍了IIAs与这些国际法的互动。

[①] UNCTAD, "World Investment Report 2017: Investment and the Digital Economy," New York and Geneva: United Nations Conference on Trade and Development, 2017.

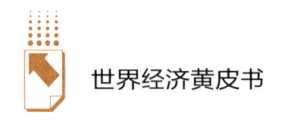

四 疫情暴发对 2020 年国际直接投资的影响

新冠肺炎疫情在 2020 年的暴发和蔓延，通过需求负面冲击和全球供应链中断，对国际直接投资产生了较大的负面影响。根据 UNCTAD 预测，2020 年全球国际直接投资流量将比 2019 年大幅下降 40%，2021 年全球国际直接投资流量将在 2020 年的水平上进一步减少 5%~10%[①]。而在疫情暴发之前，UNCTAD 曾预测，全球外商直接投资在 2020 年将下降 3%，2021 年将小幅增长 1%。[②]

在全球前 100 家跨国公司中，超过 2/3 的已经发布了有关疫情对其业务冲击的声明。全球前 5000 家跨国公司将 2020 年的收益预期平均下调了 9%，其中受疫情冲击最大的行业为汽车（-44%）、航空（-42%）以及能源和原材料（-13%）。相对于发达国家的跨国公司，新兴经济体跨国公司的利润下滑幅度更大，预期将减少 16%。利润的减少不仅会对企业当期的经营产生不利影响，还会影响跨国公司之后的利润再投资。平均而言，利润再投资占外国直接投资流量的 50% 以上，外国子公司利润下降将对国际直接投资产生严重的负面影响。

疫情使得 2020 年国际直接投资几乎进入停滞状态，具体表现为：第一，减缓跨国公司及其外国分支机构的资本支出。跨国公司会关闭生产能力较低的海外公司或工厂，暂停有形资产的投资，并延迟投资规模的扩张。第二，影响在建绿地投资项目的进度。由于新的绿地投资项目筹备期较长，项目周期可能长达数十年之久。疫情的暴发会影响现有投资和在建投资项目的进度。第三，延缓跨境并购项目。

分地区来看，2020 年，全球所有国家和地区的外商直接投资增长率都将为负（见表 2）。其中，发达经济体预计将下降 25%~40%。欧盟内部投资

---

① UNCTAD, "World Investment Report 2020: International Production Beyond the Pandamic," New York and Geneva: United Nations Conference on Trade and Development, 2020.
② UNCTAD, "World Investment Report 2019: Special Economic Zones," New York and Geneva: United Nations Conference on Trade and Development, 2019.

和贸易的一体化使得单个国家的冲击很容易在区域内传播。疫情对欧洲发达经济体国际直接投资的冲击大于对北美发达经济体国际直接投资的冲击。

发展中国家2020年流入FDI的降幅预计为30%~45%。亚洲发展中国家受疫情影响较早，虽然已逐渐从疫情冲击中恢复过来，但其对全球价值链相关投资的依赖度较高，仍受疫情影响较大。亚洲发展中国家流入的FDI在2020年预计将减少30%~45%。拉丁美洲和加勒比地区以及非洲的发展中国家的FDI流入很多分布在大宗商品领域。尤其是拉丁美洲和加勒比地区的阿根廷、巴西、智利、哥伦比亚和秘鲁等国，FDI主要集中在采掘业。疫情冲击使得商品需求减少、石油价格低迷。拉丁美洲和加勒比地区以及非洲的发展中国家2020年流入FDI的降幅预计分别为40%~55%、25%~40%。此外，流入转型经济体的FDI预计下降30%~45%。

表2 疫情对2020年国际直接投资增长率影响的预测

单位：%

地区	2017年	2018年	2019年	2020年（预测）
全球	-14	-12	3	（-40，-30）
发达经济体	-25	-20	5	（-40，-25）
欧洲	-16	-36	18	（-45，-30）
北美	-40	-2	0	（-35，-20）
发展中国家	7	0	-2	（-45，-30）
非洲	-10	22	-10	（-40，-25）
亚洲	7	-1	-5	（-45，-30）
拉丁美洲和加勒比地区	14	-5	10	（-55，-40）
转型经济体	-25	-31	59	（-45，-30）

资料来源：笔者根据UNCTAD（2020）数据整理。

为了降低疫情对国际直接投资的不利冲击，二十国集团（G20）、七国集团（G7）、亚太经济合作组织等发布了支持国际投资和全球价值链的宣言。2020年5月14日，二十国集团发表声明，表示"支持世界贸易和投资以应对

COVID-19的行动",并列出了短期和长期的清单,支持多边贸易体系,加强国际投资的集体行动。例如,通过分享促进投资的最佳做法,确定需要投资的关键医疗用品,鼓励向发展中国家和最不发达国家提供技术援助。

在国别投资政策方面,一些国家为了防止疫情期间关键医疗用品的短缺,采取了临时性的贸易和投资限制措施。还有一些国家政府引入了新的筛选要求和投资限制措施,避免本国战略性行业的公司被外国投资者收购。例如,2020年3月25日,欧盟委员会发布了《有关外商直接投资(FDI)和资本自由流动、保护欧盟战略性资产收购指南》,要求欧盟各成员国实施审查措施,防止因外国投资者收购、控制公司导致欧盟安全或公共秩序受到威胁。2020年3月29日,澳大利亚宣布,根据《1975年外国收购与接管法案》管理的所有外国投资申请,审查时间将由原来的30天延长至最多6个月,审查收购门槛从12亿澳元降至零。2020年4月17日,印度政府也宣布了新修订的外国投资政策,要求与印度有陆地接壤国家的实体和居民,或投资收益人来自上述国家的,其对印度的投资,必须通过"政府审批路径"。

此外,疫情会减缓缔结国际投资协定的进程。许多双边投资协定(BITs)和其他国际投资协定(TIPs)的谈判因疫情而被迫取消或推迟。

五 疫情冲击下的国际直接投资前景展望

疫情对国际直接投资的冲击在2020年立即显现,并将在2021年进一步恶化。2021年以后,国际直接投资的前景仍然存在高度的不确定性。为了应对疫情而制定的特定贸易和投资政策,能否以及以何种方式退出仍然未知,投资者恢复信心和做出投资决策仍需要经历时间的考验。[1]

需求的严重收缩将对国际直接投资产生最直接和最强烈的影响。[2] 经济

---

[1] 佟家栋、盛斌、蒋殿春、严兵、戴金平、刘程:《新冠肺炎疫情冲击下的全球经济与对中国的挑战》,《国际经济评论》2020年第3期。
[2] 钟正生、管涛、黄益平:《如何有效应对新冠疫情冲击下的总需求不足问题》,《国际经济评论》2020年第4期。

前景的不确定性将抑制新的 FDI 计划。财务困境和流动性问题限制了许多跨国公司的投资空间。为了应对疫情冲击，跨国公司被迫将任何可用于投资的资金转移为营运资金，以维持跨国公司在疫情冲击下的生存问题。根据经济衰退的严重程度，最初因封锁措施而被推迟的投资项目、正在进行或已宣布的投资项目都可能会被无限期搁置。

中美经贸摩擦，尽管在程度、方式上可能会有一些差别和变化，但在可预见的未来很可能会持续。面对这样的政策不确定性，跨国企业将根据战略定位和价值来源来调整其全球布局。对于那些既依赖美国市场，又离不开或者看好中国市场的跨国企业而言，通过各种形式进行双边布局可能是其优选。而对于那些主要依赖中国生产要素优势（劳动力资源、产业链完备性等）、最终产品市场仍在欧美的跨国企业而言，产能转移至其他发展中国家或部分环节回流至本国可能是其不得已的选择。

从长期来看，跨国公司将更加注重增加供应链弹性和关键产品的供应，更好地平衡成本节约和风险分散的战略，重新规划与思考未来的库存管理、战略储备、物流运输规划、供应商在地理与数量上的多元化、上下游产能协调等战略与商业方案，以应对未来新的外部冲击可能带来的新挑战。[1] 同时，东道国也会制定政策以实现关键产品的自给自足，扩大战略产业的生产能力。受疫情影响，国际贸易和国际投资将会面临更严格的限制。国际直接投资回流本国、区域化发展趋势会加剧，全球价值链的地区转移与国内替代将会发生，这些都将给未来国际直接投资的发展带来挑战。

参考文献

葛琛、葛顺奇、陈江滢：《疫情事件：从跨国公司全球价值链效率转向国家供应

---

[1] 葛琛、葛顺奇、陈江滢：《疫情事件：从跨国公司全球价值链效率转向国家供应链安全》，《国际经济评论》2020 年第 4 期；佟家栋、盛斌、蒋殿春、严兵、戴金平、刘程：《新冠肺炎疫情冲击下的全球经济与对中国的挑战》，《国际经济评论》2020 年第 3 期。

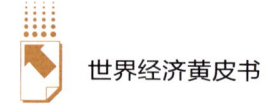

链安全》,《国际经济评论》2020年第4期。

佟家栋、盛斌、蒋殿春、严兵、戴金平、刘程:《新冠肺炎疫情冲击下的全球经济与对中国的挑战》,《国际经济评论》2020年第3期。

王碧珺:《国际直接投资形势回顾与展望》,载张宇燕主编《2018年世界经济形势分析与预测》,社会科学文献出版社,2018。

王碧珺:《中国对外直接投资:新环境、新阶段与防风险问题研究》,中国社会科学出版社,2020。

王碧珺、陈胤默:《国际直接投资形势回顾与展望》,载张宇燕主编《2020年世界经济形势分析与预测》,社会科学文献出版社,2020。

钟正生、管涛、黄益平:《如何有效应对新冠疫情冲击下的总需求不足问题》,《国际经济评论》2020年第4期。

中华人民共和国商务部、国家统计局和国家外汇管理局:《2019年度中国对外直接投资统计公报》,中国统计出版社,2020。

UNCTAD, "World Investment Report 2017: Investment and the Digital Economy," New York and Geneva: United Nations Conference on Trade and Development, 2017.

UNCTAD, "World Investment Report 2019: Special Economic Zones," New York and Geneva: United Nations Conference on Trade and Development, 2019.

UNCTAD, "World Investment Report 2020: International Production Beyond the Pandamic," New York and Geneva: United Nations Conference on Trade and Development, 2020.

Y.14
国际大宗商品市场形势回顾与展望："V"形波动

王永中　周伊敏*

摘　要：2019年7月至2020年8月，全球大宗商品价格先低位盘整，后走出一波"V"形过山车式行情，整体下跌了6.9%。其中，能源价格大幅下跌，金属价格显著上涨，农业原料和食品价格较为稳定。2020年2~4月，新冠肺炎疫情全球蔓延，旅行禁令、居家隔离等防疫措施的实施，加之OPEC+谈判破裂，导致大宗商品尤其原油的需求急剧下跌，商品价格指数下降了30.0%，WTI原油价格一度跌至负值区域。5~8月，在防疫措施放松、需求恢复和供给限制的共同作用下，商品价格指数反弹了30.7%。预期未来疫情难以在短期内得到有效控制，但防疫措施可能不会升级，大宗商品需求将在低位缓升，而供给受前期投资削减的影响会小幅下降，且美元进一步贬值的概率不大，从而大宗商品价格可能在2021年进入恢复和巩固阶段，不过上涨空间较小。受需求恢复、高库存和减产的影响，原油供需失衡状况有所改善，布伦特原油中枢价格在2021年将有望进一步升至50美元/桶。

关键词：大宗商品市场　石油价格　美元汇率

---

* 王永中，经济学博士，中国社会科学院世界经济与政治研究所研究员；周伊敏，统计学博士，中国社会科学院世界经济与政治研究所助理研究员。

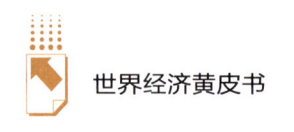

一 大宗商品市场总体状况

国际大宗商品价格在2019年下半年波澜不兴、低位震荡，但在2020年上半年风云突变，走出一波"V"形过山车式巨幅震荡行情。2019年下半年，受全球经济增长显著放缓和中美经贸摩擦升级等因素的影响，大宗商品价格整体处在低位盘桓，以现价美元计价的大宗商品价格指数先由2019年7月的118降至8月的112，后波动缓升至2020年1月的120左右。2020年，新冠肺炎疫情成为影响国际大宗商品市场的黑天鹅事件，对其供需均产生了重大影响。旅行禁令和居家隔离等防疫措施急剧减少了石油以及与交通相关大宗商品的需求，封城和工厂停工导致供应链中断。而且，疫情引起全球经济深度衰退，大宗商品需求呈螺旋式下降态势，商品价格指数在2020年2~4月断崖式下降了30%，除避险资产黄金外，几乎所有的大宗商品价格均出现下跌。原油价格的大幅下跌主导了大宗商品价格的下行轨迹，工业金属价格也出现了下跌，但幅度远小于能源类商品。需要指出的是，这一时期大宗商品价格的下跌可部分归咎于美元汇率的走强。[1]5~8月，随着部分国家疫情的缓解以及疫情防控措施的放松，大宗商品需求逐渐恢复，加之疫情所导致的商品供给减少或中断，商品价格指数出现强劲反弹，由4月的84.0回升至8月的109.8，上涨了30.7%，但比年初的价位仍低8.5%（见图1）。

国际大宗商品价格走势与我们2019年度世界经济黄皮书中的预测存在较大偏差，新冠肺炎疫情是造成我们误判的主要原因。2019年度报告认为，受全球经济大幅放缓和不确定风险上升的影响，2019年下半年至2020年上半年大宗商品价格会继续小幅下降，但基本稳定。[2]2019年8月至2020年1月的大宗商品价格较为稳定的走势和商品价格指数下跌基本验证了我们的预期，

---

[1] 已有研究发现，美元相对于其他主要货币升值10%可能导致国际交易活跃的大宗商品价格下跌5%。Baffes John and OymakIpek, "Food Commodity Prices: Prospects and Risks Post-coronavirus," Blogs, World Bank, June 12, 2020.

[2] 王永中、周伊敏:《国际大宗商品市场形势回顾与展望：波动下行》，载张宇燕主编《2020年世界经济形势分析和预测》，社会科学文献出版社，2020。

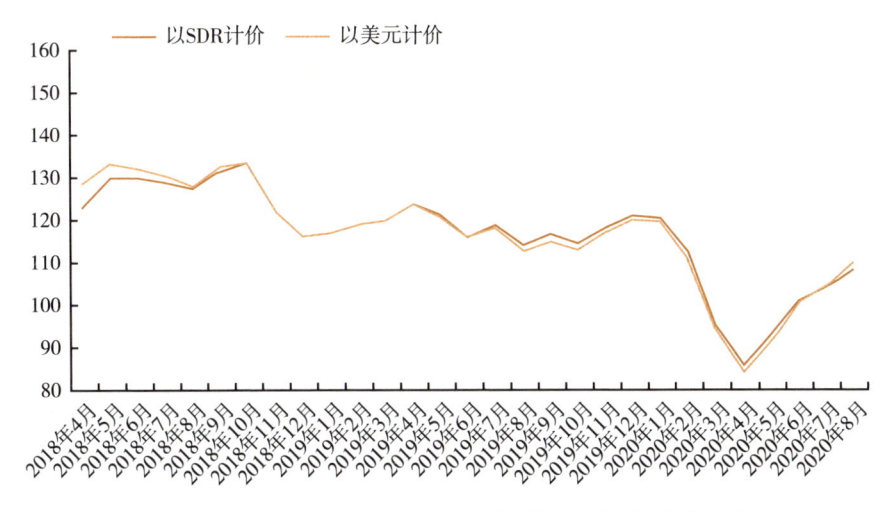

图1 2018年4月至2020年8月国际大宗商品价格指数

注：2016年价格为100。
资料来源：IMF。

但随后新冠肺炎疫情的暴发和蔓延打破了国际大宗商品市场脆弱的平衡，导致商品价格指数大幅震荡，便在我们的预期之外。

2019年以来，不同类型的大宗商品价格指数出现明显分化，能源和金属价格大幅波动，其中能源价格受需求急剧下降而快速暴跌，黄金价格受避险情绪驱动逆势上涨，工业金属受供需两侧因素影响而涨跌不一，食品和农业原料价格相对平稳，原因在于，能源和工业金属对经济活动的反应敏感，而食品和农业原料与经济活跃程度的直接关联度较小。能源是商品价格指数中的主要构成部分，能源价格在2019年下半年先长时间波动后短暂上行，2020年2~4月出现暴跌，价格指数由2020年1月的127.4跌至4月的52.8，下跌58.6%，随后强劲回升至8月的95.5，反弹80.9%，但仍明显低于年初的水平。金属价格指数在经历2019年下半年窄幅波动、2020年第一季度小幅下跌后，5~8月快速攀升，由4月的125.3升至8月的154.7，上涨了23.5%。农业原料和食品价格指数在2019年下半年走势平稳，前者在2020年1~8月呈现先小幅下跌后趋稳的态势，而后者在经历了小幅下跌后出现较为稳定的反弹（见图2）。

图 2 国际大宗商品分类价格指数

注：2016 年价格为 100。
资料来源：IMF。

能源价格在原油价格的主导下震荡下行。能源类大宗商品主要由原油、天然气和煤炭组成。其中，疫情对原油需求冲击最大，对煤炭的负面影响最小，对天然气的负面冲击程度居中。这是因为，交通行业是石油需求最主要的部门和天然气需求的一个重要行业（如天然气驱动的汽车和卡车），居家隔离、旅行禁令和运输限制等防疫措施会严重抑制成品油需求，影响部分天然气需求，而电力和供暖部门（如煤炭、天然气发电和供暖）受防疫措施的影响小[1]。2018年以来，在需求疲软和供给充足的共同作用下，国际原油价格稳步回落。如图 3 所示，布伦特原油和 WTI 原油的现货年度均价由 2018 年的 68.2 美元/桶降至 60.7 美元/桶，跌幅为 11.0%，2020 年前 9 个月进一步降至 39.4 美元/桶，降幅达 35.1%。国际原油价格这一走势与我们上年度报告的预测大相径庭，当时预测 2020 年的原油均价可能会处于 60 美元/桶左右的水平。[2] 我们预测的失

---

[1] 根据美国能源信息署的统计数据，2017 年，美国交通部门消费石油、天然气和可再生能源三种能源类型，其中，92% 为石油，3% 为天然气，5% 为可再生能源；美国的石油用于交通、工业、家庭和商业、电力等四个部门，其中，交通部门所占的消费份额最高，达 72%，而工业、家庭和商业、电力的消费份额分别为 23%、5%、1%。

[2] 王永中、周伊敏：《国际大宗商品市场形势回顾与展望：波动下行》，载张宇燕主编《2020年世界经济形势分析和预测》，社会科学文献出版社，2020。

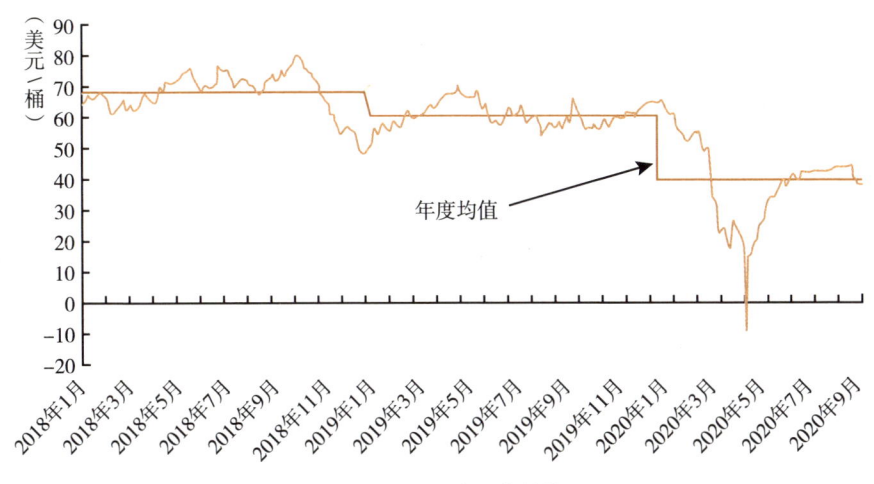

图 3　国际原油现货价格

注：原油现货价格为英国布伦特轻质原油和西德克萨斯轻质原油的现货价格的平均数，二者的权重相等。

资料来源：CEIC。

误在于未能预期到新冠肺炎疫情及其对原油市场的剧烈冲击。

2020年，原油价格走出一波过山车式的"V"形行情，WTI期货价值甚至首次出现历史性负值。受疫情全球蔓延和旅行禁令等防疫措施的严重冲击，全球原油需求在3月濒临崩溃，原油库存急剧上升，而OPEC+减产联盟谈判破裂，进一步加剧原油过剩局面，导致原油价格暴跌。4月初，尽管OPEC+达成减产协议，从5月开始日减产970万桶，但在原油库存量趋于极限的情形下，此举并未能提振油价。4月20日，在现货交割地库欣原油库存库容几乎告罄的情形下，做多的金融投资者在WTI原油近月期货合约到期时因找不到库存空间，被迫向空方支付高昂的租金成本以完成清算，导致原油清算价格跌至-37.6美元/桶。4月，布伦特、WTI、迪拜原油月均现货价格分别低至23.3美元/桶、16.8美元/桶、23.4美元/桶，较1月降幅达63.3%、70.9%、63.3%。此后，随着欧美等国逐步放松防疫管控措施、中国原油消费和储备需求的快速增加、OPEC+减产协议生效、美加等国油气企业减产，原油市场供需失衡状况逐步缓解，原油价格稳步回升。8月，布伦特、WTI原油价格均反弹至40美元/桶以上，但显著低于年初60美元/桶的水平。

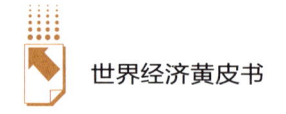

天然气价格走势与原油价格呈现较强的同步性。2019年，由于消费增速趋缓，供应持续增加，天然气年度均价较上年下跌了25.3%。2020年上半年，受疫情影响，天然气消费下降和库存上升，天然气价格指数大幅下跌，由2019年12月的56.0跌至2020年6月的33.8，降幅达39.6%。尽管日本LNG价格与原油价格挂钩，但在原油价格暴跌时期，日本LNG价格非常稳定，与美国、欧洲的天然气价差进一步扩大，可能的原因有：一是日本LNG进口合约是以长协固定价格为主，短期内受欧美天然气现货价格的影响较小；二是海运费用上涨抵消了部分现货LNG进口成本的下降。7~8月，欧美天然气价格触底回升。8月，天然气价格指数回升至46.7，较6月上涨了38.2%（见表1），原因在于：一是原油价格上涨带动天然气价格回升；二是供需失衡状况改善，防疫措施放松引致天然气需求上升，而前期天然气价格下跌引发产量下降；三是低价天然气相对于煤炭、可再生能源等燃料具有竞争成本优势，发电厂的天然气消费量呈现上升趋势。与此同时，日本8月的LNG价格却比6月下降13.3%。这再次反映出日本LNG进口价格变动滞后于欧美现货价格的现实。

表1 天然气的价格及价格指数

单位：美元/百万英热单位

项目	年度平均			季度平均			月度平均		
	2017	2018	2019	2019Q4	2020Q1	2020Q2	2020M6	2020M7	2020M8
价格指数	69.1	81.9	61.2	59.5	44.7	35.8	33.8	34.8	46.7
欧洲价格	5.7	7.7	4.8	4.9	3.1	1.8	1.8	1.8	2.9
美国价格	3.0	3.1	2.6	2.4	1.9	1.7	1.6	1.7	2.3
日本LNG价格	8.6	10.7	10.6	10.0	10.0	9.7	9.0	7.8	7.8

注：2010年的天然气价格指数为100。
资料来源：World Bank Commodities Price Data (The Pink Sheet), September 2, 2020。

贵金属价格逆势大幅上涨。贵金属具有避险功能，通常与经济走势呈反向关系。2018年9月以来，在经济不确定性风险居高不下的情形下，贵金属价格延续上涨态势。贵金属价格指数由2019年7月的99.6上涨至2020年8月的160.3，涨幅高达60.9%（见图4）。黄金价格一路上涨，由2020年1月的1560.7美元/盎司涨至8月的1968.0美元/盎司，涨幅达26.1%（见图5）。2020年以来，黄金价格上涨主要受到四个因素的推动：一是全球不确定性不断上升，黄金作为重要的避险资产需求增加；二是新冠肺炎疫情暴发之后，主要发达经济体央行实行了极度宽松的货币政策，提升了全球通胀预期；三是3月以来的美元贬值推升了以美元计价的黄金价格；四是黄金市场投资情绪高涨，大量投机性资金通过ETF等渠道进入黄金市场。[1]与黄金相比，白银和铂金的工业金属属性更强[2]，从而其价格走势受到经济活跃度的影响。2020年，全球经济衰退导致白银、铂金的需求下降，尽管因南非矿场暂时停工而供给减少（该矿场生产了全球一半以上的铂金），但其价格在3~4月仍下跌了1/3。

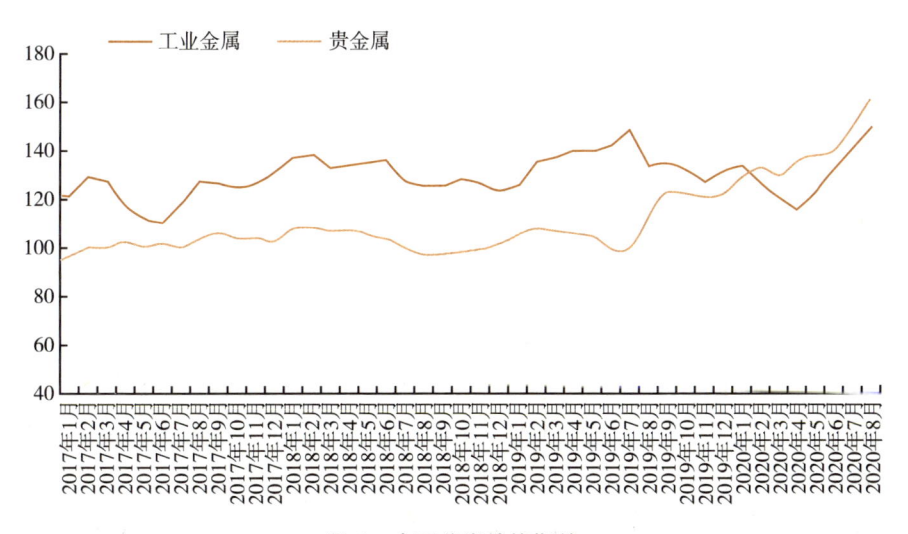

图4　金属分类价格指数

注：2016年价格为100。工业金属价格指数包括铝、钴、铜、铁矿石、铅、钼、镍、锡、铀和锌等价格指数。贵金属价格指数包括金、银、钯、铂价格指数。

资料来源：IMF。

---

[1] 张明：《再论美元、人民币和黄金》，新浪财经网，2020年8月。
[2] 超过40%的铂金被用于汽车生产中的催化转化器，从而对铂的需求会随着汽车产量下降而减少。

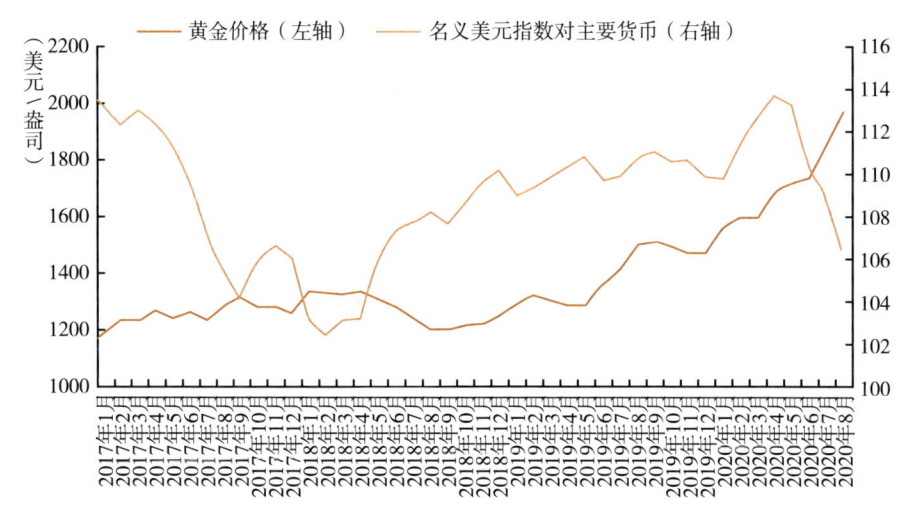

图5 伦敦金条市场协会的下午定盘价与美元指数

资料来源：IMF和美联储。

工业金属走出一波"V"形行情，呈上行趋势。2019年下半年，受经济增长疲软的影响，工业金属价格指数波动下行，由2019年6月的141.3跌至12月的131.2，降幅为7.1%。2020年2~4月，全球经济衰退导致工业金属需求急剧萎缩，尤其是占全球金属需求一半以上的中国受疫情影响而出现大面积工厂停工，导致大多数工业金属价格加速下跌，其中铜、锌分别下跌了16.1%、19.2%，铁矿石价格受到的影响较小，下跌了12.0%。在这一时期，供给端因素对工业金属价格形成一定的支撑，但力量较弱。疫情对铜、锌矿供给的负面冲击较明显，约有15%的铜矿和20%的锌矿产能受影响较大，[①]其中秘鲁（锌、铜第二大生产国）4月的锌、铜产量分别下降了86%、35%。[②]而澳大利亚和巴西的铁矿石业务因高度自动化和远程作业而受疫情影响较小。[③] 黄金与铜的价格比率——度量全球风险情绪的温度计——在4月攀升至

---

① International Monetary Fund, "A Long and Difficult Ascent," World Economic Outlook, October 2020.
② Baffes John and OymakIpek, "Food Commodity Prices: Prospects and Risks Post-coronavirus," Blogs, World Bank, June 12, 2020.
③ International Monetary Fund, "A Long and Difficult Ascent," World Economic Outlook, October 2020.

0.33，为40年来的最高点，反映当时市场恐慌情绪达到峰值。

2020年5~8月，随着中国复工复产的快速推进①，欧美防疫措施的不断放松，全球制造业快速复苏，工业金属需求稳步回升，金属价格强劲上涨。8月，工业金属价格指数达到148.9，已超过2019年135.1的平均水平。铜价——全球经济健康的一个风向标——强劲反弹，由4月的5058美元/吨升至8月的6499美元/吨，涨幅达28.5%，反映了工业生产和工业金属需求明显改善。

农产品价格稳定。农产品收入弹性小，全球经济衰退对农产品需求的影响较小。2020年2~4月，农产品受到全球经济衰退带来的需求压力较小，农产品价格指数下跌了约11%。农产品中与工业生产相关度较高的商品价格跌幅较大。例如，天然橡胶价格2~4月下降了19.3%，主要原因在于天然橡胶消费的2/3用于生产轮胎，而疫情导致汽车产量下降。此外，由于燃料需求下降，用于生产生物燃料的玉米和大豆价格也分别下降了14.4%和8%。② 5~8月，天然橡胶价格上涨3%，玉米和大豆价格也分别上涨2%和7.4%，农产品整体价格指数上涨5.3%。8月，农产品价格指数升至100.2，已超过2019年98.6的平均水平。

全球粮食市场供应充足，但低收入国家粮食安全引发关注。2020年1~8月食品价格指数均值为99.7，比上年同期略微上涨了0.2%。主粮产量充足，库存与消费的比率处于高位。然而，一些主要出口国（如俄罗斯和越南）宣布的贸易限制，以及一些进口商的"超额"购买（如菲律宾购买大米、埃及和沙特阿拉伯购买小麦）引起了对低收入国家粮食安全问题的关注。③

二 石油的实际供需状况

疫情使得本已疲弱的全球经济雪上加霜，全球原油需求2020年第一、二

---

① 受基础设施投资和房地产投资的推动，中国的工业金属需求在2020年第二季度迅速反弹。中国的固定资产投资在5月同比增长6%，而在2月下降了20%。Koh Wee Chian and John Baffes, "Roller Coaster Ride for Metals Amid the COVID-19 Pandemic," Blogs, World Bank, July 20, 2020。
② World Bank Group, "Commodity Markets Outlook," April 2020.
③ Glauber J., Laborde D., Martin W., et al., "COVID-19: Trade Restrictions Are Worst Possible Response to Safeguard Food Security," Issue Post, March 2020.

季度加速下降,第三季度虽有所恢复,但远低于上年同期水平,出现严重的供需失衡问题。2019年,全球石油日均需求量为9970万桶,增长0.4%。2020年第一季度、第二季度的全球石油日均需求量分别为9270万桶、8160万桶,降幅达7.0%、18.2%。2020年第三季度,石油日均需求量预计反弹至9150万桶,季度环比增长12.1%,但仍比2019年减少了8%。

北美、欧洲等发达经济体的石油需求在2020年第一、二季度连续下降,其上半年需求量相较于2019年分别下降14.6%、16.1%,明显超过中国(-11.3%)和印度(-13.5%)的跌幅。2020年第一季度中国原油日均需求量跌至1070万桶,比上年减少260万桶,降幅达19.5%,但中国较早控制住了疫情,日均需求量在第二季度迅速反弹,回升至1290万桶,比上季度增加220万桶,但仍比上年减少40万桶,中国是在第二季度唯一实现正增长的石油需求大国。2020年第一季度印度的石油日均需求量与2019年持平,在第二季度其疫情大规模暴发,石油日均需求量由第一季度的480万桶降至350万桶。苏联、拉美、中东、非洲的日均石油需求量在2020年第一、二季度均持续下降(见表2)。国际石油市场存在明显的供给过剩问题。2019年,国际原油市场基本实现供需均衡,供给过剩量仅为10万桶/天,远低于2018年100万桶/天的过剩量。2020年第一、二季度,全球原油过剩量分别达750万桶/天、980万桶/天,处于严重过剩状态。①

表2 世界石油供需状况

单位:百万桶/天

项目	2018年	2019年	2020年第一季度	2020年第二季度	2020年第三季度	2020年	2021年
需求							
OECD	47.8	47.7	45.4	36.6	43.9	42.9	46.2
北美	25.5	25.6	24.2	19.5	24.2	23.2	25.0
欧洲	14.3	14.3	13.4	10.6	13.2	12.7	13.8

---

① International Energy Agency, "Oil Market Report," June 2020.

续表

项目	2018年	2019年	2020年第一季度	2020年第二季度	2020年第三季度	2020年	2021年
亚洲大洋洲	8.1	7.8	7.8	6.5	6.5	7.0	7.4
发展中国家	51.5	52.0	47.3	45.0	47.6	47.3	50.7
苏联	4.7	4.8	4.5	4.0	4.4	4.4	4.6
中国	13.0	13.3	10.7	12.9	12.7	12.5	13.6
印度	4.9	4.8	4.8	3.5	3.6	4.0	4.6
拉美	6.4	6.6	6.1	5.6	6.2	6.0	6.3
中东	8.3	8.2	7.9	6.9	7.9	7.5	7.9
非洲	4.2	4.5	4.4	3.8	4.1	4.1	4.3
总需求	99.3	99.7	92.7	81.6	91.5	90.2	96.9
供给							
OECD	26.9	30.0	31.2	27.9	28.2	29.0	29.7
北美	23.0	25.8	26.6	23.5	23.7	24.5	25.1
欧洲	3.5	3.7	4.0	3.9	3.9	4.0	4.1
亚洲大洋洲	0.4	0.5	0.5	0.5	0.6	0.6	0.6
发展中国家	31.1	29.1	29.0	29.0	29.1	29.3	29.1
苏联	14.6	14.4	14.5	13.0	12.3	13.1	13.1
中国	3.8	4.1	4.1	4.2	4.1	4.1	4.1
OPEC原油	31.4	29.3	28.3	25.6			
总供给	100.3	99.7	100.2	91.5			
供需差额	1.0	0.1	7.5	9.8			

注：供给部分的发展中国家不包括OPEC。
资料来源：OPEC,"Monthly Oil Market Report," September 2020。

随着各国疫情防控措施的逐步放松，预计2021年全球石油需求将会出现增长，但难以恢复到2019年的水平。根据OPEC的预测，2020年全球石油日均需求量将缩减至9020万桶，下跌9.5%，其中，OECD国家石油日均需求量为4290万桶，下降10.1%，发展中国家石油日均需求量为4730万桶，减少9.0%。2021年，全球石油日均需求预计恢复至9690万桶，比上年增长670万

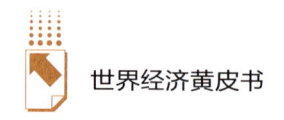

桶，但仍比2019年低280万桶。OPEC的预估显示，2021年OECD国家的石油日均需求为4620万桶，相当于2019年的96.9%；发展中国家石油日均需求量为5070万桶，恢复至2019年的97.5%；若从发展中国家中剔除中国，则其石油需求量恢复至2019年的95.9%，低于发达国家。这表明，发展中国家因卫生系统脆弱性问题尖锐，在防控疫情上面临的挑战更大，复工复产进度慢于发达国家，从而石油需求的恢复进度也较慢。

从供给端看，2020年第一季度，全球原油日产量为10020万桶，比上年增长50万桶；第二季度因需求量大幅下降，日产量降至9150万桶，比上年减少870万桶，降幅达8.7%。根据OPEC的预测，2020年，非OPEC国家石油日产量将下降至6250万桶。其中，美国2020年的原油日产量下降至1125万桶（致密油日产量将减少76万桶，常规油日产量下降19万桶），俄罗斯原油日产量下降至1032万桶。此外，加拿大、哈萨克斯坦、马来西亚、哥伦比亚和阿塞拜疆石油产量也将下降，而挪威、巴西、圭亚那和中国石油产量将可能增长。2021年，非OPEC国家石油日产量预计将增长约100万桶，达6347万桶，其中，美国、加拿大、巴西和挪威的日产量将分别增长40万桶、20万桶、10万桶、10万桶。OPEC国家在2019年的原油日产量为2930万桶，2020年第一、二季度的日产量分别为2828万桶、2561万桶。若2021年原油需求继续保持低迷，OPEC国家料将维持现有减产政策；若原油需求强劲反弹、原油价格快速上涨，预计OPEC国家会考虑增加产量，以增加石油财政收入和出口收入，保住市场份额。

三 中国需求

中国是国际大宗商品最大的需求者。就表3所列的主要大宗商品而言，中国在2018年的进口额为5088.4亿美元，占世界进口份额为20.8%。与2017年相比，中国的进口总额增加了826.1亿美元，而份额下降了1.8个百分点（见表3）。

表3 中国大宗商品进口规模及占全球份额

品种	2018年中国进口 金额（亿美元）	2018年中国进口 数量（万吨）	2018年中国进口份额（%）金额	2018年中国进口份额（%）数量	中国进口份额变化（与2017年的差额，个百分点）金额	中国进口份额变化（与2017年的差额，个百分点）数量
谷物	57.9		5.6		-2.2	
稻谷	16.0	303.5	7.9	9.9	-6.4	-6.9
大豆	380.8	8803.4	60.0	64.5	-8.7	-7.9
橡胶	36.1	259.6	25.0	33.4	-4.2	-5.5
原木	109.8		54.9		-5.0	
羊毛	42.0		29.8		0.8	
棉花	98.9		22.8		-6.2	
钢铁	223.8		5.3		-1.8	
铁矿石	750.1	106466.6	65.3	75.8	-4.1	-4.1
铜及制品	476.5		28.3		-4.0	
铜矿石	327.3	1973.8	50.9	63.2	4.1	12.6
铝及制品	66.4		3.4		-1.4	
铝矿石	44.3	8271.6	69.8	74.9	2.3	3.1
氧化铝	3.2	51.2	1.9	2.0	-8.0	-8.4
铅矿石	16.9	122.9	31.5	44.8	4.2	-1.9
锌矿石	32.5	297.6	23.1	26.9	3.7	3.1
镍矿石	29.7	4695.8	73.7	88.7	3.5	2.7
原油	2392.2	46190.8	20.3	19.7	0.8	0.2
合计	5088.4		20.8		-1.8	

注：表中产品名称均为对应的海关HS分类名称的简称。对应的代码分别为谷物10、稻谷1006、大豆1201、橡胶4001、原木4003、羊毛51、棉花52、钢铁72、铁矿石2601、铜及制品74、铜矿石2603、铝及制品76、铝矿石2606、氧化铝281820、铅矿石2607、锌矿石2608、镍矿石2604、原油270900。

资料来源：联合国COMTRADE数据库。

中国的大宗商品进口总额的上升，既有大宗商品价格上涨的因素，又有进口商品绝对数量增加的因素。2018年，中国进口的大宗商品绝对数量有增有减。就图6中的11种大宗商品而言，中国2018年的总进口数量比上年增加了5047万吨，增长了2.9%，增速基本与上年持平。其中，铜矿石、铝矿石、锌矿石、镍矿石、原油的进口数量有所上升，而稻谷、大豆、橡胶、铁矿石、氧化铝、铅矿石的进口数量出现下降。

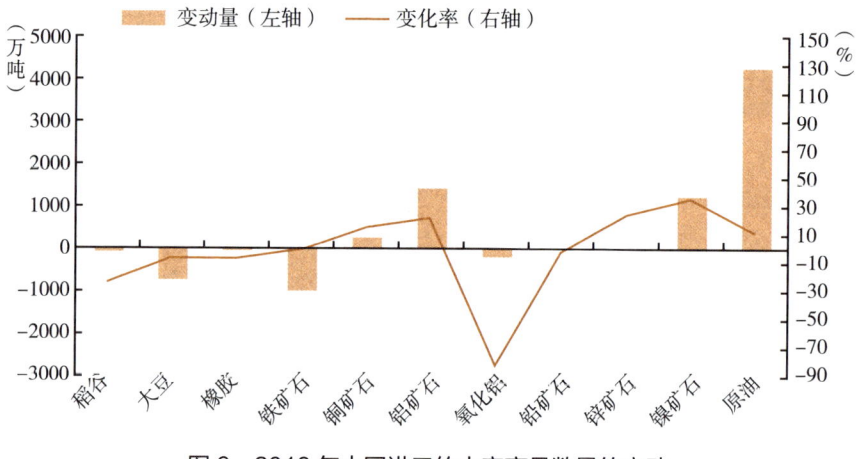

图6 2018年中国进口的大宗商品数量的变动

资料来源：联合国COMTRADE数据库和笔者的计算。

中国对工业金属供求状况具有巨大影响力，尤其是镍矿石、铝矿石和铁矿石，中国对这三类金属矿石的进口份额均超过了60%。2018年，中国的镍矿石进口量达29.7亿美元，进口份额为73.7%，上升了3.5个百分点。中国对铁矿石的进口不仅份额高，而且规模巨大。2018年，中国进口的铁矿石规模高达750.1亿美元，占世界铁矿石进口总额的65.3%。同时，中国2018年对铜矿石的进口份额超过50%，对铜及制品、铅矿石的进口份额为28%~32%，对锌矿石的进口份额超过20%。2018年，中国对一些金属矿产品的需求持续增加。例如，中国对铜矿石、镍矿石、铝矿石、锌矿石的进口额分别比上年增长了21.7%、42.6%、30.6%、42.4%，其进口份额依次提高了4.1个、3.5个、2.3个、3.7个百分点。

中国对国际农产品市场也有重大影响，尤其是大豆和原木。中国的大豆进口规模及其占全球大豆进口总额的比例从2002年以来基本呈现上升态势。2018年，中国进口大豆的规模达380.8亿美元，占全球大豆进口总额的份额为60.0%，比2017年下降了8.7个百分点。中国在原木市场的进口额有所下降，由2017年的59.9%降至2018年的54.9%。中国的稻谷、棉花进口额分别下降了6.4个、6.2个百分点。中国2018年橡胶的进口额下降了4.2个百分点。

中国粮食的进口额较低，表明中国粮食的自给自足程度较高。2018年，中国对谷物（包括小麦、大麦、燕麦、玉米、稻谷和高粱等）的进口规模为57.9亿美元，占全球谷物进口的份额为5.6%，下降了2.2个百分点。其中，稻谷进口规模为16亿美元，进口份额为7.9%，减少了6.4个百分点。

原油是中国进口规模最大的大宗商品。中国进口原油的数量逐年增长，占世界石油进口份额不断上升，已成为稳定的第一大原油进口国。2018年，中国进口原油2392.2亿美元，占全球石油进口额为20.3%，与上年相比上涨0.8个百分点。

基于国别数据，我们发现，中国经济近一两年来虽有所放缓，但对能源、铁矿石和大豆等一些大宗商品的需求仍呈增长态势。2019年，中国原油、铁矿石、天然气、大豆的进口量分别达5.06亿吨、10.7亿吨、9698万吨、8859万吨，比上年增长9.5%、0.5%、7.0%、0.6%，但相较于2017年需求增速明显减缓（2017年原油、铁矿石、天然气、大豆的进口量增速分别为4.9%、10.1%、23.9%、13.8%）；进口额分别达2387亿美元、998亿美元、419亿美元、354亿美元，同比增长0.5%、33.1%、9.0%、-7.2%。2020年，中国率先控制住了疫情，对大宗商品的需求在第二季度迅速复苏。2020年前8个月，中国原油、铁矿石、天然气、大豆的进口量分别为3.68亿吨、7.6亿吨、6533万吨、6474万吨，年化增长率为9.0%、6.5%、1.0%、9.6%；进口额分别为1208亿美元、704亿美元、228亿美元、250亿美元，年化增长率达为-24.1%、5.8%、-18.3%、6.1%（见图7）。

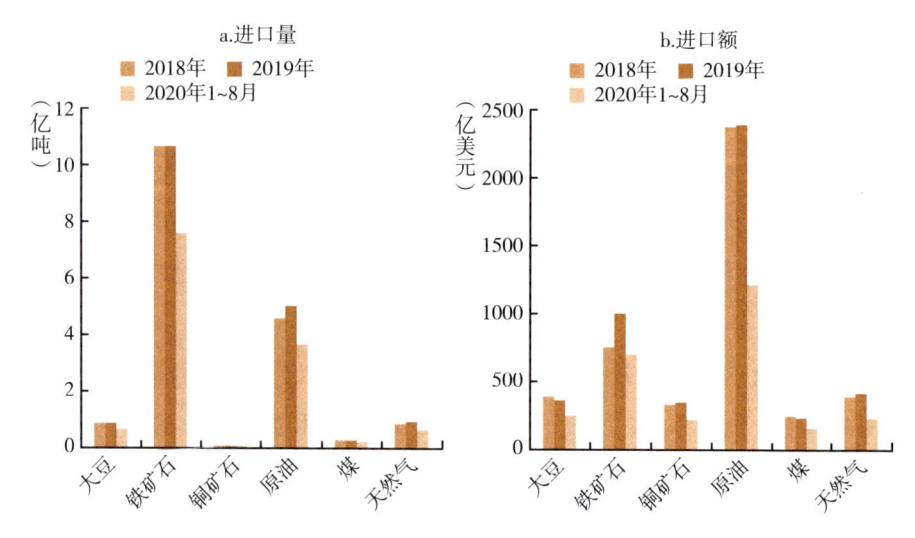

图 7　中国主要大宗商品的进口量和进口额

资料来源：CIEC 数据库。

四　货币金融因素

在大宗商品市场金融化趋势日益增强的情形下，货币金融因素对大宗商品价格走势产生重要影响。美元是世界储备货币，也是大宗商品的基础计价货币，美国的货币政策和美元汇率的变动将不可避免地对大宗商品价格产生影响。在大宗商品定价权方面，期货市场的重要性远高于现货市场。

（一）货币因素的影响

作为大宗商品的计价货币，美元指数与商品价格之间通常存在反比关系。当美元兑其他主要货币走强时，商品价格趋于下跌，而当美元兑其他主要货币贬值时，商品价格普遍走高。当美联储实行宽松货币政策时，较低的利率和美元指数将支持大宗商品价格上涨；当美联储采取紧缩的货币政策时，较高的美元汇率将对大宗商品的价格上涨具有抑制作用。[1]

---

[1] 王永中、周伊敏：《国际大宗商品市场形势回顾与展望：波动下行》，载张宇燕主编《2020年世界经济形势分析和预测》，社会科学文献出版社，2020。

国际大宗商品市场形势回顾与展望："V"形波动

2020年1~8月，大宗商品价格的走势主要由供给和需求因素主导，货币金融因素的作用较弱。如图8所示，大宗商品价格指数与美国联邦基金利率在此期间并没有出现明显的负相关性。美国为应对疫情的负面冲击实行了极度宽松的货币政策，但由于市场需求衰减强势主导了大宗商品价格的下跌，宽松货币政策对大宗商品价格的支撑作用较弱，导致1~4月大宗商品价格指数与联邦基金利率出现同步下降。5~8月美国联邦基金利率继续保持较低水平，有利于大宗商品价格随着需求恢复而上涨。1~8月，大宗商品价格指数与美元指数呈现反向变动关系。尽管美元走势并不是引起大宗商品价格暴跌和暴涨的主要因素，但起到推波助澜的作用。1~4月，美元由于其避险资产地位，需求增加，美元兑其他货币升值，对大宗商品价格施加下行压力。5~8月，受美国疫情防控不力和经济前景暗淡的影响，美元指数持续回落，由4月的113.6降至8月的106.3。8月，美元兑欧元、瑞士法郎、英镑和日元汇率分别下跌了3.0%、2.5%、3.4%和0.6%。在市场需求逐步恢复的背景下，美元贬值为大宗商品价格上涨提供了进一步的动力。鉴于美国通胀预计将保持低位，且美元利率将在较长时期内维持在接近零利率水平，美

图8 大宗商品价格、美国货币政策和美元汇率

资料来源：Commodity Research Bureau，Federal Reserve Board，IMF。

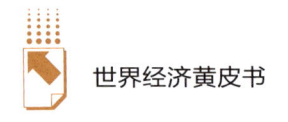

元兑主要货币将有可能继续保持弱势，这将为国际大宗商品价格提供上行动力。

（二）商品期货市场的影响

原油期货是大宗商品期货市场中交易最活跃的商品期货。我们现分析原油期货市场的投资状况对原油现货价格的影响。2019年，原油期货未平仓合约量结束了2018年的下跌趋势并出现小幅回升。根据芝加哥期货交易所（CME）数据，2019年全年原油期货未平仓合约量增加了3万份，增幅为1.5%。2020年上半年，原油期货未平仓合约量持续上涨，相较于2019年，增加了6万份，增幅为3%。

图9 原油期货未平仓合约量

资料来源：CME。

市场原油期货交易活跃度有所上升，但相较于2017~2018年，2019年下半年以来原油期货市场看多情绪明显降温，价格预期差异增大。根据商品期货交易委员会（CFTC）公布的交易数据，原油期货和期权管理基金建立的多头/空头头寸比例明显降低，尤其是在2020年第一季度，多头比重大幅下降。2020年3月，疫情引起的原油需求大幅下降和OPEC+减产谈判破裂，导

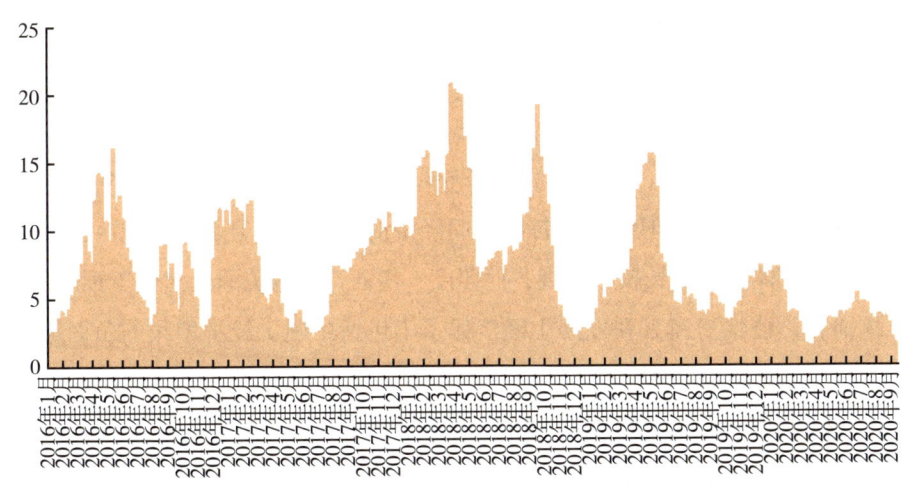

图10 原油期货和期权管理基金的多头/空头头寸比例

资料来源：CFTC。

致多头比重跌至近五年以来的新低点。在经历了第二季度的多头情绪上涨后，2020年第三季度，由于全球范围内新冠肺炎确诊病例持续增加，经济活动恢复和国家开放的持续性存在不确定性，油价上涨空间受到限制，原油期货和期权管理基金的看涨情绪消退，多头/空头比从6月30日的约5∶1降至9月15日的约1.5∶1，反映了市场对原油价格下跌的担忧。

五 国际大宗商品价格趋势展望

基于世界银行、IMF、OECD和国际能源署等机构关于世界经济形势与国际大宗商品市场的预测，我们现从需求、供给和货币等视角，对2020~2021年国际大宗商品市场的走势作一个简要展望。

全球大宗商品的需求取决于世界经济形势。根据IMF和OECD等国际组织的预测，2020~2021年，疫情将对经济增长带来长期影响，预计大多数经济体2021年的产出水平低于或基本持平于2019年。根据IMF的《世界经济展望》，2020年全球经济增长率为-4.4%，其中发达经济体的产出增长率

251

为 -5.8%，新兴经济体的产出增长率为 -3.3%（若不包括中国，则为 -5.7%）；2021 年全球经济增长率为 5.2%，其中发达经济体的产出增长率为 3.9%，新兴经济体的产出增长率为 6.0%。[1] 另据 OECD 的《中期经济展望》，2020 年全球经济将下降 4.5%，2021 年将增长 5%。OECD 认为，尽管 2020 年全球产出的下降低于预期，但疫情对各国之间经济的影响差异显著，中国、美国以及欧洲经济体经济增长较为乐观，而印度、墨西哥和南美的产出低于预期。[2] 总体而言，疫情对新兴和发展中经济体（不包括中国）经济增长的负面影响程度将超过发达经济体。

关于国际大宗商品在 2020~2021 年的价格走势，世界银行和 IMF 均进行了预测。据世界银行的预测，能源价格在 2020 年将下跌 40.3%，在 2021 年将上涨 18.9%，其中原油均价在 2020 年将跌至 35 美元/桶，比 2019 年下跌 43.0%，2021 年将回升至 42 美元/桶，仍远低于 2019 年 61 美元/桶的水平；非能源价格在 2020 年将小幅下跌 5.1%，2021 年上涨 2.5%，其中金属矿石价格在 2020 年将下跌 13.2%，2021 年小幅上涨 4.0%，黄金价格在 2020 年将上涨 14.9%，2021 年将下跌 0.6%。[3] 另据 IMF 的预测，2020 年原油均价（布伦特、WTI 和迪拜法塔赫油价的简单平均数）为 41.7 美元/桶，2021 年预计为 46.7 美元/桶；非燃料初级商品的价格在 2020 年、2021 年将分别上涨 5.6%、5.1%。[4] 大宗商品需求主要受疫情控制程度、疫情引发的行为改变、中美经贸摩擦和中国经济转型等因素的影响。疫情有效控制的程度和进度是影响大宗商品需求最为重要的因素。若疫情能在 2021 年初得到有效控制，全球经济将在 2021 年迅速回暖，大宗商品需求会快速上升，能源、工业金属等市场敏感型商品的价格会出现反弹。若欧洲暴发第二波疫情，美国、印度等国疫情未能得到

---

[1] International Monetary Fund, "A Long and Difficult Ascent," World Economic Outlook, October 2020.

[2] OECD, "Building Confidence Amid an Uncertain Recovery," Interim Economic Outlook, September 2020.

[3] Glauber J., Laborde D., Martin W., et al., "COVID-19: Trade Restrictions are Worst Possible Response to Safeguard Food Security," Issue Post, March 2020.

[4] International Monetary Fund, "A Long and Difficult Ascent," World Economic Outlook, October 2020.

有效控制，可能迫使相关国家重新实施严格的抗疫政策，这将阻碍其对能源和工业金属矿石的需求复苏，从而大宗商品价格会继续在低位震荡徘徊。而且，疫情将改变经济主体的行为，引发区域和行业层面大宗商品需求的长期变化，体现在：一是行业需求结构调整。预计商务旅行、旅游、休闲等行业很难恢复至疫情前水平，而医疗、通信以及 IT 行业受疫情推动将加速发展。二是地域需求结构变动。全球价值链收缩和近岸外包（near-shoring）倾向的增强将会导致全球供应链重组，企业将通过减少进口的平均距离或增加替代商品进口的方式，以保证进口安全并应对疫情冲击所导致的高运输成本。三是疫情可能推动远程办公和网络会议的普及与发展，将会减少工作旅行需求进而减少燃料需求。同时，中美经贸摩擦升级会增加全球经济不确定性，挫伤投资信心，不利于大宗商品需求的恢复。另外，中国新的刺激措施，如发展新基建（包括5G网络和电动汽车充电桩），与传统的基础设施相比（如铁路、桥梁），其工业金属的集中度明显下降，[①]这势必对工业金属需求造成一定的冲击。

大宗商品的供给主要受疫情、产能和政策因素的影响。疫情防控措施会对劳动密集型的工业金属和粮食的正常生产构成挑战，导致一些工厂停工、中间投入品短缺。例如，关键投入品供应（如化工、化肥和种子）的可能中断和劳动力的国际流动受阻会对未来粮食生产构成负面影响。国际旅行限制会影响发达国家农业生产的劳动力可获得性，而杀虫剂和中间投入品的短缺将可能减少非洲国家的农业收成。[②]同时，大宗商品价格的低迷会导致相关领域投资下降，影响未来产能增长。OPEC+ 的减产协议将继续成为支撑油价的重要因素。低油价导致美国油气企业削减对新页岩油井的勘探和设备投资，预计未来两年美国页岩油产量难以出现大幅上涨。鉴于中东地缘政治风险犹存，一些诸如产油国产油设施遇袭或石油运输通道受阻等事件仍可能爆发，

[①] Koh Wee Chian and John Baffes, "Roller Coaster Ride for Metals Amid the COVID-19 Pandemic," Blogs, World Bank, July 20, 2020.

[②] Nagle Peter, "Coronavirus and Commodity Markets: Lessons from History," Blogs, World Bank, May 8, 2020.

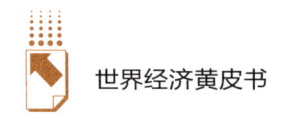

这将导致全球原油供给下降。

美元是大宗商品的计价货币，预测大宗商品价格走势需要考虑美元汇率的变化。由于美国的疫情控制不力、经济复苏前景暗淡、公共债务大幅攀升以及美联储无上限量化宽松政策的施行，美元汇率处于下行通道，而美元的持续走弱将对大宗商品价格形成支撑。不过，未来美元仍有走强的可能性，理由如下：一是全球卫生、经济和政治不确定性风险居高不下，美元作为避险货币其市场需求仍可能增长；二是若全球经济未能摆脱"长期性停滞格局"，美元作为一种反周期货币不会过度走弱；三是若疫情得到控制，美国经济将率先好转，美元的吸引力将上升。

综上所述，2020~2021年，全球经济将从疫情的影响中逐渐复苏，虽然对大宗商品价格构成支撑，但疫情控制和中美经贸摩擦的高度不确定性，以及全球产业链的重组，难以保证大宗商品需求增长的稳定性和可持续性。2020年秋冬季，疫情是否会出现二次大规模蔓延，将会是影响大宗商品走势的焦点问题。若疫情管控状况良好，鉴于大宗商品价格已从2020年第一季度的暴跌中逐渐恢复，预计其受季节因素影响在第四季度将可能继续小幅上涨，在2021年继续恢复和巩固，但上涨空间有限。若疫情管控慢于预期，疫情防控措施会有所收紧，大宗商品价格很可能继续震荡下跌，但大幅下跌的可能性基本不存在。大宗商品的供应扩张能力受到前期价格急剧下跌时投资推迟或取消的制约。全球原油供给受到OPEC+减产协议的效力和期限、美国页岩产业受疫情影响程度以及地缘政治风险等因素的影响。美国的无上限量化宽松政策和不断攀升的公共债务将导致美元贬值，而美元的持续走弱将对大宗商品价格形成支撑，但鉴于美元下行空间有限，且在未来一年左右的时间内仍存在反弹或走强的可能性，因此美元贬值对大宗商品价格支撑有限。预计大宗商品价格在2020年第四季度会有小幅上涨，在2021年进入恢复和巩固阶段，继续上涨空间较小。受需求恢复、高库存和减产的影响，布伦特原油中枢价格在2020年第四季度将可能升至45美元/桶，在2021年将有望进一步升至50美元/桶，但仍显著低于疫情之前的水平。

参考文献

王永中、周伊敏：《国际大宗商品市场形势回顾与展望：波动下行》，载张宇燕主编《2020年世界经济形势分析和预测》，社会科学文献出版社，2020。

张明：《再论美元、人民币和黄金》，新浪财经网，2020年8月。

Baffes John and OymakIpek, "Food Commodity Prices: Prospects and Risks Post-coronavirus," Blogs, World Bank, June 12, 2020.

Glauber J., Laborde D., Martin W., et al., "COVID-19: Trade Restrictions are Worst Possible Response to Safeguard Food Security," Issue Post, March 2020.

International Energy Agency, "Oil Market Report," June 2020.

International Monetary Fund, "A Long and Difficult Ascent," World Economic Outlook, October 2020.

Koh Wee Chian and John Baffes, "Roller Coaster Ride for Metals Amid the COVID-19 Pandemic," Blogs, World Bank, July 20, 2020.

Nagle Peter, "Coronavirus and Commodity Markets: Lessons from History," Blogs, World Bank, May 8, 2020.

OECD, "Building Confidence Amid an Uncertain Recovery," Interim Economic Outlook, September 2020.

OPEC, "Monthly Oil Market Report," September 2020.

World Bank Group, "Commodity Markets Outlook," April 2020.

Y.15
全球智库重点关注的经济议题

常殊昱[*]

摘　要： 2019~2020年，全球经济呈现负向增长、债务高企、金融脆弱性上升的局面，新冠肺炎疫情的暴发使全球经济和全球治理面临的挑战更加严峻。本报告的智库热点主要选题于中国社会科学院世界经济与政治研究所全球宏观经济研究室编译的《全球智库半月谈》，选题的时间范围为2019年10月至2020年9月。本报告聚焦于在选题期间被全球智库广泛讨论的三个热点问题。第一，全球债务高企，发达国家政府债务处于第二次世界大战以来的最高水平，新兴市场国家的债务可持续性问题也令人担忧。智库文章分析全球公共债务的形成原因、主要风险点和潜在影响。第二，全球价值链发展动态，包括金融危机后全球价值链变化，以及疫情对全球价值链的影响。第三，疫情的经济影响和各国的政策应对。智库文章估计了疫情对不同主体造成的经济冲击程度，总结了各国政府采取的应对政策并提出相应的政策建议。

关键词： 公共债务　全球价值链　经济冲击

2020年，新冠肺炎疫情给全球经济带来巨大冲击，世界经济进入负增长的

---

[*] 常殊昱，经济学博士，中国社会科学院世界经济与政治研究所助理研究员，主要研究领域为开放宏观、国际金融。

一年。在疫情发生之前，全球经济已经面临增长放缓、债务高企和全球价值链扩张步伐趋缓的挑战，新冠肺炎疫情的暴发和蔓延使上述挑战更为严峻。本文回顾了 2019 年 10 月至 2020 年 9 月全球智库重点关注的全球经济热点问题。议题包括发达国家和新兴市场国家公共债务高企、全球价值链的新变化和新冠肺炎疫情对全球价值链的冲击、新冠肺炎疫情造成的经济影响和各国政策应对。

一 发达国家和新兴市场国家公共债务高企

2019 年全球债务水平比 2007 年高出 40%，发达国家政府债务处于第二次世界大战以来的最高水平，同时新兴市场国家的债务水平也呈上升趋势。新冠肺炎疫情的暴发进一步推升了各国的公共债务水平，增加了对债务危机的担忧。智库文章主要关注了发达国家和新兴市场国家高债务水平的成因和风险。

（一）欧美发达国家的债务问题

2008 年后，各国经济普遍增长乏力，欧美发达国家公共部门的债务与 GDP 之比不断升高。Edwards 指出美国联邦政府债务与 GDP 之比已经达到 98%，预计 2040 年将达到 157%，超过希腊债务危机时 121% 的水平。作者同时分析了美国目前债务风险没有暴露的原因，包括美联储的低利率政策、充足的全球储蓄和外国政府借款减少。但这些因素随时可能发生改变，如中国等高储蓄国家储蓄下降，从而减少全球储蓄池；欧洲政府可能会增加借款，以应对其福利计划不断上涨的成本等。为应对外部不确定性，作者认为美国应借鉴加拿大政府的债务处理方式，具体包括削减国防、商业补贴、农业援助、福利、对基层政府的补贴等开支项。[①]

Alcidi 和 Gros 以欧元区债务为研究对象，认为欧元区的无风险利率徘徊在零附近的低利率环境推升了公共债务水平。同时，高债务国家仍面临相当大的风险溢价，此时可能出现一个恶性循环，高风险溢价导致更高的债务，进而导

---

① Edwards, C., "Marching Toward a Debt Crisis," https://www.cato.org/publications/commentary/marching-toward-debt-crisis，2019.

致更高的风险溢价。风险溢价与债务规模之间存在自我强化机制，一个微小的变化很可能导致未来债务规模发展路径的明显改变。在更高的债务规模下，债务的利率成本更高，政府不仅偿还的债务更多，所付的利息也更高。①

Blanchard 认为，尽管公共债务的攀升可能给经济带来不良影响，但高债务不能被简单定义为灾难，政府应该做的是正确使用公共债务。作者总结了以往文献中债务的破坏性主要有两个来源：一是财政成本，当期的高债务水平意味着未来高额的扭曲性税收；二是福利成本，债务会挤出储蓄者持有组合中的资本，减少资本积累，从而减少未来的产出和消费。作者对这两个来源都做出了分析。首先，作者认为在低利率环境下，利率低于经济增长率，公共债务财政成本几乎为零。例如，美国政府债券收益率比美国十年期名义利率约低 1 个百分点。这种差距在其他发达国家中更明显，英国的差值为 2.3 个百分点，欧元区为 2 个百分点，日本为 1.3 个百分点。如果这种不匹配在未来持续下去，债务就没有财政成本。换句话说，不需要更高的税收，单是经济增长就已足够偿还债务了。政府可以将债务延期，并发行新的债务来支付利息，债务将按利率增长。但经济产出则以更快的速度增长，这样一来，债务与国内生产总值的比率将逐渐下降，政府无须增税。其次，作者认为债务的福利成本也很低。如果利率低于经济增长率成立，那么经济就是低效的，资本积累速度和产出下降，这种情况下实际消费是上升的。因此，在某些条件下，较高的公共债务也许会带来有限的福利成本，但不会造成财政成本。作者认为只有在货币政策能够抵消债务减少对需求和经济活动的短期不利影响时，才应考虑债务的减少。②

Philippon 部分认同 Blanchard 的观点，认为当债务的社会成本低于通胀的预期时，财政政策的重点应放在公共投资或减税上，而非追求财政盈余。然而，该方案只适用于经济增长率确实高于利率的国家（意大利就是反例）和高

---

① Alcidi, C. & Gros, D., "Public Debt and the Risk Premium: A Dangerous Doom Loop," https://voxeu.org/article/public-debt-and-risk-premium, 2019.
② Blanchard, O., "Public Debt and Low Interest Rates," Presidential Address at the American Economic Association Annual Meeting, 2019.

质量的公共支出，而不是非生产性的转移支付。① Krugman也支持Blanchard的观点，认为在充分就业附近采取紧缩性财政政策可能是错误的。② 联邦预算委员会则认为，布兰查德的分析在理论上是正确的，但不适用于美国当前的情景——根据该组织的预测，当前的公共财政赤字远非小数，更无法达到基本收支平衡，如果继续施行现在的法律，公共债务率可能会在30年内达到152%。③

Mazza观察欧洲四大主要经济体，发现利率持续低于经济增长率的结论并不在所有国家成立。作者基于经合组织提供的关于德国和意大利的数据（1992年起），指出在过去的二十几年中，意大利的r一直高于g（仅2000年和2017年除外）④，而只有在危机之后，德国政府债券收益率与经济增长率之差才是正的。从1961年开始获得数据的法国和英国则表现出略微的不同：前者的g和r之间的平均差距略高于零，而后者的差距比美国更大（分别为0.45个和0.32个百分点）。⑤

（二）新兴市场面临的债务问题

新兴市场面临的债务问题同样引起关注。OECD指出新冠肺炎疫情之前，发展中经济体的债务水平就已普遍偏高。⑥ 被国际货币基金组织（IMF）列为低收入发展中经济体的59个国家中，公共债务与GDP之比的中位数已从2010~2014年的38.7%上升至2017年的46.5%。⑦ 即使非洲国家通过重债穷国

---

① Philippon, T., "The True Cost of Public Debt," https://www.stern.nyu.edu/experience-stern/faculty-research/true-cost-public-debt, 2019.
② Krugman, P., "Melting Snowballs and the Winter of Debt," https://www.nytimes.com/2019/01/09/opinion/melting-snowballs-and-the-winter-of-debt.html,2019.
③ CFRB, "Be Wary of Mischaracterizations of Olivier Blanchard's Debt Report," http://www.crfb.org/sites/default/files/CRFB_DoNotMischaracterizeBlanchard.pdf, 2019.
④ r是政府偿还债务的名义利率，g是经济的名义增长率。
⑤ Mazza J., "Is Public Debt a Cheap Lunch?" https://www.bruegel.org/2019/01/is-public-debt-a-cheap-lunch/, 2019.
⑥ OECD, "The Impact of the Coronavirus (COVID-19) Crisis on Development Finance," https://read.oecd-ilibrary.org/view/?ref=134_134569-xn1go1i113&title=The-impact-of-the-coronavirus-(COVID-19)-crisis-on-development-finance, 2019.
⑦ IMF, "Macroeconomic Developments and Prospects in Low-income Developing Countries 2019," https://www.imf.org/~/media/Files/Publications/PP/2019/PPEA2019039.ashx, 2019.

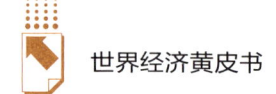

倡议（HIPC）和多边债务减免倡议（MDRI）等项目获得大量债务减免，其债务与GDP之比仍然是最高的。[1] 根据贸发会议的数据，发展中经济体和转型经济体的外债总额从2008年的3.5万亿美元增至2018年的8.8万亿美元，与GDP之比从22%增加到29%。截至2019年底，有33个被归类为"陷入债务危机"或"高风险"国家。[2]

Herrero等认为新冠肺炎疫情使新兴经济体的债务情况进一步恶化。疫情是新兴经济体决策者近年来应对的最大挑战。除了对这些国家的财政账户产生巨大负面影响以及引发相关的偿付能力问题之外，新冠肺炎疫情还将导致这些国家外部资金状况恶化。2020年3月以来，全球避险情绪急剧上升，导致全球美元短缺以及资本突然停止流入新兴经济体，这都使得偿付债务变得更加困难。而美元流入的其他来源（出口、旅游和汇款）也呈直线减少。[3] 随着支出需求的增加和收入的下降，许多国家的公共债务可能大幅增加。然而，偿债成本的增加将进一步压缩可用的财政空间。债务偿还成本在危机之前已经上升，许多国家货币兑美元的贬值增加了偿债成本，因为在低收入和中低收入国家，几乎2/3的公共外债是以美元计价的。[4] 新冠肺炎疫情暴发后，各国的主权信用下调，这可能会进一步增加公共借贷成本，并限制各国在国际资本市场上调动财政资源的能力。[5]

Lubin则认为新兴经济体真正令人担忧的不是外债，而是它们以本国货币计价的政府债务的激增。尽管发展中国家外债总额的增加看起来很可怕，但

---

[1] Calderon, C. and A. Zeugack, "Borrow with Sorrow? The Changing Risk Profile of Sub-saharan Africa's Debt," http://documents.worldbank.org/curated/en/370721580415352349/pdf/Borrow-with-Sorrow-The-Changing-Risk-Profile-of-Sub-Saharan-Africas-Debt.pdf, 2020.

[2] UNCTAD, "Trade and Development Report 2019," https://unctad.org/en/PublicationsLibrary/tdr2019_en.pdf, 2019.

[3] García-Herrero, A. & Ribakova, E., "COVID-19's Reality Shock for External-Funding Dependent Emerging Economies," https://www.bruegel.org/2020/05/COVID-19s-reality-shock-for-external-funding-dependent-emerging-economies/, 2020.

[4] IIF, "Weekly Insight: COVID-19 Hammers Equity Valuations (blog)," https://www.iif.com/Publications/ID/3836/Weekly-Insight-COVID-19-hammers-equity-valuations, 2020.

[5] IMF and World Bank, "List of LIC DSAs for PRGT-eligible Countries as of November 30, 2019," https://www.imf.org/external/Pubs/ft/dsa/DSAlist.pdf, 2019.

外债净额（外汇储备与外债的差值）的增加才是最重要的。截至2018年底，中低收入发展中国家外汇储备与外债之比为70%，远高于20世纪80~90年代金融不稳定时的15%。相比之下，本国债务增长更令人担忧。在GDP增速下降和疫情冲击的双重压力下，新兴市场采取了财政刺激政策，因此其2020年的公共债务将大幅增加。巴西的公共债务与GDP之比从2019年的75%上升到2020年的100%，南非的公共债务占比从2019年的略高于60%上升到接近80%。债务规模确实都达到了前所未有的水平。不同于美联储大规模增加美元供给，新兴市场经济体大幅增加本币供给完全是另一回事，因为它们的货币没有美元那么有吸引力。目前最大的风险是公共债务的积累威胁了经济长期增长。如果企业担心国内公共债务急剧增加导致货币存在贬值风险而停止投资，那么新兴市场经济体将很难摆脱这些债务。[1]

《OECD中期经济展望》(2020)指出，根据自身债务情况，不同国家可以采取不同的措施。发达国家方面，早在疫情暴发前，一些发达国家（包括加拿大、德国、日本、韩国和英国）已经出台了一系列扩张性财政政策。对于它们当中的许多国家而言，债务可持续性并不影响其出台进一步的刺激政策。但对于另外一些发达国家而言，相对较高的债务及预算赤字使之难以出台大规模财政刺激政策。这些国家可以通过在特定领域减税降费的方式，起到与积极的财政政策类似的效果。对于发展中国家而言，有必要采取更为紧缩的财政政策，在确保低收入群体获得扶持的同时进一步降低公共部门债务规模。包括巴西、印度和墨西哥在内的新兴市场国家由于以外币计价的主权债务规模相对可控，汇率制度也较为灵活，拥有宽广得多的货币政策空间，可以通过降低利率来刺激经济。对于一些本就维持在低利率水平的国家而言，财政当局可以更加积极地使用财政政策来刺激短期需求，并在满足债务可持续性的前提下，有针对性地帮助受疫情冲击严重的弱势群体。[2]

---

[1] Lubin, D., "Emerging Economies: Where is the Debt Problem?" https://www.chathamhouse.org/expert/comment/emerging-economies-where-debt-problem, 2020.

[2] OECD, "Coronavirus: The World Economy at Risk," https://www.oecd.org/berlin/publikationen/Interim-Economic-Assessment-2-March-2020.pdf, 2020.

世界银行的《世界经济展望》提出了对潜在债务危机的应对预案。一是，根据历史经验，很多爆发债务危机的国家在国际货币基金组织、世界银行以及其他多边机构和伙伴国的资金支持下，通过调整政策方案和实施结构性改革予以解决。在历史案例中，绝大多数国家采用了IMF支持的政策方案，以克服危机。未使用的国家通常具有较强的基本面，包括较少的公共债务和较多的国际储备（如哥伦比亚、哈萨克斯坦）。二是债务重组。在主权债务危机的案例研究中，许多都以债务违约和债务重组而告终（如阿根廷、墨西哥）。三是经济政策改革。IMF的支持多以实施宏观经济结构改革为条件。在20世纪80年代的拉丁美洲和加勒比海地区（LAC）和90年代末期的东亚和太平洋地区（EAP）危机中，危机国家借机触发了经济政策改革，提升了汇率制度的灵活性并强化货币政策体系。[①]

二　全球价值链的新变化和新冠肺炎疫情对全球价值链的冲击

2008~2009年国际金融危机后，全球价值链的发展遭遇瓶颈，结束了自20世纪90年代以来的迅速发展期，具体表现为全球贸易开放度止步不前，各国参与全球价值链的程度有所下降。智库文章主要关注金融危机后全球价值链的变化和新冠肺炎疫情对全球价值链的影响。

（一）金融危机后全球价值链的变化

世界银行从三个方面总结了危机后全球价值链发展遇阻的原因。首先，危机后世界经济增长总体放缓，社会投资回报率呈下行趋势，私人部门的投资动力不足。其次，危机后全球贸易自由化改革的步伐放缓，甚至出现倒退。关税和非关税壁垒的削减进程减缓，贸易保护措施开始增多。保护主义的抬头给全球价值链带来冲击。一些原来价值链中布局在国外的企业可能回流本

---

① World Bank, "Global Economic Prospects: Slow Growth, Policy Challenges," https://www.worldbank.org/en/publication/global-economic-prospects, 2019.

国，也有一些企业为了规避贸易冲突带来的不确定性将企业转移到其他国家。最后，最具活力的地区和行业的区域化生产已经成熟。中国的国内生产正在增加。蓬勃发展的页岩油行业使美国在2010~2015年的石油进口减少了1/4，并略微降低了其将制造业生产外包的动机。[1]

  Pisch指出全球价值链在危机后的一大变化是由全球化走向区域化。极速供应链（Just-in-time Supply Chains, JIT）是现代工业生产高度协调的一个缩影。在极速供应链中，价值链上的每一级供应商都可以在第一时间将中间品转移至下游企业，并直至顾客，从而达到降低库存成本的目的。在面对不确定时，由于上下游企业间存在充分的信息交流，在下游企业发出变化的需求信号时，上游企业即会相应地做出调整，以降低最终的仓储成本。若两家同时采用极速供应链的企业在地理位置上更接近，则供应链带来的贸易促进效应将会相应放大。[2]

  Herrero指出全球价值链在后危机时代的另一变化是中国国内生产的增加和对外依存度的下降。随着经济规模扩大，中国不断融入全球价值链。经过产业链升级，中国在出口中间产品方面比以前更为重要。随着其他地方的工厂越来越依赖从中国进口的中间产品，中国价值链受到任何破坏都会在全球产生影响。但作者认为这种转变在本质上是不对称的，因为中国在不断增加中间产品出口的同时，一直在减少对外国投入的依赖。[3]

  世界银行分析了美国在全球价值链中参与程度减弱的原因。首先，页岩油行业的发展使美国减少了1/4的石油进口，同时降低了其制造业外包的动机。其次，基于贸易保护主义的国内政策带来的回流和转移也影响了美国在全球价值链中的参与程度。Bown等的研究则表明贸易保护主义会伤害全球价值链中本国企业的利益。作者研究了全球价值链引起的生产增加值内容变化对贸易保护政策的影响，建立了全球范围内10个国家针对41个贸易伙伴和

---

[1] 详见《2020年世界发展报告：在全球价值链时代以贸易促发展》。
[2] Pisch, F., "Just-in-Time Supply Chains after the COVID-19 Crisis," https://voxeu.org/article/just-time-supply-chains-after-COVID-19-crisis, 2020.
[3] Alicia García Herrero, "Epidemic Tests China's Supply Chain Dominance," https://www.bruegel.org/2020/02/epidemic-tests-chinas-supply-chain-dominance/, 2020.

18个行业的取消贸易保护政策的数据集,样本期间为1995~2013年。结果表明,美国参与全球价值链确实起到了消除贸易壁垒的作用。究其原因,是由于美国公司通过供应链产生的自身经济利益的性质发生了变化,在许多情况下,本国的贸易保护政策损害了公司自身的利益,因此企业部门有取消贸易保护政策的利益诉求。作者由此认为国内的贸易保护政策伤害了处于全球价值链中本国公司的利益。[①]

(二)新冠肺炎疫情对全球价值链的影响

自由贸易港是各国对外开放的重要依托,是各国参与全球价值链的引导者。Gern和Mösle分析了疫情对全球自由贸易港区的影响。结果显示,全世界几乎所有的自贸区或多或少都受到了新冠肺炎疫情的冲击,并预计未来经济活动可能会进一步受到限制。关于疫情对自贸区经济活动影响的预期,亚洲最为悲观,其次是拉丁美洲。前者主要受供应链中断的影响较大,后者的经济活动则主要受制于金融环境恶化。[②]

UNCTAD认为疫情通过全球价值链扩大了对经济的影响。负向需求冲击造成的影响集中在受疫情冲击最严重的经济体。然而,停产和供应链中断造成的影响同样十分明显,尤其是在与以中国、韩国、日本和东南亚经济体为中心的全球价值链紧密结合的经济体中。此外,新冠肺炎疫情对与全球价值链紧密结合的生产设施的效率寻求型投资也会产生负面影响并首先集中体现在中国、东亚和东南亚。而且,它们可以通过全球价值链的连接迅速扩散到该地区以外。这种转移将既涉及向中国的出口提供中间商品和服务的经济体,也涉及那些依赖从中国进口中间产品的经济体。例如,由于来自中国的音频系统组件供应中断,菲亚特克莱斯勒汽车公司在塞尔维亚的工厂已暂停生产

---

① Bown, Chad, "COVID-19: China's Exports of Medical Supplies Provide a Ray of Hope," https://www.piie.com/blogs/trade-and-investment-policy-watch/covid-19-chinas-exports-medical-supplies-provide-ray-hope, 2020.
② Gern, K. & Mösle, S., "The Impact of the COVID-19 Pandemic on the Global Economy-Survey-based Evidence from Free Zones," https://www.ifw-kiel.de/publications/kiel-policy-briefs/2020/the-impact-of-the-COVID-19-pandemic-on-the-global-economy-survey-based-evidence-from-free-zones-14087/, 2020.

菲亚特500L车型。①

Herrero认为新冠肺炎疫情将对处于全球价值链中的新兴经济体既带来挑战也带来机遇。一个挑战是那些严重影响依赖旅游业作为收入和增长来源的新兴经济体将受到严格的边境管制和流动限制所带来的负面影响，典型国家为泰国和菲律宾。另一个挑战是那些在全球供应链模式中过度依赖中国的国家将受到中国疫情控制状况的影响。但同时，作者认为一些新兴市场国家也可以抓住疫情后全球价值链重组的机会，如东盟的越南、美国和加拿大的近邻墨西哥，都有可能成为下一个劳动密集型产业区。②

Meyer等指出复杂的全球价值链体系高度依赖于全球贸易的顺利运行，在疫情对全球贸易的严重冲击下，全球价值链体系也遭遇冲击。世界贸易组织（WTO）预测，受疫情影响，2020年世界商品贸易额将下降13%~32%，低迷程度很可能超过2008~2009年国际金融危机时期，给全球贸易扩张和经济一体化这一长期趋势短期内带来第二次打击。除需求下降以外，封锁措施也阻碍了各国间的货物流动。全球80%以上的贸易是通过海运进行的。航运数据显示，在中国实施第一轮封锁措施后，东亚和太平洋地区的闲置集装箱船数量飙升，而此时世界其他地区的集装箱处于短缺状态。此外，陆路和航空货物运输均受重创。3月中旬，许多欧洲国家的边境管制导致边境地区严重拥堵，飞机无法运行则导致运输价格大幅上涨。国际贸易中的时间延迟和供应链的不确定性会使成本上升，并对贸易产生负面影响。作者认为，要想实现快速复苏，重要的是缩短全球价值链时间和降低其不确定性，提前采取应对措施能够减轻因供应链中断而带来的影响。在2003年SARS期间，全球价值链中的许多亚洲企业增加了产量，储备了库存。在这次疫情中，许多企业制订了业务计划，建立并行站点或转移运营，同时加大IT投资以实现远程工作。此外，采取备用的运输方式、运输路线和生产安排有助于克服物流瓶颈，降低

---

① UNCTAD, "Impact of the Coronavirus Outbreak on Global FDI," https://unctad.org/en/PublicationsLibrary/diae_gitm34_coronavirus_8march2020.pdf, 2020.
② García Herrero, A., "COVID-19 and Emerging Economies: What to Expect in the Short-and Medium-Term," https://www.bruegel.org/2020/06/COVID-19-and-emerging-economies-what-to-expect-in-the-short-and-medium-term/,2020.

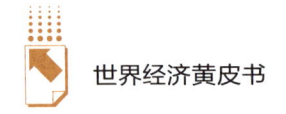

价值链风险。

Meyer 等还认为，开展全球监测和国际协调合作是应对疫情和减轻经济冲击的关键。与此前的 SARS 和金融危机引起的经济冲击不同，为遏制 COVID-19 传播而采取的旅行限制、社交隔离和企业关停等行动意味着劳动力供给、旅行、运输和贸易受到前所未有的影响。这场危机几乎同时冲击了全球各主要经济体。此前的运输中断已经表明，供应链对物流瓶颈非常敏感，因此快速复苏对于保持贸易线路畅通是十分重要的。目前许多遏制出口的措施可能导致严重的贸易扭曲和较大的不确定性，这对发展中国家的打击尤其严重。保持运输线路和港口的开放、确保过境权以及贸易便利化措施，而不是采取进一步的贸易保护主义举措，才能确保医疗和农产品等基本物资和关键投入的贸易。避免贸易限制也有助于各国维持质量标准并交流相关知识和技术。[1]

González 指出疫情期间保障医疗物资的全球供应链需要大型生产商、国际交通和物流公司、发达国家和发展中国家的政府以及全球化金融机构的通力协作。第一，大型生产商应该扩展和改变当前的生产设施以提升产能，撬动全球和区域价值链；国际交通和物流公司应该优先运送疫情相关产品。第二，发展中国家政府应该促进公司运营和投资，并采取保障供应链的贸易政策。第三，发达国家的政府应当确保其采购不影响向外国的生产外包，保证产品标准透明，加快进口商品通关速度，并保障本国供应链对其他受到新冠病毒影响的贫穷国家保持开放。第四，世界银行和其他国际组织可以提供经济援助来促进投资、技术流动，协助发展中国家加强公共医疗建设和财务援助。[2]

González 认为应对新冠肺炎疫情时，贸易政策可以作为一种强大且低成本的工具。政府可以采取降低医疗用品的关税、降低医疗相关产品和材料的

---

[1] Meyer, B., Mösle, S. & Windisch, M., "Lessons from Past Disruptions to Global Value Chains," https://iap.unido.org/articles/lessons-past-disruptions-global-value-chains, 2020.
[2] González, A., "Yes, Medical Gear Depends on Global Supply Chains. Here's How to Keep Them Moving," https://www.piie.com/blogs/trade-and-investment-policy-watch/yes-medical-gear-depends-global-supply-chains-heres-how-keep, 2020.

跨境运输成本、采用国际标准确保进口医疗相关产品的质量和安全、允许医护人员跨境流动、通过电子医疗和跨境数字互动分享专业知识、加强新技术和药物的知识产权保护、减少出口限制、采取协调的贸易措施等方式降低疫情带来的损害。[①]

世界银行则强调了国际政策合作的作用。若贸易保护主义继续抬头，贸易政策的改革和合作停步不前，将继续提高政策环境的不确定性和市场对于贸易冲突的担忧，当市场准入都随时可能受到禁令限制时，企业将取消或推迟原有的投资计划，导致全球价值链的扩张停滞不前。

三 新冠肺炎疫情造成的经济影响和各国政策应对

2020年初至今，疫情在全球不同国家和地区陆续暴发，各国经济普遍出现下滑。各国为抗疫普遍采取了"封锁"和"社交距离"等公共卫生措施，客观上造成了全球总需求下降、供应链中断和金融环境恶化。这对全球的增长、投资和金融市场都带来了不同程度的负面冲击。智库文章的关注热点主要包括以下两个方面：疫情对全球经济的影响，各国的应对政策、效果及评价。

（一）新冠肺炎疫情对全球经济的影响

OECD评估了疫情对世界各国带来的经济冲击。OECD在2020年9月预测，如果疫情尽快结束，且辅以适当的刺激政策，全球GDP增长率有望在2021年恢复至5%，但如果疫情反复，则全球增速较上述情形的预测值减少2~3个百分点。报告还预计，2020年全球GDP增速较上年下滑4.5%。[②]

UNCTAD指出疫情的暴发和蔓延将对全球FDI流量产生以下负面影响。

---

① González, A., "A Memo to Trade Ministers on How Trade Policy can Help Fight COVID-19," https://www.piie.com/blogs/trade-and-investment-policy-watch/memo-trade-ministers-how-trade-policy-can-help-fight-covid, 2020.

② OECD, "Coronavirus: Living with Uncertainty," https://read.oecd-ilibrary.org/economics/oecd-economic-outlook/volume-2020/issue-1_34ffc900-en#page2, 2020.

第一,该病毒的传播情况在短期内得到控制或者长期持续下去都有可能。这会对 FDI 带来 -5%~-15% 的下行压力(与之前预测的 FDI 在 2020~2021 年将略有增长相比)。第二,由于负向需求冲击和供应链中断,疫情将同时影响市场寻求型投资、效率寻求型投资和资源寻求型投资,但影响并不均衡,将会集中于受疫情冲击最严重的国家。第三,受疫情影响,在全球 FDI 中占据相当大比重的前 5000 家跨国公司,已经将 2020 年的收益预期平均下调了 9%,并且较低的利润将转换为较低的再投资收益。[①]

Herrero 等研究了新冠肺炎疫情暴发使得新兴经济体面临美元短缺问题的机理。第一,疫情的冲击大大减少了新兴市场获得美元、出口创收、旅游收入、移民创收甚至汇款的机会。投资组合资金流入新兴经济体的突然停止是前所未有的。事实上,资金外流的规模比 2008 年、2013 年的"缩减恐慌"(Tapering Tantrum)高出好几倍。第二,新冠肺炎疫情引发的全球避险情绪突然升温,促使投资者从非储备货币转向安全资产和美元。[②]

Goodhart 指出,对于新冠肺炎疫情之后的世界经济会保持通胀还是进入通缩,观点并不一致。有观点认为,疫情导致失业率上升,就业不足,即使研发了疫苗,封锁期间就业模式发生了重大转变,可能导致重新吸收那些目前失业的人更加困难。并且,不确定性可能继续上升,这会提高预期储蓄率,同时抑制投资。因此在可预期的未来,通胀将保持低位,甚至低于目标值。相反的观点则认为,一旦经济复苏开始,已经采取的扩张性货币和财政政策将引发通货膨胀的复苏,另外,逆全球化和劳动力缓慢增长的长期趋势,将进一步巩固通胀。但是迫于政治压力,中央银行可能无法突然扭转当前的货币政策。[③]

[①] UNCTAD, "Impact of the Coronavirus Outbreak on Global FDI," https://unctad.org/en/PublicationsLibrary/diae_gitm34_coronavirus_8march2020.pdf, 2020.

[②] García-Herrero, A. & Ribakova, E., "COVID-19's Reality Shock for External-Funding Dependent Emerging Economies," https://www.bruegel.org/2020/05/COVID-19s-reality-shock-for-external-funding-dependent-emerging-economies/, 2020.

[③] Goodhart, C., "After Coronavirus: Deflation or Inflation?" http://www.centerforfinancialstability.org/research/Goodhart_Deflation_Inflation_081420.pdf, 2020.

Schivardi 和 Romano 指出疫情导致许多公司的现金流急剧下降，可能使一些有偿债能力但缺乏流动性的公司破产。基于初始流动性存量、现金流的逐月变化（估计值）和确定流动性变化的预算方程式，作者建立了一个简单的会计框架来确定可能失去流动性的公司数量以及其面临流动性压力的时间。并且使用这种方法研究了意大利企业，发现在高峰期，约有 20 万家公司（雇用 330 万员工）可能面临流动性问题，流动资金短缺达 720 亿欧元。政策制定者必须迅速采取行动来保护企业，尤其是在夏季过后出现"二轮疫情"的情况下，悲观预测失去流动性的公司数量在 2020 年 10 月或激增至 23.6 万家（雇用 400 万名员工），流动性缺口在 2020 年 12 月或升至 1060 亿欧元。[1]

还有很多智库文章分国别讨论了疫情对各国经济造成的影响。美国方面，Baker 等构建了估计灾难影响模型[2]，表明产出的大幅下降有一半以上是由疫情引发的经济不确定性造成的[3]。

欧洲方面，基尔研究所预计受疫情影响，经济近期将出现严重下滑，随后出现强劲反弹。德国 GDP 预计将在 2020 年萎缩 0.1%~5.5%，并可能在 2021 年增长 4.8%。同时，欧元区和全球经济也有望出现"V"形走向。基尔研究所认为，欧元区 2020 年 GDP 将萎缩 7.1%，2021 年将再次增长，增速为 5.3%。对于全球经济，2020 年世界生产（按购买力计算）将下降 3.6%，2021 年增长 6.7%。[4]

中国方面，Herrero 认为疫情对中国经济的负面影响可能是中期的，而不是短期的，原因在于预计随之而来的大规模刺激政策，以及由此不可避免产生的过度杠杆。为了实现 2010~2020 年中国 GDP 翻一番的目标，作者预计中

---

[1] Schivardi, F. & Romano, "Liquidity Crisis: Keeping Firms Afloat during COVID-19," https://voxeu.org/article/liquidity-crisis-keeping-firms-afloat-during-COVID-19, 2020.

[2] Baker, S., Bloom, N. and Terry, S., "Using Disasters to Estimate the Impact of Uncertainty," http://people.bu.edu/stephent/files/BBT.pdf, 2020.

[3] Baker, S., Bloom, N., Davis, S. & Terry, S., "COVID-Induced Economic Uncertainty," http://www.nber.org/papers/w26983, 2020.

[4] Kiel, "Joint Economic Forecast 2/20: Recovery Loses Momentum – Economy and Politics Still Shaped by the Pandemic," https://www.ifw-kiel.de/publications/joint-economic-forecast/joint-economic-forecast-220-recovery-loses-momentum-economy-and-politics-still-shaped-by-the-pandemic-15254/, 2020.

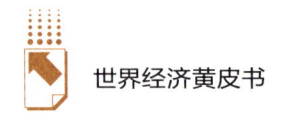

国政府将不遗余力地采取各项措施以实现高增长目标。①

韩国方面，Han 和 Jung 分析韩国经济受疫情冲击面临的严峻挑战。韩国服务业受到的冲击最为严重，尤其是食品和酒店服务业。另外就业和出口也受到了负面影响。②

Mazarei 指出疫情将影响伊朗 2020~2021 年的经济增速，并且可能会对整个中东地区的经济造成影响。美国的制裁已经导致伊朗经济承压，疫情可能会使情况更加恶化，将影响 2020~2021 年伊朗计划的零增长率。其影响途径有：商品贸易和价值链中断、与伊朗有关的旅游业需求增速放缓、抢购安全资产。③

Oeking 等分析了疫情对东盟+3 经济体的影响。东盟与中日韩宏观经济研究办公室（AMRO）预测，在考虑到政府采取措施的情况下，2020 年中国 GDP 增速将下降 0.5 个百分点，其中制造业对经济增长的贡献率下降 0.15 个百分点；服务业的贡献率下降 0.35 个百分点。基于东盟+3 经济体的旅游业严重依赖中国、供应链高度一体化等因素，中国经济增长所受的直接冲击会在更大程度上影响该地区经济，如中国经济增长率下降 0.1 个百分点，而更开放的新加坡的经济增长率将下降 0.2~0.3 个百分点。④

Devermont 和 Allison 认为疫情给非洲带来的改变喜忧参半。从悲观角度看，疫情给非洲带来了一系列问题，包括人力损失、经济衰退、仇外情绪上升、疫情腐败、极端分子利用疫情攻击政府造成瘫痪以及新闻业因削减工资和裁员陷入困境。但从乐观角度看，疫情也许会增加非洲各国的社

---

① Herrero, A., "China's Coronavirus Will not Lead to Recession but to Stimulus and Even More Debt," https://www.bruegel.org/2020/02/expect-massive-stimulus-further-leverage-for-china/, 2020.

② Han, S. & Jung, E., "Despite Flattening the Curve, South Korea Faces Economic Challenges from COVID-19 as does the United States," https://www.piie.com/blogs/realtime-economic-issues-watch/despite-flattening-curve-south-korea-faces-economic-challenges, 2020.

③ Mazarei, A., "Coronavirus, a New Jolt to Iran's Economy?" https://www.piie.com/blogs/realtime-economic-issues-watch/coronavirus-new-jolt-irans-economy, 2020.

④ Liu, S., Oeking, A. & Pande, P., "The Impact of the Cornavirus Epidemic on the ASEAN+3 Economies," https://www.amro-asia.org/the-impact-of-the-coronavirus-epidemic-on-the-asean3-economies/, 2020.

会福利项目和工人保护计划，让科学技术受到重视，促进公益事业走向新高度。[1]

（二）各国应对疫情的政策及智库建议

在纾困政策上，美国的措施是贷款、补助金和工资补贴的结合体。贷款主要针对企业部门，2020年4月3日，美国国会提出的工资保障计划（PPP）正式生效。在该计划中，小企业主能够获得当地银行贷款，并由政府担保。企业最多可以获得每月员工工资成本的2.5倍贷款，但不超过1000万美元。在贷款发放后的八周内，这笔钱可用于支付工资、租金、水电费，但前提是企业不解雇工人或减少工资不超过25%，且雇员人数少于500人。因此工资保障计划能够在需求减少时避免企业倒闭与裁员。[2] 针对工人，美国政府采取的是向所有低于一定收入水平的家庭提供工资补贴，为下岗工人家庭提供失业救济金。

Blandchard总结了欧盟的纾困政策，也是从帮助企业和工人两方面开展。企业层面，欧洲采取的是税收递延、担保贷款和股权注资相结合的形式。工人层面，欧洲的主要措施是推出或扩大保留工作计划，通过依靠公司来支付工人工资。该计划已经被证明能够迅速有效地帮助工人，疫情期间欧洲失业率未明显上升。对比欧美的纾困政策，作者认为，以救济方式帮助工人很困难，因为申请失业救济金的人太多了。欧洲的计划能更好地保护工人，也更加灵活，能更好地维护企业和员工之间现有的匹配关系。[3]

在公共卫生政策上，Wilcox提出了美国需要做出的应对措施。应对公共卫生危机应成为优先事项，包括为发展快速且准确的检测提供充足的资金、

---

[1] Devermont, J. & Allison, S., "COVID-19 in Africa: The Good News and the Bad," https://www.csis.org/analysis/COVID-19-africa-good-news-and-bad, 2020.

[2] Strain, M., "The Paycheck Protection Program: An Introduction," https://www.aei.org/research-products/report/the-paycheck-protection-program-an-introduction/, 2020.

[3] Blanchard, O., "Public Debt and Low Interest Rates," Presidential Address at the American Economic Association Annual Meeting, 2019.

保证检测广泛可用、储存防护装备、培训医务人员等。① Demertzis 等基于欧洲市场对疫情的反应，提出欧盟各国之间开放的边界要求，各国必须对这一流行病采取协调一致的措施。不同的欧盟地区和国家处于病毒传播的不同阶段，面临不同程度的住院率和医疗用品及工作人员短缺的压力。欧盟可以通过临时借调医生计划、共享医疗物资以及合作采购医疗设备和物资等方式解决短缺问题。② OECD 提出，政府还应该向公共卫生部门提供财政援助，确保其拥有充足的资源实施必要的预防、控制和隔离措施。针对弱势群体，政府可采取的政策包括为低收入家庭提供现金补助和失业保险、要求企业批准员工带薪病假以及为无力支付医疗费用的居民提供财政救助。③

在经济政策应对方面，财政政策应发挥主导作用，配合以宽松货币政策是智库和国际组织等多方研究的共识。OECD 为受到疫情冲击的各国提出了政策建议。就货币政策而言，考虑到疫情带来的不确定性，各国货币当局有必要将利率维持在较低水平。但在长期的低利率和负利率环境下，货币政策对需求及通胀的作用将变得极为有限，这就要求财政政策的配合。报告还认为短期来看，各国政府可加大对基础公共设施的维修及兴建投入，从而进一步扩大内需、刺激需求。美国方面，Wilcox 指出由于供给和需求都不足，美联储的货币政策工具并不适合于纠正供给方面的问题，实施财政政策、准备临时削减工资税预案和政府通过承诺增强消费者信心至关重要。④ 欧洲方面，Demertzis 等认为欧央行和其他欧洲的中央银行应增加债券购买计划。另外，虽然货币政策刺激的空间不大，但在确保流动性供应和帮助可能陷入困境的生产性企业方面发挥着非常重要的作用。同时，协调一致的财政政策是必不

---

① Wilcox, D., "Designing an Effective US Policy Response to Coronavirus," https://www.piie.com/blogs/realtime-economic-issues-watch/designing-effective-us-policy-response-coronavirus, 2020.

② Demertzis, M., Sapir, A., Tagliapietra, S. & Wolf, G., "An Effective Economic Response to the Coronavirus in Europe," https://www.bruegel.org/wp-content/uploads/2020/03/PC-06-2020-130320.pdf, 2020.

③ OECD, "Coronavirus: The World Economy at Risk," https://www.oecd.org/berlin/publikationen/Interim-Economic-Assessment-2-March-2020.pdf, 2020.

④ Wilcox, D., "Designing an Effective US Policy Response to Coronavirus," https://www.piie.com/blogs/realtime-economic-issues-watch/designing-effective-us-policy-response-coronavirus, 2020.

可少的。因为财政政策具有跨境效应，无论溢出的程度如何，协调一致的措施都会提高其效果。[1] Marsh 和 Kyriakopoulou 提出为应对疫情，恢复欧元区经济发展有三种财政政策选择：第一，建立一个独立于欧元区预算的共同基金；第二，提升欧洲投资银行的实力；第三，形成联合借贷能力。无论采用哪种方式都应保证欧元区团结，共同应对困难。[2]

Alberola 等指出，新兴市场经济体的财政政策空间有限，发达经济体的财政支持规模远大于新兴市场经济体。发达经济体的预算措施已达到 GDP 的 8.3%，而新兴市场经济体的这一比例仅为 2.0%。在提供资金方面，发达经济体占 GDP 的 4%，而新兴经济体仅为 1.3%。两者在信用担保方面的差距更为显著，发达经济体占 GDP 的 6.6%，新兴经济体仅占 0.4%。在某些新兴市场经济体中，疫情大流行的低发病率和迟来的应对措施只能解释部分差距。更重要的因素是，新兴市场经济体的财政空间有限，而疫情大流行冲击导致的融资条件收紧，使得其进一步压缩，这也加大了后期经济反弹的难度。[3]

多篇智库文章指出，全球合作是应对危机、避免衰退、加速复苏的重要路径。公共卫生方面，截至 2020 年 10 月 9 日，全世界 171 个国家和经济体签署了 Covax 协议，签约国家总人口约占世界人口的 2/3。Covax 协议主要包括两个组成部分，一是高收入国家承诺购买 Covax 协议认可范围内的疫苗。巨额订单直接创造了全球疫苗市场，同时因订单金额巨大而促使整体成本的下降。二是通过援助和慈善捐款，让无法负担新冠病毒疫苗的中低收入国家也能及时获得疫苗。这是全球公共卫生领域一次非凡的合作壮举，在全球化和多边主义受到威胁的当下更有正向的示范作用。遗憾的是，美国并未加入

---

[1] Demertzis, M., Sapir, A., Tagliapietra, S. & Wolf, G., "An Effective Economic Response to the Coronavirus in Europe," https://www.bruegel.org/wp-content/uploads/2020/03/PC-06-2020-130320.pdf, 2020.

[2] Marsh, D. & Kyriakopoulou, D., "Three Options for European Fiscal Action," https://www.omfif.org/2020/04/three-options-for-european-fiscal-action/, 2020.

[3] Alberola, E., Arslan, Y., Cheng, G. & Moessner, R., "The Fiscal Response to the COVID-19 Crisis in Advanced and Emerging Market Economies," https://www.bis.org/publ/bisbull23.pdf, 2020.

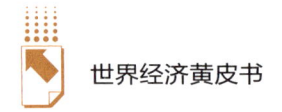

该协议。[1]

经济政策上，Collins 等认为20国集团应加强中央银行合作，向遭受疫情影响的流动性危机国家提供所需的财政资源。作者认为主要国家的中央银行可以做更多的事情来帮助那些陷入危机的国家，具体方式包括：以其他中央银行持有的本国货币为主权资产做抵押，为危机国家提供现金流动性；在适当的情况下提供额外的流动性掉期额度；在某些紧急情况下，将其掉期额度与国际货币基金组织的后备方案相联结。[2]

四 小结

本文通过对中国社会科学院世界经济与政治研究所编译的《全球智库半月谈》进行回顾，总结了智库和国际组织在以下三个方面的关注热点，分别为全球债务、全球价值链遭遇的挑战和新冠肺炎疫情对全球经济的冲击及各国政策应对。在疫情尚未结束、全球债务高企、全球价值链扩展进程遇阻的背景下，影响全球经济增长的不确定因素在增加，各国的政策应对和全球治理面临挑战。

---

[1] Julia Belluz, "171 Countries are Teaming Up for a COVID-19 Vaccine. But not the US," https://www.vox.com/21448719/COVID-19-vaccine-covax-who-gavi-cepi, 2020.
[2] Christopher G. Collins, Simon Potter and Edwin M. Truman, "Enhancing Central Bank Cooperation in the COVID-19 Pandemic," https://www.piie.com/blogs/realtime-economic-issues-watch/enhancing-central-bank-cooperation-COVID-19-pandemic, 2020.

热 点 篇
Hot Topics

Y.16
后疫情时代全球产业链的发展与重构

马盈盈　崔晓敏*

摘　要： 全球金融危机后，世界经济进入深度调整期。民粹主义、贸易保护主义抬头，逆全球化浪潮来袭，叠加新冠肺炎疫情冲击，既有的全球化格局受到巨大挑战，并面临组织架构、地理格局等方面的重构压力。与此同时，各国要素成本优势的相对变化和新兴技术的发展也推动全球产业链不断调整。后疫情时代的全球化格局将在技术、市场、成本、竞争和政府等多重因素的共同推动下，呈现以下特征：以市场和最终需求导向驱动的区

---

* 马盈盈，经济学博士，中国社会科学院世界经济与政治研究所助理研究员，研究方向为国际贸易；崔晓敏，经济学博士，中国社会科学院世界经济与政治研究所助理研究员，研究方向为国际贸易。

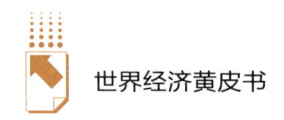

域集聚；以安全导向驱动的供应商多元化和关键产业本地化；以成本和技术导向驱动的产业链梯度转移；以数字技术和人工智能驱动的工业生产方式转变和服务业分工细化。

关键词： 全球产业链　要素成本　逆全球化　新兴技术

全球金融危机后，世界经济进入深度调整期，低增长、低通胀、低利率和高债务、高赤字等风险交织。在这一背景下，民粹主义、贸易保护主义抬头，逆全球化浪潮来袭，叠加2020年新冠肺炎疫情冲击，既有的全球化格局受到巨大挑战，并面临组织架构和地理布局等方面的重构压力。此外，各国要素成本优势的相对变化和新兴技术的发展也是推动全球产业链不断调整的重要力量。一方面，随着不断融入全球产业链和经济的发展，一些发展中国家的生产成本出现明显上涨，进而促使一部分产业链向成本更低的地区转移。另一方面，以人工智能、大数据为代表的新兴技术正在改变工业生产方式，降低生产过程对中低技能劳动资源的依赖程度，进而改变全球产业链的组织架构。

全球产业链的发展与重构对中国而言尤为重要。一方面，中国经济过去四十多年的高速增长得益于积极融入全球产业分工体系。如果没有对外开放，2000~2014年中国国民真实收入将较实际情况下降约79.2%[1]，更遑论世界第二大经济体、制造业第一大国、货物贸易第一大国、商品消费第二大国、外资流入第二大国、外汇储备第一大国的增长奇迹。另一方面，在要素成本上涨、贸易保护主义抬头和供应链安全性考量上，中国面临更大的压力，"撤资中国""去中国化""脱钩论"等不绝于耳。根据瑞银的一项调查，产业链重构在中美贸易摩擦之前既已开始，但并不是简单的

---

[1] 姚曦：《中国对外开放40年的总体收益》，载张宇燕主编《中国对外开放40年》，经济管理出版社，2020。

"去中国化",而是在技术、市场、成本、竞争和政府等多重因素[①]的权衡下,寻找新的稳态。

一 疫情前全球产业链的发展趋势

在市场、技术、成本和政府力量的作用下,疫情前全球产业链的发展已经呈现三方面的明确趋势[②]。第一,成本因素主导劳动密集型产业或劳动密集型任务的持续转移。第二,技术因素促使了全球分工体系的建立,也不断改变工业生产方式,增加经济赶超的技术壁垒。第三,金融危机后,贸易保护主义抬头,全球经济不确定性增加,政府因素促使制造业向区域甚至国内回流。

(一)劳动密集型产业转移

劳动密集型产业对成本变化敏感,但对技术水平、资本设备、产业配套和基础设施要求相对较低,因而随着经济的发展,呈现从高收入国家不断向低收入国家转移的特征。特别地,随着全球经济增长的放缓,劳动密集型产业对成本的敏感性进一步增强,加速了产业的转移。以纺织服装产业(传统劳动密集型产业之一)为例,受原材料成本和劳动力成本的驱动,该产业自工业革命以来经历了从英国向美国(20世纪上半叶)、从美国向日本(20世纪50年代)、从日本向"亚洲四小龙"(20世纪60~70年代)、从"亚洲四小龙"向"亚洲四虎"和中国(20世纪80~90年代)、从中国向其他东南亚

---

① 根据Yip(1992)和后来研究者的总结,市场、技术、成本和政府是塑造产业链格局的四股主要力量。市场因素包括客户需求、全球消费者、分销渠道等;技术因素包括生产模块化、产业链垂直细分、新兴技术竞争等;成本因素包括规模经济、国别间成本差异以及采购效率和物流支持等;政府因素则主要包括贸易政策、各类技术标准和共同市场规则等。这四股力量的变迁和相互作用,不仅较好地解释了过去全球产业链的发展与演变,也能在一定程度上预示后疫情时代全球产业链的发展与重构。崔晓敏、杨盼盼、徐奇渊:《如何理解稳定产业链供应链》,《中国金融》2020年第14期。
② 当前,全球产业链布局很多还是围绕发达经济体需求。尽管发展中经济体在市场因素方面的优势不断累积,但因其需求而引致的产业链布局目前还没有非常突出,这部分的讨论重点放在下文。

和南亚及非洲国家（2008年至今）的五次转移[①]。图1清楚地展示了1962年以后，服装产业从日本向"亚洲四小龙"、"亚洲四小虎"、中国内地以及其他东南亚和南亚国家转移的情况。值得注意的是，随着时间的推移，劳动密集型产业的转移内容发生了变化，不仅包括纺织服装等传统行业，还包括其他行业生产过程中可分离并外包的劳动密集型任务[②]。宋泓也指出产业转移的重点由以前的劳动密集型产品转向电子、化学、运输工具以及机械等中间产品和零部件的生产活动，比如中国内地的iPhone组装以及印度的呼叫中心业务等。[③]

劳动力资源助力中国融入全球分工体系。过去30年，随着中国的融入，全球产业链逐步从"亚太—欧非"两极模式向北美、欧洲和亚洲"三足鼎立"的格局转变。加工贸易是中国早期参与全球产业链分工的重要方式之一。这种生产方式将跨国公司先进的生产技术和管理经验与本地劳动力和自然资源禀赋优势相结合，进而实现双赢。1990年，中国15~64岁年龄段人口占全球劳动总人口的23.3%，丰富的劳动力和土地等资源为发展加工贸易提供了坚实的基础。1995~2007年，加工贸易[④]在中国进出口总额中占比超过45%，且高于一般贸易，并在1998年达到53%的最高水平。劳动密集型产业和加工贸易带动了中国的经济增长，也为资本和技术密集型产业的发展积蓄了力量。

劳动密集型产业或任务向人力成本更低的东南亚、南亚以及非洲国家转移。随着经济的发展，中国人力成本快速攀升，驱使劳动密集型产业开始向人力成本更低的东南亚、南亚以及非洲国家转移。据日本贸易振兴机构调查，2014年上海普通工人的月基本工资是东南亚和南亚国家相应城市的1.15~6.97倍，其中与缅甸、越南差距最大，是部分非洲国家的10倍以上。以纺织服装

---

① 朱启兵：《中国产业变迁（Ⅰ）：以纺织服装业为例，劳动密集型制造业转移与产业集聚》，《中银证券》2019年6月13日。
② Grossman, Gene M., and Esteban Rossi-Hansberg, "Task Trade between Similar Countries," Econometrica, 2012. Hallward-Driemeier, M., and Gaurav Nayyar, "Have Robots Grounded the Flying Geese: Evidence from Greenfield FDI in Manufacturing," World Bank, Washington D.C., 2018.
③ 宋泓：《国际产业转移新趋势》，《招商周刊》2004年第26期。
④ 这里加工贸易包括加工贸易进口设备、来料加工装配贸易、进料加工贸易和出料加工贸易。

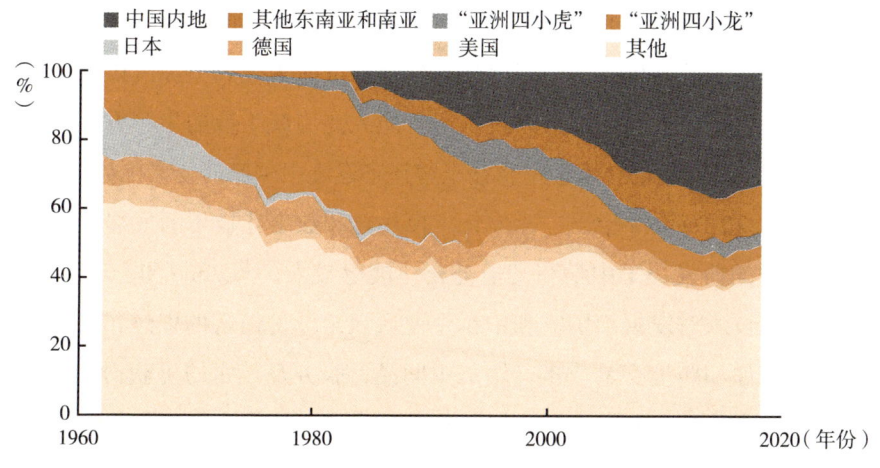

图1 主要经济体服装行业出口占比（1962~2018年）

注：为囊括足够长时间的贸易数据，采用SITC Rev.1分类，服装行业编码为84。"亚洲四小龙"包括韩国、中国台湾、中国香港和新加坡，其中中国台湾1972~1988年数据缺失，由1971~1989年取值在时间层面的线性变化进行估计。"亚洲四小虎"包括泰国、马来西亚、菲律宾和印度尼西亚。中国内地1962~1983年数据缺失，导致图中相应阴影面积在1983年以前为0，实际数据预计在5%~6%以下，且改革开放前预计更低。"其他东南亚和南亚"包括尼泊尔、不丹、孟加拉国、印度、巴基斯坦、斯里兰卡、马尔代夫、越南、老挝、柬埔寨、缅甸、文莱。除文莱、印度、巴基斯坦和斯里兰卡外，其他东南亚和南亚的早期数据存在较大程度的缺失。考虑到缺失国家的经济体量总体较小，预计对分析结果影响不大。

资料来源：WITS数据库和笔者整理。

业（HS编码：50-63）为例，尽管目前中国依然是该行业最终消费品和中间投入品最主要的出口国（2018年出口达2664亿美元），但已出现向人力成本更低的东南亚、南亚以及非洲国家转移的迹象（出口占比回落）。2007~2018年，其他东南亚和南亚国家服装业出口占全球的比重从9.7%上升至13.5%[①]，增速明显提升并可能会进一步加速。

（二）技术对产业链发展存在"双刃剑"效应

技术进步是推动全球经济增长的主要力量，在全球世界经济进入深度调整期、多种风险交织的背景下，各国在技术研发上的追赶和竞争更加激烈。

---

① 从时间维度看，其他东南亚和南亚国家的服装业出口占比经历了两个发展阶段：1962~1999年，出口占比从0.16%缓慢提高至6.1%；2000~2018年，出口占比从6.1%提高至13.5%，年均增速是前一个时期的2倍以上，且2008~2018年增速明显快于2000~2007年。

但技术对产业链发展存在"双刃剑"效应。一方面，标准化、模块化和数字化使得复杂技术的"可扩散"程度大大提高，进而为发展中经济体融入全球化提供了机遇；另一方面，新兴技术还可能改变传统工业的生产方式，增加发展中国家经济赶超的技术壁垒，甚至替代了发展中国家的要素优势。

Inomata 和 Taglioni 指出，标准化、模块化和数字化技术的发展大幅降低了生产所需的研发、干中学和其他补充技能等投入。[①] Ganne 和 Lundquist 也强调了数字技术对发展中国家和中小企业融入全球价值链的促进作用，包括降低信息传递和跨境交易成本，增加中间品、服务及技术的可获得性，以及专注局部生产环节、无须了解全貌等方面。[②] 从宏观视角看，近20年来，发达经济体与新兴经济体间的贸易往来加强，尤其是欧洲、北美与亚洲产业链间的贸易往来明显增加。无论是前向还是后向关联、简单还是复杂产业链活动[③]，亚洲新兴经济体的重要性都不断增加。从微观视角看，来自发展中国家的企业在跨国公司的供应商中越发重要。以苹果公司为例，其前200大供应

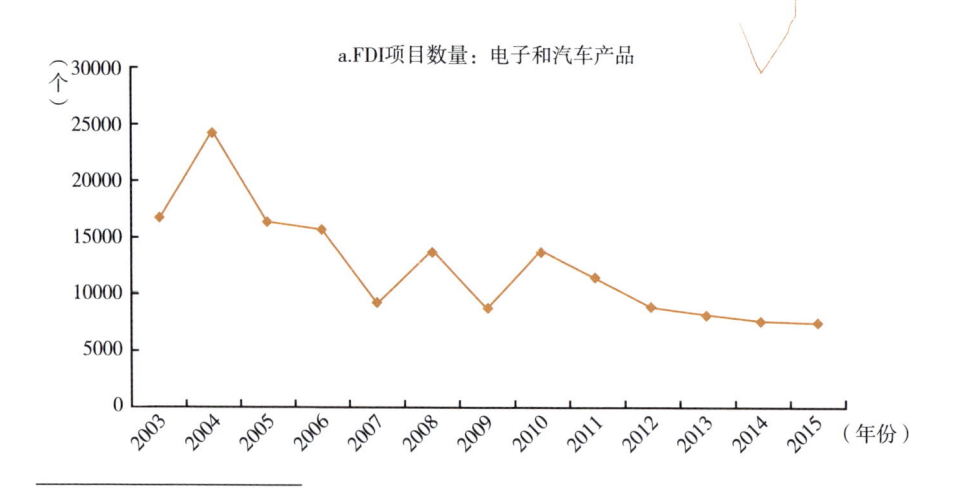

a.FDI项目数量：电子和汽车产品

[①] Inomata, Satoshi, and Taglioni Daria, "Global Value Chain Development Report 2019: Technological Progress, Diffusion, and Opportunities For Developing Countries: Lessons from China," The World Bank, 2019.

[②] Ganne, Emmanuelle, and Lundquist Kathryn, "Global Value Chain Development Report 2019: The Digital Economy, GVCs and SMEs," The World Bank, 2019.

[③] 复杂产业链活动涉及两次及以上跨境贸易，以机电产品为代表的技术密集型产业大多属于这一类。

b.FDI项目数量：纺织品、服装和皮革制品

c.工业机器人存量：电子和汽车产品

d.工业机器人存量：纺织品、服装和皮革制品

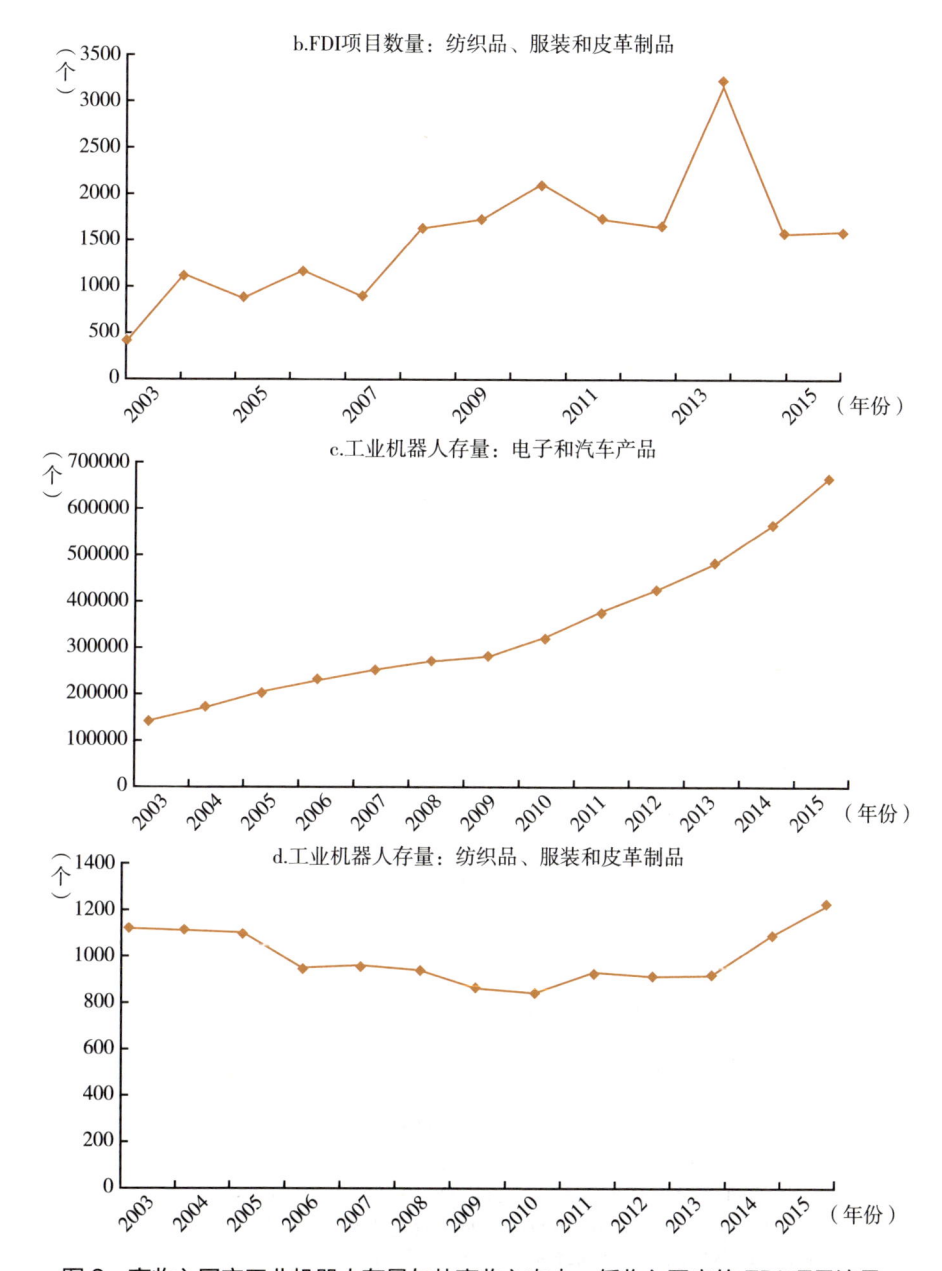

图2 高收入国家工业机器人存量与从高收入向中、低收入国家的FDI项目流量

资料来源：基于国际机器人联合会数据库的整理。Hallward-Driemeier, M., and Gaurav Nayyar, "Have Robots Grounded the Flying Geese: Evidence from Greenfield FDI in Manufacturing," World Bank, Washington D.C., 2018. Inomata, Satoshi, and Taglioni Daria, "Global Value Chain Development Report 2019: Technological Progress, Diffusion, and Opportunities For Developing Countries: Lessons from China," The World Bank, 2019。

商①主要来自中国台湾（46）、美国（40）、中国大陆（含中国香港，40）、日本（39）和韩国（14）；而2019年全球807家工厂中47.5%的在中国内地。然而，来自中国大陆的供应商主要负责声光零组件、机构件及材料加工、线材与连接器等中低端环节，而涉及高精尖技术的集成电路/芯片、电感电容、电源及散热模组等仍依赖美国、日本和中国台湾的供应商。

自动化技术、技能偏向型技术等逐步改变工业生产方式，增加经济赶超的技术壁垒。一方面，技能偏向型技术进步引发对中低技能劳动力的替代，进而削弱发展中国家传统劳动密集型产业的比较优势。Kinkel等发现在制造过程中使用工业机器人的企业将生产活动外包到欧洲以外的概率明显降低。②Hallward-Driemeier和Nayyar发现自动化强度与高收入国家向中低收入国家的FDI存在非线性关系，即当自动化超出一定强度后二者将呈现负向关联。③Inomata和Taglioni显示自动化强度最低的纺织品、服装和皮革制品行业所获得的从高收入国家向中低收入国家的FDI流量显著高于自动化强度最高的电子和汽车产品行业。④另一方面，在由物联网、大数据、人工智能等构建的数字经济时代，大规模定制、动态供应链、智能生产和服务、精准推送等成为现代工业的新特点，这是以廉价劳动从事批量生产的低收入国家还难以学习模仿的。

（三）产业链的区域化和本土化考量增加

既有全球产业链的形成和发展有赖于积极、稳定的外部环境。而2008年金融危机后，世界经济进入深度调整期，低增长、低通胀、低利率和高债务、高赤字等风险交织。在这一背景下，民粹主义、贸易保护主义抬头，逆全球

---

① 前200大供应商占其2018年原材料、制造和组织采购金额的98%，详见 Apple Supplier Responsibility 2019, https://www.apple.com/。
② Kinkel, Steffen, A. Jager, and Christoph Zanker, "The Effects of Robot Use in European Manufacturing Companies on Production Off-shoring Outside the EU," June 22nd International Annual EurOMA Conference, At Neuchâtel, Switzerland, 2015.
③ Hallward-Driemeier, M., and Gaurav Nayyar, "Have Robots Grounded the Flying Geese: Evidence from Greenfield FDI in Manufacturing," World Bank, Washington, D.C., 2018.
④ Inomata, Satoshi, and Taglioni Daria, "Global Value Chain Development Report 2019: Technological Progress, Diffusion, and Opportunities For Developing Countries: Lessons from China," The World Bank, 2019.

化浪潮来袭。2012~2016年，各种类型的全球价值链活动增速较之前均明显下滑，其中复杂产业链活动下降幅度最大——2012~2014年尽管总体仍维持微弱的正增长，但较金融危机前已下降超过10个百分点，2015年增速甚至一度跌至-10%。全球产业链呈现一定的回归区域化甚至本土化的迹象。

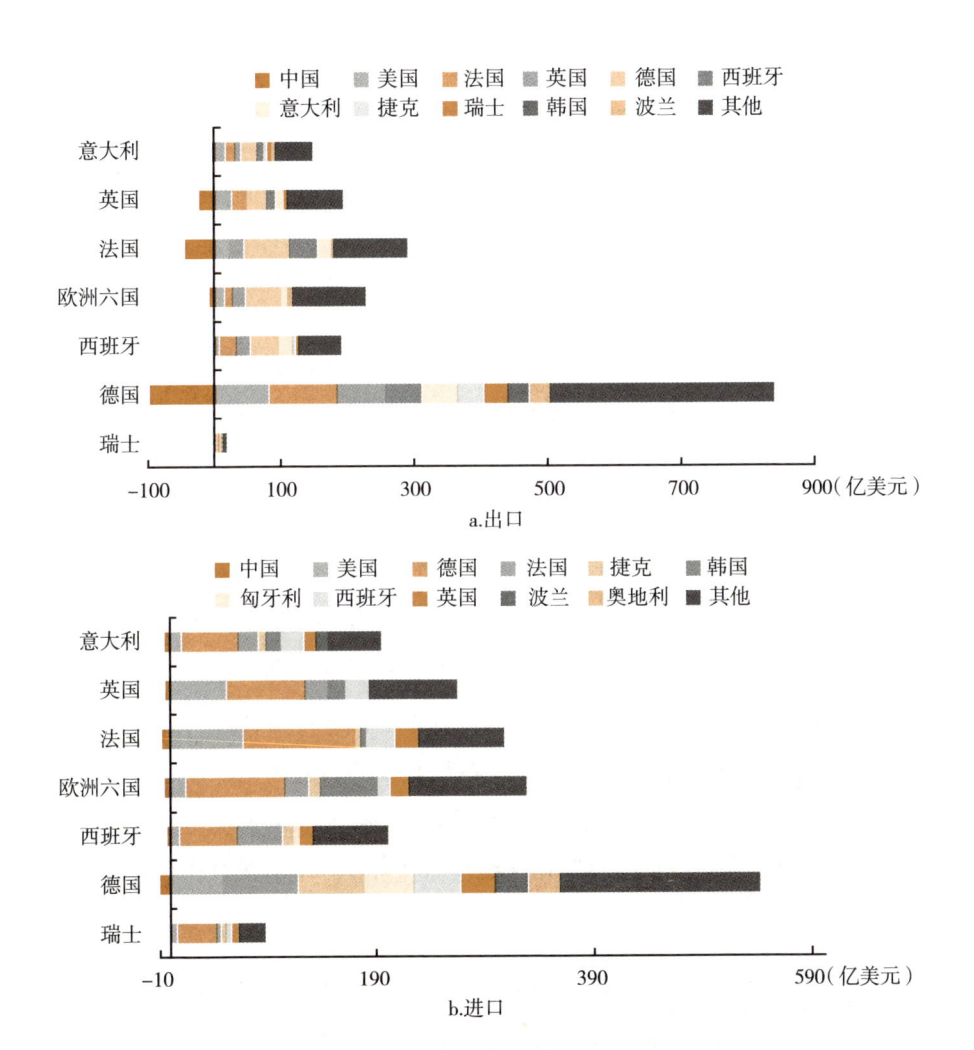

图3　12个重点欧洲国家交通运输设备制造业中间品贸易伙伴构成（2015年）

注：为突出各国与中国的贸易情况，将相应贸易数值取负数，列于零点的左侧。欧洲六国为荷兰、挪威、比利时、瑞典、奥地利和丹麦的合计值。

资料来源：OECD TiVA 数据库。

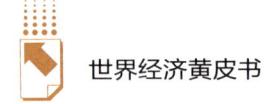

欧洲一直是区域经济一体化水平最高的地区，且在复杂产业链活动中尤为突出。据《2019年全球价值链发展报告》，2017年，区内贸易在欧洲前向和后向关联的复杂产业链活动中分别占比高达59.6%和64.6%。从行业看，欧洲区内的中间品进口占比普遍高于出口占比。2015年，12个重点欧洲国家[①]在7个制造业上向欧洲国家出口比重超过60%，在10个制造业上从欧洲国家进口比重超过60%。特别地，在食品、饮料和烟草，木材以及木材和软木制品，纸制品和印刷，橡胶和塑料制品，机动车辆、拖车和半拖车等5个行业上，欧洲国家的进出口占比均超过60%。交通运输设备业是欧洲区内一体化分工水平较高的产业[②]。在纺织品、服装、皮革和相关产品，计算机、电子和光学产品，其他运输设备3个行业上一体化程度较低，12个重点欧洲国家与非欧洲国家的中间品贸易占比在50%以下。

亚洲产业链中区内贸易的重要性不断提升。根据《2019年全球价值链发展报告》，2000~2017年，区域内贸易在亚洲产业链中的占比从40.3%升至46%，其中接近80%来自东亚地区。在前向和后向简单产业链活动中，亚洲区域内贸易比重分别提高3.5个和7.4个百分点。在前向和后向复杂产业链活动中，亚洲区域内贸易比重分别提高5.4个和6.6个百分点。导致这一变化的一个重要因素是大量中低收入的亚洲经济体融合到亚洲生产网络中。亚洲区域内贸易在计算机、电子和光学产品行业，化学和制药行业，焦炭和精炼石油产品行业尤为突出，其区域内贸易分别占亚洲各经济体该行业总贸易的69.8%、59.3%和58.6%。而区域外贸易占比较高的行业为采矿业、农林渔业和其他运输设备行业，分别占亚洲各经济体该行业总贸易的82.6%、75.7%和73.5%。[③] 未来，在"一带一路"和区域全面经济伙伴关系等合作倡议和协定

---

① 12个重点欧洲国家包括意大利、西班牙、法国、德国、瑞士、英国、荷兰、挪威、比利时、瑞典、奥地利和丹麦。
② 2015年，12个重点欧洲国家的交通运输设备业62.9%的中间品以欧洲国家为出口目的地，71.1%的中间品以欧洲国家为进口来源地。德国在该行业占据主导地位，是其他国家首要的贸易伙伴。
③ 行业层面的亚洲区域内（外）贸易基于OECD TiVA数据库中的中间品出口数据计算。受TiVA数据库的限制，该指标仅更新到2015年，且未考虑贸易增加值的情况。

的带动下，亚洲区域经济一体化程度或将进一步提高。

美国制造业回流诉求增加。一方面，金融危机后，发达国家开始反思"制造业空心化"问题，相继提出"再工业化"的口号，以期实现制造业回流与振兴，如《美国制造业振兴蓝图》《先进制造业国家战略计划》《振兴美国制造业和创新法案2014》等。另一方面，随着中国快速跻身高科技产业，并开始威胁到美国的全球主导地位，中美关系进入质变期。美国将中国定为竞争对手，并不断加大对中国的高科技打压力度，规避和阻止中国在高科技领域的赶超[1]。然而，徐建伟等发现美国多数制造业在GDP中的占比呈下降态势，并不具备全面振兴的基础。[2] 杨盼盼也发现美国制造业占GDP比重并未因回流政策而显著上升，但从制造业岗位创造看回流政策的效果较为显著[3]。此外，在中美贸易摩擦和《美墨加协议》的背景下，劳动密集型产业和以美国为主要出口市场的产业加速了从中国的撤离，而以墨西哥、加拿大为代表的区域产业链在美国对外贸易中的重要性明显提升。2019年1~7月，美国进口与2018年同期基本持平（显示进口需求变化不大），但其贸易伙伴国结构发生了明显调整——自中国进口下降366亿美元，而自墨西哥和越南进口分别提高125亿美元和90亿美元。

二　新冠肺炎疫情对全球产业链[4]的影响

（一）疫情冲击全球产业链的机制

全球产业链使得各国经济联系更加紧密，但同时加大了全球系统性风险。经济、金融、自然灾害、技术冲击、经济波动、人口结构演变、管制变

---

[1] 张宇燕:《理解百年未有之大变局》,《国际经济评论》2019年第5期。
[2] 徐建伟、杨合湘、戴俊骋:《中美制造业发展主要特征及趋势比较研究》,《经济纵横》2019年第2期。
[3] 2017年和2018年，美国制造业分别新增就业18.5万人和26.4万人，且制造业回流的新增就业大约占制造业新增就业的1/3（据Reshoring Initiative统计）。
[4] 无特殊说明，本报告所使用的概念如全球价值链、全球供应链、全球产业链、产品内分工等均指同一个意思，是同一种意思的概念在不同语境和场合下的灵活使用。

动等因素都可能通过全球产业链影响世界经济稳定。根据盛斌的总结，新冠肺炎疫情主要通过"关联效应""牛鞭效应""二元边际效应"影响全球产业链[①]。

首先，疫情从供给和需求两侧挤压全球产业链，造成局部断裂，并通过产业链前向关联和后向关联对经济体造成冲击。在需求层面，疫情导致的经济下行往往会推迟耐用品的消费；在供给层面，疫情造成的人员隔离、跨地区流动受限等会导致企业劳动力短缺、开工不足甚至关停。此外，各国采取的关闭边境、停航停运等措施导致国际物流迟滞、货物贸易成本增加，降低产业链运行效率。

一个国家通过向其他国家出口中间品（前向参与）或者从其他国家进口中间品（后向参与）嵌入全球产业链。如果该国发生较严重的疫情而其他国家无疫情，则该国通过价值链前向参与对下游国家造成供给冲击，通过价值链后向参与对上游国家造成需求冲击。相反，如果该国无疫情而其他国家疫情严重，则该国的下游国家对其造成需求冲击，上游国家对其造成供给冲击。

其次，疫情导致的下游市场需求萎缩将通过"牛鞭效应"加大上游供应商的生产、销售和库存管理的风险，引起价值链贸易严重的波动与混乱。由于市场不确定性与经营策略需要，在产业链中上游的供应商往往维持比其下游厂商更高的库存水平，因此越往产业链上游其生产与订货偏差就越大，这种由需求变异放大而导致的现象称为"牛鞭效应"。

最后，疫情冲击可能导致价值链贸易在集约边际上的调整。一国的出口增长可分解为"集约边际"和"广延边际"，前者指贸易额增长中来源于现有出口企业和出口产品在单一方向上规模扩张的部分，后者指贸易额增长中来源于新的企业进入出口市场、出口产品种类的增加或者出口目标国的变更部分。2008年金融危机期间，价值链贸易的调整变化主要来源于集约的贸易边际，表现为危机后在原有种类与市场基础上出口数量的大幅度萎缩，这种情形在疫情冲击下也会发生。

---

① 佟家栋、盛斌、蒋殿春等：《新冠肺炎疫情冲击下的全球经济与对中国的挑战》，《国际经济评论》2020年第3期。

（二）疫情对全球产业链的冲击程度：模拟分析[①]

根据疫情发展形势，我们基于假设抽取方法[②]，分两个阶段模拟疫情对世界经济的影响。

第一阶段，2020年1月至3月中旬，假定疫情使中国各行业中间品和最终品供给下降50%。从绝对值看，GDP损失最大的前10位经济体为澳大利亚、美国、韩国、日本、俄罗斯、德国、中国台湾、巴西、法国、英国；从相对值看，GDP损失占区域内增加值比重最高的前10位经济体是蒙古国、中国台湾、澳大利亚、韩国、新加坡、越南、俄国、哈萨克斯坦、泰国、马来西亚。分行业来看，中国建筑业、电子电气设备制造业、金属制品业、食品业和农业产出下降对全球经济影响最大。电子电气设备制造业对各经济体出口下降50%导致GDP受损最大的经济体为韩国、中国台湾、日本、美国、德国，分别下降2.10个、4.20个、0.47个、0.08个和0.30个百分点；机械设备制造业对各经济体出口下降50%导致GDP个受损最大的经济体是日本、韩国、德国、澳大利亚、中国台湾，分别下降0.15个、0.46个、0.15个、0.36个和0.82个百分点；交通运输设备制造业对各经济体出口下降50%导致GDP受损最大的经济体是日本、德国、韩国、美国和澳大利亚。

表1 中国各行业出口下降50%对各经济体GDP的影响

单位：个百分点

行业	澳大利亚	韩国	日本	美国	德国	英国	法国
农林牧渔业	0.184	0.116	0.034	0.017	0.035	0.017	0.022

---

① 本部分根据亚洲开发银行编制的2018年世界投入产出表计算得到。
② 假设抽取方法（Hypothetical Extraction Method，HEM）的基本原理是将一个产业部门从经济系统中抽走，通过对比抽取前后经济系统的变化来评估该部门的重要性和对整个经济系统的影响。为了解疫情冲击的经济效应以及对不同部门经济影响的异质性，我们假定疫情发生国对外总出口或某个行业出口中断或者减少一定比例。抽取或削减贸易流造成的GDP损失，可以理解为全球价值链背景下，某经济体遭受疫情冲击停工停产通过国内和国际投入产出关联对本国及世界其他经济体可能造成的影响。具体模型参见东艳、马盈盈《疫情冲击、中美贸易摩擦与亚太价值链重构——基于假设抽取法的分析》，《华南师范大学学报》（社会科学版）2020年第4期；Giammetti, R., Russo, A. and Gallegati, M., "Key Sectors in Input-output Production Networks: An Application to Brexit," *The World Economy*, 2020, 43(4).

续表

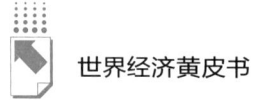

行业	澳大利亚	韩国	日本	美国	德国	英国	法国
采矿业	0.471	0.177	0.057	0.017	0.065	0.033	0.033
食品业	0.244	0.127	0.040	0.030	0.049	0.023	0.033
纺织业	0.146	0.157	0.047	0.015	0.037	0.017	0.022
皮革制造业	0.040	0.041	0.011	0.006	0.011	0.005	0.007
木材制品业	0.063	0.041	0.013	0.006	0.015	0.007	0.009
造纸业	0.073	0.066	0.023	0.009	0.023	0.010	0.012
石油燃料加工业	1.176	0.148	0.048	0.019	0.056	0.042	0.034
化工行业	0.688	0.461	0.128	0.041	0.117	0.056	0.067
橡胶塑料制品业	0.164	0.179	0.055	0.014	0.045	0.020	0.025
非金属矿物制造业	0.465	0.179	0.062	0.018	0.064	0.032	0.033
金属制品业	1.450	0.481	0.180	0.047	0.177	0.132	0.093
机械设备制造业	0.358	0.462	0.150	0.030	0.151	0.064	0.065
电子电气设备制造业	0.677	2.104	0.467	0.076	0.296	0.133	0.137
交通运输设备制造业	0.371	0.489	0.198	0.034	0.246	0.077	0.103
其他制造业及废弃材料加工业	0.039	0.035	0.011	0.003	0.010	0.005	0.006
电煤气水生产和供应业	0.632	0.238	0.064	0.017	0.063	0.033	0.031
建筑业	1.263	0.803	0.275	0.070	0.257	0.145	0.132
批发业	0.119	0.139	0.037	0.015	0.061	0.022	0.034
零售业	0.025	0.029	0.008	0.003	0.013	0.005	0.007
住宿和餐饮业	0.065	0.038	0.012	0.008	0.015	0.007	0.010
内陆运输	0.144	0.068	0.025	0.007	0.031	0.013	0.015
水路运输	0.044	0.019	0.006	0.002	0.009	0.004	0.006
航空运输	0.039	0.020	0.007	0.006	0.009	0.006	0.010
其他支持性运输活动	0.050	0.025	0.008	0.004	0.009	0.005	0.006
邮政和电信业	0.033	0.077	0.019	0.004	0.017	0.007	0.000
金融业	0.057	0.057	0.016	0.007	0.024	0.012	0.015
房地产业	0.019	0.017	0.005	0.002	0.007	0.003	0.004
其他商业服务	0.265	0.425	0.109	0.030	0.105	0.045	0.057
公共管理国防	0.117	0.103	0.032	0.015	0.037	0.022	0.027

续表

行业	澳大利亚	韩国	日本	美国	德国	英国	法国
教育	0.070	0.073	0.020	0.010	0.021	0.013	0.016
卫生和社会工作	0.163	0.119	0.035	0.012	0.038	0.017	0.022
其他社区社会及个人服务	0.089	0.125	0.035	0.010	0.036	0.016	0.021
总体	9.803	7.639	2.236	0.603	2.149	1.050	1.122

第二阶段，疫情向日、韩、欧、美地区扩散，通过需求下降和中间品、原材料供给中断反向影响我国经济。假定美、欧、日、韩各行业对世界各国出口下降50%。模拟结果表明，中国对四个经济体的依赖度从高到低依次为美、欧、韩和日，将分别导致中国GDP下降0.948个、0.687个、0.527个、0.456个百分点[①]。从中间品供应链中断对我国影响较大的行业看，美国是运输设备、其他商业服务、公共管理国防、建筑业以及卫生社会工作，欧盟是电子设备、运输设备、其他商业服务、建筑业、机械设备，韩国是电子设备、运输设备、金属制品、化工行业和建筑业，日本与韩国较为相似，但机械制造替代了化工行业。

表2 美、欧、日、韩各行业出口下降50%对中国GDP的影响

单位：个百分点

行业	美国	行业	欧盟	行业	韩国	行业	日本
总体	0.948	总体	0.687	总体	0.527	总体	0.456
运输设备	0.118	电子设备	0.067	电子设备	0.138	电子设备	0.062
其他商业服务	0.084	运输设备	0.061	运输设备	0.056	运输设备	0.053
公共管理国防	0.078	其他商业服务	0.059	金属制品	0.046	建筑业	0.049
建筑业	0.075	建筑业	0.057	化工行业	0.042	金属制品	0.042
卫生社会工作	0.050	机械设备	0.045	建筑业	0.042	机械制造	0.031
化工行业	0.046	金属制造	0.033	机械设备	0.029	电子设备	0.028
电子设备	0.045	批发业	0.029	石油加工	0.019	卫生社会工作	0.020

① 考虑到美、欧、日、韩的疫情是错位发生的，并非同时暴发，因此这里假设价值链上某个经济体疫情暴发造成的供应链断裂对其他经济体的影响。

续表

行业	美国	行业	欧盟	行业	韩国	行业	日本
机械设备	0.041	化工行业	0.028	其他商业服务	0.015	汽车销售维修	0.016
邮政电信	0.039	其他社会服务	0.024	其他社会服务	0.014	公共管理国防	0.014
金属制造	0.037	食品业	0.023	电煤气水	0.013	石油加工	0.014

注：根据2018年ADB-MRIO数据库测算。

（三）疫情重塑分工格局，加速产业链重构

疫情重塑产业链分工格局。在疫情暴发之前，世界经济和国际关系已经发生变化，保护主义和民粹主义大行其道、大国竞争日趋激烈、全球治理体系和治理能力面临挑战、全球产业链收缩和区域化属性增加。疫情冲击下，各国产业链均受到不同程度影响，全球产业链面临巨大不确定性。跨国公司及其母国为保证经济、产业链安全和产能自主，防止对单个经济体的过度依赖和关键零部件中断，可能放弃过去以效率为标准、在全球范围内按照各国比较优势和规模经济布局产品内不同生产环节的做法，更多考虑效率和安全的平衡以及供应链的自主性和可控性，以社会成本作为产业配置的最终标准，对医疗、高科技等关键产业供应链布局进行调整，如对国内应急供应链备份、引导关键产业的回流以及从全球化回归区域化、缩短价值链等。

疫情冲击使已有的全球产业链变化趋势强化。金融危机之后，全球产业链扩张步伐停滞甚至呈现阶段性收缩，疫情冲击使产业链分工方式和收益分配的内在风险进一步凸显，成为产业链收缩的加速器。此外，疫情进一步放大了中美矛盾。美国以规则霸权工具为基础，以"国家干预主义"取代"新自由主义"，以"权力逻辑"取代"市场逻辑"，以"长臂管辖"取代"全球规则"，应对经济竞争对手和保持技术优势。[1] 在对华战略上，以贸易政策支持国家安全政策，加紧在科技领域和关键产业与中国脱钩，并迫使第三国至

---

[1] 张茉楠：《后疫情时代全球经贸格局》，参考消息网，2020年7月2日。

全球范围与中国脱钩,例如禁止使用美国技术的企业与华为合作。在疫情影响下,美国更以国家安全为由,要求医疗设备等行业供应链从中国迁出,采用多种方式吸引美国企业从中国回撤。

三 全球产业链的重构方向

疫情与经济全球化的关系是评估后疫情时代产业链重构方向的基础。疫情导致全球供给和需求同步下降、价值链断裂、各国意识形态和价值理念分化和对立,正在改变以要素资源跨国配置为特征的全球化发展基础,加剧"逆全球化"趋势。对于疫情后全球化走向和趋势,目前有以下几个代表性观点:第一,有限全球化。各国收回更多经济主权,经济从以生产要素在全球范围内高速流动、优化配置为特征的"超级全球化"回归到20世纪80年代之前以商品和资本流动为特征的"有限全球化"。第二,再全球化。以"中心—外围"经济结构为基础,以中国为代表的新兴经济体由于全球治理意愿和治理能力的增加、国内市场的不断扩大,替代西方大国,成为全球化的新动力,发达国家与发展中国家组成的全球化"二元格局"演变为发达国家、新兴国家和外围国家组成的"三元格局",经济体之间对立程度下降。第三,慢全球化。随着商品、生产要素全球流动摩擦加剧、全球投资增速放缓以及跨国公司与母国利益冲突加剧,全球化趋势放缓,区域内经济一体化程度进一步加深,全球价值链向区域内收缩。第四,数字全球化。数字经济和人工智能将替代商品贸易和金融活动,成为全球化的主要驱动力,全球化体现为线上互联性的增强和线下要素流动的趋缓。[①]

总的来说,发达国家主导的、以生产要素在全球范围内高速流动和优化配置为特征的"超级全球化"已经退潮。但是,数字经济和人工智能的发展、新兴经济体参与全球治理能力和意愿的增强、发展中国家工业化进程及融入全球经济分工的客观需求等因素,将继续支撑全球化的发展。后疫情时代全

---

① 严灏文:《下一阶段全球化初探》,华南理工大学公共政策研究院网站,2020年9月11日。

球化不会终结，但产业链重构不可避免。未来的全球化是多方力量相互博弈和权衡的全球化，具体表现为全球要素流动趋缓，区域内一体化程度加深，价值链数字化和智能化，在技术、市场、成本、竞争和政府等多方因素的权衡下，寻找新的稳态。从市场看，以中国为代表的发展中经济体的国内市场不断壮大，将吸引跨国公司围绕终端需求形成新的区域集聚模式。从技术和成本看，随着全球要素禀赋格局的变化，全球产业链将在中长期呈现知识化、数字化和资本化趋势。从政府和政策看，安全导向在全球产业布局中影响增加，进而引导全球产业链的区域化和多元化。

（一）围绕终端市场需求，形成新的区域集聚模式

全球需求的地理格局变化是重塑价值链的力量之一，并将吸引跨国公司围绕终端需求形成新的区域集聚模式。金融危机之前，发达经济体是全球化消费的主体。根据麦肯锡报告[①]，1995年，全球81%的消费来自发达经济体，其中美洲和欧洲分别占31%和32%。2007年，发达经济体在全球消费中的占比下降至74%，下降主要来自亚太地区，而美欧占比基本维持不变。金融危机后，发展中经济体在全球消费中的比重快速攀升。2017年，全球38%的消费来自发展中经济体，较2007年提高了12个百分点，主要来自中国（6个百分点）、除中国外亚洲发展中地区（2个百分点）和美洲发展中地区（2个百分点）。2019年中国人均GDP达10276美元，社会消费品零售总额是2005年的5.4倍，对个性化、高质量产品，以及旅游、教育、文化等服务的需求不断提升。中国市场的快速崛起吸引了跨国企业的密切关注。根据中国美国商会发布的2019年《中国商务环境调查报告》，62%的企业视中国为全球投资的首要或前三大投资目的地。根据麦肯锡的预测，到2030年，中国、除中国外亚洲发展中地区以及欧洲发展中地区在全球消费中的占比将分别上升6个、2个和2个百分点。这势必将吸引更多的跨国公司围绕终端需求形成新的区域集聚模式。

---

① 麦肯锡全球研究院：《变革中的全球化：贸易与价值链的未来图景》，2019年4月。

（二）全球产业链将更趋知识化、数字化和资本化

随着全球要素禀赋格局的变化，全球产业链将在中长期呈现知识化、数字化和资本化趋势。一方面，知识和无形资产对全球价值链的重要性不断提升。2000~2016年，全球价值链中研发和无形资产资本化支出占总营收比例从5.4%上升至13.1%。所有类型价值链活动的知识密集度均有不同程度提升，其中制药和医疗设备、机械设备、计算机和电子占比最高（分别为80.0%、36.4%和25.4%）且提升幅度最大（分别为66.3个、29.3个和17.4个百分点）。与此相对应，价值链创造活动向研发和设计等上游活动、营销和售后等下游活动转移，而制造环节的价值占比下降（甚至直接外包给代工厂）。

另一方面，自动化和人工智能技术以及长期化的低利率环境，将使得制造的技术和资本密集度不断提高。从技术视角来看，人工智能、3D打印等新兴技术大多为技能偏向型，对中低技能劳动力存在明显替代。同时，新兴技术正逐步改变工业生产方式，增加发展中国家经济赶超的技术壁垒。从政策环境看，为应对疫情，主要发达经济体普遍推行非常规的财政政策和无限量宽松的货币政策。在全球经济增速偏低、政府高债务的背景下，主要经济体的央行难以退出低利率的政策环境。这使得资本相对劳动的价格下降，并促使产业链的数字化和资本化。未来，那些拥有较多高技能劳动力、较强的创新研发能力以及良好的知识产权保护的国家将在新的全球产业链格局中扮演更为重要的角色。

（三）多元化和集聚化以增强产业链抗风险能力

为了保证供应链的韧性和灵活性，强化产业链的抗风险能力，跨国公司在产业链布局上将实施多元化和集聚化战略。多元化可以分散风险，减少对单个经济体或少数国外供应商的依赖；集聚化可以通过产业链集群降低运输成本，缩短物流时间，提高物流调度效率，最大限度地避免各种自然灾害、疫情灾难的冲击。

产业链多元化布局主要体现在服务业和复杂价值链制造业。以日本汽车行业为例，其零部件对华依赖度很高，受疫情影响，中国工厂停工和物流中

断，日本国内企业因零部件短缺也被迫停工停产。2020年3月5日，日本首相安倍晋三在"未来投资会议"上表示，"日本必须考虑让对一个国家依存度较高的产品和附加价值高的产品，生产基地回归日本国内。如果做不到这一点，就尽量不要依赖于一个国家，向东南亚国家转移，实现生产基地的多元化"[①]。9月3日，日本宣布扩大补贴计划，将印度、孟加拉国等地列为承接中国产业转移的目标国。

多元化增加了发展中国家企业参与全球产业链的机会，但是从人力资源和基础设施来看，中国、韩国、墨西哥、部分东南亚国家和少数东欧国家是产业链布局的主要候选地。在全球产业链重组过程中，中国依然是多元化选项中的一个，也是产业链变短的选择之一。中国作为新技术发展的重地，具有良好的基础设施、丰富的人力资源、强大的产业配套能力以及庞大的市场容量，这些条件和优势不会因疫情的冲击而发生根本性变化。在长期内，中国仍然能够在新的全球产业链中扮演重要角色，并不断向价值链上游攀升。日本贸易振兴机构2020年4月初对710家在华东地区的主要日本企业问卷调查结果显示，90%以上的日本企业表示，不会撤离中国和改变现有供应链。

产业集聚主要体现在国家战略性新兴制造业或国家支柱产业等重点产业。各经济体为保证经济安全，提高这些产业的抗风险能力，倾向于建设从研发、设计到物流、金融等产业配套的全产业链集群。同时，市场规模巨大的产业链集群，可以增强经济体在全球产业生态中的话语权，用市场规模来有效避免关键技术被"卡脖子"所可能带来的经营风险。

（四）制造业产业链区域化属性增强、全球化属性减弱

20世纪90年代至21世纪初，由于运输成本和通信技术的发展，全球价值链逐步扩张，其中劳动力成本、人力资本、自然资源、是否邻近消费市场以及基础设施质量是跨国公司选址时的主要考虑因素。但是2013年以来，全球产业链开始向区域产业链转化。2013~2019年，区域内货物贸易占全球货物

---

① 《日本政府出资支持日本企业撤离中国》，机床商务网，2020年4月14日。

贸易的比重增长 2.7 个百分点，其中亚洲和欧盟 28 国增长势头尤为突出，新兴市场消费增加是驱动因素之一。后疫情时代，在技术、政府、市场和成本等因素驱动下，制造业产业链尤其是汽车、电子产品、纺织服装等效率驱动型价值链的区域属性将进一步增强，而服务业的全球化属性将进一步强化。

对于纺织、服装、玩具、鞋履和家具制造业等劳动密集型产业链，随着发展中国家劳动力成本上升以及自动化和人工智能技术对劳动力的替代，基于劳动力成本的套利空间进一步缩小，或将转化为资本密集型产业链，向最终消费市场或者母国所在区域收缩。对于化工、汽车、计算机、电子以及机械设备等资本技术密集型制造行业，人力资本、技术和政府等因素是驱动跨国公司向区域内布局供应链的主要因素，其中自动化技术扩大了劳动密集型加工组装环节的选址空间，生产链条长、供应商数目多、生产过程紧密、对外部冲击敏感的特征促使跨国公司为达到准时生产（JIT）要求、降低社会成本，对供应商进行备份，同时将部分产能布局于国内或区域内，而政府基于经济安全的考虑也迫使技术密集型的高附加值生产环节回归国内。对于金属制品、橡胶和塑料、纸张和印刷、食品和饮料等行业，基于产品的重量、体积及易腐性等特征，区域特征本身就比较显著，约 2/3 以上作为中间品投入资本技术密集型产业链，尤其是区域产业链中。而对于农业、采矿、基础金属等资源密集型产品产业链，自然资源和运输便利性依然是企业选址时的主要考虑因素，更多遵循本地化的发展路径。同时，不同于部分制造业，受数字经济驱动，服务业将实现进一步全球化，产业分工更加细化，服务外包更加普遍。

受疫情影响，发达国家基于安全考虑，加快完善国内或区域内的产业链，甚至可能试图构建"去中国化"的全球产业链。为应对全球产业链发展新趋势，构建以国内循环为主、国内国外"双循环"的新发展格局成为"逆全球化"背景下提升我国产业链供应链稳定性和竞争力、促进经济发展的必然选择。首先，在国际循环上，要加快商品和要素流动型开放以及规则等制度性开放的步伐[1]，充分利用国际、国内两个市场，优化资源配置，进一步释放增

---

① 李国学、东艳:《国际生产方式变革、国际经济规则重塑与制度型开放高地建设》，《学海》2020 年第 5 期。

长潜力。其次，从区位选择来看，中国产业链布局的着力点应当放在东亚地区和"一带一路"沿线国家。在国内循环上，要打破省区间市场壁垒，盘活国内资源，充分利用东、中、西部的比较优势，实现产业链的梯度转移和区域经济协调发展。最后，对于关键技术、零部件和原材料，政府要加大财政、制度等各方面支持力度，构建自主可控的产业链条，避免在全球分工体系中被"边缘化"。

参考文献

崔晓敏、杨盼盼、徐奇渊：《如何理解稳定产业链供应链》，《中国金融》2020年第14期。

东艳、马盈盈：《疫情冲击、中美贸易摩擦与亚太价值链重构——基于假设抽取法的分析》，《华南师范大学学报》（社会科学版）2020年第4期。

黄奇帆：《全球产业链重构之下，中国的机会和挑战》，《中国经济周刊》2020年第7期。

蒋小荣、杨永春、汪胜兰：《1985-2015年全球贸易网络格局的时空演化及对中国地缘战略的启示》，《地理研究》2018年第3期。

李国学、东艳：《国际生产方式变革、国际经济规则重塑与制度型开放高地建设》，《学海》2020年第5期。

佟家栋、盛斌、蒋殿春等：《新冠肺炎疫情冲击下的全球经济与对中国的挑战》，《国际经济评论》2020年第3期。

徐建伟、杨合湘、戴俊骋：《中美制造业发展主要特征及趋势比较研究》，《经济纵横》2019年第2期。

杨盼盼：《美国制造业回流：怎样回流？效果如何？》，《中国外汇》2020年第12期。

姚曦：《中国对外开放40年的总体收益》，载张宇燕主编《中国对外开放40年》，经济管理出版社，2020。

张宇燕:《理解百年未有之大变局》,《国际经济评论》2019 年第 5 期。

Ganne, Emmanuelle, and Lundquist Kathryn, "Global Value Chain Development Report 2019: The Digital Economy, GVCs and SMEs," The World Bank, 2019.

George S. Yip, *Total Global Strategy: Managing for Worldwide Competitive Advantage*, Prentice Hall, 1992.

Giammetti, R., Russo, A. and Gallegati, M., 2020, "Key Sectors in Input‐output Production Networks: An Application to Brexit," *The World Economy*, 43(4).

Grossman, Gene M., and Esteban Rossi-Hansberg, "Trading Tasks: A Simple Theory of Offshoring," *American Economic Review*, 2008.

Grossman, Gene M., and Esteban Rossi‐Hansberg, "Task Trade between Similar Countries," *Econometrica*, 2012.

Hallward-Driemeier, M., and Gaurav Nayyar, "Have Robots Grounded the Flying Geese: Evidence from Greenfield FDI in Manufacturing," World Bank, Washington D.C., 2018.

Inomata, Satoshi, and Taglioni Daria, "Global Value Chain Development Report 2019: Technological Progress, Diffusion, and Opportunities For Developing Countries: Lessons from China," The World Bank, 2019.

Kinkel, Steffen, A. Jager, and Christoph Zanker, "The Effects of Robot Use in European Manufacturing Companies on Production Off-shoring Outside the EU," June 22nd International Annual EurOMA Conference, At Neuchâtel, Switzerland, 2015.

Y.17
国际原油价格震荡：过程、成因及影响

王永中*

摘 要：2020年，新冠肺炎疫情、价格战和美伊冲突导致油价大幅震荡，走出一波"V"形过山车式行情。美国刺杀伊朗将领曾引发原油价格短暂上涨，随后快速回落至事件发生前的水平，表明中东地缘政治事件对油价的影响力衰减。新冠肺炎疫情叠加价格战，导致全球原油供给泛滥，油价断崖式下降，WTI甚至跌入负值区域。在实施旅行禁令和停工停厂等防疫措施的背景下，价格战既不会增加原油消费，也不能迫使美国页岩油企业退出市场，对于沙特阿拉伯和俄罗斯而言是双输的结果。WTI负价格与供给极度过剩、库欣的库容短缺、实物交割方式、空头逼仓等因素高度相关，不能反映北美地区基本供需状况，损害了WTI作为北美乃至全球原油基准价格的代表性和影响力。

关键词：国际原油价格 美伊冲突 价格战 WTI

2020年，受新冠肺炎疫情全球蔓延、沙特阿拉伯和俄罗斯价格战与中东地缘政治事件的影响，国际原油价格大幅震荡，走出一波"V"形过山车式行情。其中，美国暗杀伊朗将领、价格战和WTI负油价是三大突发性事件。为理解国际油价大幅震荡的成因及影响，本文将首先回顾油价震荡的全过程，继而分析美伊冲突对油价影响小的原因、价格战的成因及影响、WTI负油价的成因及影响，最后总结全文。

---

* 王永中，经济学博士，中国社会科学院世界经济与政治研究所研究员。

一 国际原油价格震荡的过程

纵观 2020 年国际油价的震荡过程，可大体划分为以下三个阶段。

（一）美国刺杀伊朗将领致使油价短暂上升

美伊地缘政治冲突引发国际原油市场第一波动荡，但影响较小，持续时间短暂。2020 年 1 月 3 日，美国暗杀伊朗将领苏莱曼尼事件，引发全球高度关注，布伦特原油价格盘中上涨，升至 69 美元 / 桶，WTI 原油价格也冲破 63 美元 / 桶。1 月 8 日，伊朗对美军设施实行报复性袭击，再度引发投资者的紧张情绪，原油价格一度大幅上涨，布伦特原油价格曾经短暂突破 71 美元 / 桶，WTI 原油价格涨至每桶 65 美元的关口，创阶段性高点。不过，随着美伊双方直接军事冲突警报的解除，事态朝着缓和方向发展，布伦特油价快速跌至 65 美元 / 桶的下方，基本回落到暗杀事件发生前的水平（见图1）。

图 1 2020 年 1~9 月布伦特、WTI 原油期货价格

资料来源：CEIC。

（二）疫情和价格战的叠加冲击致使油价断崖式下跌

新冠肺炎疫情全球蔓延是引发全球经济深度衰退和国际原油市场剧烈震

荡的最大黑天鹅事件，且激化了产油国之间的利益冲突，引起沙特和俄罗斯的价格战，加剧了供需失衡，导致油价断崖式下跌。2020年1月下旬至2月末，疫情在中国暴发，欧美国家的疫情较轻，油价显著下跌，布伦特油价由65美元/桶跌至52美元/桶左右，跌幅约为20%。3月初，中国疫情得到有效控制，但欧美国家疫情蔓延，旅行禁令和停工停产等严格的防疫措施，导致原油需求大幅下降，全球经济陷入深度衰退，而原油消费萎缩使得产油国之间争夺市场份额的冲突加剧。为缓解疫情对于油价的负面冲击，沙特主张继续减产保价，但俄罗斯不愿意再通过减产方式为产量不断增长的美国页岩油让渡市场空间，并期望通过低油价方式打击美国高成本的页岩油行业。3月6日，OPEC+减产协议谈判破裂，沙特和俄罗斯竞相宣布在现有的减产协议3月底到期后增产。其中，沙特宣布将日产量增加200万桶，达到1200万桶的最大产能，并增加投资使产能提升至1300万桶。这打击了投资者的信心，加剧了原油供需失衡，原油库存量急剧上升，储油空间接近极限，油价持续暴跌。

在全球原油的需求崩溃、供给泛滥和价格大幅下跌的情形下，增产和价格战显然不符合OPEC、俄罗斯和美国等产油国的利益，而且过低的价格会严重影响石油行业的投资，不利于消费国的长远利益。为保护页岩油产业的利益，美国政府施压沙特和俄罗斯达成减产协议，甚至放话要对进口原油加征关税。4月12日，OPEC+达成史上最大规模的减产协议，宣布从2020年5月开始分阶段减产，5~6月日减产970万桶，7~12月日减产800万桶，2021年1~4月日减产600万桶。沙特和俄罗斯减产所依据的基线产量（baseline level）是1100万桶/天，其他国家的基线产量为2018年10月平均产量。沙特和俄罗斯均减产250万桶/天，原油日产量降至850万桶。考虑到俄罗斯的日产量高于沙特，似乎前者承担了更重的减产任务。2018~2019年，沙特、俄罗斯的日产量分别约为1000万桶、1150万桶。若以其为基线产量，则沙特日减产量为150万桶，俄罗斯日减产量达300万桶。不过，俄罗斯生产的凝析油和天然气液NGL不计入原油范畴，日产量约为76万桶。

鉴于OPEC+4月产量创历史新高，若以该月的产量为基线产量，则减产协议的实际减产规模为1070万桶。若以3月产量为基线产量，则OPEC+5月的实际减产比例小于其对外宣称的9.7%，仅为8%。同时，美国、巴西、挪威、加拿大等产油国也加入减产的行列。需要指出的是，除沙特等石油资源富集的中东国家外，减产成本高昂，如油井在关闭后，水和污染物会充满油井，机器设备会因生锈而报废，从而许多石油企业即使在极低的价格上，仍然选择继续生产。当时，投资者普遍认为，减产规模不足以弥补需求萎缩量，且减产机制落实难度较大，致使油价在短暂上涨8%之后又继续掉头向下。

全球原油市场在2020年4月进入至暗时刻，国际能源署（IEA）署长法提赫·比罗尔将其称为"黑色四月"（Black April）。4月，全球40亿人的行动受到防疫措施的限制，原油日需求量比2019年下降2180万桶，降幅高达21%。其中，中国复工复产快速推进，原油需求在3~4月强劲反弹，3月需求量环比增长270万桶/天（增速为27%），4月的需求量继续环比增长110万桶/天（增速为9%），仅比上年同期低5万桶/天。同时，全球原油产量因价格战而有所增长。4月，美国和加拿大的大规模减产，带动非OPEC国家的日产量比年初下降300万桶以上，比2019年下降110万桶；OPEC的日产量达3073万桶，比3月环比增长238万桶，比上年同期增产100万桶，其中沙特、阿联酋和科威特的产量创历史新高，海湾国家的日产量增加了280万桶，超过北美等地的产量损失；全球原油日产量达10005万桶，比3月环比增产26万桶。[①]供给过剩导致全球原油库存大幅上升。OECD的原油库存在3月增加了6130万桶（日增长200万桶），4月增长了8690万桶（日增加290万桶），4月末升至12.36亿桶；全球原油储量在4月末达46亿桶，占67亿桶有效库容量的69%。[②]在全球原油库存急剧上升，特别是WTI期货原油交割地——库欣几乎没有剩余储油空间的情形下，布伦特油价在4月21日跌至谷底19.3美元/桶，而WTI原油期货价格在4月20日（5月份合约到期日）的结算价格跌至-37.6美元/桶，创历史性极端负值。另外，作为原油的计价货币，强势美元也助推了油价的大幅下跌。4月下旬，美元价格指数升至100.43的阶段性高点，比年初的96.85升值了3.7%。

---

① International Energy Agency, "Oil Market Report," May 2020.
② International Energy Agency, "Oil Market Report," June 2020.

图2 美元指数和布伦特油价

资料来源：CEIC。

油价大幅下跌对石油行业构成了巨大的负面冲击。美国页岩油企业因开采成本高、高度依赖外部融资且正现金流低，受到的冲击最为严重，股票和债券价格急剧下跌。切萨皮克能源（Chesapeake Energy）、怀丁石油（Whiting Petroleum）、钻石海上钻井（Diamond Offshore Drilling）等多家行业领先公司宣布破产重组，埃克森美孚、雪佛龙公司和英国石油等老牌国际石油公司大幅削减投资支出。在标准普尔500股票价格指数中，能源板块的跌幅居首，在3月下旬一度跌至年初的40%，而后虽有所反弹，但9月的价位仅相当于年初的50%（见图3）。美国的原油ETF、能源产业ETF的VIX波动率指数在3~4月大幅飙升。其中，原油ETF的VIX指数在4月21日升至峰值的325，从5月开始逐步降至正常水平（见图4）。

（三）防疫措施放松和减产导致原油价格"V"形反弹并趋稳

5月以来，随着欧美国家的疫情得到阶段性控制，严格的防疫措施逐步放松，全球经济活动和原油需求逐渐恢复，同时产油国也大幅削减原油产量，全球原油供给过剩状况有所缓解，原油库存回落，油价迅速反弹。8月25日，WTI、布伦特油价分别升至43.4美元/桶、45.9美元/桶，创阶段性高点，与4月21日（负油价事件后的第一个交易日）的价位相比，分别大幅上涨了3.33

图3 标准普尔500股票价格指数

资料来源：CEIC。

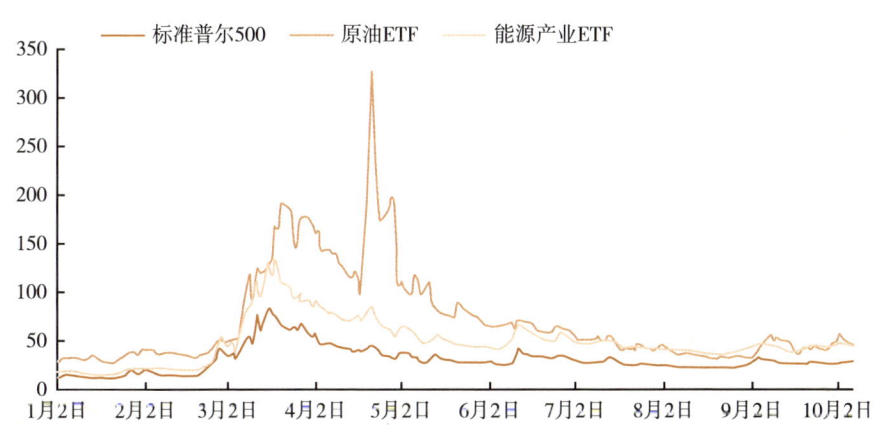

图4 美国的标准普尔500、能源产业ETF、原油ETF的VIX波动率指数

资料来源：Wind数据库。

倍、1.37倍。9~10月，在一些欧洲国家出现第二波疫情、美国和印度等国的疫情未能有效控制的情形下，投资者越发担忧疫情在冬季会卷土重来，油价出现小幅波动下行的态势，布伦特油价徘徊在41美元/桶，WTI油价在40美元/桶下方波动。美元的弱势则有助于阻止原油价格的下跌。美元价格指数由4月中旬峰值的100.43跌至9月底的92.14，跌幅达8.2%。

全球原油需求在"黑色四月"探底后明显改善，日需求萎缩量逐步缩小至 5 月的 1860 万桶、6 月的 1290 万桶和 7 月的 740 万桶。根据 IEA 的预测，2020 年全年全球原油日消费量将比上年下降 810 万桶，其中下半年下降 480 万桶（上半年下降 1140 万桶），第四季度下降 380 万桶。[①] 在全球原油需求量持续负增长的背景下，中国原油需求实现了正增长，6 月的原油日需求量比 2019 年增长 30 万桶，7 月比上年增长 60 万桶。[②] 而且，作为全球最大的原油国，中国利用国际低油价的有利契机，大幅增加原油进口和原油储备，为油价反弹提供了一定支撑。中国的原油进口量先由 4 月的 4043 万吨（约 990 万桶/天）的低谷水平，快速攀升至 5 月的 4800 万吨（约 1170 万桶/天）和 6 月 5320 万吨（约 1300 万桶/天，峰值），而后由于储备能力的不足，逐步回落至 7 月的 5130 万吨（约 1250 万桶/天）与 8 月的 4750 万吨（约 1160 万桶/天）（见图 5）。

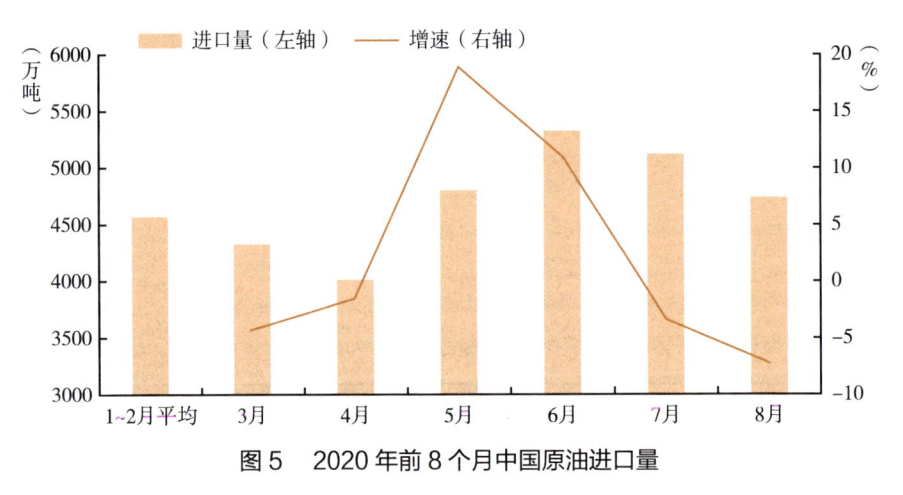

图 5　2020 年前 8 个月中国原油进口量

资料来源：CEIC 数据库。

5 月以来，全球原油产量先大幅下跌，后随着油价的快速反弹而有所恢复。4 月油价的断崖式下跌导致产油国大幅下调产量。5 月，全球原油日产量下降 1200 万桶，其中，OPEC+ 减产 940 万桶，而其余产油国共减产 260 万桶（比年初下降 450 万桶）。为进一步加快原油市场供需平衡，OPEC+ 在 6 月 6 日

---

① International Energy Agency, "Oil Market Report," September 2020.
② OPEC, "Monthly Oil Market Report," September 2020.

宣布将1000万桶/天的减产量延至7月。美国页岩油日产量在4月、5月分别下降71万桶、156万桶，日产量由3月峰值的830万桶降至5月的605万桶。OPEC+之外产油国的日产量在6~7月连续两个月增长，但在8月处于停滞状态。8月，全球原油日产量升至9170万桶，比上月增长110万桶，但比2019年下降930万桶。其中，OPEC日产量为2405万桶，比上月增产76万桶；俄罗斯日产量达997万桶，比上月增产49万桶，但比上年低152万桶；美国日产量因劳拉飓风而下降40万桶。[①] 美国原油活跃钻井数量在第二季度大幅下降，4~6月的减量分别为187个、199个、71个，在7~8月降幅明显变得平缓。8月，美国原油活跃钻井数量为222个，仅相当于3月的31.6%，跌幅高达68.4%（见图6）。

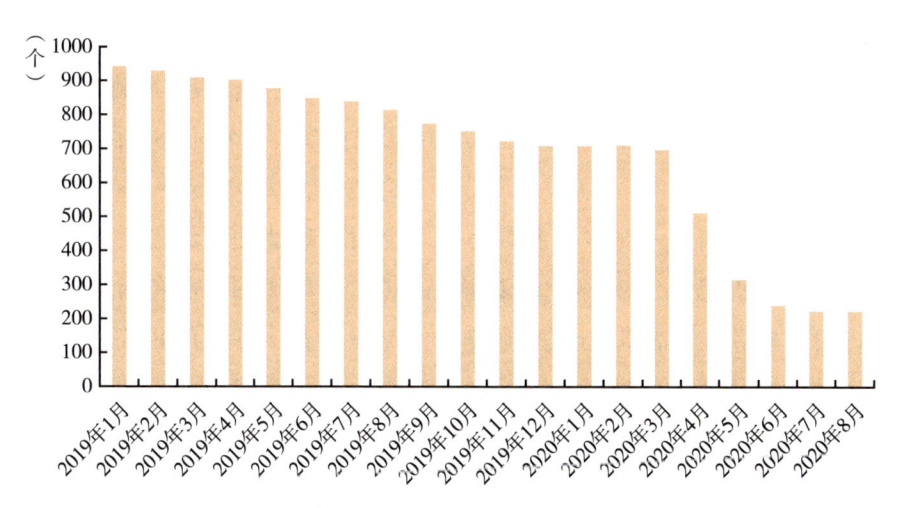

图6 美国原油钻井平台数量

资料来源：Energy Information Administration。

二 美伊冲突对原油市场影响小的原因

美国暗杀伊朗将领苏莱曼尼，加大了美伊军事冲突风险，对波斯湾地区

---

① OPEC, "Monthly Oil Market Report," September 2020.

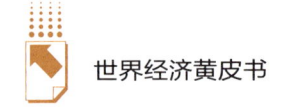

原油生产和运输安全构成了威胁，对全球原油供应产生负面冲击。此次美伊冲突事件之所以很快降温，油价在短暂性上涨后迅速回落，与美伊军事实力悬殊，且双方均无意愿将局部冲突升级为直接战争高度相关。而且，美国页岩革命和OPEC产油国的地位削弱，也导致中东地区的地缘政治事件对全球原油市场的影响显著下降。

第一，美伊双方没有将冲突升级战争的意愿。对于美国而言，虽然拥有绝对军事优势，但其在伊拉克驻军已陷入泥潭难以脱身，不会贸然开辟第二战场，且伊朗是中东地区军事和制造业强国，从而美国倾向于海上威慑而非实际行动。对于伊朗来说，美国制裁给其油气产业和经济造成了巨大困难，内部存在诸多不稳定隐患，封锁霍尔木兹海峡是迫不得已的底线行为，不会主动让美国有可乘之机。从而，暗杀事件得以较快平息。而且，双方冲突地点发生在伊拉克，远离原油生产和运输密集的海湾地区，没有威胁到中东地区原油的生产及出口，对国际原油市场的影响更多表现为对供应中断风险的担忧[①]。

第二，美国加大对伊朗制裁力度不会对全球原油供给产生实质性影响。在美国收回给予部分国家和地区的进口伊朗原油的豁免权后，原油进口国政府和企业因担心会受到美国的二级制裁，基本停止或大幅削减了从伊朗的原油进口规模。美国加大制裁力度虽会对伊朗出口油气制造新的困难，但对全球原油供应的影响完全可以忽略不计。即使美伊冲突升级致使伊拉克被动卷入，导致其原油的产量和出口量下降，OPEC的机动产油国沙特通常会配合美国而增加原油产量，以弥补原油供应缺口。

第三，OPEC的地位明显削弱，中东地区的地缘政治事件对原油市场的影响力下降。随着美国页岩革命的兴起和巴西、圭亚那等国原油产量的增加，全球原油供应总体上较为宽松，中东地区在全球原油供应市场上的地位明显削弱，美国、俄罗斯在全球原油供应中的地位显著提升。光伏、风能等可再

---

① 王永中、田慧芳等著《世界能源中国展望2020》，中国社会科学出版社，2020。

生能源对石油替代进程加速，石油在能源组合中的地位下降。在欧美原油需求接近峰值的条件下，亚洲国家成为中东原油的主要需求方，但其缺乏介入中东地区事务的兴趣。

三 沙特和俄罗斯价格战的动因与影响

价格战是沙特、俄罗斯和美国三大产油国在需求大幅下跌情形下争夺消费市场冲突升级的产物。在疫情冲击和全球经济深度衰退的背景下，原油需求价格弹性急剧下降，低油价不能导致石油需求上升。从而，价格战所引发的超低油价更多地反映为增产国石油收入下降，不利于油气行业的投资和产量稳定，不利于生产国和消费国的长远利益。

（一）沙特和俄罗斯价格战的动因

沙特和俄罗斯价格战针对的主要对象是美国页岩油企业。凭借页岩革命，美国基本实现了"能源独立"的目标，一跃成为最大原油生产国，并与沙特、俄罗斯一起跻身产油国的"千万桶俱乐部"（日产量超过1000万桶），在石油供应侧发挥着举足轻重的作用。与沙特和俄罗斯的石油资产基本由国家所有、工业基础较为薄弱、出口和财政收入严重依赖原油出口等特征不同，美国的石油资产由私人公司所有，且美国是最大原油消费国（传统上的最大原油进口国），工业和科技产业高度发达，因而美国与沙特、俄罗斯在石油行业上的战略目标和行为方式上有着巨大差异。沙特、俄罗斯的战略目标是谋求稳定的出口市场和较高的油价，以实现长期原油出口收入的最大化，而美国的战略目标是偏好一个较低的油价，将国内能源消费成本维持在较低的水平，并在能源行业创造就业机会，进而实现能源独立和能源优势。

在行为方式上，沙特和俄罗斯与美国也存在较大的差异。沙特、俄罗斯的石油资源基本上由国家石油公司所有，两国政府可以通过决定产量来影响油价。美国石油公司属于私人企业，以追求盈利为目标，美国政府缺乏足够的机制和依据干预国内石油生产。[①]与沙特、俄罗斯的国有石油公司有强烈的价格控制意愿不同，美国的独立石油公司是价格接受者，根据价格变动来做出投资和产量决策。在沙特和俄罗斯维持减产协议期间，美国页岩油行业是最大的受益者，充分挤占了OPEC+让渡出来的市场空间，其产量在2019年创历史新高，让OPEC+成员国有苦难言。在疫情引发的原油需求急剧下跌的背景下，俄罗斯显然没有意愿再进一步减产保价，让美国页岩油行业继续坐收渔翁之利。与沙特、俄罗斯相比，美国页岩油行业的主要劣势是生产成本高，油井产量衰减速度快，资金压力大，需要通过增加投资和开采新矿井来维持产量的稳定。沙特和俄罗斯发动价格战的一个重要意图是充分利用自身低成本和国有体制优势，把美国页岩油企业逼出市场，以缓解原油供给过剩。当然，这对于沙特、俄罗斯来说，也是一个险招，若美国页岩油企业经受住超低油价的冲击，其自身将遭到反噬，来自石油行业的财政和出口收入将大幅下滑。这其实是有前车之鉴的。沙特和俄罗斯在2014年针对美国页岩油行业的价格战便以失败而告终。这一次价格战也未取得预期效果。虽然美国页岩油行业损失惨重，但沙特、俄罗斯自身也面临严峻的财政和经济挑战，在原油供给极度过剩、美国加征进口关税的威胁下，沙特和俄罗斯主导的OPEC+选择达成了减产协议。

（二）价格战对沙特和俄罗斯的影响

在旅行禁令、工厂停工等防疫措施导致原油需求大幅萎缩的情形下，沙特和俄罗斯打价格战最终只能是两败俱伤，理由有两点：一是增产和降价不会导致原油需求上升，从而原油出口收入会大幅下降。尽管沙特、俄罗斯的原油开采成本低，分别每桶为9美元、19美元，但其财政预算平衡油价高，前者达每桶80美元，后者每桶为42美元。显然，两国在2020年均会出现财政赤字，且沙特近年来备受财政赤字的困扰。沙特和俄罗斯的出口收入和财

[①] 2020年3~5月，在美国最大的产油州——得克萨斯州就强制削减原油产量的"配额减产"议案进行了热烈讨论。支持者主张应削减产量以稳定油价，而反对者认为，市场力量已经在推动减产，政府最好不要插手，且市场力量比政府干预更为有效。最终，得州石油行业的监管机构——得州铁路委员会放弃对强制减产议案进行投票。这意味着关于美国监管机构在页岩油行业是否要采取欧佩克减产方式的讨论的结束。

政收入均高度依赖石油行业，价格战会对两国经济构成巨大压力，显然难以持续。二是价格战不会达到迫使美国页岩油企业退出市场的预期目标，一些独立油气企业虽会破产重组，但其调整能力强，旗下的油井仍维持正常生产。

从理论上看，疫情对于原油需求曲线的影响可分解为两部分：一是需求曲线斜率的变化。在实施旅行禁令和居家隔离等措施的背景下，消费者的活动空间受到严格限制，不能自由地驾驶汽车或乘坐交通工具出行，从而原油的需求价格弹性显著变小，即需求曲线的斜率（dP/dQ）变得更为陡峭，价格下降1单位仅能带来消费量微小的增加。二是需求曲线本身的移动。疫情引发经济衰退，家庭部门失业率上升和收入下降，导致原油需求大幅下降，从而需求曲线向左侧移动。从疫情对原油市场过程来看，旅行禁令、居家隔离和停产停工等防疫措施率先对交通运输业的成品油需求构成第一波致命性打击，如家庭部门的汽油消费、航空公司的航空煤油需求，主要表现为原油需求曲线斜率的变动；严厉的防疫措施引发的急剧衰退对原油市场产生第二波冲击，导致原油需求崩溃，主要体现为需求曲线的移动。

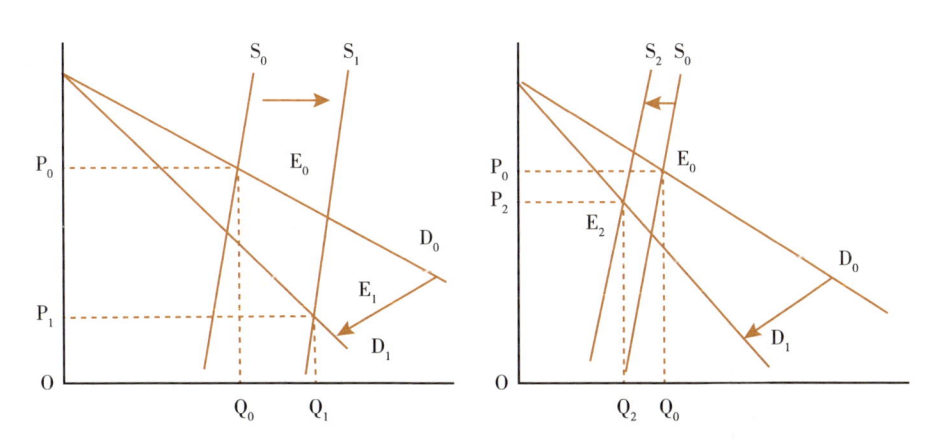

图7　需求价格弹性变化下供给曲线移动对均衡价格和均衡产量的影响

在需求弹性急剧下跌的情形下，OPEC+产油国通过增产和降价来抢占市场份额的办法根本不能奏效，反而减产是削减损失的一种有效途径，原因在于，原油需求大幅萎缩主要不是由价格上涨和收入下降引起的，而是由旅行禁令引起的，从而增产以使油价下降不会起到提振需求的效果（或需求增加量微小）。如图7所示，在需求弹性下降（需求曲线由 D_0 变为 D_1）的情形下，增产（供给曲线由 S_0 右移至 S_1）将导致原油销售收入大幅下降（长方形面积由 $OQ_0E_0P_0$ 降至 $OQ_1E_1P_1$），而减产（供给曲线由 S_0 左移至 S_2），仅引起原油销售收入的小幅下降（面积由 $OQ_0E_0P_0$ 降至 $OQ_2E_2P_2$）。在原油需求量萎缩和需求弹性丧失的压力下，OPEC+在谈判破裂的一个月后，快速达成了大规模的减产协议。这不失为一种明智而务实的策略。

四 WTI负油价的成因与影响

美国5月WTI原油期货结算价格跌至负值区域，是一个极端异常现象，由多重因素造成，如供给严重过剩、交割地库容趋于上限、多头未及时换仓移月、交易所修改规则允许负价格交易等。作为原油定价基准，WTI负价格显然不能反映北美乃至全球的原油供需基本面状况，说明其在定价机制设计上存在缺陷，会损害其代表性和影响力。

（一）WTI负油价的成因

造成WTI负油价主要有以下四个方面的因素。

第一，原油供给严重过剩，库存大幅上升。4月是国际原油市场的至暗时刻，产量创历史新高，而需求量跌至谷底，供需严重失衡，体现在：一是产量达历史峰值。油价大跌虽导致美国、加拿大等国的产量下跌，但OPEC+产量的上升弥补了前者的价格下跌，导致4月产量月度环比增长26万桶。4月是OPEC+减产协议的空窗期。OPEC+上一份减产协议终止于3月底，而新减产协议从5月开始生效。二是需求量跌到谷底。旅行禁令、居家隔离和大量工厂关闭，导致4月原油日需求量比上年急剧萎缩2180万桶，日供给过剩量达2200万桶，约占产量的22%。三是减产量低于市场预期。OPEC+承诺的日减产量为970万桶，不到4月供给过剩量的一半。四是库存量和库存成本快速上升。供给严重过剩导致原油库存量急剧增加并趋于上限。美国的原油净库存量由2月28日当周的3.18亿桶升至5月1日当周的3.99亿桶，上涨了25.4%。陆上石油储油罐和输油管道基本上被填满，大量超级油轮被石油贸易商租赁作为临时性浮式储存设施。4月初，用于临时储油的超级油轮数量达60艘，储油量约1.6亿桶。超级油轮的日租金成本在3月的一周内暴涨6倍，由3.9万美元升至25万美元。

第二，库欣的原油库存量趋于上限，库存成本急剧上升。3~4月，WTI期货原油交割地库欣的原油库存量连续9周持续增长，由2月28日当周的3495万桶升至5月1日当周6323万桶的峰值水平，占有效库容量的比例由46%升至83%。在4月20日当周，库欣的库存量达6117万桶，占有效库容量的81%（见图8）。这导致WTI原油期货实物交割的难度急剧上升，做多的投资者将很难找到闲置的油罐来储油[①]。而且，当时库欣原油仓储月租费达8~10美元/桶。若存储期超过2个月，仓储费用可能超过油价。

图8　库欣的原油库存量及其占有效库容的比重

资料来源：Energy Information Administration。

---

① 库欣的原油储存中心为隶属于芝加哥商品交易所的纽约商品交易所（NYMEX）的WTI期货合约提供现货交割服务。库欣的储油中心的总库容量（Total Shell Capacity）是9100万桶，有效库容量（Working Storage Capacity）是7600万桶。库欣的输油管道设施发达，拥有20余条输油管道和20个储油码头，日流入原油能力约370万桶，日流出原油能力为300万桶。流入的管道原油主要来自加拿大和美国的页岩油产区，包括巴肯（Bakken）、奈尔布拉尔（Niobrara）和二叠纪盆地（Permian），而流出的原油主要提供给美国的墨西哥湾和中西部地区的炼油厂。企业在WTI合约到期后选择实物交割必须拥有储油能力和连接交割点的管道空间。Karas Russell and Dan Brusstar, "Why the Cushing Storage Hub Matters to Oil," August 6, 2020。

显然，库容极度短缺是导致WTI 5月合约价格跌入负值的重要原因。如图9所示，与5月合约价格相比，6月合约的做多者有更多的弹性和时间来寻找油罐。[①]从而，当4月20日5月合约清算价格跌至-37.6美元/桶时，6月合约的价格仍达20.4美元/桶，导致远月（第二个月）与近月（当月）的价差高达58.1美元/桶。随着原油市场失衡状况显著改善，原油价格快速回升，远月（第二个月）和近月的价差显著缩小至不足1美元/桶。

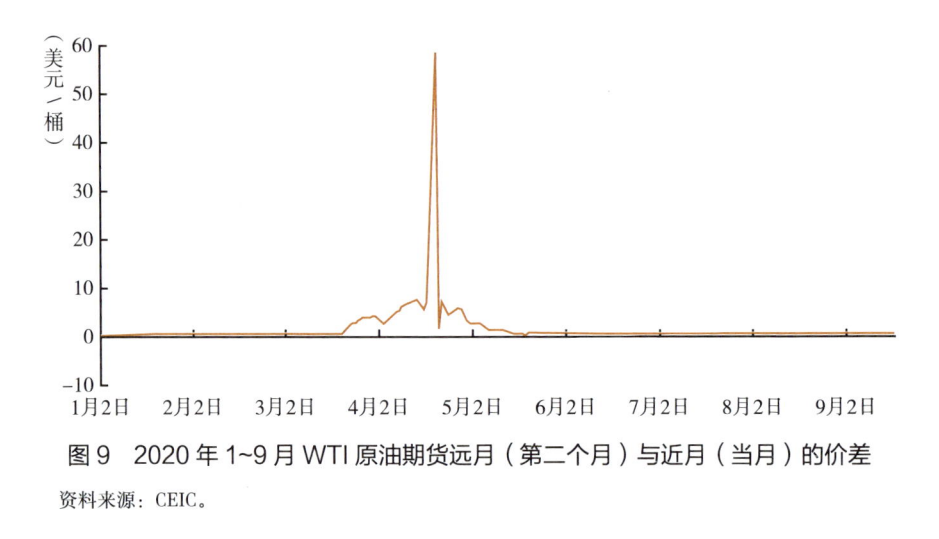

图9　2020年1~9月WTI原油期货远月（第二个月）与近月（当月）的价差
资料来源：CEIC。

第三，最后交易日流动性枯竭，多头因不具有实物交割能力，遭到空头完美围猎，被迫以高负值平仓，体现在：一是流动性枯竭，形成单边下跌行情。期货合约最后交易日通常流动性较小，价格波动较大，而4月需求大幅萎缩和供给过剩加剧了流动性短缺，形成单边下跌行情。二是汽油期货价格曾接近负值和现货价格出现负值预示着期货结算价格将跌入负值。3月23日，全球汽油的最为重要基准价格——纽约港RBOB汽油期货价格降至0.376美元/桶，为20年来的最低点。[②]4月中旬以来，鉴于储油设施短缺且存储成本高，美国一些页岩油生产和贸易商选择以负价出售原油现货。由于期货结算价格与现货价格会趋同，WTI 5

[①] 5月22日当周（6月合约到期周），库欣的原油库存量降至5125万桶，占有效库容量的比例跌至68%，库容压力显著下降。

[②] International Energy Agency, "Oil Market Report," May 2020a.

月合约的清算价格势必会跌入负值。而且，加拿大的西部精选原油 WCS 期货价格率先出现负值，跌至 -0.64 美元 / 桶。三是芝加哥商品交易所修改了交易系统，产生了负价交易机制，加剧了 WTI 合约结算价格的波动。四是在合约到期日，做多的非商业投资者（投资基金和货币基金）的未平仓量异常高（见图 10）[①]。未平仓量高意味着在期满时的实际交割量要比平时大，进一步加大了库欣的库容压力[②]。在通常情况下，缺乏实物交割能力的非商业投资者会选择在合约到期前数日平仓。但在 5 月合约到期前一段时间，油价大幅下跌，一些投资者出于抄底心理，选择不提前平仓，期望油价在到期日出现反弹。五是来自中国、韩国和印度等国的亚洲投资者经验不足，对于现货负值、负向交易机制等极端利空信息不够敏感，未能及时移仓换月，在空方预订完库欣剩余存储油罐的情况下，找不到储油设施，被空方有预谋地完美围猎，遭遇惨痛损失，而美国本土买多的投资机构基本提前完成移仓，避开了负值交易风险和穿仓事件。

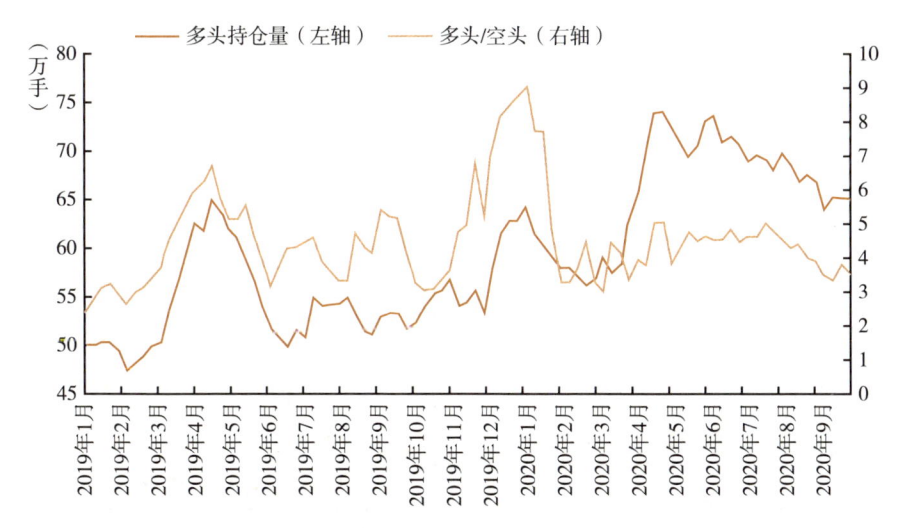

图 10　WTI 原油非商业机构的多头持仓量及多头 / 空头持仓量的比率

资料来源：Wind 数据库。

---

① 在疫情持续蔓延、一些欧洲国家抗疫措施再度收紧的情况下，对冲基金和货币基金等非商业机构的投资者对于 WTI 油价走势较为悲观，多头持仓量持续下降，多头持仓量与空头持仓量的比率下跌。

② Karas Russell and Dan Brusstar, "Why the Cushing Storage Hub Matters to Oil," August 6, 2020.

第四，WTI期货合约的区域化特征和实物交割方式，库欣的储存设施不足和交通不够便捷，助推了结算价格负值的出现。3~5月，WTI原油的表现明显劣于布伦特原油，价差显著扩大。这与WTI的两个缺陷高度相关：一是区域化特征较明显。WTI是北美地区的基准价格，而布伦特是欧洲、亚洲地区的基准价格，前者交易规模和市场流动性均小于后者，而且价格波动性较大。美国原油需求主要来源于家庭部门的汽车消费，旅行禁令和居家隔离导致美国居民的汽油消费断崖式下降，导致WTI油价急剧下跌。二是储存设施不足和交通不便。库欣地处内陆，储油空间有限，运输相对不便，需要通过管道将原油运送到墨西哥湾的港口，而布伦特原油交割地索伦港，海运便捷，有充足的油轮储存空间。三是WTI采用实物交割，而布伦特采用现金交割。实物交割意味着合约持有人在合约到期时必须在库欣接受原油的实物交付。在库欣的储油库容被预订一空的情况下，做多者找不到油罐存储原油，但必须接受交割，被迫向接受原油交割的合约买方支付费用。现金交割则可避免出现空头利用控制库容设施的优势来逼仓多头的现象。

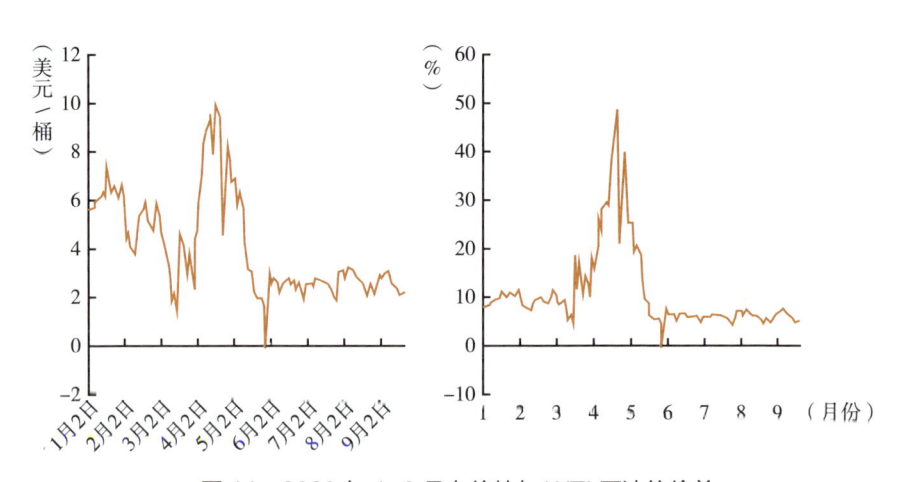

图11　2020年1~9月布伦特与WTI原油的价差

注：剔除4月20日的极端异常值（WTI价格为负值）。

资料来源：CEIC。

（二）负油价对WTI定价基准功能的影响

作为北美乃至全球的价格基准，WTI期货合约价格应能大致准确地反映北美和全球的原油供需基本面信息，但WTI 5月期货结算负价格仅能体现库欣地区的库容短缺现实，不能反映北美和全球的原油供需状况，这显然不利于WTI发挥原油的基准价格功能。如前所述，相对于布伦特原油期货，负油价暴露出WTI期货合约如下缺陷：一是交割地库欣地处内陆，交通不够便捷，库容不足；二是采用实物交割而不是现金交割的方式，为空头在极端情形下利用占有库容设施（预订剩余库容）的优势地位操纵市场、围猎多头创造了条件；[①] 三是芝加哥商品交易所事前修改交易规则，允许负价格交易，加重了市场的投机氛围，在市场流动性枯竭、出现负价格的市场极端失灵情形下，采取交易所出面居中协调空、多双方平仓的方式，可能有助于避免负价格的出现。

负油价导致WTI的定价功能遭遇挑战。WTI是阿格斯酸性原油指数（Argus Sour Crude Index，ASCI）的基准价格，该价格指数是中东油气厂商向美国市场销售原油的定价基准。4月20日，WTI价格为负，ASCI价格也当然为负值，中东卖方必须在其原油销售价格计算中引入负价格。这显然是WTI定价功能的失败，因为负价格仅反映了库欣的基本面，而不是中东和美国市场的基本面，中东国家可以选择出口亚洲和欧洲市场，美国市场的库存量虽大幅上升，但尚有一定的库容空间。此事件可能导致价格报告机构，如标普旗下的普氏（Platts）考虑修改其价格指数，这将损害WTI作为可靠的全球原油价格基准的地位。

五　结论

2020年，在新冠肺炎疫情、沙特和俄罗斯价格战、美伊冲突等因素的影

[①] 事后，美国商品期货交易委员会（Commodity Futures Trading Commission，CFTC）的调查认为，负价格事件不存在市场操纵的可能性，是由缺乏经验投资者的恐慌情绪加剧所致的，且有着清晰的基本面因素支撑，如供给过剩、库欣库容短缺。International Energy Agency, "Oil Market Report," May 2020。

响下，国际油价大幅震荡，走出了一波"V"形行情。纵观油价大幅震荡的过程，可划分为三个阶段：一是1月初美伊冲突导致油价先短暂上升后快速回落至事件前的水平；二是新冠肺炎疫情叠加价格战，致使油价在2~4月大幅下跌，WTI曾跌至负值区域；三是随着防疫措施的放松和经济活动的恢复，油价在5~6月快速反弹，在7~8月高度稳定，在9月因欧洲暴发第二波疫情而徘徊下行。美伊冲突、沙特和俄罗斯的价格战、WTI负油价是全球原油市场的三大突发性事件。美伊冲突对油价的影响小，说明在供应宽松的背景下，中东地缘政治对油价的影响力下降。在旅行禁令和封城导致原油需求弹性急剧下降的条件下，沙特、俄罗斯和美国争夺市场的冲突凸显，价格战既不会起到增加原油消费的作用，也不能将美国页岩油企业逐出市场，对于沙特、俄罗斯而言是双输的结局。WTI负油价既有原油过剩、库欣储油库容短缺的基本面因素，也有交易所机制设计的技术层面因素，如实物交割方式、负向交易机制等。显然，负价格损害了WTI作为北美乃至全球原油基准价格的代表性和影响力。

参考文献

王永中、田慧芳等著《世界能源中国展望2020》，中国社会科学出版社，2020。
International Energy Agency, "Oil Market Report," May 2020.
International Energy Agency, "Oil Market Report," June 2020.
International Energy Agency, "Oil Market Report," September 2020.
Karas Russell and Dan Brusstar, "Why the Cushing Storage Hub Matters to Oil," August 6, 2020.
OPEC, "Monthly Oil Market Report," September 2020.
World Bank Group, "Commodity Markets Outlook," April 2020.

Y.18 美国股市熔断：原因与前景

张 明[*]

摘　要： 2020年3月，美国股市在连续8个交易日内4次熔断，这是前所未有的情形。美股连续熔断发生在美股迭创历史新高之际，其触发原因是新冠肺炎疫情的快速蔓延以及全球原油价格暴跌，更深层次的原因则美国股市在过去10余年内形成的一系列结构性特征，包括上市公司持续大规模回购股票、以ETF为代表的被动投资异军突起、对冲基金使用了一系列基于波动率的新策略等。考虑到经济基本面依然疲弱、股市估值高企、流动性危机结束以及宏观经济指标反弹可能导致美联储货币政策边际收紧、未来美国经济与政治不确定性等原因，未来美国股市波动性将处于高位，不排除美股再度熔断的可能性。

关键词： 美国股市　股市熔断机制　被动交易　风险平价策略

一　引　言

在2020年3月9日、12日、16日与18日，美国股市在连续8个交易日内4次熔断。在上述4个交易日内，道琼斯工业指数的跌幅分别为7.8%、10.0%、12.9%与6.3%。从历史上来看，2020年之前美国股市仅仅发生过一

---

[*] 张明，中国社会科学院世界经济与政治研究所研究员，主要研究领域为国际金融。

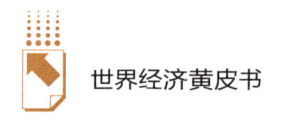

次熔断，这发生在1997年10月27日，道琼斯工业指数当日下跌了7.2%。

所谓熔断机制（Circuit Breaker），也称自动停盘机制，是指为了控制股票、期货或其他金融衍生产品的交易风险，为其单日价格波动幅度设置区间限制。一旦成交价触及区间上下限，交易或者自动中断一段时间（熔即断），或者继续交易但不能突破上下限（熔而不断）。国际上更多采用的是"熔即断"的交易机制。之所以将上述机制命名为熔断机制，这是因为该机制的原理与电路保险丝类似，一旦电流异常，保险丝就会自动熔断以免电器受损。

股票市场上最早的熔断机制起源于美国。1982年，芝加哥商业交易所曾对标普500指数期货合约实施过每日交易价格涨跌3%的限制，但该规定在1983年被废除。1988年10月19日，美国商品期货交易委员会与证券交易委员会批准了芝加哥商业交易所与纽约股票交易所的熔断机制。根据相关规定，当主要股市指数在一日之内下跌幅度达到7%时，美国相关证券交易将会暂停15分钟。美国的熔断机制之所以出台，这与1987年10月19日的"黑色星期一"有关。该日，道琼斯工业指数跌幅达到22.6%。由于没有熔断机制或者涨跌幅限制，很多美国投资者在一夜之间血本无归。熔断机制的出台，在很大程度上就是为了避免"黑色星期一"的重演。

要理解美国股市为何会在2020年3月4次熔断，首先必须认识到，这次暴跌是在美股经历了长达11年的牛市后、指数处于历史最高点之时发生的。道琼斯工业指数从次贷危机爆发后2009年3月9日的6547.05点（本轮牛市的起点）上升至2020年2月12日的29551.42点（本轮牛市的最高点），本轮美股牛市持续了将近11年时间，道琼斯工业指数累计涨幅达到351%。本轮美股牛市的持续时间是有史以来最长的，同时其累计涨幅也是有史以来最高的。值得注意的是，本轮美股牛市是与次贷危机后美联储实施的极其宽松的货币政策高度相关的。在这11年牛市中，美国股市仅在2015年与2018年经历过两次较为显著的调整。第一次调整发生在美联储退出量化宽松政策之后，而第二次调整发生在美联储连续多次加息之后。毋庸置疑的是，美股在2020年3月的大幅下跌，包括4次熔断，与新冠肺炎疫情在全球范围内的快速蔓延高度相关。

本报告将分析2020年3月美股4次熔断的主要原因，并展望未来美国股

图 1　美国股市的走势

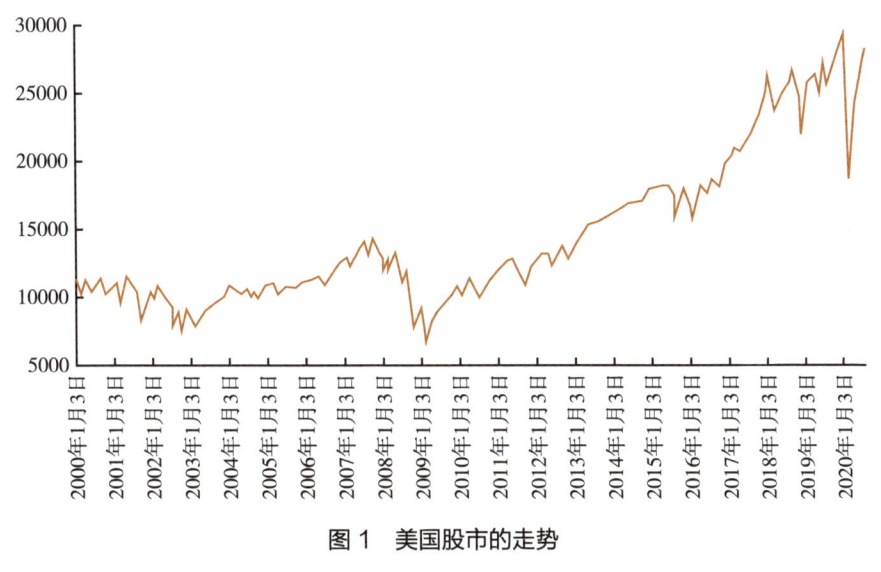

资料来源：Wind。

市的走向。下文的结构安排如下：第二部分讨论美股熔断的触发原因；第三部分分析美股熔断的深层次原因；第四部分展望未来美股是否还会发生新的熔断；第五部分为结论。

二　美股熔断的触发原因

新冠肺炎疫情在全球范围内蔓延，且发达国家政府普遍应对不力，导致全球投资者风险偏好下降、避险情绪上升，这是美股在 2020 年 3 月连续熔断的触发原因之一。

根据世界卫生组织的统计，在 2020 年 1 月底、2 月底、3 月底，全球范围内新冠肺炎确诊人数分别为 9826 人、85403 人与 750890 人，全球范围内新冠肺炎死亡人数分别为 213 人、2924 人与 36405 人。事实上，美国等发达国家的疫情是从 2020 年 3 月起快速蔓延的。例如，美国的确诊人数由 2020 年 2 月底的 3 人激增至 3 月底的 17987 人。① 与中国、日本、韩国、新加坡等

① 以上数据引自 CEIC。

亚洲国家相比，欧美发达国家政府在疫情暴发初期反应相对迟钝、防控措施出台缓慢，导致疫情快速蔓延。这导致金融市场上投资者避险情绪增加，从而开始抛售风险资产、增持避险资产。2020年3月，道琼斯工业指数下跌了13.7%、布伦特原油期货价格下跌了55.0%、美国10年期国债收益率由1.13%下降至0.70%（这意味着美国10年期国债的市场价格显著上升）、美元指数上涨了0.9%。[①]

全球原油价格暴跌，导致美国股票市场与高收益债券（即垃圾债券）市场能源板块价格大幅下跌，这是美股在2020年3月连续熔断的触发原因之二。

布伦特原油期货价格2019年底至2020年3月底下跌了65.5%，2020年3月下跌了55.0%，仅2020年3月9日就下跌了24.1%。全球原油价格下跌的直接原因是以沙特为代表的OPEC国家与以俄罗斯为代表的非OPEC国家在疫情暴发后新一轮原油减产谈判方面未能达成一致，进而沙特实施"以邻为壑"的政策，抢先开足马力增产。油价大幅下跌至少会对全球金融市场产生以下负面冲击：第一，全球范围内能源板块的股票价格应声下跌；第二，美国页岩油气厂商发行的高收益债券的息差显著上升、市场价格大幅下跌，从而导致投资者抛售此类高收益债券，进而引发美国信用债市场动荡；第三，中东地区的机构投资者可能因油价大跌而不得不从全球市场撤回石油美元，这会增加全球金融市场的新一轮抛售压力。[②]

三 美股熔断的深层次原因：结构性新特征

美股在2020年3月连续4次熔断，除了上述两个触发原因之外，还与过去10余年美国股市形成的一系列结构性特征密切相关。这些结构性特征既是不断推高美股的重要动力，也是2020年3月美股连续熔断的深层次原因。

美股熔断的深层次原因之一是在过去10余年中，美国上市公司持续大规模回购股票。回购股票有助于提高上市公司每股盈利水平、通过提高股票的

[①] 以上数据为笔者根据CEIC有关数据计算所得。
[②] 张明：《美国股市下跌为何如此猛烈》，《财经》2020年3月13日。

吸引力进而推升股价，但大规模股票回购行为将会降低市场流动性与成交量、弱化公司中长期基本面。一旦回购行为萎缩，股票价格就可能显著下跌。

美国上市公司回购自身股票的行为起源于1950年代，但随后几十年内规模总体上不大，只是在次贷危机爆发之后规模才快速攀升。2017年、2018年与2019年，标普500成分股总回购金额分别达到5390亿美元、8020亿美元与6065亿美元。①2018年，标普500与纳斯达克回购金额占总市值的比重分别达到2.89%与2.68%，双双达到历史峰值。②

美国股票市场上的回购以库存股为主。这些库存股仍然属于在外发行的股票，但不享受分红、不参与每股收益的计算，也不计入资产负债表。上市公司进行股票回购的主要原因包括通过提高每股盈利（Earnings Per Share，EPS）来改善公司的盈利能力并进而推升股价、对管理层进行薪酬激励、向市场传递股价被低估的信号、解决股权激励后的控制权稀释、通过减少在外流通的股票来防止公司被恶意收购等。③

我们可以用三份定量研究报告来大致考察一下回购是如何提高上市公司盈利水平的。第一，根据中泰证券的估算，过去15年美国上市公司每股盈利年复合增速达到11%，而企业复合利润增速仅为8%，两者之间3个百分点的差距就是回购行为人为推高的增长，这意味着美国上市公司盈利有27%左右是由回购行为虚增的。④第二，根据川财证券的估算，2017年标普500回购指数成分股的收益率达到24.7%，高于标普指数23.0%的收益率。这表明回购比率最高的100只个股的平均表现高于标普500指数中个股的平均表现，意味着回购对标普500指数上涨具有正向作用⑤。第三，根据兴业研究的计算，

---

① 钟正生、姚世泽:《美国股票回购的历史、现状与未来》，莫尼塔宏观研究，2019年7月31日；徐驰、张文宇:《美国资产负债表的"三重坍塌"如何演绎——本轮危机与1929年大萧条比较》，中泰证券研究报告，2020年3月19日。

② 钟正生、姚世泽:《美国股票回购的历史、现状与未来》，莫尼塔宏观研究，2019年7月31日。

③ 钟正生、姚世泽:《美国股票回购的历史、现状与未来》，莫尼塔宏观研究，2019年7月31日。

④ 徐驰、张文宇:《美国资产负债表的"三重坍塌"如何演绎——本轮危机与1929年大萧条比较》，中泰证券研究报告，2020年3月19日。

⑤ 陈雳:《美股上市公司股票回购市场详析》，川财证券研究报告，2018年9月16日。

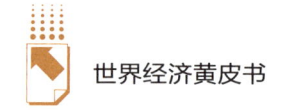

对比2016年以来的标普500所有企业总利润增速和EPS增速，EPS增速要高出前者10%以上，主要原因便是回购导致的"注水"。①

从行业来看，美股回购规模与股票价格之间呈现显著的正相关。以标普500为例，2009~2019年，上涨幅度较大的行业（如信息技术、可选消费品、工业）等，基本上也是回购规模较大的行业。从个股来看，2009~2019年，回购规模靠前的公司均为大型龙头企业，尤其是科技类与金融类公司。②在标普500行业指数中涨幅位居前三的信息技术、可选消费品与医疗保健行业，同期股票回购规模均位列所有行业回购规模的前四位。而涨幅较低的公用事业与电信业务等行业的股票回购规模也排在相对靠后的位置。③

在次贷危机爆发后的十余年间，美国上市公司进行回购的资金主要有三大来源：一是上市公司在美国国内的当期盈利。二是上市公司的海外利润汇回。2017年底，特朗普政府主导的美国税改计划正式实施。在税改之前，上市公司汇回海外利润需要缴纳35%的税款。而在税改之后，上市公司汇回流动资金需要缴纳15.5%的税款，汇回非流动资产仅需缴纳8%的税款。这导致美国上市公司将利润汇回国内的意愿显著增强。三是上市公司通过发行债券募集资金进行股票回购。在次贷危机爆发后，美联储持续宽松的货币政策导致债权融资成本显著下降。尤其是在2011年以后，企业债利率显著下降。因此相对于发行新股，上市公司更倾向于通过发债来回购股票。④上市公司通过发行企业债为大规模股票回购融资，这是推升美国企业杠杆率的重要原因。截至2019年底，美国非金融企业债务占GDP比例达到75%，已经超过了2008年次贷危机爆发前的72%。⑤

美国上市公司大规模股票回购行为至少会产生以下负面影响：第一，回

---

① 鲁政委：《美国金融动荡下一导火索为何？——未来美元流动性冲击》，兴业研究，2020年4月28日。
② 钟正生、姚世泽：《美国股票回购的历史、现状与未来》，莫尼塔宏观研究，2019年7月31日。
③ 陈雳：《美股上市公司股票回购市场详析》，川财证券研究报告，2018年9月16日。
④ 陈雳：《美股上市公司股票回购市场详析》，川财证券研究报告，2018年9月16日。
⑤ 徐驰、张文宇：《美国资产负债表的"三重坍塌"如何演绎——本轮危机与1929年大萧条比较》，中泰证券研究报告，2020年3月19日。

购行为通过人为推高 EPS 虚增上市公司利润，这容易产生股票价格泡沫。第二，大规模股票回购行为会降低市场上流通的股票数量，导致市场上股票成交量的萎缩。事实上，2009 年以来的这轮美股牛市存在典型的"缩量上涨"的特征。第三，一旦上市公司将较大规模盈利用于股票回购，这自然会压缩上市公司在研究开发、设备投资、员工培训、员工福利等方面的支出，而这将会损害上市公司的中长期竞争力。第四，上市公司大规模股票回购的好处主要归股东与公司高管所有，会加剧美国社会的收入分配失衡。

一旦上市公司股票回购规模下降，那么上市公司 EPS 的下降幅度就会超过真实利润的下降幅度，从而降低股票的吸引力，最终导致股价显著下跌。无论是上市公司债券偿债高峰的到来，还是其海外利润汇回速度的放缓，都会导致回购规模的下降。根据钟正生与姚世泽的研究，到 2020 年下半年，美国高收益债市场将会迎来偿债高峰期；到 2021 年，罗素 2000 指数的标的公司将会迎来偿债高峰期；到 2022 年，纳斯达克指数的标的公司将会迎来偿债高峰期。[①] 2020 年初，受疫情影响，美国上市公司的预期业绩本就会显著下降。金融市场震荡造成的企业债发行成本上升，以及偿债高峰的临近，都会降低美国上市企业发债回购股票的规模。而回购规模的下降又会造成上市公司 EPS 的加速下滑，这是导致美国股市在 2020 年 3 月连续熔断的深层次原因之一。

美股连续熔断的深层次原因之二是在过去 10 余年中，以交易所交易基金（Exchange Traded Funds，ETF）为代表的被动交易大行其道。被动交易的扩大，一方面意味着大市值股票能够获得更多的买入，最终形成明显泡沫；另一方面在市场下跌时的集体止损或赎回容易造成流动性危机，甚至发生踩踏现象。

在长期低利率环境下，以养老基金、保险公司为代表的原本风险偏好较低的长期机构投资者面临资产端传统投资（以固定收益类产品为主）收益率下滑、负债端未来固定支出的现值上升等压力，从而显著增加了对权益资产的投资。这些投资又大量投向以 ETF 为代表的被动投资产品。截至 2019 年底，

---

① 钟正生、姚世泽：《美国股票回购的历史、现状与未来》，莫尼塔宏观研究，2019 年 7 月 31 日。

美国被动投资基金资产规模达到4.3万亿美元,占到美国股票基金资产管理规模的51%,已经超过了主动管理型基金的规模[①]。根据晨星公司的统计,截至2019年底,美国ETF总资产管理规模超过4万亿美元,其中超过1600亿美元为当年流入。[②]

ETF构建所使用的市值加权法使得只需要持有部分头部企业股票便可以获得大盘的基准回报,甚至可以跑赢大盘表现。例如,以过去5年回购量最大的20家企业(占总回购量1/3以上)构建市值加权指数,该指数走势与标普500一致,甚至阶段性跑赢大盘。上述现象导致近年被动追踪策略大行其道,ETF快速增长[③]。反过来,被动投资的扩大会使得市值大的公司能够得到更多的买入,从而进一步提高其市值。如此就形成了一个正反馈循环,最终使得大市值股票产生明显的泡沫。事实上,美国大量ETF的持仓结构与交易策略非常类似。例如,很多ETF在资产组合上重仓苹果、微软、谷歌、亚马逊、脸书等蓝筹科技股。

以ETF为代表的被动交易的盛行,主要加大了以下风险:第一,由于大多的ETF主要投资于少数大市值股票上,一旦市值下跌引发基金止损或者赎回,就可能造成流动性突然消失,形成踩踏事故。第二,美国的大多数ETF都是带有杠杆的。在市场下跌之时,投资者需要大量追缴保证金,否则相关投资就会被强制平仓。第三,美国包括ETF在内的被动投资基本上都是满仓运作,很少留出现金,一旦遭遇大额赎回,就只能卖出平仓。第四,正如美国传奇基金经理迈克尔·巴里所指出的,ETF缺乏价值发现功能,与此同时面临流动性压力。ETF持有的一些股票交易清淡,一旦发生踩踏,算法交易将导致大量ETF被动抛售而不能按照现价成交(即抛售价格显著低于底层资产的市场价格),这将会加剧流动性危机与下跌压力。[④]第五,一旦股市上的基础资产被抛售,各类ETF就极易陷入流动性枯竭,而ETF的流动性枯竭反

---

① 王涵:《本轮美国金融危机的起因、现状与展望》,兴业证券研究报告,2020年3月20日。
② http://finance.sina.com.cn/roll/2020-03-18/doc-iimxxsth0051788.shtml。
③ 鲁政委:《美国金融动荡下一导火索为何?——未来美元流动性冲击》,兴业研究,2020年4月28日。
④ https://baijiahao.baidu.com/s?id=1661831882093556767&wfr=spider&for=pc。

美国股市熔断：原因与前景

过来又会加剧二级市场上的恐慌性抛售，这就是流动性的"死亡螺旋"[1]。

更令人担忧的是，那些受到 ETF 追捧的大市值股票，恰恰又是更加倾向于通过低息发债或者海外利润汇回来进行回购的股票。这就形成了"低息发债—股票回购—ETF 追捧—低息发债—股票回购"的恶性循环。换言之，大规模股票回购与 ETF 集中追捧这两点集中到一起，使得美国的大市值股票或蓝筹龙头股更容易产生价格泡沫。

美股连续熔断的深层次原因之三是大量对冲基金实施的新型交易策略在特定条件下将会显著加剧股市的波动性。

美国股市上的被动投资集中于 ETF，而主动投资集中于共同基金与对冲基金。以桥水公司为代表的美国知名对冲基金近年来实施的一系列新型交易策略，容易在市场动荡时期放大市场波动。

例如，近年来非常流行的风险平价交易策略（Risk Parity Strategy）的核心是增持波动率下降的资产、减持波动率上升的资产，维持一个总波动率大致不变。换言之，如果风险资产价格下跌，那就购入避险资产补仓。如果避险资产价格下跌，那就购入风险资产补仓。这样就可以通过大类资产价格走势（例如股票与债券价格走势）的负相关性来获取收益。此外，风险平价交易策略必定会使用杠杆，因为该策略需要杠杆来保证不同资产的组合能够获得指定的波动率与收益，同时保证高夏普比率。[2]

由于过去多年来美国股市与企业债市场均处于牛市，实施这类策略的基金一方面大规模持有股票，另一方面通过加杠杆的方式大量购买企业债以维持股票与债券的风险敞口相当。而一旦爆发大规模负面冲击，甚至形成了流动性危机（例如本次新冠肺炎疫情的暴发），就会造成风险资产与避险资产价格同时下跌的局面。在这种局面下，实施风险平价交易策略的基金不得不同时大规模抛售股票与企业债，这自然就会进一步加剧股票与企业债的价格下跌，进而引发新一轮抛售。

此外，对冲基金普遍热衷于使用量化交易程序。量化交易已经占到了美

---

[1] 鲁政委：《美国 ETF 的流动性死亡螺旋》，兴业研究，2020 年 3 月 21 日。
[2] https://baijiahao.baidu.com/s?id=1648154001018139312&wfr=spider&for=pc。

股总交易的将近三成。这种自动化交易在牛市中以惊人的速度成长壮大，却尚未经过真正熊市的考验。市场价格变动的速度和程度可能被计算机和量化模式驱动的交易放大了。而在市场下行期间，量化交易的无情止损与平仓无疑将会放大市场下行的速度与幅度。

把上述两个触发原因与三个深层次原因结合在一起，我们就能对本轮金融动荡的爆发与扩展有系统清晰的理解。第一，新冠肺炎疫情的蔓延导致机构投资者风险偏好下降、避险情绪上升，引发投资者第一轮抛售风险资产的行为；第二，全球原油价格下降导致美国能源类股票价格下跌以及能源类高收益债券价格下跌；第三，股票与债券价格同时下跌引发实施风险平价交易策略的对冲基金同时抛售股票与债券，这会进一步加剧股票与债券的价格下跌；第四，股票价格一旦跌破特定点位，将会导致 ETF 大规模的自动止损平仓，这就形成了踩踏事件，形成自我加强的恶性循环；第五，债券市场风险溢价上升导致发债成本上升，使得美国上市公司通过发债进行股票回购的行为难以为继。与此同时，由于市场上股票价格显著下跌，上市公司进行股票回购的动力也不复存在。而一旦股票回购行为收缩甚至停止，上市公司的每股盈利就会显著下滑，这会进一步恶化美国股市的基本面，并引发新的下跌。[①]

我们也可以换一种角度来理解股票回购、被动投资与波动率策略之间的相互作用。一方面，大规模股票回购造成市场成交量和流动性不足；另一方面，数量庞大的波动率策略产品放大了市场的杠杆。这使得美股的泡沫化程度与潜在风险越来越高。而一旦市场在特定冲击下显著下行，流动性不足、高杠杆和被动交易都将带来交易的拥挤和踩踏，最终放大市场跌幅，这其实正是美国股市在 2020 年 3 月连续熔断的最重要原因。

四 美股未来还会发生熔断吗？

2020 年 4 月至今，美国股市已经显著反弹。纳斯达克综合指数已经显著

---

① 张明：《当前全球金融动荡对中国影响几何》，《人民论坛》2020 年第 10 期。

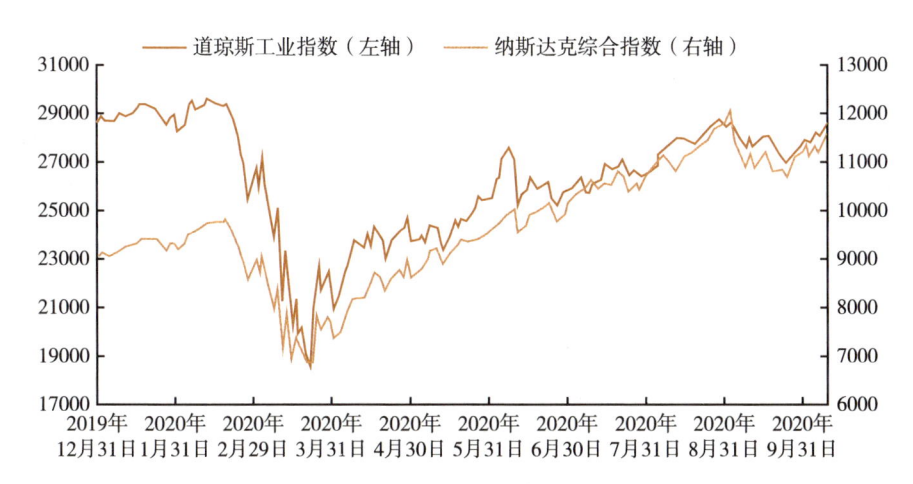

图2 美国股市指数走势

资料来源：CEIC。

超过了疫情暴发前的水平，并不断创出历史新高。道琼斯工业指数虽然没有超过疫情暴发前的水平，但也收回了绝大部分失地。不过，与疫情前相比，道琼斯工业指数在疫情暴发后波动性显著增强。例如，在2020年6月11日，道琼斯工业指数下跌6.9%，美国股市差一点就发生了2020年内第5次熔断。

展望未来，美国股市何去何从？美国股市是否可能再次熔断呢？

第一，从经济基本面来看，疫情对美国经济的负面冲击是非常显著的。2019年第四季度、2020年第一季度与2020年第二季度，美国GDP季度同比增速分别为2.5%、0.3%与-9.2%。2020年第二季度，美国GDP季度环比增速折年率下跌至-32%。毫无疑问，疫情暴发与经济衰退将会导致美国上市企业业绩下滑，股市基本面严重受损。

第二，从估值来看，随着疫情暴发后美国三大股指的快速回升，纳斯达克指数与标普500指数已经再创历史新高，道琼斯工业指数也距离历史峰值不远，这意味着美国股市的估值要显著高于疫情之前。这是因为，公司基本面受到疫情冲击已经显著恶化，而价格基本上回升到疫情之前。例如，经过周期调整的Shiller市盈率指标在2020年1月达到30.99倍，在2020年3月下

挫至24.82倍,但到2020年10月9日已经回升至31.80倍。这一水平已经显著高于过去40年内美股的Shiller市盈率均值(约为22倍)。

第三,从货币政策的边际变动来看,2020年3月以来,为了应对疫情对金融市场与实体经济造成的冲击,美联储实施了前所未有的极度宽松货币政策,包括零利率、无上限量化宽松以及一系列创新的流动性供给措施。本轮货币政策的宽松程度甚至超过了2008年美国次贷危机爆发之后。美联储之所以实施如此宽松的货币政策,主要有两个目标:一是应对疫情对美国经济的负面冲击;二是缓解金融市场上的流动性危机。迄今为止,尽管美国经济增速依然疲软,但金融市场上的流动性危机已经解除。这就意味着,美联储非但不会继续放松货币政策,而且可能在边际上收紧货币政策。例如,美联储总资产规模由2020年3月4日的4.24万亿美元快速攀升至2020年6月10日的7.17万亿美元(迄今为止的历史性峰值),但到2020年10月7日已经下降至7.07万亿美元。在美国股市估值已经处于很高水平的情况下,美联储货币政策的边际收紧可能给股市造成下行压力。尽管近期美联储宣布修改货币政策规则,但这并不意味着在特定情况下美联储不会边际收紧货币政策。

第四,从美国宏观经济指标的变化来看,美国核心CPI月度同比增速由2020年2月的2.4%下降至2020年6月的1.2%,但2020年8月回升至1.7%;美国经过季节调整的失业率由2020年2月的3.5%攀升至2020年4月的14.7%,但2020年9月下降至7.9%。上述指标都意味着美国经济增速很可能已经在2020年第二季度触底,并将在2020年第三季度反弹,这意味着美联储货币政策继续放松的概率较小。

第五,从社会政治来看,弗洛伊德事件引发的"黑人的命也是命"(Black Life Matter)运动仍在演化,大规模上街游行导致新冠肺炎疫情二次反弹。由此产生的经济与政治的不确定性,在未来一段时间内仍将继续处于高位。

综上所述,笔者认为,在未来一段时间内,美国股市的波动性仍将上升,不排除在特定冲击下,美股指数再度大幅下跌的可能性,也不排除美股再度熔断的可能性。

五　结论

2020年3月，美国股市在连续8个交易日内4次熔断，这是前所未有的情形。美股连续熔断发生在美股迭创历史新高之际，其触发原因是新冠肺炎疫情的快速蔓延以及全球原油价格暴跌，更深层次的原因则包括美国股市在过去10余年内形成的一系列结构性特征，包括上市公司持续大规模回购股票、以ETF为代表的被动投资异军突起、对冲基金使用了一系列基于波动率的新策略等。考虑到经济基本面依然疲弱、股市估值高企、流动性危机结束以及宏观经济指标反弹可能导致美联储货币政策边际收紧、未来美国经济与政治不确定性等原因，未来美国股市波动性将处于高位，不排除美股再度熔断的可能性。

参考文献

陈雳：《美股上市公司股票回购市场详析》，川财证券研究报告，2018年9月16日。

鲁政委：《美国金融动荡下一导火索为何？——未来美元流动性冲击》，兴业研究，2020年4月28日。

鲁政委：《美国ETF的流动性死亡螺旋》，兴业研究，2020年3月21日。

王涵：《本轮美国金融危机的起因、现状与展望》，兴业证券研究报告，2020年3月20日。

徐驰、张文宇：《美国资产负债表的"三重坍塌"如何演绎——本轮危机与1929年大萧条比较》，中泰证券研究报告，2020年3月19日。

张明：《美国股市下跌为何如此猛烈》，《财经》2020年3月13日。

张明：《当前全球金融动荡对中国影响几何》，《人民论坛》2020年第10期。

钟正生、姚世泽：《美国股票回购的历史、现状与未来》，莫尼塔宏观研究，2019年7月31日。

Y.19
非洲国家的债务困境与主权重组减免机制

熊婉婷　肖立晟*

摘　要：近年来，非洲国家主权债务风险不断攀升。虽然整体债务负担仍处于历史低位，但部分低收入国家的债务可持续性再度面临严峻挑战。目前，非洲地区的整体债务负担水平仍处于历史低位，但新冠肺炎疫情冲击将导致非洲国家的债务状况进一步恶化。随着"一带一路"建设的推进，中国对非洲贷款显著增加，但大部分面临债务困境的国家对中国的负债比例并不高。为了缓解疫情影响，二十国领导人集团通过《债务偿还暂停倡议》对非洲国家进行了债务延期援助，我国在其中扮演了重要角色。然而，虽然该倡议能够在一定程度上缓解流动性风险，但部分国家可能仍需要主权债务重组和减免援助。历史经验表明，及时恰当的债务重组和减免是帮助重债穷国走出债务困境的重要手段。国际货币基金组织、世界银行和巴黎俱乐部都曾出台适用于非洲国家的债务重组和减免规则。厘清这些规则的优势和劣势对我国构建和完善主权债务重组和减免机制有重要参考价值。后疫情时代，针对非洲国家的债务治理工作有三大重点：一是及时采取危机应对措施，避免债务风险升级；二是从债务国和债权国两方面共同加强对非洲主权债务的管理；三是顺应非洲债权结构的变化，构建更具包容性的国际债务协商机制。

---

* 熊婉婷，理学博士，中国社会科学院世界经济与政治研究所助理研究员，主要研究领域为主权债务、金融监管和系统性风险；肖立晟，经济学博士，中国社会科学院世界经济与政治研究所副研究员，主要研究领域为国际金融与中国宏观经济。

非洲国家的债务困境与主权重组减免机制

关键词： 非洲　债务可持续性　债务重组和减免　债务偿还暂停倡议

近年来，非洲国家的债务状况不断恶化，新冠肺炎疫情加剧了部分国家本已严峻的债务困境。随着"一带一路"建设的推进，中国对非洲国家的主权贷款显著增加，成为很多非洲国家最主要的双边债权人之一。作为新兴债权人，我国在主权债务管理和危机应对方面还缺乏完备的机制。因此，全面了解非洲国家债务可持续性状况、评估现有债务危机应对政策的援助效果以及回顾传统债权人对非洲国家的主权债务重组和减免经验对我国进一步完善"一带一路"国家的主权债务管理机制具有重要政策参考意义。

本报告主要包括四部分内容。第一部分评估了非洲地区整体和各国的债务风险。第二部分讨论了疫情对非洲国家债务可持续性的影响和二十国领导人集团所提出的《债务偿还暂停倡议》的援助效果。第三部分回顾了对非洲国家进行主权债务重组和减免的国际经验，讨论了有关国际规则的优势与劣势，并对我国主权债务管理机制的完善提出了政策建议。第四部分总结了后疫情时代非洲国家的债务治理工作重点。

一　非洲债务可持续性概况

疫情冲击前，尽管债务风险有所上升，但非洲地区的平均债务负担仍处于历史低位。由于债务分布不均衡，部分低收入国家再度面临债务困境。随着"一带一路"建设的推进，中国成为很多非洲国家的主要债权国之一。但在面临债务困境的非洲国家中，只有极少数国家对我国的负债比例较高，大部分国家的债务困境是与其他债权人有关的历史遗留问题。

（一）2010年以来非洲国家的债务负担增加，债务结构更加脆弱

非洲地区的债务问题由来已久。很多非洲国家在20世纪80~90年代饱受债务危机之苦。为了帮助非洲国家走出债务困境，世界银行、国际货币基金

组织和其他官方债权人在1996~2005年展开了《重债穷国减债倡议》、《增强版重债穷国减债倡议》和《多边减债倡议》等多项减债行动，大幅减免了非洲国家的主权债务。随着债务负担的减轻和经济形势的好转，非洲地区的债务状况在2000~2010年显著改善，债务负担大幅下降。例如，反映违约风险的平均外债存量占国民总收入比例从20世纪90年代初期132%的高点降至30%左右，反映流动性风险的平均外债还本付息额占出口创汇收入比例也从24%的高点降至6%附近。

然而，2008年全球金融危机后，非洲国家的债务规模再度攀升。世界银行的国际债务统计数据库显示，2011~2018年，中低收入非洲国家外债存量的平均增速高达9%。截至2018年，中低收入非洲国家的总外债存量达到7635亿美元，总外债当年的还本付息额达734亿美元，分别是2011年水平的2倍和3倍。相比2011年，2018年的平均外债存量占国民总收入比例和平均外债还本付息额占出口创汇收入比例分别上升了12.5个和3.8个百分点。

图1　非洲中低收入国家的主要债务负担指标的变化

注：计算时只考虑有数据信息的中低收入非洲国家，展示结果为48个中低收入非洲国家的平均值。
资料来源：世界银行《国际债务统计数据库》，2020，笔者整理。

除了整体债务负担不断增加，由于对私人债权人负债比例的提高和优惠贷款占比的下降，非洲国家债务结构的脆弱性增强。随着非洲国家经济发展和投资潜力的提高，非洲国家获得优惠性质贷款的机会和比重下降，这促使非洲国家开始通过政府和社会资本合作（PPPs）、私人贷款、混合融资等商业贷款方式来获取融资。2005年之后，非洲中低收入国家总外债中优惠贷款的占比不断下降，从51%的最高点下降至2018年的35%。优惠贷款占比的下降意味着债权国融资成本上升且偿债压力加大。与此同时，非洲国家对私人债权人负债的比例也不断提高，对私人债权人负债占总外债比例从13%上升至21%。与官方债权人相比，来自私人债权人的贷款普遍利率更高、期限更短并且信息透明度更低。在危机期间，来自私人债权人的融资还存在稳定性差、容易出现大规模资本外流等问题。此外，在主权债务重组和减免行动中，私人债权人的参与度也普遍更低。目前非洲国家十年期国债利率普遍为5%~16%，显著高于来自国际货币基金组织等多边金融机构及巴黎俱乐部成员国的优惠贷款利率。2018年，非洲国家对私人债权人的平均利率为5.2%，对官方债权人平均利率为1.6%。这些债务结构变化意味着非洲国家将面临更高的融资成本和更大的资本外流冲击风险。

图2　非洲中低收入国家债务结构的变化

注：计算时只考虑有数据信息的中低收入非洲国家。
资料来源：世界银行《国际债务统计数据库》，2020，笔者整理。

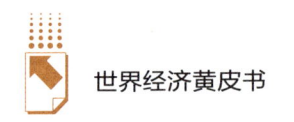

（二）非洲地区的整体债务负担水平仍处于历史低位，但部分国家的债务可持续性面临挑战

虽然近年来非洲国家的债务负担有所增加，但在新冠肺炎疫情冲击前，非洲地区的整体债务风险仍然处于相对历史低位。虽然以外债存量占国民总收入比例和外债还本付息额占出口创汇收入比例为代表的债务负担指标在2010年后均有所提高，但仍远低于20世纪90年代初期的水平。按照联合国《有效债务管理手册》[1]中给出的债务负担分级标准（见表1），2018年非洲地区的平均债务负担属于中低等级范畴。分国别看，大部分国家的债务负担都不高，只有毛里塔尼亚、厄立特里亚和吉布提三个国家超过高债务负担的警戒线。换言之，在疫情冲击前，非洲地区的整体债务负担水平仍处于可控范围。

表1 疫情冲击前非洲国家主要债务负担指标与世界银行的阈值标准

债务指标	分类标准			2018年	
	低债务负担	中等债务负担	高债务负担	均值/中位数	整体等级
外债存量占国民总收入比例	<30%	30%~50%	>50%	43%/36%	中
外债存量占出口创汇收入比例	<165%	165%~275%	>275%	152%/152%	低
外债还本付息额占出口创汇收入比例	<18%	18%~30%	>30%	9%/8%	低
外债利息占出口创汇收入比例	<12%	12%~20%	>20%	3%/2%	低
外债净现值占国民总收入比例	<48%	48%~80%	>80%	32%/23%	低
外债净现值占出口创汇收入比例	<132%	132%~220%	>220%	99%/92%	低

注：计算时只考虑有数据信息的中低收入非洲国家。
资料来源：世界银行《国际债务统计数据库》，笔者整理，阈值标准参考联合国《有效债务管理手册》。

---

[1] http://www.unescap.org/pdd/Debt/docs/Manual_debt.pdf.

然而，从前瞻性角度看，部分非洲国家的债务可持续性或将难以维持。国际货币基金组织的债务可持续性评估方法能够对主要债务负担指标的动态变化进行前瞻性预测，侧重于对未来债务危机风险的预警。截至2020年6月，有20个非洲国家被国际货币基金组织评为高债务风险或危机中。被评为高债务风险意味着在最有可能出现的未来经济场景中，分析人员认为债务国的有关债务风险指标[①]会超过历史经验给出的债务危机警戒线。2014年，存在高债务风险的国家仅有5个。2020年被评为高债务风险的国家有13个，分别是：布隆迪、喀麦隆、佛得角、中非、乍得、吉布提、埃塞俄比亚、冈比亚、加纳、肯尼亚、毛里塔尼亚、塞拉利昂和赞比亚；被评为已陷入债务危机的国家是存在债务拖欠或正在接受债务重组的国家，有7个，分别是：刚果共和国、莫桑比克、圣多美和普林西比、索马里、南苏丹、苏丹、津巴布韦（见表2）。

表2 国际货币基金组织对非洲国家的债务可持续性评估结果

债务违约风险	2014年	2017年	2018年	2020年
已陷入债务危机	0个	2个：乍得、冈比亚	5个：乍得、冈比亚、莫桑比克、南苏丹、津巴布韦	7个：刚果共和国、莫桑比克、圣多美和普林西比、索马里、南苏丹、苏丹、津巴布韦
高债务风险	5个：布隆迪、乍得、科摩罗、刚果共和国、圣多美和普林西比	6个：布隆迪、喀麦隆、中非、加的、毛里塔尼亚、圣多美和普林西比	11个：布隆迪、喀麦隆、佛得角、中非、冈比亚、加纳、毛里塔尼亚、圣多美和普林西比、赞比亚、吉布提、埃塞俄比亚	13个：布隆迪、喀麦隆、佛得角、中非、乍得、吉布提、埃塞俄比亚、冈比亚、加纳、肯尼亚、毛里塔尼亚、塞拉利昂、赞比亚

---

① 目前IMF LICDSA用的指标包括：PPG外债现值占GDP比例、PPG外债现值占出口比例、PPG外债还本付息额占财政收入比例和PPG外债还本付息额占出口比例。PPG外债指的是公共及公共担保外债。

续表

债务违约风险	2014年	2017年	2018年	2020年
中债务风险	14个：布基纳法索、中非共和国、科特迪瓦、冈比亚、加纳、几内亚比绍、马拉维、马里、毛里塔尼亚、莫桑比克、尼日尔、塞拉利昂、多哥、几内亚	18个：贝宁、布基纳法索、科摩罗、刚果、刚果（金）、科特迪瓦、埃塞俄比亚、几内亚、几内亚比绍、利比里亚、马达加斯加、马拉维、马里、莫桑比克、尼日尔、塞拉利昂、多哥、赞比亚	14个：贝宁、布基纳法索、刚果、刚果（金）、科特迪瓦、几内亚、几内亚比绍、利比里亚、马达加斯加、马拉维、马里、尼日尔、塞拉利昂、多哥	15个：贝宁、布基纳法索、科摩罗、刚果（金）、科特迪瓦、几内亚、几内亚比绍、莱索托、利比里亚、马拉维、尼日尔、卢旺达、马里、多哥、塞内加尔
低债务风险	11个：贝宁、喀麦隆、刚果、埃塞俄比亚、利比里亚、马达加斯加、卢旺达、塞内加尔、坦桑尼亚、乌干达、赞比亚	4个：卢旺达、塞内加尔、坦桑尼亚、乌干达	6个：肯尼亚、莱索托、卢旺达、塞内加尔、坦桑尼亚、乌干达	3个：马达加斯加、坦桑尼亚、乌干达

资料来源：黄梅波、张晓倩、邓昆《非洲国家的债务可持续性及其对策分析》，《国际经济评论》2020年第4期。2020年信息由笔者根据公开资料整理得出。

值得一提的是，大部分面临债务困境的非洲国家对中国负债的比例并不高。在20个被基金组织评为高债务风险或已陷入债务危机的国家里，只有4个国家对中国负债的占比超过30%，分别是：吉布提、刚果共和国、喀麦隆和埃塞俄比亚。对绝大多数面临债务困境的非洲国家而言，对中国负债不到其债务总额的15%。换言之，这些国家的债务困境多由历史因素导致，与"一带一路"建设关系不大。正如中非合作计划创始人Deborah Brautigam教授所言："中国目前在非洲债务格局中占据重要地位，但它的作用不应被高估。"[①]

---

① China Africa Research Initiative, "Risky Business: New Data on Chinese Loans and Africa's Debt Problem," SAIS-CARI, 2020.

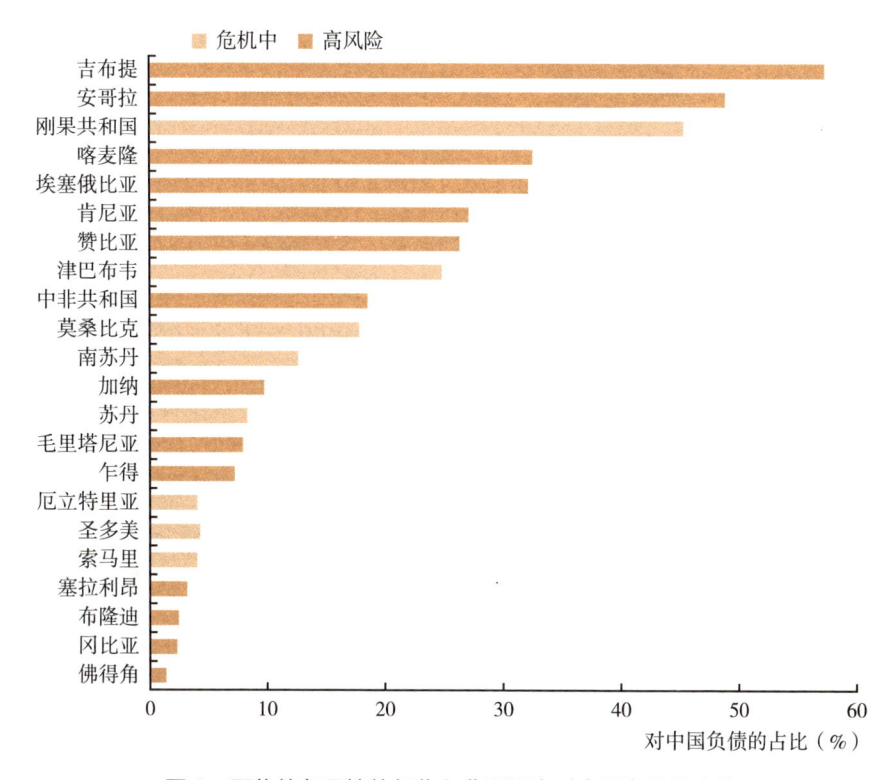

图 3　面临债务困境的低收入非洲国家对中国负债的占比

资料来源：China Africa Research Initiative, "Risky Business, New Data on Chinese Loans and Africa's Debt Problem," SAIS-CARI, 2020。

二　疫情冲击对债务可持续性的影响与政策应对

（一）疫情冲击加剧非洲国家债务危机风险

新冠肺炎疫情暴发后，多重冲击加剧非洲国家的债务风险。

第一，贸易和投资萎缩、旅游停滞、外部经济疲软和大宗商品价格下跌将显著降低非洲国家外汇收入。疫情冲击下，石油、纺织品和鲜花等非洲主要出口产品价格均出现暴跌。石油占非洲总出口比例高达40%，非洲主要产油国的油价收支平衡点在50美元/桶以上，而国际油价2020年3月以来一度跌至30美元/桶以下。此外，预计汇款流入也将减少20%左右，这将对非洲地区的投资和收

入造成显著影响。世界银行[1]预测撒哈拉以南非洲可能出现近25年来的首次衰退,全年产出损失高达370亿~790亿美元,经济将由2019年的增长2.4%转为萎缩2.1%~5.1%。非洲多边发展银行[2]认为,旅游依赖型和资源密集型国家受到的经济影响最大。阿尔及利亚、安哥拉、赤道几内亚等石油出口国的经济萎缩幅度普遍在3%以上,利比亚的经济萎缩幅度甚至可能超过25%。毛里求斯、圣多美和普林西比、塞舌尔等依赖旅游业的国家经济萎缩幅度普遍超过6%。

第二,抗疫支出加大非洲国家融资缺口。2019年有超过半数的非洲国家的财政赤字占GDP比例高于3%,13个国家超过5%,撒哈拉以南非洲国家平均财政赤字占GDP比例为4.4%。国际货币基金组织[3]预计2020年非洲地区抗疫需要1140亿美元资金支持,但资金缺口高达440亿美元。撒哈拉以南非洲国家2020年平均财政赤字预计将上升至GDP的7.6%,几乎是2019年水平的两倍。其中石油出口国的平均财政赤字占GDP比例预计将扩大3.3个百分点至6.2%。非盟预计抗击疫情将使非洲额外增加1300亿美元的公共支出,加之各国被迫采取经济刺激计划,财政压力将进一步上升。世界银行也警告,当前非洲国家财政状况和高债务负担将不足以支持政府采取有力措施应对疫情冲击。

第三,由于国际金融市场动荡,非洲国家的汇率和资本市场受到冲击,面临融资成本上升和资本外流的双重压力。汇率方面,非洲产油国货币兑美元和欧元汇率也经历了不同程度的下滑。2020年以来,尼日利亚、安哥拉、苏丹等国对美元汇率跌幅均超过15%。由于非洲国家外债以美元和欧元为主,汇率下跌将显著提高相关国家的偿债压力。股市方面,尼日利亚、加纳等国股市较2020年初跌幅均超10%,尼日利亚股指创四年来新低。债市方面,多国发行的美元债券收益率显著上升。南非、纳米比亚和尼日利亚的十年期国债收益率同比涨幅超过100个基点。全球金融环境收紧还导致资本从新兴和前沿市场经济体流出。2020年2~5月,非洲地区的资本外流额高达50亿美

---

[1] World Bank, "African Pulse, Assessing the Economic Impact of Covid-19 and Policy Responses in Sub-Saharan Africa," Washington, D.C., 2020.
[2] African Development Bank, "African Economic Outlook Amid Covid-19," 2020.
[3] 国际货币基金组织:《撒哈拉以南非洲地区经济展望》,2020年6月。

元，资本外流额占 GDP 的比例平均约为 0.5%。其中，南非的比例最大，为 1.25%，加纳为 0.5%，科特迪瓦为 0.33%。尽管 6 月资本有所流入，近几个月利差收窄，但很多非洲国家依然面临融资困境。

第四，失业率飙升、粮食安全危机、强制防疫限制宗教活动、政治局势紧张等问题危及社会稳定。非洲国家治理水平普遍偏低。3 月以来塞内加尔、尼日利亚、南非、肯尼亚、乌干达、莫桑比克等国家都出现了区域性治安冲突。受蝗灾和气候灾难影响，非洲地区本就存在粮食供应缺口。由于越南、泰国等主要农业大国粮食出口下降，本区域农业生产也受到影响，非洲地区的粮食短缺问题将进一步加剧。世界银行预计撒哈拉以南非洲将有超过 2200 万人陷入极度贫困。

（二）缓债援助的效果不及预期，部分国家仍需要进行主权债务重组和减免援助

为了避免债务危机的爆发，国际社会已展开针对低收入国家的债务援助行动。其中最有影响力的行动是 G20 于 2020 年 4 月共同签署的《债务偿还暂停倡议》（Debt Service Suspension Initiative，以下简称《缓债倡议》）。该倡议允许最贫穷国家从 2020 年 5 月起至 2020 年末乃至更长期间内暂停偿还双边官方债务。目前有 73 个国家具有申请《缓债倡议》的援助资格，其中有 40 个位于非洲地区。

然而，多重因素导致《缓债倡议》对发展中国家债务危机的援助效果不及预期。首先，该倡议只能缓解债务国流动性压力，不改变债务现值。接受《缓债倡议》援助的国家仍需要在 4 年内偿还延期债务。2020 年 5 月至 2024 年，《缓债倡议》国家的总债务偿还额将超过 1894 亿美元。其次，《缓债倡议》只承诺双边官方债务的延期，私人部门和多边发展银行的参与度有限。经合组织预计，接受《缓债倡议》援助的国家在 2020 年需偿还 345 亿美元债务，其中超过一半是对私人部门和多边发展银行的负债。① 但是《缓债倡议》无法为私人部门的债务减免提供激励机制。多数债务国不愿意接受私人债务延期，原因在于暂停偿债不改变债务现值，但可能导致其主权信用降级和失去国际金融市场

---

① http://www.oecd.org/coronavirus/policy-responses/a-debt-standstill-for-the-poorest-countries-how-much-is-at-stake-462eabd8/.

融资渠道。另外，以世界银行为代表的多边发展银行担忧实施债务暂缓会影响这些机构在国际市场上的融资能力，进而限制其在危机期间提供紧急援助的能力。最后，《缓债倡议》只针对低收入最贫穷国家，但是其他不在《缓债倡议》范围内的发展中国家也面临债务困境。[①]欧洲债务和发展网络（Eurodad）预计，非《缓债倡议》发展中国家2020年需偿还2730亿美元债务，《缓债倡议》提供的债务延期援助只覆盖了所有发展中国家2020年偿债总额的3.65%。[②]

表3 《缓债倡议》国家的预计偿债额

单位：亿美元

时间	私人	官方多边	官方双边	总计
2020年5月至2020年12月	102	97	116	315
2021年	136	135	159	430
2022年	110	136	144	389
2023年	83	138	139	360
2024年	121	136	142	400
2020~2024年	552	643	700	1894

注：计算结果包含68个国家。
资料来源：世界银行《债务偿还暂停倡议》数据库，2020年7月，笔者整理。

债务延期只是应对新兴和发展中国家债务危机的第一步。无论是债务延期还是紧急融资支持，都只能起到缓解短期偿债压力，而不能减少债务国在暂缓期结束后需要偿还的实际债务负担。为了从根本上促进债务国的债务可持续性，联合国提出了应对后疫情时代债务危机的三步走战略：首先，通过暂停债务偿还方案，为遭受疫情冲击的发展中国家提供宏观经济发展所需的"喘息之机"，将援助对象从低收入国家扩大至中等收入国家；其次，实施债务减免和重组方案，减免总计约1万亿美元的发展中国家债务；最后，设立一家处理发展中国家债务问题的国际管理机构，为今后架设指导主权债务重组的国际框架奠定基础。

---

① https://www.odi.org/sites/odi.org.uk/files/resource-documents/mdbs_and_covid-19_wp_web.pdf.
② https://www.eurodad.org/g20_debt1.

（三）中国已成为非洲国家的重要双边债权人之一，在此次债务援助中扮演了重要角色

近年来，非洲国家对中国的负债快速增加。目前公共和公共担保债务中对中国负债的占比已超过以巴黎俱乐部国家为代表的传统债权国。在针对非洲国家的债务援助行动中，中国也扮演了重要角色。一方面，中国在中非合作论坛的框架下免除了有关非洲国家 2020 年到期的无息债务。另一方面，中国也参与了 G20《债务偿还暂停倡议》，为有关国家提供了债务延期援助，缓债力度超过 2020 年到期总偿债额的 20%。

根据世界银行最新数据，具备《债务偿还暂停倡议》申请资格的非洲低收入国家的外部公共和公共担保债务中对中国的负债额超过 576 亿美元，对中国的负债在低收入非洲国家 2018 年的公共和公共担保债务总额中的占比达到 22%，高于官方双边债权人（非中国，11%）、债券持有人（16%）、其他非官方债权人（非中国，约 10%）。不过，世界银行和国际货币基金组织等多边机构依然是非洲低收入国家最主要的融资来源（占比高达 41%）。从偿债额看，这些国家 2020 年到期的本金和利息中有 29% 需要偿还给中国，12%

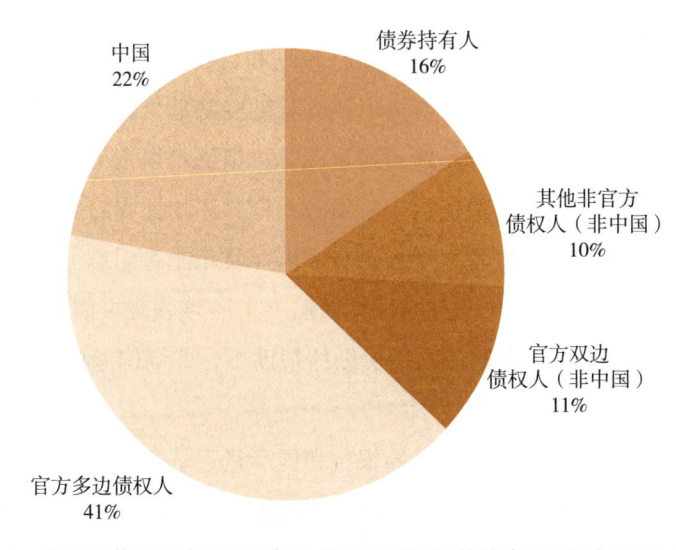

图 4　非洲低收入国家 2018 年公共及公共担保外债中不同债权人的占比

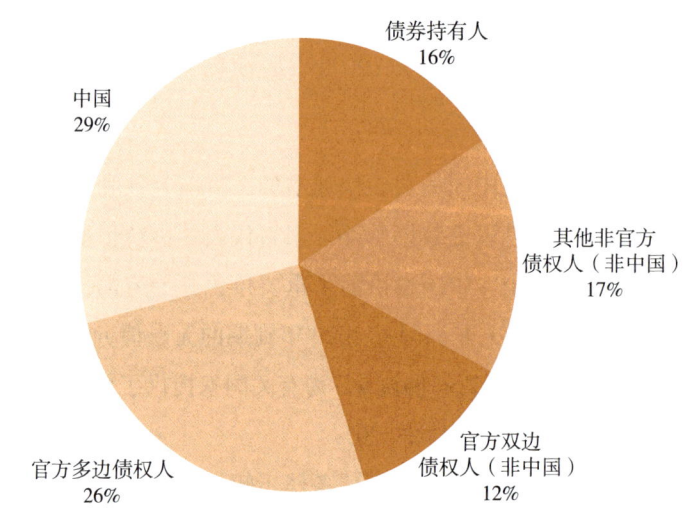

图5 非洲低收入国家2020年对不同债权人债务还本付息额的占比

是给官方双边债权人（非中国）。按照中国在《缓债倡议》中关于暂停偿还双边官方债务的声明，中国在此次缓债行动中已经承担了非常重要的责任。

三 非洲国家主权债务重组和减免的国际规则与历史经验

20世纪70~80年代，由于外部经济波动和自身经济发展问题，非洲地区的债务状况不断恶化，许多非洲国家陷入长期经济危机。这些国家虽然在国际货币基金组织的监督下开始进行经济改革，但仍难以走出债务困境。巴黎俱乐部的债权人和其他双边债权人对债务人拖欠还款征收的罚款使其债务危机雪上加霜。针对这一困境，世界银行和国际货币基金组织分别在1996年、2000年和2005年推出了《重债穷国减债倡议》、《增强版重债穷国减债倡议》和《多边减债倡议》。在这些减债援助的帮助下，非洲国家的债务困境得到了大幅改善。

下文将回顾巴黎俱乐部、世界银行和国际货币基金组织对非洲国家的主权债务重组和减免经验，介绍有关国际规则的主要内容，并在此基础上总结其对中国完善主权债务重组和减免机制的借鉴意义。

（一）巴黎俱乐部的主权债务重组和减免规则

巴黎俱乐部是官方双边主权债务重组和减免的主要协商机制。巴黎俱乐部于1956年成立，永久成员包括22个传统债权国，分别是澳大利亚、巴西、加拿大、芬兰、法国、德国、意大利、日本、韩国、瑞士、俄罗斯联邦、西班牙、英国、美国、奥地利、丹麦、比利时、以色列、爱尔兰、荷兰、挪威、瑞典。截至目前，巴黎俱乐部已经与90多个债务国达成了434项债务重组协议，处理的债务达5860亿美元。因此形成了较为成熟的减债规范，包括六大原则、四类一般性处置条款和针对危机的特殊条款。

作为非正式组织，巴黎俱乐部坚持六大原则以维系其运作。一是"一致行动"原则，即巴黎俱乐部一旦做出任何决定，成员国应一致遵照实施。二是"达成共识"原则，即巴黎俱乐部所有决定需成员国全体同意才能达成。三是"信息共享"原则，即巴黎俱乐部是债权国交流信息的特定平台，成员国之间定期分享债务国信息和索赔数据，对外则保密。四是"个案处理"原则，即出于对债权人利益的充分尊重，巴黎俱乐部在对待每个债务国的重组申请时，坚持根据不同情况不同处理的原则，一般不太强调先例的作用。五是"制约改革"原则，即债务国必须按照国际货币基金组织要求的改革计划进行一系列经济改革，以从根本上解决支付困难。这是对债务国进行债务重组提出的最基本的制约要求，也是巴黎俱乐部影响债务国经济政策的重要手段。六是"待遇可比"原则，即巴黎俱乐部在不同的债权人之间保持重组待遇的相似性和可比性。这要求债务国向其他债权人包括非巴黎俱乐部的成员国提供的还款条件不得比其在巴黎俱乐部达成的重组方案对债权国更为有利或者债务国向其他债权人承诺的偿还条件不得优于对巴黎俱乐部的承诺。

目前巴黎俱乐部现行的一般性债务重组和减免条款有四类，分别是：标准条款、休斯顿条款、那不勒斯条款和科隆条款。标准条款适用于所有发展中国家，减免措施为按照合理的市场利率重新调整还款期限方案。休斯顿条款在标准条款的基础上增加了三个优惠条件，包括延长还款期限、按优惠利率重组官方发债援助贷款以及其他形式的债务置换。适用对象是高负债的中低收入国家。那不勒斯条款的适用对象是重债穷国，减免额度达67%以上。科隆条款的适用对象是HIPC中最贫穷的高负债国家，减免额度高达90%。这四类条款的优惠程度依次递增，前两种仅涉及债务重组，后两种则对债务存量进行了直接减免。除了一般性处置条款以外，巴黎俱乐部还为意外冲击设置了以债务延期为主的特殊条款。特殊条款适用的意外冲击包括自然灾害（如2004年印尼和斯里兰卡海啸后债务偿还暂停1年）、政治冲突（如2008年利比亚债务偿还暂停3年）、粮价和油价飙升（如2008年多哥债务偿还暂停3年）等。

表4 巴黎俱乐部的主要条款

条款	使用时间	适用对象	减免幅度
标准条款	—	几乎所有发展中国家	由市场利率重新确定还款方案
多伦多条款	1988~1991	最贫穷国家	33.33%
休斯顿条款	1990~	中低收入国家	标准条款加上三个优惠条件
伦敦条款	1991~1994	中低收入国家	50%
那不勒斯条款	1994~	最贫穷国家	67%
里昂条款	1996~1999	HIPC中最贫穷的高负债国家	80%
科隆条款	1999~	HIPC中最贫穷的高负债国家	90%

资料来源：笔者根据巴黎俱乐部官方网站（http://www.clubdeparis.org/）材料整理所得。加阴影的部分表示已经停用的条款。

巴黎俱乐部的本质是由发达国家组成的债权国联盟，主要目的是维护组织内部债权国的利益，增强债权方的话语权，降低债务国的道德风险，以及避免组织外债权人侵占减债成果。其主权债务重组和减免的机制设计有三点优势。一是可以促进债权方之间的互惠合作，实现债权方之间的信息共享和统一行动。二是为债务国提供了快速且多元化的减债方案。三是对债务国的减债申请实施"一事一议"，保证了对不同债务国处置的灵活性。但是，巴黎俱乐部主要由发达国家组成，对新兴债权国，尤其是资源禀赋与传统债权国差异较大的新兴市场债权国（如中国、巴西、印度等）的包容性较差。巴黎俱乐部的"一致行动"原则虽然有助于提高债权方的话语权，但也存在组织内部协调难度极高、难以兼顾不同债权方差异的机制挑战。

（二）世界银行和国际货币基金组织的主权债务重组和减免规则

为了帮助低收入国家走出债务困境，国际货币基金组织和世界银行分别于1996年和2006年提出了《重债穷国减债倡议》（Heavily Indebted Poor Country Initiative, HIPC）和《多边减债倡议》（Multilateral Debt Relief Initiative, MDRI）。这两项倡议的目的都是增强低收入国家债务可持续性，帮助其尽快实现联合国的千年发展目标。《重债穷国减债倡议》的援助对象是面临债务不可持续挑战且符合融资条件的低收入国家，减免力度是将债务国的外部公共和公共担保债务降低至可持续水平，即债务现值占GDP比例低于150%，债务现值占政府收入比例低于250%，偿债额占出口比例低于15%~20%。《多边减债倡议》是对《重债穷国减债倡议》的补充，在后者减债完成后启动。该倡议为已达到《重债穷国减债倡议》完成点的债务国提供100%的多边机构债务减免，参与债权人包括IMF、世界银行、非洲发展基金和泛美发展银行。

《重债穷国减债倡议》框架下的债务减免流程包括三个阶段。第一阶段是"决策点"，即多边组织评估债务国是否符合减债申请条件，具体要求包括：①具有获取世界银行国际发展机构和IMF减贫和增长基金贷款的资格；②传统减债机制无法缓解债务压力；③具有在IMF和世界银行支持项目下完成经济改革的成功记录；④制定一份《减贫战略文件》。第二阶段是"过渡期"，即债务国在经济改革表现良好的条件下获得来自多边和双边债权人的部分减免。"过渡期"没有统一标准，具体减免需一事一议。第三阶段是"完成点"，即债务国获得最终债务减免。达到"完成点"的债务国需实现3项经济改革成就：①在IMF和世界银行支持项目中表现良好；②"决策点"阶段所制订的经济改革计划取得了满意成效；③执行《减贫战略文件》超过1年。

在针对重债穷国的减债行动中，国际货币基金组织、世界银行和巴黎俱乐部之间保持密切合作，并形成了高度依赖的决策流程。一方面，巴黎俱乐部的减债条款往往要求债务国在IMF和世界银行监督下进行经济改革，其减债流程也常与《重债穷国减债倡议》框架重叠。另一方面,《重债穷国减债倡议》和《多边减债倡议》的最终减债决定又都以债务国接受巴黎俱乐部减免条款为先决条件。以刚果为例,其从 2004 年开始的减债流程如下。2004 年,刚果向巴黎俱乐部提出减债申请,后者按照那不勒斯条款为其减免 16.8 亿美元债务和重组 13.4 亿美元债务。2006 年,刚果达到《重债穷国减债倡议》中的"决策点",在《重债穷国减债倡议》框架下获得中期融资支持,在巴黎俱乐部科隆条款下获得 90% 的双边债务减免。2010 年,刚果达到《重债穷国减债倡议》的"完成点",在《重债穷国减债倡议》框架下获得 2.6 亿美元多边债务减免与来自巴黎俱乐部的 9.8 亿美元债务减免和 14.9 亿美元的债务重组。随后,又在《多边减债倡议》框架下获得 2.0 亿美元多边债务减免和其他经济援助。在这些减债行动的帮助下,刚果债务现值占政府收入比例降低至 40% 以下。

上述减债规则的设计有五点优势。一是把达成特定经济改革目标和获得巴黎俱乐部双边债务减免作为减债前提,有助于避免债务国过度举债或滥用资金。二是实施分阶段减债,流程高度规范化,债务决策相对公平。三是将减债资格与获得优惠贷款的资格相互捆绑,提高了与债务国谈判的话语权。四是来自基金组织和世界银行的政策建议和改革监督有利于增强债务国的债务可持续性。五是实现了不同债权人的多方合作,增强了对债务国的减债力度。

然而,上述倡议都是针对低收入国家的多边减债规则,具有较强的公益性质,也存在三点不足。第一,这两个倡议的减债力度大,减债成本较高,一般需要多个债权人共同承担。第二,减债行动主要针对重债穷国,对债务国的申请资格有严格的限制,大多数发展中国家被排除在外。第三,所提供的减债方案较为单一,没有考虑其他发展中国家的不同国情。

(三)现有规则对我国主权债务重组和减免机制建设的借鉴意义

作为新兴债权国,我国对非洲债务危机的应对政策受到国际社会的高度关注。目前我国已参与应对新冠肺炎疫情冲击的《债务偿还暂停倡议》,并承诺免除非洲国家2020年底前到期的无息贷款债务。但是，由于我国尚未形成完备的主权债务重组和减免机制，过去的减债行动多在双边框架下进行。由于信息透明度不足和缺乏明确规范，国际社会关于我国减债行动"决策不公平"、"流程不规范"、"减债力度不足"和"有政治倾向"等批评层出不穷。面对越发严峻的海外债务处置挑战，我国亟须建立一套符合我国主权贷款特征和债务国国情的主权债务重组和减免机制。上述国际规则对我国主权债务重组和减免机制的建设主要有以下借鉴意义。

第一，建立规范化的减债流程和标准化的减债条件。参考《重债穷国减债倡议》，规范化的减债流程可包括"决策点"、"过渡期"和"完成点"三个阶段。首先，在"决策点"，可预设一系列减债申请条件用于评估债务国是否具有减债资格。可参考的减债条件包括：首先是债务国与我国共享债务数据信息，承诺达成一系列项目建设目标，明确抵押条件或设计偿债规划等。其次是债务国获得部分减免的"过渡期"。最后是债务国在完成所有承诺的条件下获得所有债务减免的"完成点"。规范化的减债流程可以提高减债效率，避免拖而不决的持久战。

第二，"一事一议"申请结合预设减债条款可为债务国提供灵活、快速和多元化的债务处置方案。巴黎俱乐部经验表明，双边减债的国别差异较大，"一事一议"原则下可以保证处置的灵活性，而按照标准条款给予债务国不同优惠程度的减债援助能够实现更为快速和规范的债务处置。巴黎俱乐部的具体减债方法包括4种，分别是延长还款期、使用多种利率、提供直接的不同幅度的债务减免、债务互换。这些具体方法在预设条款下被组合使用，构成了多元化的减债方案和不同优惠程度的减债条款。针对非洲不同国家的基本情况，我国可以选择不同的减债方案。例如，对于中低收入债务国，可以考虑非ODA贷款延长还款期、ODA贷款采用优惠利率、债务互换等债务重组方式。对于资源丰富型国家（如安哥拉）可以更多采用债务互换方式来缓解债务风险。标准化的减债条款能够体现我国对外减债的公平性，既有助于回应"差异化减债以实现政治企图"的批评，也有助于规避债务国的道德风险。

第三，多边合作有助于提高减债行动的援助效果，尤其是可以降低债务国道德风险。对存在短期流动性问题的国家,我国可继续在《债务偿还暂停倡议》的框架下对其进行债务延期,并协助国际货币基金组织等多边机构加大对债务国的流动性支持力度。对于债权关系复杂的重债穷国,我国可在《重债穷国减债倡议》和《多边减债倡议》的框架下与其他债权人合作减债。在与其他债权人合作时,我国可参考巴黎俱乐部与国际货币基金组织和世界银行的合作模式。

四 后疫情时代的非洲债务治理重点

后疫情时代,针对非洲国家的债务治理工作主要包括以下重点。一是展开及时有效的债务援助,保证对非洲国家的可持续融资支持,避免债务风险升级。在现阶段,非洲国家的债务困境主要体现为流动性危机,但如果政策应对不力,流动性危机极有可能恶化为更难解决的偿付危机。如果非洲地区爆发债务危机,不仅会加剧国际金融市场的动荡,加剧全球经济环境的恶化,还可能导致地缘政治冲突的进一步升级。短期内,除了通过《缓债倡议》对非洲国家进行债务延期,还可以通过加大国际货币基金组织对其成员国的紧急援助力度和加强对特别提款权的使用等手段为非洲国家提供流动性支持。从中长期看,对部分国家的债务重组和减免工作应尽快提上议程。

二是从债务国和债权国两方面共同加强非洲国家的主权债务管理。良好的主权债务管理不仅依赖非洲国家自身的治理能力,也取决于债权方的审慎贷款决策。在债务国方面,加强主权债务管理的手段包括合理控制贷款需求、提高债务信息透明度、加强债务融资对经济增长的促进作用等。在债权国方面,加强债务管理的手段包括审慎对待贷款决策、提供更为多元化的融资手段和强化对贷款项目的跟踪监测等。对我国而言,可参考国际经验,尽快推出一套符合我国国情的主权债务重组和减免规则体系,加强自身有关债务纾困的管理能力。

三是构建更具包容性的国际债务协商机制。虽然非洲国家债权人结构已发生巨大变化,但现有国际债务协商机制对新兴债权国的包容性不够。近年来，新兴债权国的影响力不断上升，传统债权国对发展中国家贷款整体呈下降趋势。目前，以巴黎俱乐部为代表的传统双边债权人组织的成员国主要是发达国家，不包括中国、巴西、印度等发展中国家债权人。虽然巴黎俱乐部已和中国等国家开展过一些债务减免和重组合作，但存在中国等发展中国家债权人是否要加入巴黎俱乐部等争论。针对这一困境，可以参考联合国贸发会议的建议，在联合国框架下建立一个国际发展中国家债务管理局，作为发展中国家主权债务重组和减免的制度基础。

参考文献

African Development Bank, "African Economic Outlook Amid Covid-19," 2020.

China Africa Research Initiative, "Risky Business: New Data on Chinese Loans and Africa's Debt Problem," SAIS-CARI, 2020.

United Nations, "Manual on Effective Debt Management," New York, 2006.

World Bank, "African Pulse: Assessing the Economic Impact of Covid-19 and Policy Responses in Sub-Saharan Africa," Washington, D.C., 2020.

国际货币基金组织:《撒哈拉以南非洲经济展望》, 2020年6月。

黄梅波、张晓倩、邓昆:《非洲国家的债务可持续性及其对策分析》,《国际经济评论》2020年第4期。

Y.20
疫情下的失业困局：
主要经济体的纾困政策及效果

栾 稀[*]

摘 要： 新冠肺炎疫情对全球就业市场造成了重大冲击，主要经济体均推出了大规模的纾困政策。此次主要经济体纾困政策以财政政策为主，普遍规模大、工具多，但各国因地制宜，政策覆盖面和政策节奏各有差异，且政策侧重国内协调、缺乏国际协调。纾困政策帮助受困企业存续，有助于经济快速重启，但并未有效缓解就业压力，低收入群体长期失业风险上升。此外，纾困政策还导致货币供给大幅上升、政府债务压力上升、财政支出结构加剧失衡、问题企业借机存续、非金融部门债务压力上升等问题，加深了全球经济的结构性问题。

关键词： 就业 纾困政策 财政政策 货币政策

新冠肺炎疫情对全球经济造成了重大冲击，主要经济体失业率上升。为帮助居民和企业渡过难关，主要经济体推出了一系列大规模的纾困政策。本文对主要经济体纾困政策进行梳理，并对其政策特点和政策效果进行了分析。

---

[*] 栾稀，经济学博士，中国社会科学院世界经济与政治研究所助理研究员，主要研究领域为货币政策。

疫情下的失业困局：主要经济体的纾困政策及效果

一 新冠肺炎疫情对就业市场造成严重冲击

新冠肺炎疫情暴发后，主要经济体失业率上升，美国就业恶化程度最甚。2020年4月，美国失业率（季调）为14.7%，较一季度平均上升逾10个百分点，每周领取失业金人数持续一个月超过2000万人，就业恶化程度明显超过2008年金融危机时期。欧洲、日本的失业率也在上升，但上升幅度明显小于美国。同期，欧元区、日本的失业率分别为7.4%、2.8%，较3月均上升0.2个百分点。但是，与美国不同的是，经济重启并没有显著改善欧洲、日本的就业形势。疫情暴发以来，欧洲、日本的失业率仍呈持续上升趋势。2020年8月，欧洲、日本的失业率分别为8.1%、3.0%，较3月分别上升0.9个百分点、0.4个百分点。根据国际劳工组织预测，此次疫情将导致全球2500万人失业，比2008年全球金融危机超出300万人。

从年龄层次上看，年轻人是此次失业压力最大的群体。从主要经济体各年龄段失业率看，25岁以下的年轻人失业率上升幅度最大。2020年8月，欧元区25岁以下失业率为18.10%，是25~74岁失业率（7.2%）的两倍以上。同期，日本15~24岁以下失业率为4.9%，超过整体失业率1.9个百分点，是所有年龄段失业率中最高的。而日本老年人（65岁以上）失业率是所有年龄段中最低的，8月日本65岁以上失业率仅为1.8%。美国16~19岁失业率也居高位。4~9月，美国16~19岁失业率均为整体失业率的2倍以上。4月，美国16~19岁失业率高达31.9%。中国就业市场上16~24岁的青年人群失业率也相对较高，特别是大学生就业压力大，6月20~24岁大专及以上人群调查失业率达到19.3%。[①]

从行业结构上看，疫情对主要行业均有冲击，对接触性行业的就业冲击最大。2020年4月，美国绝大部分行业的失业率都上升至10%以上。其中，美国休闲和酒店业受到冲击最大，4月失业率高达39.3%，较2月大幅上升

---

① 曾湘泉：《疫情冲击下的中国就业市场：短期波动与长期展望》，国家统计局网站，2020年9月28日。

33.6个百分点，其他服务业①（从分项上看主要是生活相关服务）、批发零售贸易业、建筑业的失业率分别上升至23%、17.1%、16.6%。金融业受到的冲击最小，4月失业率为5.4%，远低于其他行业同期失业率，比政府雇员的同期失业率还低4个百分点。日本也呈现相似的情况，接触性行业的就业市场受到明显冲击，但也有个别行业在疫情期间就业人数出现了增长。2020年第二季度，日本建筑业、住宿及餐饮业、批发零售贸易业、生活相关及个人服务和娱乐服务的就业人数同比明显下降，但其他行业的就业表现远好于美国，信息通信、房地产及租赁、运输邮政、教育及学习支持、科学研究专业及技术服务的就业人数同比均保持稳定，甚至个别行业（如教育及学习支持、房地产及租赁）的就业人数明显增长。

图1 疫情暴发后美国主要行业失业率显著上升

---

① 根据美国劳工统计局，其他服务业（除公共行政部门外）主要包括设备机器修理、宗教活动、捐款资助、宣传倡议、干洗洗衣、个人护理、殡葬、宠物服务、照相洗印加工、临时停车和婚恋介绍服务等。

二 主要经济体纾困政策梳理

为缓解新冠肺炎疫情对就业市场造成的冲击，主要经济体出台了一系列纾困措施以维持企业正常运营和居民基本生活。本文按照纾困目标群体分类，以政策类别为主线对主要经济体的纾困政策进行了梳理。纾困对象上，疫情受困的企业和居民难以清晰识别，因此部分经济体的纾困对象为低收入群体、失业群体或中小企业，也有个别经济体对特定关键行业和特定群体（如儿童、弱势群体）进行扶持。纾困措施上，税费减免、现金补贴是最普遍采用的措施，货币信贷政策用于纾困往往需要与财政政策、监管政策相互配合。

（一）面向企业的纾困政策

按照具体政策，面向企业的纾困政策可以分为减负政策（包括减税）、财政政策（支出）以及货币信贷政策三大类。

减负政策主要包括税收、社保以及经营费用减免或延期等措施。美国未对企业减税。欧洲、东亚以及主要新兴经济体均对受疫情影响严重的企业进行财税减免或延期。法国、日本和中国对企业进行社保减免或延期，法国、意大利、中国、日本、韩国还要求对企业日常经营成本（租金、水电费等）进行减免。减负政策的对象主要是受疫情影响严重的企业，特别是中小微企业，但也有个别国家是普遍性减免或延期缴纳。比如，英国将所有企业在2020年第二季度增值税推迟至财年结束、将个体经营者所得税推迟6个月。中国政府阶段性减免缓缴社保和住房公积金，该项政策也是面向所有企业，由企业根据经营状况自行申报，并且延期时间和减免限度在地方政府执行层面上也各有差异。主要发达经济体中，仅美国未对企业减税，此次美国的纾困政策基本为财政政策。

财政政策（支出）主要是对受困企业进行现金补贴，少数国家对企业进行财政投资。欧美国家基本都给予受疫情影响企业，特别是中小微企业一定规模的现金补贴，法国的现金补贴还覆盖了自由职业者和个体工人，德国有针对性地给予绿色能源和数字经济行业现金补贴。中国、韩国、巴西没有对受困企业采用直接现金补贴的方式。财政投资主要是指政府对困难企业或需要帮助的企业进行股权投资或收购。大部分经济体并没有采用这一方式进行企业纾困，只有个别经济体在疫情期间对困难企业或初创企业进行财政投资。德国政府对初创企业设立了20亿欧元的创业投资资金，并设立了1000亿欧元的金融稳定基金收购受疫情影响较大企业的股权。法国政府对困难企业进行股权投资或国有化追加拨款。

货币信贷政策主要包括贷款延期、信贷担保或补贴，需要货币、财政、监管政策相互配合。货币信贷政策在企业纾困中被各经济体广泛使用。政策主要面向受困企业特别是中小企业，也有个别国家出台了面向关键行业的信贷支持政策，以保证关键行业发展不受疫情影响。绝大多数主要经济体均出台了企业贷款延期政策。信贷补贴或担保往往需要财政政策与货币政策相互配合，由货币政策提供流动性支持、由财政政策为相应的贷款进行担保或贴息。主要经济体针对受困企业特别是中小企业推出了各类信贷便利计划，如美国的薪资保障计划（PPP）、英国的新冠肺炎疫情商业中断计划等。该类信贷计划的主要操作方式是由央行向发放特定贷款（如支持中小企业的贷款）的商业银行提供等额或差额流动性支持，同时由财政部对这部分信贷进行全额或差额担保。

除了信贷担保外，日本、中国、韩国、印度还对用于抗疫纾困的贷款下调利率或进行贴息。个别国家针对某些关键发展行业推出了信贷便利计划。比如韩国针对国内七大关键行业推出了40万亿韩元的关键行业稳定基金，基金将通过贷款、担保和投资等多种形式支持关键行业发展。印度延长了农业贷款贴息的期限，将短期农业贷款的利息补贴和即时还款激励计划的受益期限延长至2020年8月31日。

为配合货币信贷政策顺利展开、降低不良贷款和流动性紧张对商业银行信贷扩张的负面影响，主要经济体均对商业银行的资本缓冲、流动性覆盖率、杠杆率等指标进行了不同程度的监管放松。

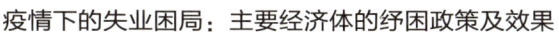

疫情下的失业困局：主要经济体的纾困政策及效果

表 1 主要经济体面向企业的纾困政策

经济体	减负政策			财政政策（支出）		货币信贷政策		
	财税减免延期	社保减免延期	经营成本减免	现金补贴	财政投资	贷款延期	信贷补贴/担保	监管放松
美国				√		√	√	√
欧元区、欧盟						√	√	√
英国	√			√		√	√	√
德国	√			√	√	√	√	
法国	√	√	√	√				
意大利				√				
日本	√	√	√	√			√	√
韩国	√		√			√	√	√
中国	√					√	√	√
印度	√			√				
巴西	√					√	√	√

资料来源：IMF, "IMF Covid-19 Policy Tracker," https://www.imf.org/en/Topics/imf-and-covid19/Policy-Responses-to-COVID-19, 2020。

（二）面向居民的纾困政策

根据各主要经济体采取的政策措施，将面向居民的纾困政策分为财政政策和货币信贷政策两大类。

现金补贴和社会保障是主要经济体普遍采用的面向居民的财政纾困措施，现金补贴覆盖范围差异大，少数国家对居民退税。主要经济体对社保和社会福利网的强化的对象主要为弱势群体和儿童等群体。比如，美国政府完善针对弱势群体的食品安全网，英国政府支出近 70 亿英镑支持弱势群体，德国扩大对低收入父母的儿童保育福利并暂时延长失业保险和育儿假期，韩国也加大了对儿童保育的财政支持力度。医保服务方面，欧洲主要国家、中国均加强了对新冠肺炎患者的医保服务。

现金补贴方面，主要经济体多向居民或家庭部门发放现金，中国没有采用现金补贴的方式进行纾困。按照发放对象，现金补贴可以分为两类，一类针对因疫情失业风险上升的劳动力群体，另一类是普遍性的现金发放。比如，英国、德国、意大利的现金补贴主要面向自由职业者、失业人员、休假人员、临时工等；而美国、韩国、日本的现金发放覆盖范围则更广，美国向年收入75000美元以下的美国居民发放1200美元的现金支票，韩国的现金补贴覆盖70%的韩国人，日本向所有国民一次性发放10万日元现金。税收返还和减免方面，主要发达经济体中，仅美国推出了2930亿美元的个人一次性退税计划，其他发达国家均未对居民实施退税或税收减免。

只有少数经济体通过贷款延期、信贷支持的方式为居民纾困。相比于财政政策，货币信贷政策在居民纾困中的应用并不普遍。只有美国、意大利、中国对居民贷款或家庭债务提供延期。主要发达经济体均未对居民提供贷款便利或贷款优惠。新兴经济体中，仅印度向贫困家庭、移民、农民提供信贷支持。

表2 主要经济体面向居民的纾困政策

经济体	财政政策			货币信贷政策	
	退税	医保、社保和社会福利	现金补贴	贷款延期	信贷支持
美国	√	√	√	√	
欧元区、欧盟					
英国		√	√		
德国		√	√		
法国		√	√		
意大利		√	√	√	
日本			√		
韩国		√	√		
中国		√		√	
印度		√	√		√
巴西		√	√		

资料来源：IMF,"IMF, Covid-19 Policy Tracker," https://www.imf.org/en/Topics/imf-and-covid19/Policy-Responses-to-COVID-19, 2020。

三 主要经济体纾困政策的特点

整体来看，主要经济体纾困政策呈现以财政政策为主、规模普遍较大、国际协调下降等主要特征。并且，主要经济体的政策随疫情形势和经济状况有所调整，在经济重启之后，部分经济体将原先到期的纾困政策延期，也有部分经济体暂时退出了纾困政策，新一轮财政支出计划更侧重于经济增长。

一是资金来源以财政为主，个别国家还发挥了开发性金融机构的作用。由于纾困对象主要是中小企业和低收入群体，信用风险较高，相比于货币信贷政策，财政政策更适合用于纾困。整体来看，主要经济体的纾困政策以财政政策为主，针对企业的贷款便利、贷款优惠政策也多需财政政策配合。除了财政政策外，德国、中国的开发性金融机构也在纾困中发挥了作用。比如，德国通过新设立的经济稳定基金（WSF）和德国复兴信贷银行（KfW），为7570亿欧元（GDP的24%）贷款提供担保，WSF和KfW还向具有战略意义的公司注入公共股本。

二是纾困支出规模普遍较大，多个经济体用于纾困的财政支出占GDP的10%以上。截至2020年9月底，美国共推出了四项累计2.98万亿美元的财政支出计划（占美国2019年GDP的14%）以应对新冠肺炎疫情冲击，其中约2.03万亿美元用于企业和居民的纾困。仅用于纾困的财政支出就占美国2019年GDP的9.49%。欧盟共推出了三轮1.33万亿欧元的财政支出计划，占欧元区2019年GDP的11.2%。其中，第三轮财政支出计划（7500亿欧元的欧洲复兴基金）是欧盟有史以来规模最大的财政支出计划。日本推出了117.1万亿日元的紧急抗疫计划，累计预算补充57.5万亿日元、占日本2019年GDP的10.4%。在日本的紧急抗疫计划中，76%的资金用于保障就业和企业，其余资金用于医疗支出和经济恢复。印度、巴西等新兴经济体并没有推出成体系的一揽子财政计划，但财政支出规模也较大。根据国际货币基金组织（IMF）的数据，印度、巴西用于抗击疫情和纾困的财政支出分别占各自2019年GDP

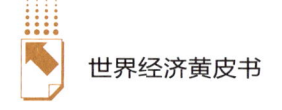

的6.8%、11.8%。

三是从防控到经济重启，纾困政策也做了从"救助"到"刺激"的相应调整。在疫情暴发时，主要经济体均推出了一揽子纾困政策，主要包括延迟纳税、社保减免、水电费用和租金减免、推迟还贷、现金补贴、财政担保融资等。但随着疫情防控取得效果，各经济体陆续宣布重启经济，纾困政策则由"救助"转向"刺激"。除了深陷疫情的美国将薪资保障计划延期以外，主要发达经济体并没有新推进或延长现金补贴等直接纾困措施的计划，而是转向信贷支持、财政投资等有助于支持经济复苏的政策，这些政策持续时间也远长于纾困政策。比如2020年7月底通过的欧洲复苏基金，与2021~2027年欧盟多年度财政预算框架挂钩，并不是只针对疫情救助的短期计划。欧洲复苏基金由7项独立计划构成，包括6725亿欧元的复苏和韧性工具（含3600亿欧元的贷款和3125亿欧元的赠款）、475亿欧元欧盟反应计划、50亿欧元欧洲地平线计划、56亿欧元投资欧洲计划、75亿欧元乡村发展计划、100亿欧元过渡专用基金、19亿欧元欧洲救援计划，从计划构成上看，直接用于疫情纾困的欧洲救援计划仅为欧洲复苏基金的一小部分。8月1日，欧洲复苏基金的首个援助计划落地意大利，总额为60亿欧元，旨在援助意大利受新冠肺炎疫情影响严重的中小企业。

四是政策自顾倾向明显，国际协调严重缺位。可以明显地看到，主要经济体出台的纾困政策均为国内政策，各经济体出台政策的时间、力度、措施各不相同。各经济体出台的纾困政策规模较大，财政支出的增加也导致各国货币供给大幅增加，政策外溢性不容忽视。但是，各经济体在纾困政策上明显没有协调。由于疫情防控效果不同，纾困政策也难以进行国际协调。不仅如此，出于防止境外疫情回溢境内的考虑，各经济体在航空、人员交流、贸易等方面还设有一定的限制。根据WTO的数据，2019年10月中旬至2020年5月中旬，世贸组织成员共实施了363项新的贸易相关措施，其中贸易便利化措施198项、贸易限制措施165项，256项措施与疫情有关、107项措施与疫情无关，疫情相关的限制措施主要包括医疗防护用品以及食品的出口管制、提高油气等原材料进口关税、进出口检疫壁垒、技术性贸易壁垒等。[①] 主要经济体的财政支出计划中也不乏用于支持制造业回流的专项资金安排。日本政府宣布从 2020 财年的补充预算中拨出 2200 亿日元，专门用于帮助撤资中国的日本企业，鼓励企业将工厂迁回日本或迁往东南亚国家，其中 90% 的预算用于资助企业迁回日本。6 月，美国国防部宣布，将与美国国际发展金融公司合作，耗资 1 亿美元（这笔资金来自 CARES 法案），以期令制造业重返美国。

四 纾困政策的实施效果及展望

从短期看，纾困政策帮助受影响严重的企业和个人渡过难关，有助于经济迅速重启，一定程度上支撑了劳动力薪资。但值得注意的是，纾困政策主要倾向于收入支持、流动性支持和社会福利，并非需求刺激政策。各经济体就业压力仍在上升，纾困政策可能增加低收入群体和弱势群体的长期失业风险。此外，纾困政策还导致货币供给大幅上升、政府部门债务压力上升、财政收支进一步失衡、僵尸企业占比上升等问题。从中长期看，疫情反弹使得纾困政策暂难退出，僵尸企业和债务负担使得全球经济结构性问题深化。

（一）纾困政策有助于经济快速重启，部分措施可能支撑了劳动力薪资

纾困政策帮助暂时困难的经济主体存活下来，有助于经济迅速重启。当疫情得到初步控制，政府决定重启经济时，经济主体的存活使得经济可以快速重启，节约了企业和居民资产负债表进行疫后修复的时间。可以明显地看到，2020 年 5 月以来，主要经济体陆续宣布经济重启，虽然通胀、消费、私人投资等主要经济指标仍不理想，但美国、日本、欧洲、中国等主要经济体的 PMI 均迅速回升且势头强劲。

普遍性且金额可观的收入支持政策支撑劳动力薪资。对失业群体的现金

[①] WTO, "Report of the TPRB from the Director-general on Trade-related Developments," https://www.wto.org/english/news_e/news20_e/trdev_24jul20_e.htm, July 2020.

补贴并不会提高劳动力薪资,但部分经济体的现金补贴和收入支持政策面向低收入群体,且通过给予企业流动性支持以保障员工薪资,覆盖面较广且金额相当可观,有效避免了劳动力薪资下滑。第二季度,美国非农劳动力周薪平均月同比达6.77%,比第一季度平均增速上升4.23个百分点。除了工资向下刚性之外,薪资上涨主要源于低收入群体退出市场和纾困政策对薪资的支撑。疫情暴发初期,美国失业率大幅上升,逾2000万个就业岗位流失,其中3/4为低收入岗位[①]。图2反映了美国疫情暴发后各行业失业率和薪资变化。一方面,疫情使得一些行业失业率大幅上升,低收入群体退出市场使得相关行业薪资上涨。4月,美国零售业失业率上升至17.1%,其当月薪资同比增至7.56%。另一方面,纾困政策支撑了受疫情影响严重行业的薪资稳定。美国运输仓储业、休闲和酒店业因疫情面临停工,失业率持续高位,但因纾困政策支撑,其周薪水平也并未较疫情前明显下滑。

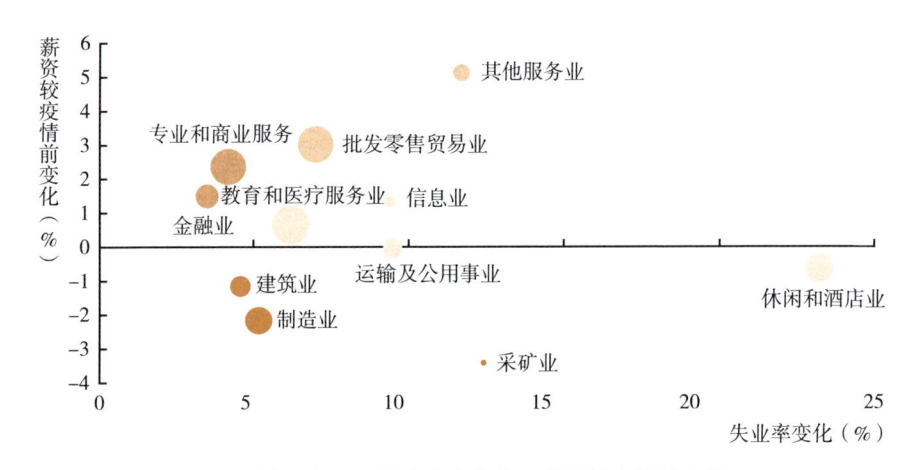

图2 美国主要行业失业率变化和薪资较疫情前变化

注:薪资较疫情前变化和失业率变化均为相关指标在2020年6月较2020年2月的变化。气泡大小根据该行业2020年6月的劳动力占比。浅色气泡为失业率上升幅度较大但薪资较疫情前变化较小的行业,纾困政策有效支撑了相关行业薪资。

---

① 数据引自克利夫兰联储主席Loretta J. Mester 于2020年9月NABE基金会经济评估研讨会网络会议的演讲稿"An Update on the Economy and Monetary Policy",https://www.clevelandfed.org/en/newsroom-and-events/speeches/sp-20200902-an-update-on-the-economy-and-monetary-policy.aspx。

（二）未缓解就业市场的压力，长期失业风险上升

主要经济体就业压力仍在上升。纾困政策本身并没有改善就业的作用，改善就业需要依靠可持续的经济复苏。主要发达经济体中，仅美国的失业率出现了好转，欧洲、日本的失业率均在持续上升。2020年3月，欧洲、日本的失业率为7.2%、2.6%。在疫情得到初步控制后，各经济体陆续重启经济，但欧洲、日本的就业市场却持续恶化。2020年8月，欧洲、日本的失业率分别为8.1%、3.0%，均较疫情暴发初期明显上升。

纾困政策或会增加低收入群体的长期失业风险。部分发达经济体给予的现金补贴金额偏高，部分低收入群体可能会降低求职意愿，劳动参与率下降。同时，劳动力薪资不降反升，疫情防控造成的物理阻隔也促使更多行业布局机器对劳动力的替代，劳动力成本上升和机器替代使得低技能人群更加难以进入市场，就业市场的结构性长期失业风险进一步上升。以失业率下降的美国为例。5月以来，美国失业率持续下降，但部分人群长期失业风险上升，劳动参与率下降，低收入行业失业率维持高位。9月，美国永久性失业人数持续上升至376万人，约为疫情前的3倍；劳动参与率下降至61.4%，与2月相比下降2个百分点；美国U1失业率（失业15周或以上的劳动力百分比率）为4.6%，较疫情前上升逾3个百分点。

（三）货币供给大幅增长，但需求低迷阻碍了二次信用派生

发达经济体货币供应量大幅上升，以配合大规模的纾困计划。疫情暴发后，美国、欧元区、日本等主要发达经济体的货币供应量大幅上升。2020年8月，美国、欧元区、日本的M2同比增速分别为23.29%、9.4%、8.6%，较疫情前翻倍。以资产购买力度最大的美国为例，货币供应量的上升主要来自基础货币的上升。2020年8月，美国基础货币余额约为4.8万亿美元，是2月的1.4倍；M2货币乘数为3.82，较2月下降0.64。而基础货币的增长与美联储在疫情期间超大规模货币供应支持财政支出有关。截至2020年9月底，美国政府4轮救助方案的累计总额高达2.9万亿美元。相应地，美国国债累计

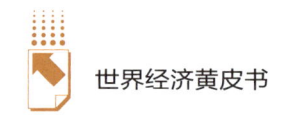

净融资已超过3万亿美元，美联储新增国债购买约2.2万亿美元、相当于约70%的美国新增国债。可见，货币供应量上升并非来源于实体经济的真实信贷需求，而是来自财政扩张。

由于实体经济缺乏信贷需求，因纾困计划产生的流动性难以实现二次信用派生。纾困政策使得居民和企业直接获得流动性，政策落地初期（2020年3~4月）银行存贷款规模均明显上升，但实际需求低迷使得银行二次信用派生乏力。从美国基础货币结构上看，从联储借款和存款机构超额准备金的上升幅度较大。6月，从联储借款规模为977亿美元，而2月仅为300万美元，从央行借款的增长体现了美联储对金融机构的流动性支持力度。6月底，存款机构超额准备金规模为2.9万亿美元，是2月底的1.93倍。超额准备金增加表明银行并没有将量化宽松中获得的流动性用于再投资，而是将其存至央行。同时，企业和居民获得纾困资金后也没有将其完全用于投资和消费，而是存至银行。2020年9月底，美国商业银行存款规模为15.68万亿美元，较4月底上升约7000万美元，但同期贷款规模较4月底下降约4000万美元。虽然美联储货币宽松力度前所未有，但由于实体经济需求不足，货币宽松未有效促使非金融部门再投资，纾困政策也没有起到改善实体经济需求的作用。

（四）纾困政策增加政府债务压力，加剧财政支出结构失衡

纾困政策加重了各国政府的负债压力。2020年上半年，美国国债未偿还余额同比增长25%。美国国会预算办公室预测，2020年美国联邦债务规模占GDP的比重将达到98%。2020年8月，日本国家政府债务规模为1198万亿日元，较疫情前上升6.5%，同比上升7.23%，增速较上年同期上升5.8个百分点。根据BIS的数据，2020年第一季度，日本政府债务占GDP的比重已经高达218%。欧洲国家财政赤字和政府债务大幅上升。2020年8月，德国财政赤字规模为704亿欧元，占2019年德国的GDP（现价）比重已达9%；英国的政府负债净值为2.02万亿英镑，债务规模较疫情前上升12%，占2019年GDP的比重达到91%。尽管纾困政策加重了政府债务负担，但是由于发达经济体央行已将利率降至零利率或负利率区间，新增负债成本降至极低水平，

政府利息支付也跟随利率下降，主要央行也配合财政支出计划扩大了对政府债务的购买，发达经济体政府债务可持续性尚且无虞。

纾困政策进一步加剧财政支出结构失衡。社会福利和国防一直是发达经济体财政的重要组成部分。2020年第一季度，法国政府的社会福利和转移支出占财政支出的比重接近60%。根据美国财政部数据，约85%的美国财政支出投向国防、社会保障等低乘数效应的领域，对新兴产业、基础设施等乘数效应较高领域的投入极少。疫情暴发后，为应对疫情推出的财政支出计划以纾困为主，超过70%的资金用于收入保障和包括医疗保障在内的社会福利，进一步加剧了财政结构的失衡。用于纾困的薪资保障计划和信贷便利政策也将帮助僵尸企业存活更长时间，僵尸企业的扩大将助推低收入劳动力规模扩大。低收入劳动力群体扩大和亏损企业增长都将影响经济体中长期的税收增长。部分发达经济体的财政政策在公共投资领域长期缺位，低收入群体和僵尸企业扩张将加剧财政收支失衡，拖累长期经济增长。

（五）纾困政策暂难退出，全球经济的结构性问题进一步深化

新冠肺炎疫情的不确定性使得纾困政策暂时难以退出。2020年第四季度，欧洲、日本等发达经济体均出现疫情反弹，美国、印度、巴西等深陷疫情的经济体防疫形势进一步严峻。新冠肺炎疫苗的推出时间尚未确定。当前，主要经济体就业压力仍在上升，疫情的反弹将进一步加重失业风险。2020年9月底，众议院通过2.2万亿美元的财政支出计划HEROES法案，该法案将覆盖每个家庭成员1200美元的收入支持和600美元的失业救济金延长至2021年1月31日。虽然两党尚未对该计划达成一致，但两党对推出新一轮财政支出计划并无异议，争论的焦点是此轮财政支出计划的规模和投向。如果所在地区疫情再度失控，主要经济体不排除推出新一轮纾困政策的可能性。在经济复苏之前，囿于政府债务压力，各主要经济体央行将不得不无限量配合财政扩张。

僵尸企业占比上升，私人部门债务压力上升，加剧全球经济的结构性问题。疫情暴发后，大量的流动性投放、财政补贴使得问题企业存续，经济的

结构性问题进一步深化。根据德意志银行的研究，2020年上半年美国僵尸企业占比为19%，接近五分之一。僵尸企业持续增加将挤出有效投资，阻碍需求回升，甚至影响金融稳定。主要发达经济体利率均已降至零利率甚至负利率区间，财政支出规模也属空前，但非金融部门债务风险并没有得到实质性缓解。根据国际金融公司（IIF）的数据，2020年第一季度，全球债务蹿升至创纪录的258万亿美元，全球债务与GDP之比上升逾10个百分点至331%，创历史新高。高债务负担下，金融风险在全球范围内进一步滋生，阻碍全球经济增长的结构性问题进一步深化。

参考文献

杰弗里·萨克斯、石烁：《重塑美国经济》，胡迪译，格致出版社，2020。

王健、雷晋莎：《美国2020年7月经济情况分析及政策展望》，https://www.sohu.com/a/410504617_100013881，2020年7月3日。

曾湘泉：《疫情冲击下的中国就业市场：短期波动与长期展望》，国家统计局网站，2020年9月28日。

Brayden Gerrard, "Is the US Debt Sustainable?" https://medium.com/economic-watch/is-the-us-debt-sustainable-d32f92e41ba6, July 17,2020.

Loretta J. Mester, "An Update on the Economy and Monetary Policy," https://www.clevelandfed.org/en/newsroom-and-events/speeches/sp-20200902-an-update-on-the-economy-and-monetary-policy.aspx, September 2,2020.

WTO, "Report of the TPRB from the Director-general on Trade-related Developments," https://www.wto.org/english/news_e/news20_e/trdev_24jul20_e.htm, July 2020.

IMF, "IMF Covid-19 Policy Tracker," https://www.imf.org/en/Topics/imf-and-covid19/Policy-Responses-to-COVID-19, 2020.

世界经济统计与预测

Statistics of the World Economy

Y.21 世界经济统计资料

熊婉婷[*]

目 录

（一）世界经济形势回顾与展望

表 1-1　世界产出简况（2016~2025 年）

表 1-2　GDP 不变价增长率回顾与展望：部分国家和地区（2012~2021 年）

表 1-3　市场汇率计 GDP：部分国家和地区（2013~2021 年）

表 1-4　人均 GDP：部分国家和地区（2019~2021 年）

（二）世界通货膨胀、就业形势回顾与展望

表 2-1　通货膨胀率回顾与展望：部分国家和地区（2015~2025 年）

---

* 熊婉婷，理学博士，中国社会科学院世界经济与政治研究所助理研究员，主要研究领域为主权债务、金融监管和系统性风险。

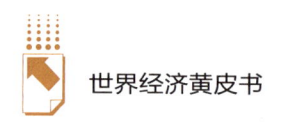

表 2-2　失业率：部分发达经济体（2015~2025 年）

(三) 世界财政形势回顾与展望

表 3-1　广义政府财政差额占 GDP 比例：发达经济体（2013~2025 年）

表 3-2　广义政府财政差额占 GDP 比例：部分新兴市场和发展中国家（2013~2025 年）

表 3-3　广义政府债务占 GDP 比例：部分国家和地区（2013~2025 年）

(四) 世界金融形势回顾与展望

表 4-1　广义货币供应量年增长率：部分国家和地区（2015~2019 年）

表 4-2　汇率：部分国家和地区（2013~2020 年）

表 4-3　股票价格指数：全球主要证券交易所（2015~2019 年）

(五) 国际收支形势回顾与展望

表 5-1　国际收支平衡表：部分国家和地区（2015~2019 年）

表 5-2　经常项目差额占 GDP 比例：部分国家和地区（2015~2025 年）

(六) 国际贸易形势回顾

表 6-1　货物贸易进出口：部分国家和地区（2016~2019 年）

表 6-2　服务贸易进出口：部分国家和地区（2016~2019 年）

表 6-3　原油进出口量：部分国家和地区（2012 年和 2019 年）

(七) 国际投资与资本流动回顾

表 7-1　国际投资头寸表：部分国家和地区（2015~2019 年）

表 7-2　FDI 流量：部分国家和地区（2017~2019 年）

表 7-3　FDI 存量：部分国家和地区（2017~2019 年）

(八) 全球大公司排名

表 8-1　2020 年《财富》全球 50 强公司排名

说　明

一　统计体例

1. 本部分所称"国家"为纯地理实体概念，而不是国际法所称的政治实体概念。

2. 除非特别说明，2020 年以后的数据（含 2020 年）为估计值或预测值。未来国际组织可能会对预测做出调整，本部分仅报告编制时能获得的最新数据。

3. "1996~2005 年"意为 1996~2005 年的平均值，年度统计量的平均值表示法以此类推。"—"表示数据在统计时点无法取得或无实际意义，"0"表示数据远小于其所在表的计量单位。

4. 部分表格受篇幅所限无法列出所有国家和地区，编制时根据关注重点和数据可得性有所选择。

二 国际货币基金组织的经济预测

本部分预测数据均来自国际货币基金组织（IMF）的《世界经济展望数据库》(World Economic Outlook Database)，预测的假设与方法参见报告原文。数据访问时间是 2020 年 10 月。

三 国家和地区分类

《世界经济展望》将国家和地区分为发达经济体、新兴市场和发展中国家两大类。为了便于分析和提供更合理的集团数据，这种分类随时间变化亦有所改变，分类标准并非一成不变。表 A 列出了发达经济体的分类方法。新兴市场和发展中国家是发达经济体之外的国家和地区，按地区分为中东欧、独联体、亚洲发展中国家、拉丁美洲和加勒比地区、中东和北非、撒哈拉以南。

表 A 发达经济体细分类别

主要货币区	欧元区（19 国）	主要发达经济体	其他发达经济体
美国、欧元区、日本	奥地利、比利时、塞浦路斯、爱沙尼亚、芬兰、法国、德国、希腊、爱尔兰、意大利、拉脱维亚、立陶宛、卢森堡、马耳他、荷兰、葡萄牙、斯洛伐克、斯洛文尼亚、西班牙	加拿大、法国、德国、意大利、日本、英国、美国	澳大利亚、捷克、丹麦、中国香港、冰岛、以色列、韩国、新西兰、挪威、圣马力诺、新加坡、瑞典、瑞士、中国台湾

367

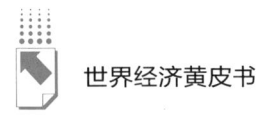

（一）世界经济形势回顾与展望

表1-1 世界产出简况（2016~2025年）

单位：%，十亿美元

类 别	2016年	2017年	2018年	2019年	2020年	2021年	2025年
实际GDP增长率						
世界	3.3	3.8	3.5	2.8	-4.4	5.2	3.5
发达经济体	1.8	2.5	2.2	1.7	-5.8	3.9	1.7
美国	1.7	2.3	3.0	2.2	-4.3	3.1	1.8
欧元区	1.9	2.6	1.8	1.3	-8.3	5.2	1.4
日本	0.5	2.2	0.3	0.7	-5.3	2.3	0.6
其他发达经济体*	2.5	3.1	2.7	1.7	-3.8	3.6	2.4
新兴市场和发展中国家	4.5	4.8	4.5	3.7	-3.3	6.0	4.7
亚洲新兴市场和发展中国家	6.8	6.7	6.3	5.5	-1.7	8.0	5.9
欧洲新兴市场和发展中国家	1.9	4.1	3.3	2.1	-4.6	3.9	2.6
拉美与加勒比地区	-0.6	1.4	1.1	0.0	-8.1	3.6	2.5
撒哈拉以南	1.5	3.1	3.3	3.2	-3.0	3.1	4.3
人均实际GDP增长率**						
发达经济体	1.2	2.1	1.8	1.3	-6.2	3.6	1.4
新兴市场和发展中国家	3.0	3.4	3.2	2.3	-4.7	4.8	3.6
世界名义GDP						
基于市场汇率	76022	80716	85690	87552	83845	91031	113482
基于购买力平价	115336	121522	128712	134557	130187	174434	115336

注：①"*"指除去美国、欧元区国家和日本以外的发达经济体。②"**"按购买力平价计算。③表中2020年后（含2020年）为预测值。

资料来源：IMF，World Economic Outlook Database，2020年10月。

表1-2 GDP不变价增长率回顾与展望：部分国家和地区（2012~2021年）

单位：%

国家和地区	2012年	2013年	2014年	2015年	2016年	2017年	2018年	2019年	2020年	2021年
阿根廷	-1.0	2.4	-2.5	2.7	2.1	2.0	2.0	-2.1	-11.8	4.9
澳大利亚	3.8	2.1	2.6	2.3	2.8	2.4	2.8	1.8	-4.2	3.0
巴西	1.9	3.0	0.5	-3.5	-3.3	1.3	1.3	1.1	-5.8	2.8
加拿大	1.8	2.3	2.9	0.7	1.0	3.2	2.0	1.7	-7.1	5.2

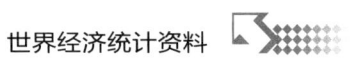

续表

国家和地区	2012年	2013年	2014年	2015年	2016年	2017年	2018年	2019年	2020年	2021年
中国	7.9	7.8	7.3	6.9	6.8	6.9	6.8	6.1	1.9	8.2
埃及	2.2	3.3	2.9	4.4	4.3	4.1	5.3	5.6	3.5	2.8
芬兰	-1.4	-0.9	-0.4	0.5	2.8	3.3	1.5	1.1	-4.0	3.6
法国	0.3	0.6	1.0	1.1	1.1	2.3	1.8	1.5	-9.8	6.0
德国	0.4	0.4	2.2	1.5	2.2	2.6	1.3	0.6	-6.0	4.2
希腊	-7.3	-3.2	0.7	-0.4	-0.2	1.5	1.9	1.9	-9.5	4.1
中国香港	1.7	3.1	2.8	2.4	2.2	3.8	2.8	-1.2	-7.5	3.7
冰岛	1.3	4.1	2.1	4.7	6.6	4.5	3.9	1.9	-7.2	4.1
印度	5.5	6.4	7.4	8.0	8.3	7.0	6.1	4.2	-10.3	8.8
印度尼西亚	6.0	5.6	5.0	4.9	5.0	5.1	5.2	5.0	-1.5	6.1
爱尔兰	0.0	1.6	8.5	25.4	1.7	9.4	9.3	5.9	-3.0	4.9
意大利	-3.0	-1.8	0.0	0.8	1.3	1.7	0.8	0.3	-10.6	5.2
日本	1.5	2.0	0.4	1.2	0.5	2.2	0.3	0.7	-5.3	2.3
韩国	2.4	3.2	3.2	2.8	2.9	3.2	2.9	2.0	-1.9	2.9
马来西亚	5.5	4.7	6.0	5.0	4.5	5.8	4.8	4.3	-6.0	7.8
墨西哥	3.6	1.4	2.9	3.3	2.6	2.1	2.2	-0.3	-9.0	3.5
新西兰	2.5	2.2	3.2	4.1	4.2	3.8	3.2	2.2	-6.1	4.4
尼日利亚	4.3	5.4	6.3	2.7	-1.6	0.8	1.9	2.2	-4.3	1.7
挪威	2.7	1.0	2.0	2.0	1.1	2.3	1.3	1.2	-2.8	3.6
菲律宾	6.9	6.8	6.3	6.3	7.1	6.9	6.3	6.0	-8.3	7.4
葡萄牙	-4.1	-0.9	0.8	1.8	2.0	3.5	2.6	2.2	-10.0	6.5
俄罗斯	4.0	1.8	0.7	-2.0	0.2	1.8	2.5	1.3	-4.1	2.8
沙特阿拉伯	5.4	2.7	3.7	4.1	1.7	-0.7	2.4	0.3	-5.4	3.1
新加坡	4.5	4.8	3.9	3.0	3.2	4.3	3.4	0.7	-6.0	5.0
南非	2.2	2.5	1.8	1.2	0.4	1.4	0.8	0.2	-8.0	3.0
西班牙	-3.0	-1.4	1.4	3.8	3.0	2.9	2.4	2.0	-12.8	7.2
瑞典	-0.6	1.2	2.7	4.5	2.1	2.6	2.0	1.3	-4.7	3.5
瑞士	1.0	1.9	2.5	1.3	1.7	1.9	2.7	1.2	-5.3	3.6
中国台湾	2.2	2.5	4.7	1.5	2.2	3.3	2.7	2.7	0.0	3.2
泰国	7.2	2.7	1.0	3.1	3.4	4.1	4.2	2.4	-7.1	4.0
土耳其	4.8	8.5	4.9	6.1	3.3	7.5	3.0	0.9	-5.0	5.0
英国	1.5	2.1	2.6	2.4	1.9	1.9	1.3	1.5	-9.8	5.9
美国	2.2	1.8	2.5	3.1	1.7	2.3	3.0	2.2	-4.3	3.1
越南	5.5	5.6	6.4	7.0	6.7	6.9	7.1	7.0	1.6	6.7

注：表中2020年后（含2020年）为预测值。
资料来源：IMF，World Economic Outlook Database，2020年10月。

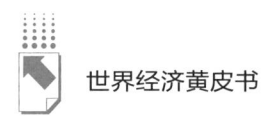

表 1-3　市场汇率计 GDP：部分国家和地区（2013~2021 年）

单位：亿美元

2019年位次	国家和地区	2013年	2014年	2015年	2016年	2017年	2018年	2019年	2020年	2021年
1	美国	167848	175273	182383	187451	195430	206119	214332	208073	219216
2	中国	96250	105242	111135	112271	122653	138419	147318	152222	168346
3	日本	51557	48504	43895	49225	48669	49523	50799	49106	51032
4	德国	37339	38901	33579	34689	36813	39656	38616	37806	43185
5	印度	18567	20391	21036	22941	26528	27132	28689	25926	28339
6	英国	27878	30654	29292	27043	26685	28643	28308	26383	28557
7	法国	28119	28567	24394	24723	25942	27891	27158	25515	29177
8	意大利	21420	21626	18368	18766	19611	20867	20015	18482	21117
9	巴西	24717	24561	18001	17966	20628	18855	18391	13638	14316
10	加拿大	18466	18058	15565	15280	16496	17162	17364	16003	17631
11	俄罗斯	22884	20488	13567	12807	15751	16652	17025	14641	15842
12	韩国	13708	14843	14658	15000	16239	17249	16467	15868	16741
13	西班牙	13552	13716	11957	12326	13121	14204	13943	12475	14509
14	澳大利亚	15184	14574	12348	12667	13865	14211	13871	13347	14804
15	墨西哥	12744	13154	11719	10785	11589	12224	12582	10404	10945
16	印尼	9166	8911	8607	9321	10155	10427	11201	10888	11672
17	荷兰	8772	8924	7657	7838	8336	9145	9072	8863	10057
18	沙特阿拉伯	7466	7564	6543	6449	6886	7865	7930	6809	7355
19	土耳其	9575	9385	8641	8693	8589	7796	7609	6494	6524
20	瑞士	6887	7095	6797	6714	6800	7055	7048	7079	7907
21	中国台湾	5129	5353	5345	5431	5907	6081	6107	6355	6827
22	波兰	5244	5453	4776	4718	5267	5871	5924	5809	6349
23	伊朗	3964	4234	3754	4044	4307	4356	5837	6107	6517
24	泰国	4203	4073	4013	4135	4564	5064	5436	5092	5368
25	瑞典	5868	5820	5051	5157	5410	5555	5309	5291	6120
26	比利时	5218	5355	4624	4761	5036	5429	5297	5034	5768
27	尼日利亚	5150	5685	4924	4046	3757	3982	4481	4430	4669
28	奥地利	4302	4427	3820	3954	4182	4557	4463	4329	4904

续表

2019年位次	国家和地区	2013年	2014年	2015年	2016年	2017年	2018年	2019年	2020年	2021年
29	阿根廷	6115	5636	6425	5568	6439	5172	4445	3828	4169
30	阿联酋	3901	4031	3581	3570	3856	4222	4211	3539	3731
31	挪威	5228	4984	3858	3688	3984	4342	4033	3664	4142
32	爱尔兰	2382	2591	2916	2992	3372	3866	3985	3991	4575
33	以色列	2927	3100	3001	3186	3527	3705	3947	3834	4085
34	菲律宾	2839	2975	3064	3186	3285	3468	3768	3674	3983
35	新加坡	3076	3149	3080	3186	3419	3732	3721	3375	3625

注：表中2020年后（含2020年）为预测值。
资料来源：IMF，World Economic Outlook Database，2020年10月。

表1-4　人均GDP：部分国家和地区（2019~2021年）

\multicolumn{5}{c}{市场汇率计人均GDP（美元）}	\multicolumn{5}{c}{购买力平价计人均GDP（国际元）}
2019年位次	国家和地区	2019年	2020年	2021年	2019年位次	国家和地区	2019年	2020年	2021年
1	卢森堡	115839	109602	125923	1	中国澳门	121764	58931	74013
2	瑞士	82484	81867	90358	2	卢森堡	120490	112875	119760
3	爱尔兰	80504	79669	90478	3	新加坡	101458	95603	101409
4	中国澳门	79251	38769	48207	4	卡塔尔	95108	91897	96103
5	挪威	75294	67989	76408	5	爱尔兰	91959	89383	94971
6	冰岛	67857	57189	58371	6	瑞士	72008	68340	71493
7	美国	65254	63051	66144	7	挪威	66214	64856	68239
8	新加坡	65234	58484	62113	8	美国	65254	63051	66144
9	卡塔尔	62919	52751	55417	9	阿联酋	63590	58466	58767
10	丹麦	59770	58439	63645	10	圣马力诺	63133	56690	61040
11	澳大利亚	54348	51885	57211	11	中国香港	62267	58165	61275
12	荷兰	52646	51290	58029	12	文莱	61033	61816	65085
13	瑞典	51404	50339	57660	13	丹麦	59719	57781	61008
14	奥地利	50380	48634	54820	14	荷兰	59693	57101	60550
15	芬兰	48810	48461	54817	15	冰岛	58965	54482	57045

续表

市场汇率计人均GDP（美元）				购买力平价计人均GDP（国际元）			
2019年位次	国家和地区	2019年	2020年	2021年	2019年位次	国家和地区	2019年	2020年	2021年
16	中国香港	48627	45176	47990	16	奥地利	58850	55406	58966
17	圣马力诺	47622	41683	44676	17	德国	56226	53571	57081
18	德国	46473	45466	51967	18	瑞典	55265	52477	54953
19	加拿大	46272	42080	45871	19	比利时	54029	50114	53805
20	比利时	46237	43814	50051	20	中国台湾	53275	54020	56959
40	爱沙尼亚	23758	22986	26378	40	立陶宛	38587	38605	41288
41	捷克	23539	22627	25991	41	爱沙尼亚	38540	37033	39544
42	沙特阿拉伯	23266	19587	20742	42	波多黎各	36750	34998	36863
43	葡萄牙	23132	21608	25097	43	葡萄牙	36246	33131	36128
44	希腊	19570	18168	20521	44	波兰	34484	33739	36099
45	立陶宛	19482	19883	22752	45	斯洛伐克	34202	32184	35118
46	斯洛伐克	19344	18669	21606	46	匈牙利	33992	32434	34512
47	圣基茨和尼维斯	18854	15246	16491	47	阿曼	33749	29908	29512
48	阿曼	18198	14423	14675	48	阿鲁巴岛	33508	27169	30149
49	巴巴多斯	18139	16082	17472	49	巴拿马	33004	30034	31300
50	拉脱维亚	17772	17230	19934	50	拉脱维亚	32014	30579	32946
69	中国	10522	10839	11956	70	哥斯达黎加	20361	19309	19978
70	阿根廷	9890	8433	9095	80	中国	16031	16278	17572
100	伊拉克	5884	4438	4767	100	秘鲁	13327	11516	12503
120	斯威士兰	4114	3415	3697	120	菲律宾	9356	8574	9271
180	利比里亚	694	654	646	180	厄立特里亚	1836	1824	1941
185	塞拉利昂	539	518	471	185	乍得	1654	1618	1704

注：表中仅列部分国家和地区，排名时以所展示年份有数据的国家为准。各国家和地区购买力平价（PPP）数据参见IMF World Economic Outlook Database，IMF并不直接计算PPP数据，而是根据世界银行、OECD、Penn World Tables等国际组织的原始资料进行计算。表中2020年后（含2020年）为预测值。

资料来源：IMF，World Economic Outlook Database，2020年10月。

(二) 世界通货膨胀、就业形势回顾与展望

表 2-1 通货膨胀率回顾与展望：部分国家和地区（2015~2025 年）

单位：%

2019年位次	国家和地区	2015年	2016年	2017年	2018年	2019年	2020年	2021年	2025年
1	委内瑞拉	121.7	254.9	438.1	65374.1	19906.0	6500.0	6500.0	—
2	津巴布韦	-2.4	-1.6	0.9	10.6	255.3	622.8	3.7	3.0
3	阿根廷	—	—	25.7	34.3	53.5	—	—	—
4	南苏丹	52.8	379.8	187.9	83.5	51.2	27.1	33.1	11.9
5	苏丹	16.9	17.8	32.4	63.3	51.0	141.6	129.7	16.8
6	伊朗	11.9	9.1	9.6	31.2	41.0	30.5	30.0	25.0
7	利比里亚	7.7	8.8	12.4	23.5	27.0	11.9	9.5	5.0
8	海地	7.5	13.4	14.7	12.9	17.3	22.4	23.8	11.3
9	安哥拉	9.2	30.7	29.8	19.6	17.1	21.0	20.6	6.0
10	埃塞俄比亚	9.6	6.6	10.7	13.8	15.8	20.2	11.5	8.0
11	土耳其	7.7	7.8	11.1	16.3	15.2	11.9	11.9	11.0
39	摩尔多瓦	9.6	6.4	6.6	3.1	4.8	2.8	2.3	5.0
40	印度	4.9	4.5	3.6	3.4	4.8	4.9	3.7	4.0
44	俄罗斯	15.5	7.0	3.7	2.9	4.5	3.2	3.2	4.0
54	巴西	9.0	8.7	3.4	3.7	3.7	2.7	2.9	3.3
59	墨西哥	2.7	2.8	6.0	4.9	3.6	3.4	3.3	3.0
62	匈牙利	-0.1	0.4	2.4	2.8	3.4	3.7	3.4	3.0
66	冰岛	1.6	1.7	1.8	2.7	3.0	2.7	2.8	2.5
67	中国	1.4	2.0	1.6	2.1	2.9	2.9	2.7	2.6
71	捷克	0.3	0.7	2.5	2.2	2.9	3.3	2.4	2.0
73	印尼	6.4	3.5	3.8	3.3	2.8	2.1	1.6	3.0
76	斯洛伐克	-0.3	-0.5	1.4	2.5	2.8	1.5	1.5	2.1
79	拉脱维亚	0.2	0.1	2.9	2.6	2.7	0.6	1.8	2.2
84	荷兰	0.2	0.1	1.3	1.6	2.7	1.2	1.5	1.7
91	波兰	-0.9	-0.6	2.0	1.6	2.3	3.3	2.3	2.4
94	爱沙尼亚	0.1	0.8	3.7	3.4	2.3	0.2	1.4	1.9

续表

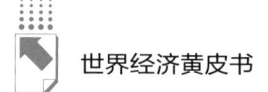

2019年位次	国家和地区	2015年	2016年	2017年	2018年	2019年	2020年	2021年	2025年
95	智利	4.3	3.8	2.2	2.3	2.3	2.9	2.7	3.0
96	立陶宛	−0.7	0.7	3.7	2.5	2.2	1.3	1.7	2.1
100	挪威	2.2	3.6	1.9	2.8	2.2	1.4	3.3	2.0
107	加拿大	1.1	1.4	1.6	2.3	1.9	0.6	1.3	2.0
112	美国	0.1	1.3	2.1	2.4	1.8	1.5	2.8	2.2
115	英国	0.0	0.7	2.7	2.5	1.8	0.8	1.2	2.0
117	卢森堡	0.1	0.0	2.1	2.0	1.7	0.4	1.4	1.9
118	瑞典	0.7	1.1	1.9	2.0	1.6	0.8	1.4	1.8
119	斯洛文尼亚	−0.5	−0.1	1.4	1.7	1.6	0.5	1.8	1.9
120	新西兰	0.3	0.6	1.9	1.6	1.6	1.7	0.6	2.0
121	澳大利亚	1.5	1.3	2.0	1.9	1.6	0.7	1.3	2.4
125	奥地利	0.8	1.0	2.2	2.1	1.5	1.2	1.8	2.0
129	德国	0.7	0.4	1.7	2.0	1.3	0.5	1.1	2.0
132	法国	0.1	0.3	1.2	2.1	1.3	0.5	0.6	1.6
133	比利时	0.6	1.8	2.2	2.3	1.2	0.6	1.2	1.6
136	芬兰	−0.2	0.4	0.8	1.2	1.1	0.7	1.3	1.9
146	爱尔兰	0.0	−0.2	0.3	0.7	0.9	−0.2	0.6	2.0
147	以色列	−0.6	−0.5	0.2	0.8	0.8	−0.5	0.2	0.8
151	丹麦	0.2	0.0	1.1	0.7	0.7	0.4	0.9	1.6
153	西班牙	−0.5	−0.2	2.0	1.7	0.7	−0.2	0.8	1.7
157	意大利	0.1	−0.1	1.3	1.2	0.6	0.6	0.6	1.4
161	新加坡	−0.5	−0.5	0.6	0.4	0.6	−0.4	0.3	1.5
165	希腊	−1.1	0.0	1.1	0.8	0.5	−0.6	0.7	1.8
166	日本	0.8	−0.1	0.5	1.0	0.5	−0.1	0.3	1.0
168	韩国	0.7	1.0	1.9	1.5	0.4	0.5	0.9	2.0
170	瑞士	−1.1	−0.4	0.5	0.9	0.4	−0.8	0.0	1.0

注：表中通货膨胀率是以消费者物价指数衡量的通货膨胀率，为年度平均值。按照当年的数值从高到低进行排序，排序仅考虑在当年有相应数据的国家。表中2020年后（含2020年）为预测值。

资料来源：IMF，World Economic Outlook Database，2020年10月。

表 2-2　失业率：部分发达经济体（2015~2025 年）

单位：%

国家和地区	2015 年	2016 年	2017 年	2018 年	2019 年	2020 年	2021 年	2025 年
澳大利亚	6.1	5.7	5.6	5.3	5.2	6.9	7.7	5.4
奥地利	5.7	6.0	5.5	4.9	4.5	5.8	5.5	4.5
比利时	8.5	7.8	7.1	6.0	5.4	6.1	7.6	5.6
加拿大	6.9	7.0	6.3	5.8	5.7	9.7	7.9	6.5
塞浦路斯	14.9	13.0	11.1	8.4	7.1	8.0	7.0	5.1
捷克	5.0	3.9	2.9	2.2	2.0	3.1	3.4	2.8
丹麦	6.3	6.0	5.8	5.1	5.0	6.2	6.0	5.6
爱沙尼亚	6.2	6.8	5.8	5.4	4.4	7.8	6.1	5.0
芬兰	9.6	9.0	8.8	7.4	6.8	8.4	8.6	6.5
法国	10.4	10.0	9.4	9.0	8.5	8.9	10.2	8.5
德国	4.6	4.2	3.8	3.4	3.1	4.3	4.2	3.4
希腊	24.9	23.6	21.5	19.3	17.3	19.9	18.3	12.7
中国香港	3.3	3.4	3.1	2.8	3.0	5.2	4.4	3.7
冰岛	4.0	3.0	2.8	2.7	3.6	7.2	7.0	4.0
爱尔兰	9.9	8.4	6.7	5.8	5.0	5.6	6.2	5.3
以色列	5.3	4.8	4.2	4.0	3.8	6.0	5.6	4.7
意大利	11.9	11.7	11.3	10.6	9.9	11.0	11.8	10.2
日本	3.4	3.1	2.8	2.4	2.4	3.3	2.8	2.3
韩国	3.6	3.7	3.7	3.8	3.8	4.1	4.1	3.8
拉脱维亚	9.9	9.6	8.7	7.4	6.3	9.0	8.0	7.0
立陶宛	9.1	7.9	7.1	6.1	6.3	8.2	7.5	5.6
马耳他	5.4	4.7	4.0	3.7	3.6	4.2	4.2	4.0
荷兰	6.9	6.0	4.9	3.8	3.4	5.5	4.5	4.0
新西兰	5.4	5.1	4.7	4.3	4.1	6.0	7.0	5.0
挪威	4.5	4.7	4.2	3.9	3.7	4.5	4.3	3.8
葡萄牙	12.4	11.1	8.9	7.0	6.5	8.1	7.7	6.0
圣马力诺	9.2	8.6	8.1	8.0	7.7	10.1	8.4	8.4
新加坡	1.9	2.1	2.2	2.1	2.3	3.0	2.6	2.1
斯洛伐克	11.5	9.7	8.1	6.5	5.8	7.8	7.1	6.6
斯洛文尼亚	9.0	8.0	6.6	5.1	4.6	8.0	6.0	4.6
西班牙	22.1	19.6	17.2	15.3	14.1	16.8	16.8	14.2

续表

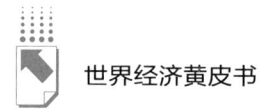

国家和地区	2015年	2016年	2017年	2018年	2019年	2020年	2021年	2025年
瑞典	7.4	7.0	6.7	6.3	6.8	8.7	9.3	7.2
瑞士	3.2	3.3	3.1	2.5	2.3	3.2	3.6	3.0
英国	5.4	4.9	4.4	4.1	3.8	5.4	7.4	4.2
美国	5.3	4.9	4.3	3.9	3.7	8.9	7.3	4.4

注：表中2020年后（含2020年）为预测值。

资料来源：IMF, World Economic Outlook Database, 2020年10月。

（三）世界财政形势回顾与展望

表3-1　广义政府财政差额占GDP比例：发达经济体（2013~2025年）

单位：%

国家和地区	2013年	2014年	2015年	2016年	2017年	2018年	2019年	2020年	2021年	2025年
澳大利亚	-2.8	-2.9	-2.8	-2.4	-1.7	-1.2	-3.9	-10.1	-10.5	-2.0
奥地利	-2.0	-2.7	-1.0	-1.6	-0.7	0.2	0.7	-9.9	-3.9	-0.5
比利时	-3.1	-3.1	-2.4	-2.4	-0.7	-0.8	-1.9	-11.4	-6.3	-5.2
加拿大	-1.5	0.2	-0.1	-0.5	-0.1	-0.4	-0.3	-19.9	-8.7	-0.3
塞浦路斯	-5.2	-0.2	0.0	0.1	1.7	-4.2	1.7	-5.6	-2.0	1.5
捷克	-1.2	-2.1	-0.6	0.7	1.5	0.9	0.3	-7.3	-4.3	-1.1
丹麦	-1.2	1.1	-1.3	-0.1	1.5	0.5	3.8	-4.0	-3.0	0.0
爱沙尼亚	-0.2	0.7	0.1	-0.3	-0.4	-0.5	-0.4	-6.8	-4.9	-3.0
芬兰	-2.5	-3.0	-2.4	-1.7	-0.7	-0.9	-0.9	-6.8	-4.1	-1.7
法国	-4.1	-3.9	-3.6	-3.6	-2.9	-2.3	-3.0	-10.8	-6.5	-4.7
德国	0.0	0.6	1.0	1.2	1.4	1.8	1.5	-8.2	-3.2	1.0
希腊	-3.6	-4.1	-2.8	0.6	1.0	0.9	0.6	-9.0	-3.0	-1.5
中国香港	1.0	3.6	0.6	4.4	5.5	2.4	-1.5	-11.8	-6.6	0.1
冰岛	-1.8	-0.1	-0.8	12.4	0.6	0.8	-1.0	-10.0	-7.0	-5.1
爱尔兰	-6.2	-3.6	-2.0	-0.7	-0.3	0.1	0.4	-6.0	-2.7	0.5
以色列	-4.0	-2.3	-0.9	-1.4	-1.1	-3.6	-3.9	-12.9	-7.1	-3.9
意大利	-2.9	-3.0	-2.6	-2.4	-2.4	-2.2	-1.6	-13.0	-6.2	-2.5

续表

国家和地区	2013年	2014年	2015年	2016年	2017年	2018年	2019年	2020年	2021年	2025年
日本	-7.9	-5.6	-3.8	-3.7	-3.1	-2.5	-3.3	-14.2	-6.4	-2.7
韩国	0.6	0.4	0.5	1.6	2.2	2.6	0.4	-3.2	-2.3	-2.5
拉脱维亚	-0.6	-1.7	-1.5	-0.4	-0.8	-0.7	-0.4	-5.4	-3.3	-0.8
立陶宛	-2.6	-0.7	-0.2	0.3	0.5	0.6	0.3	-6.7	-3.8	0.0
马耳他	-2.3	-1.7	-1.0	0.9	3.2	1.9	0.5	-9.4	-3.9	-2.6
荷兰	-2.9	-2.2	-2.0	0.0	1.3	1.5	1.7	-8.8	-4.9	0.2
新西兰	-1.3	-0.4	0.3	1.0	1.3	1.4	-2.9	-9.2	-8.7	-1.4
挪威	10.7	8.6	6.0	4.1	5.0	7.2	7.8	-1.8	2.0	6.2
葡萄牙	-5.1	-7.3	-4.3	-1.9	-3.0	-0.4	0.2	-8.4	-2.7	-1.8
圣马力诺	-7.7	1.1	-3.3	-0.2	-3.4	-1.6	-2.5	-4.0	-6.1	-4.6
新加坡	6.0	4.6	2.9	3.7	5.3	3.7	3.8	-10.8	1.2	2.6
斯洛伐克	-2.9	-3.1	-2.7	-2.5	-1.0	-1.1	-1.3	-8.8	-4.6	-2.5
斯洛文尼亚	-14.6	-5.5	-2.8	-1.9	0.0	0.7	0.5	-8.8	-2.8	0.1
西班牙	-7.0	-5.9	-5.2	-4.3	-3.0	-2.5	-2.8	-14.1	-7.5	-4.4
瑞典	-1.4	-1.5	0.0	1.0	1.4	0.8	0.4	-5.9	-2.0	0.3
瑞士	-0.4	-0.3	0.6	0.2	1.2	1.3	1.5	-4.2	-1.4	0.0
英国	-5.5	-5.6	-4.6	-3.3	-2.5	-2.3	-2.2	-16.5	-9.2	-4.4
美国	-4.6	-4.1	-3.6	-4.4	-4.6	-5.8	-6.3	-18.7	-8.7	-5.5

注：广义政府财政差额对应的英文统计口径为 General Government Net Lending/Borrowing，反映了广义政府对经济其他部门所产生的金融影响，即增加/减少后者的金融资产。表中 2020 年后（含 2020 年）为预测值。

资料来源：IMF，World Economic Outlook Database，2020 年 10 月。

表 3-2　广义政府财政差额占 GDP 比例：部分新兴市场和发展中国家（2013~2025 年）

单位：%

国家和地区	2013年	2014年	2015年	2016年	2017年	2018年	2019年	2020年	2021年	2025年
阿根廷	-3.3	-4.3	-6.0	-6.7	-6.7	-5.5	-4.5	-11.4	—	—
孟加拉国	-3.4	-3.1	-4.0	-3.4	-3.3	-4.6	-5.4	-6.8	-6.1	-4.3

377

续表

国家和地区	2013年	2014年	2015年	2016年	2017年	2018年	2019年	2020年	2021年	2025年
玻利维亚	0.7	-3.4	-6.9	-7.2	-7.8	-8.1	-7.2	-8.6	-7.1	-4.0
巴西	-3.0	-6.0	-10.3	-9.0	-7.9	-7.2	-6.0	-16.8	-6.5	-5.9
智利	-0.5	-1.5	-2.1	-2.6	-2.6	-1.5	-2.6	-8.7	-4.0	-1.5
中国	-0.8	-0.9	-2.8	-3.7	-3.8	-4.7	-6.3	-11.9	-11.8	-8.1
埃及	-12.9	-11.3	-10.9	-12.5	-10.4	-9.4	-7.4	-7.5	-8.1	-3.8
印度	-7.0	-7.1	-7.2	-7.1	-6.4	-6.3	-8.2	-13.1	-10.9	-9.1
印尼	-2.2	-2.1	-2.6	-2.5	-2.5	-1.8	-2.2	-6.3	-5.5	-2.5
伊朗	-0.9	-1.1	-1.8	-2.3	-1.8	-1.9	-5.5	-9.5	-6.9	-8.2
伊拉克	-6.1	-5.6	-12.8	-13.9	-1.6	7.8	0.9	-17.5	-13.1	-6.3
马来西亚	-3.5	-2.6	-2.5	-2.6	-2.4	-3.3	-3.7	-6.5	-4.7	-3.1
墨西哥	-3.7	-4.5	-4.0	-2.8	-1.1	-2.2	-2.3	-5.8	-3.4	-2.5
蒙古	-0.9	-3.7	-5.0	-15.3	-3.8	3.0	0.9	-11.5	-4.9	-3.1
缅甸	-1.7	-1.3	-2.8	-3.9	-2.9	-3.4	-3.9	-6.0	-6.5	-4.2
菲律宾	0.2	0.8	0.6	-0.4	-0.4	-1.6	-1.8	-8.1	-7.3	-6.1
罗马尼亚	-2.5	-1.7	-1.4	-2.4	-2.8	-2.8	-4.6	-9.6	-8.1	-7.0
俄罗斯	-1.2	-1.1	-3.4	-3.7	-1.5	2.9	1.9	-5.3	-2.6	-0.5
南非	-4.3	-4.3	-4.8	-4.1	-4.4	-4.1	-6.3	-14.0	-11.1	-3.1
泰国	0.5	-0.8	0.1	0.6	-0.4	0.1	-0.8	-5.2	-4.9	-1.9
土耳其	-1.5	-1.4	-1.3	-2.3	-2.2	-3.7	-5.6	-7.9	-7.9	-7.4
乌克兰	-4.8	-4.5	-1.2	-2.2	-2.2	-2.2	-2.0	-7.8	-5.3	-2.4
阿联酋	8.4	1.9	-3.4	-2.8	-2.0	1.9	-0.8	-9.9	-5.1	-2.2
乌兹别克斯坦	2.3	2.1	-0.3	0.8	1.3	1.7	-0.3	-4.1	-2.7	-0.6
委内瑞拉	-11.3	-15.6	-10.7	-10.8	-23.0	-31.0	-10.0	—	—	—
越南	-6.0	-5.0	-5.0	-3.2	-2.0	-1.0	-3.3	-6.0	-5.2	-3.3
阿根廷	-3.3	-4.3	-6.0	-6.7	-6.7	-5.5	-4.5	-11.4	—	—

注：广义政府财政差额对应的英文统计口径为 General Government Net Lending/Borrowing，反映了广义政府对经济其他部门所产生的金融影响，即增加/减少后者的金融资产。表中 2020 年后（含 2020 年）为预测值。

资料来源：IMF, World Economic Outlook Database, 2020 年 10 月。

表 3-3 广义政府债务占 GDP 比例：部分国家和地区（2013~2025 年）

单位：%

2019年位次	国家和地区	2013年	2014年	2015年	2016年	2017年	2018年	2019年	2020年	2021年	2025年
1	日本	232.2	235.8	231.3	236.4	234.5	236.6	238.0	266.2	264.0	264.0
2	委内瑞拉	33.2	25.1	11.0	5.1	26.0	180.8	232.8	—	—	—
3	苏丹	76.7	67.8	66.5	58.6	159.2	186.7	201.6	259.4	250.7	198.9
4	厄立特里亚	187.0	136.6	180.7	167.5	202.5	185.6	189.4	185.8	173.5	142.2
5	希腊	177.9	180.2	177.8	181.1	179.3	184.8	180.9	205.2	200.5	165.9
6	黎巴嫩	135.3	138.3	140.8	146.2	149.7	154.9	174.5	171.7	—	—
7	意大利	132.5	135.4	135.3	134.8	134.1	134.8	134.8	161.8	158.3	152.6
8	新加坡	98.2	97.8	102.3	106.5	108.4	110.4	130.0	131.2	132.4	137.1
9	佛得角	102.5	115.9	126.6	128.4	127.2	125.6	125.0	136.8	137.6	115.4
10	巴巴多斯	135.2	139.3	147.0	149.5	158.3	125.6	122.2	134.1	124.5	100.1
11	葡萄牙	131.4	132.9	131.2	131.5	126.1	122.0	117.7	137.2	130.0	115.9
13	美国	104.9	104.5	104.6	106.6	105.7	106.9	108.7	131.2	133.6	136.9
18	比利时	105.5	107.0	105.2	104.9	101.8	99.9	98.7	117.7	117.1	123.0
19	法国	93.4	94.9	95.6	98.0	98.3	98.1	98.1	118.7	118.6	123.3
21	西班牙	95.8	100.7	99.3	99.2	98.6	97.6	95.5	123.0	121.3	118.8
24	阿根廷	43.5	44.7	52.6	53.1	57.0	86.4	90.4	96.7	—	—
25	巴西	60.2	62.3	72.6	78.3	83.7	87.1	89.5	101.4	102.8	104.4
26	加拿大	86.1	85.6	91.3	91.7	90.5	89.7	88.6	114.6	115.0	106.2
31	英国	84.2	86.2	86.9	86.8	86.2	85.7	85.4	108.0	111.5	117.0
46	印度	67.4	66.8	68.8	68.7	69.4	69.6	72.3	89.3	89.9	88.2
49	奥地利	81.0	83.8	84.4	82.6	78.4	74.0	70.3	84.8	84.3	77.0
54	匈牙利	77.4	76.8	76.2	75.5	72.9	70.2	66.3	77.4	75.9	63.5
55	斯洛文尼亚	70.0	80.3	82.6	78.7	74.1	70.4	66.1	81.0	78.0	72.7
69	以色列	67.1	65.7	63.8	62.1	60.6	60.9	60.0	76.5	80.0	82.7
70	德国	78.7	75.7	72.2	69.2	65.0	61.6	59.5	73.3	72.2	59.5
72	芬兰	56.2	59.8	63.6	63.2	61.3	59.6	59.0	67.9	68.6	70.5
79	爱尔兰	120.1	104.3	76.7	74.2	67.4	62.9	57.3	63.7	61.3	49.2
88	墨西哥	45.9	48.9	52.8	56.7	54.0	53.6	53.7	65.5	65.6	64.9

续表

2019年位次	国家和地区	2013年	2014年	2015年	2016年	2017年	2018年	2019年	2020年	2021年	2025年
91	中国	37.0	40.0	41.5	44.3	46.4	48.8	52.6	61.7	66.5	78.1
98	荷兰	67.8	68.0	64.6	61.9	56.9	52.4	48.4	59.3	61.1	56.4
99	斯洛伐克	54.7	53.5	51.9	52.0	51.3	49.5	48.0	61.8	60.6	55.2
106	澳大利亚	30.5	34.0	37.7	40.5	41.1	41.7	46.3	60.4	70.2	70.9
107	波兰	56.0	50.8	51.3	54.3	50.6	48.8	46.0	60.0	60.2	60.9
119	瑞士	43.0	43.1	43.0	41.9	42.7	41.0	42.1	48.7	48.5	45.3
120	韩国	37.7	39.7	40.8	41.2	40.1	40.0	41.9	48.4	52.2	65.0
124	挪威	31.6	29.9	34.5	38.1	38.6	39.9	41.3	40.0	40.0	40.0
141	立陶宛	38.7	40.6	42.7	39.9	39.3	34.1	37.7	48.3	47.7	37.6
142	冰岛	81.8	78.8	65.0	51.2	43.2	37.4	37.0	51.7	52.5	53.1
145	拉脱维亚	39.4	40.9	36.7	40.2	40.3	36.5	36.8	44.1	45.0	38.5
147	瑞典	40.2	44.9	43.7	42.3	40.7	38.8	34.8	41.9	41.7	36.0
150	土耳其	31.2	28.5	27.4	28.0	28.0	30.2	33.0	41.7	45.5	50.4
154	新西兰	34.6	34.2	34.3	33.5	31.3	28.5	31.5	48.0	60.2	66.9
155	印尼	24.8	24.7	27.0	28.0	29.4	30.1	30.5	38.5	41.8	43.1
156	捷克	44.4	41.9	39.7	36.6	34.2	32.1	30.2	39.1	41.4	41.9
158	丹麦	44.0	44.3	39.8	37.2	35.8	34.2	29.4	34.5	39.3	45.9
163	智利	12.7	15.0	17.3	21.0	23.6	25.6	27.9	32.8	37.5	48.0
169	沙特阿拉伯	2.1	1.6	5.8	13.1	17.2	19.0	22.8	33.4	34.3	35.5
171	卢森堡	23.7	22.7	22.0	20.1	22.3	21.0	22.1	26.9	27.5	28.4
181	俄罗斯	12.3	15.1	15.3	14.8	14.3	13.5	13.9	18.9	19.0	17.9
186	爱沙尼亚	10.2	10.4	9.8	9.1	9.1	8.3	8.4	18.7	22.4	31.9

注：表中按照当年的数值从高到低进行排序，排序仅考虑在当年有相应数据的国家。表中2020年后（含2020年）为预测值。

资料来源：IMF, World Economic Outlook Database, 2020年10月。

（四）世界金融形势回顾与展望

表 4-1　广义货币供应量年增长率：部分国家和地区（2015~2019 年）

单位：%

国家和地区	2015 年	2016 年	2017 年	2018 年	2019 年
澳大利亚	6.0	6.7	4.5	2.4	14.1
巴西	9.7	12.4	4.6	8.1	9.1
智利	9.2	4.9	0.6	4.2	12.4
中国	-6.0	11.8	—	—	—
捷克	9.9	-7.2	5.2	1.5	5.8
丹麦	4.9	5.1	4.2	4.2	5.2
欧元区	5.7	7.2	7.8	11.8	8.1
冰岛	5.6	-4.6	5.0	7.0	6.6
印度	10.6	6.8	10.4	10.5	10.5
印度尼西亚	9.0	10.0	8.3	6.3	6.5
日本	3.0	3.9	3.5	2.4	2.1
韩国	8.2	7.1	5.1	6.7	7.9
墨西哥	12.3	12.5	10.9	5.3	6.8
新西兰	9.9	7.7	7.3	6.4	4.7
挪威	-5.3	11.2	6.1	5.2	4.0
俄罗斯	19.7	-0.9	7.4	12.3	5.1
沙特阿拉伯	2.9	0.5	0.2	—	—
南非	10.3	6.1	6.4	5.6	6.1
英国	2.0	8.7	8.1	5.3	-1.4
美国	3.1	3.9	4.8	4.0	8.4

资料来源：IMF，International Financial Statistics，2020 年 10 月。

表 4-2　汇率：部分国家和地区（2013~2020 年）

单位：本币/美元

币　种	2013 年	2014 年	2015 年	2016 年	2017 年	2018 年	2019 年	2020 年
欧元	0.75	0.75	0.90	0.90	0.89	0.85	0.89	0.91

续表

币 种	2013年	2014年	2015年	2016年	2017年	2018年	2019年	2020年
日元	97.60	105.94	121.04	108.79	112.17	110.42	109.01	107.59
英镑	0.64	0.61	0.65	0.74	0.78	0.75	0.78	0.81
阿根廷比索	5.46	8.08	9.23	14.76	16.56	28.09	48.15	67.58
澳大利亚元	1.04	1.11	1.33	1.35	1.30	1.34	1.44	1.52
巴西里尔	2.16	2.35	3.33	3.49	3.19	3.65	3.94	5.39
加拿大元	1.03	1.10	1.28	1.33	1.30	1.30	1.33	1.39
人民币	6.20	6.14	6.23	6.64	6.76	6.62	6.91	7.09
印度卢比	58.60	61.03	64.15	67.20	65.12	68.39	70.42	75.87
韩元	1094.85	1052.96	1131.16	1160.43	1130.42	1100.50	1165.36	1221.30
墨西哥比索	12.77	13.29	15.85	18.66	18.93	19.24	19.26	23.36
俄罗斯卢布	31.84	38.38	60.94	67.06	58.34	62.67	64.74	72.35
南非兰特	9.66	10.85	12.76	14.71	13.32	13.23	14.45	17.95
土耳其里拉	1.90	2.19	2.72	3.02	3.65	4.83	5.67	6.86

注：2013~2019年为年内均值，2020年为前两个季度均值。
资料来源：IMF 国际金融统计，2020年10月。

表4-3 股票价格指数：全球主要证券交易所（2015~2019年）

国家和地区	指标	2015年	2016年	2017年	2018年	2019年
美国	标准普尔500指数	2061	2095	2449	2746	2862
英国	金融时报100指数	6590	6474	7380	7363	7256
法国	CAC40指数	4829	4419	5178	5294	5358
德国	DAX指数	10962	10196	12435	12270	11866
瑞士	苏黎士市场指数	8943	8037	8915	8904	9599
比利时	BFX指数	3611	3457	3873	3772	3586
荷兰	AEX指数	467	442	521	513	551
挪威	OSEAX指数	663	664	811	970	971
意大利	ITLMS指数	23788	19090	23263	23724	22925
西班牙	SMSI指数	1080	879	1034	971	919

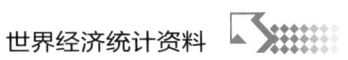

续表

国家和地区	指标	2015年	2016年	2017年	2018年	2019年
瑞典	OMXSPI指数	517	493	570	576	598
俄罗斯	RTS指数	873	919	1102	1163	1275
以色列	TA-100指数	1385	1256	1288	1396	1452
日本	日经225指数	19204	16920	20209	22311	21272
印度	孟买Sensex30指数	27352	26373	30929	35400	37806
菲律宾	马尼拉综合指数	7435	7296	7842	7740	7916
马来西亚	吉隆坡指数	1726	1661	1745	1780	1642
印度尼西亚	雅加达综合指数	4908	5030	5739	6087	6324
韩国	KOSPI指数	2012	1987	2311	2325	2100
新加坡	海峡时报指数	3204	2813	3235	3318	3222
澳大利亚	普通股指数	5491	5351	5854	6104	6462
新西兰	股市NZ50指数	5825	6848	7607	8728	10119
多伦多	股票交易所300指数	14333	14046	15544	15748	16180
墨西哥	MXX指数	43906	45605	49035	47200	42845
巴西	IBOVESPA指数	49780	53258	68030	81639	98549
阿根廷	MERV指数	11061	14469	22676	30355	34139
中国	上证综合指数	3722	3004	3250	2943	2913
中国香港	恒生指数	24299	21438	26223	28850	27710
中国台湾	台湾加权指数	8959	8763	10208	10620	10558

资料来源：Wind数据库，2020年10月。

（五）国际收支形势回顾与展望

表5-1 国际收支平衡表：部分国家和地区（2015~2019年）

单位：亿美元

项目	2015年	2016年	2017年	2018年	2019年
美国					
经常项目差额	-4074	-3949	-3653	-4497	-4802
货物贸易差额	-7619	-7498	-7993	-8803	-8643
服务贸易差额	2706	2686	2856	3004	2875

续表

项目	2015年	2016年	2017年	2018年	2019年
主要收入差额	1854	1970	2578	2512	2363
次要收入差额	-1015	-1107	-1093	-1209	-1397
资本项目差额	-79	-66	124	-42	-62
金融项目差额	-3332	-3636	-3341	-4197	-3955
直接投资—资产	3021	2998	4054	-1513	1885
直接投资—负债	5114	4744	3670	2615	3516
证券投资—资产	1604	363	5694	3353	466
证券投资—负债	2139	2313	7908	3031	1800
金融衍生品差额	-270	78	240	-204	-383
其他投资—资产	-2588	-30	2151	1700	2011
其他投资—负债	-2219	10	3885	1937	2664
储备资产变动	-63	21	-17	50	47
误差与遗漏	821	379	188	342	909
中国					
经常项目差额	3042	2022	1951	255	1413
货物贸易差额	5762	4889	4759	3952	4253
服务贸易差额	-2183	-2331	-2589	-2922	-2611
主要收入差额	-411	-440	-100	-751	-330
次要收入差额	-126	-95	-119	-24	103
资本项目差额	3	-3	-1	-6	-3
金融项目差额	915	-276	-180	-1538	-570
直接投资—资产	1744	2164	1383	1430	977
直接投资—负债	2425	1747	1661	2354	1558
证券投资—资产	732	1028	948	535	894
证券投资—负债	67	505	1243	1604	1474
金融衍生品差额	21	54	-4	62	24
其他投资—资产	825	3499	1008	1418	323
其他投资—负债	-3515	332	1527	1214	-437

续表

项目	2015年	2016年	2017年	2018年	2019年
储备资产变动	-3429	-4436	915	189	-193
误差与遗漏	-2130	-2294	-2130	-1787	-1981
日本					
经常项目差额	1365	1970	2032	1761	1845
货物贸易差额	-73	512	438	106	35
服务贸易差额	-159	-107	-62	-92	11
主要收入差额	1760	1763	1845	1929	1926
次要收入差额	-163	-197	-189	-182	-126
资本项目差额	-23	-66	-25	-19	-38
金融项目差额	1809	2648	1677	1819	2218
直接投资—资产	1384	1786	1738	1584	2487
直接投资—负债	53	410	188	246	372
证券投资—资产	3058	3008	1036	1883	1847
证券投资—负债	1733	327	1528	953	983
金融衍生品差额	179	-152	306	11	35
其他投资—资产	-423	1357	65	1478	-70
其他投资—负债	654	2561	-13	2176	973
储备资产变动	51	-53	236	239	247
误差与遗漏	467	743	329	77	411
德国					
经常项目差额	2886	2951	2872	2932	2731
货物贸易差额	2756	2798	2855	2683	2475
服务贸易差额	-206	-234	-279	-231	-242
主要收入差额	768	838	860	1052	1032
次要收入差额	-432	-451	-563	-572	-534
资本项目差额	0	24	-35	8	-3
金融项目差额	2595	2888	3199	2811	2296
直接投资—资产	1309	1118	1604	1775	1349

续表

项目	2015年	2016年	2017年	2018年	2019年
直接投资—负债	624	647	1182	1680	722
证券投资—资产	1387	1101	1304	1003	1387
证券投资—负债	−713	−1100	−1039	−843	333
金融衍生品差额	338	316	125	273	252
其他投资—资产	107	1982	1449	1632	−563
其他投资—负债	610	2101	1126	1040	−932
储备资产变动	−24	19	−15	5	−6
误差与遗漏	−291	−87	362	−129	−432

资料来源：IMF 国际收支统计，2020年10月。

表5-2 经常项目差额占GDP比例：部分国家和地区（2015~2025年）

单位：%

国家和地区	2015年	2016年	2017年	2018年	2019年	2020年	2021年	2025年
阿根廷	−2.7	−2.7	−4.8	−5.2	−0.9	0.7	1.2	0.7
澳大利亚	−4.6	−3.3	−2.6	−2.1	0.6	1.8	−0.1	−2.0
巴西	−3.0	−1.3	−0.7	−2.2	−2.8	0.3	0.0	−0.7
加拿大	−3.5	−3.1	−2.8	−2.5	−2.0	−2.0	−2.4	−2.2
中国	2.7	1.8	1.6	0.2	1.0	1.3	0.7	0.5
埃及	−3.7	−6.0	−6.1	−2.4	−3.6	−3.2	−4.2	−2.7
芬兰	−0.9	−2.0	−0.9	−1.7	−0.5	−1.8	−0.7	0.3
法国	−0.4	−0.5	−0.8	−0.6	−0.7	−1.9	−1.8	−0.8
德国	8.6	8.5	7.8	7.4	7.1	5.8	6.8	6.7
中国香港	3.3	4.0	4.6	3.7	6.2	4.4	4.7	4.0
冰岛	5.1	7.6	3.8	3.2	6.2	0.0	0.2	0.1
印度	−1.1	−0.6	−1.8	−2.1	−0.9	0.3	−0.9	−2.5

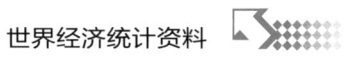

续表

国家和地区	2015年	2016年	2017年	2018年	2019年	2020年	2021年	2025年
印尼	-2.0	-1.8	-1.6	-2.9	-2.7	-1.3	-2.4	-1.8
意大利	1.4	2.6	2.6	2.5	3.0	3.2	3.0	2.9
日本	3.1	4.0	4.2	3.6	3.6	2.9	3.2	3.1
韩国	7.2	6.5	4.6	4.5	3.6	3.3	3.4	4.3
马来西亚	3.0	2.4	2.8	2.2	3.4	0.9	1.8	0.7
墨西哥	-2.7	-2.3	-1.8	-2.1	-0.3	1.2	-0.1	-2.0
新西兰	-2.9	-2.2	-3.0	-4.3	-3.4	-2.0	-2.4	-2.9
菲律宾	2.4	-0.4	-0.7	-2.5	-0.1	1.6	-1.5	-2.2
葡萄牙	0.2	1.2	1.3	0.4	-0.1	-3.1	-3.5	-3.7
俄罗斯	5.0	1.9	2.0	6.9	3.8	1.2	1.8	1.8
沙特阿拉伯	-8.7	-3.7	1.5	9.2	5.9	-2.5	-1.6	-0.6
新加坡	18.7	17.6	16.3	17.2	17.0	15.0	14.5	14.0
南非	-4.6	-2.9	-2.5	-3.5	-3.0	-1.6	-1.8	-2.4
西班牙	2.0	3.2	2.7	1.9	2.0	0.5	0.9	1.8
瑞典	4.1	3.5	3.1	2.5	4.2	3.2	4.2	3.0
瑞士	11.3	9.9	6.4	8.2	11.5	8.5	9.0	9.3
中国台湾	13.6	13.1	14.1	11.6	10.7	9.6	9.8	9.2
土耳其	-3.2	-3.1	-4.7	-2.7	1.2	-3.7	-0.9	-1.4
英国	-4.9	-5.2	-3.5	-3.9	-4.0	-2.0	-3.8	-3.3
美国	-2.2	-2.1	-1.9	-2.2	-2.2	-2.1	-2.1	-2.0
越南	-0.9	0.2	-0.6	1.9	3.4	1.2	1.7	0.0

注：表中2020年后（含2020年）为预测值。
资料来源：IMF，World Economic Outlook Database，2020年10月。

（六）国际贸易形势回顾

表6-1 货物贸易进出口：部分国家和地区（2016~2019年）

单位：亿美元

2019年位次	国家和地区	货物出口 2016年	2017年	2018年	2019年	2019年位次	国家和地区	货物进口 2016年	2017年	2018年	2019年
1	中国	20976	22633	24867	24995	1	世界	161070	178700	197070	191640
	世界	158490	175580	193170	187790		中国	15879	18438	21357	20784
2	美国	14510	15463	16640	16432	2	德国	10553	11629	12844	12345
3	德国	13344	14482	15605	14892	3	日本	6077	6721	7485	7210
4	荷兰	5706	6521	7267	7094	4	英国	6367	6410	6723	6958
5	日本	6451	6983	7381	7056	5	法国	5677	6193	6764	6538
6	法国	5012	5353	5822	5715	6	荷兰	5008	5746	6455	6355
7	韩国	4954	5737	6049	5422	7	中国香港	5465	5889	6266	5778
8	中国香港	5166	5499	5685	5349	8	韩国	4062	4785	5352	5033
9	意大利	4617	5074	5495	5327	9	印度	3616	4499	5145	4861
10	美国	4109	4410	4864	4697	10	意大利	4068	4531	5032	4735
11	墨西哥	3739	4094	4507	4607	11	墨西哥	3975	4322	4765	4673
12	加拿大	3900	4207	4508	4469	12	加拿大	4129	4437	4705	4637
13	比利时	3981	4301	4686	4447	13	比利时	3794	4091	4547	4262
14	俄罗斯	2817	3529	4439	4199	14	西班牙	3109	3520	3906	3719

世界经济统计资料

续表

2019年位次	国家和地区	货物出口 2016年	2017年	2018年	2019年	2019年位次	国家和地区	货物进口 2016年	2017年	2018年	2019年
	世界	158490	175580	193170	187790		世界	161070	178700	197070	191640
15	新加坡	3305	3734	4130	3908	15	新加坡	2833	3279	3709	3593
16	西班牙	2900	3195	3468	3336	16	中国台湾	2306	2593	2863	2872
17	中国台湾	2803	3172	3359	3306	17	瑞士	2701	2698	2795	2778
18	印度	2645	2992	3248	3243	18	波兰	1995	2338	2690	2620
19	瑞士	3029	2996	3107	3139	19	俄罗斯	1915	2384	2489	2546
20	澳大利亚	1925	2311	2571	2710	20	越南	1748	2129	2369	2539
21	越南	1766	2150	2437	2643	21	泰国	1942	2215	2482	2363
22	波兰	2038	2344	2636	2640	22	澳大利亚	1963	2288	2354	2216
23	沙特阿拉伯	1836	2218	2944	2616	23	土耳其	2022	2387	2312	2103
24	泰国	2154	2366	2530	2463	24	马来西亚	1687	1954	2176	2050
25	马来西亚	1897	2181	2475	2382	25	新西兰	1577	1758	1937	1848
26	巴西	1852	2177	2393	2254	26	巴西	1434	1575	1886	1844
27	捷克	1627	1821	2022	1989	27	捷克	1430	1634	1847	1789
28	土耳其	1492	1645	1772	1808	28	印度尼西亚	1357	1569	1887	1713

资料来源：WTO Statistics Database Online，2020年10月。

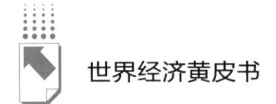

表6-2 服务贸易进出口：部分国家和地区（2016~2019年）

单位：亿美元

2019年位次	国家和地区	服务出口 2016年	2017年	2018年	2019年	2019年位次	国家和地区	服务进口 2016年	2017年	2018年	2019年
	世界	50884	55239	60267	61440		世界	49116	53036	57075	58263
1	美国	7805	8304	8624	8758	1	美国	5119	5448	5621	5884
2	英国	3644	3758	4095	4185	2	中国	4535	4676	5250	5006
3	德国	2929	3196	3492	3466	3	德国	3164	3474	3723	3708
4	法国	2591	2750	3026	2940	4	英国	2267	2330	2633	2838
5	中国	2080	2281	2668	2831	5	法国	2366	2469	2735	2699
6	印度	1577	1667	2014	2181	6	日本	1864	1931	2035	2062
7	日本	1759	1869	1944	2073	7	荷兰	1834	2063	2289	1761
8	荷兰	1908	2177	2425	1961	8	印度	935	989	1244	1387
9	意大利	1010	1127	1231	1217	9	韩国	1121	1264	1330	1307
10	比利时	1088	1176	1235	1208	10	意大利	1054	1168	1264	1237
11	卢森堡	995	1046	1126	1106	11	比利时	1050	1141	1235	1203
12	韩国	948	897	1037	1076	12	加拿大	1046	1121	1155	1162
13	加拿大	875	943	989	1009	13	俄罗斯	746	889	947	990
14	丹麦	635	721	814	835	14	卢森堡	745	793	847	840
15	瑞典	728	746	735	751	15	丹麦	595	632	730	760
16	波兰	497	588	693	719	16	瑞典	618	702	719	748
17	澳大利亚	581	652	695	710	17	澳大利亚	625	685	733	719
18	土耳其	463	535	590	646	18	巴西	637	724	712	694
19	俄罗斯	506	676	646	628	19	波兰	343	385	437	437
20	希腊	331	384	436	449	20	芬兰	285	304	352	373
21	菲律宾	312	348	384	410	21	菲律宾	242	261	268	279
22	葡萄牙	294	351	392	394	22	土耳其	258	271	279	276

世界经济统计资料

续表

2019年位次	国家和地区	服务出口 2016年	2017年	2018年	2019年	2019年位次	国家和地区	服务进口 2016年	2017年	2018年	2019年
	世界	50884	55239	60267	61440		世界	49116	53036	57075	58263
23	芬兰	254	289	319	355	23	捷克	200	220	251	258
24	巴西	333	345	354	343	24	希腊	149	177	211	213
25	捷克	244	274	306	303	25	匈牙利	174	188	209	212
26	罗马尼亚	209	246	281	302	26	罗马尼亚	121	154	182	205
27	匈牙利	242	270	299	301	27	葡萄牙	148	166	188	199
28	乌克兰	124	142	158	173	28	乌克兰	120	133	145	156
29	马耳他	137	154	161	165	29	黎巴嫩	133	138	143	133
30	克罗地亚	130	148	162	141	30	马耳他	104	114	121	126

资料来源：WTO Statistics Database Online，2020年10月。

表6-3 原油进出口量：部分国家和地区（2012年和2019年）

单位：千桶/天，%

国家和地区	2012年 进口量	占世界比重	2019年 进口量	占世界比重	国家和地区	2012年 出口量	占世界比重	2019年 出口量	占世界比重
北美	9241	21.6	7595	16.4	北美	1824	4.3	6240	13.8
加拿大	714	1.7	803	1.7	加拿大	1757	4.2	3261	7.2
美国	8527	19.9	6792	14.6	美国	67	0.2	2978	6.6
拉丁美洲	996	2.3	783	1.7	拉丁美洲	4578	10.9	4490	9.9
巴西	312	0.7	189	0.4	巴西	488	1.2	1301	2.9
智利	175	0.4	175	0.4	墨西哥	1333	3.2	1200	2.7
古巴	100	0.2	84	0.2	委内瑞拉	1725	4.1	847	1.9
东欧	1838	4.3	1848	4.0	东欧	6789	16.1	7301	16.2
白俄罗斯	433	1.0	363	0.8	俄罗斯	4757	11.3	5253	11.6

391

续表

国家和地区	2012年 进口量	2012年 占世界比重	2019年 进口量	2019年 占世界比重	国家和地区	2012年 出口量	2012年 占世界比重	2019年 出口量	2019年 占世界比重
波兰	496	1.2	539	1.2	西欧	2038	4.8	2137	4.7
西欧	10418	24.3	10489	22.6	挪威	1303	3.1	1233	2.7
法国	1143	2.7	976	2.1	英国	576	1.4	835	1.8
德国	1883	4.4	1736	3.7	中东	18077	43.0	17630	39.0
希腊	419	1.0	461	1.0	伊朗	2102	5.0	651	1.4
意大利	1381	3.2	1274	2.7	伊拉克	2423	5.8	3968	8.8
荷兰	1004	2.3	1154	2.5	科威特	2070	4.9	1986	4.4
土耳其	392	0.9	627	1.4	阿曼	768	1.8	839	1.9
英国	1080	2.5	910	2.0	卡特尔	588	1.4	525	1.2
中东	333	0.8	486	1.0	沙特	7557	18.0	7038	15.6
巴林	220	0.5	226	0.5	阿联酋	2445	5.8	2414	5.3
非洲	783	1.8	640	1.4	非洲	7493	17.8	6454	14.3
南非	465	1.1	452	1.0	阿尔及利亚	809	1.9	584	1.3
亚太地区	19249	44.9	24568	52.9	安哥拉	1663	4.0	1319	2.9
澳大利亚	498	1.2	328	0.7	利比亚	1240	2.9	1036	2.3
中国	5424	12.7	10180	21.9	尼日利亚	2368	5.6	2008	4.4
印度	3682	8.6	4505	9.7	苏丹	60	0.1	138	0.3
印度尼西亚	329	0.8	217	0.5	亚太地区	1239	2.9	930	2.1
日本	3458	8.1	3023	6.5	澳大利亚	261	0.6	250	0.6
马来西亚	245	0.6	285	0.6	文莱	139	0.3	107	0.2
菲律宾	185	0.4	134	0.3	中国	50	0.1	49	0.1
新加坡	832	1.9	848	1.8	印度尼西亚	257	0.6	284	0.6
韩国	2555	6.0	2929	6.3	马来西亚	280	0.7	348	0.8

续表

国家和地区	2012年 进口量	占世界比重	2019年 进口量	占世界比重	国家和地区	2012年 出口量	占世界比重	2019年 出口量	占世界比重
泰国	860	2.0	932	2.0	越南	165	0.4	88	0.2
世界	42858	100.0	46409	100.0	世界	41280	100.0	45810	100.0
OECD	27553	64.3	25892	55.8	OPEC	23837	57.7	24670	53.9

注：数据包括转口数据，每个地区只列出主要的而非全部国家和地区。
资料来源：OPEC Annual Statistical Bulletin 2019, Interactive Version, www.opec.org, 2019年10月。

（七）国际投资与资本流动回顾

表 7-1　国际投资头寸表：部分国家和地区（2015~2019年）

单位：亿美元

国家	2015年	2016年	2017年	2018年	2019年
美国					
资产	234320	240315	277723	252338	291528
对外直接投资	70571	74032	89231	74439	87987
证券投资	95702	100114	125715	114336	133759
股本证券	67562	71463	91181	78996	94591
债务证券	28140	28650	34533	35340	39168
金融衍生品	24434	22205	15608	14496	17904
其他投资	39778	39907	42673	44576	46734
储备资产	3836	4058	4497	4491	5144
负债	308922	321608	353945	349082	402033
外来直接投资	67292	75105	88148	84017	105471
证券投资	166458	173600	193983	188442	213898
股本证券	62091	65702	79416	75392	92202
债务证券	104368	107897	114567	113049	121696
金融衍生品	23889	21623	15232	14075	17703

续表

国家	2015年	2016年	2017年	2018年	2019年
其他投资	51283	51280	56583	62548	64962
中国					
资产	61558	65070	71488	74049	77145
对外直接投资	10959	13574	18090	19823	20945
证券投资	2613	3670	4925	4980	6460
股本证券	1620	2152	2977	2700	3738
债务证券	993	1518	1948	2279	2722
金融衍生品	36	52	59	62	67
其他投资	13889	16797	16055	17505	17443
储备资产	34061	30978	32359	31680	32229
负债	44830	45567	50481	52588	55905
外来直接投资	26963	27551	27257	28271	29281
证券投资	8170	8111	10994	10964	13646
股本证券	5971	5795	7623	6842	8617
债务证券	2200	2316	3370	4122	5029
金融衍生品	53	60	34	60	65
其他投资	9643	9844	12197	13294	12913
日本					
资产	77875	84441	89757	91853	100585
对外直接投资	12602	13603	15513	16411	18588
证券投资	34174	37793	41063	40688	46108
股本证券	12748	14059	16760	16318	19044
债务证券	21426	23734	24302	24370	27064
金融衍生品	3741	3720	3001	2900	3143
其他投资	15031	17121	17568	19201	19514
储备资产	12328	12204	12613	12653	13231
负债	50723	55640	60590	61049	67193
外来直接投资	2056	2417	2562	2768	3104
证券投资	26643	27844	33368	31687	36318
股本证券	15512	15542	19472	15907	19238

世界经济统计资料

续表

国家	2015年	2016年	2017年	2018年	2019年
债务证券	11131	12302	13895	15780	17080
金融衍生品	3792	3893	3009	2770	3052
其他投资	18232	21495	21652	23823	24718
德国					
资产	85934	87304	101317	99191	106292
对外直接投资	19584	19922	23704	24381	25456
证券投资	29056	29768	35665	33401	37546
股本证券	9520	10090	13180	11720	14415
债务证券	19536	19677	22485	21681	23131
金融衍生品	7243	6445	5699	4876	7022
其他投资	28315	29317	34249	34550	34030
储备资产	1737	1853	2001	1982	2238
负债	70583	70336	79406	75245	78823
外来直接投资	13914	14176	17074	18060	18436
证券投资	28708	27541	30604	26314	28129
股本证券	7320	7209	8893	6536	7401
债务证券	21387	20332	21711	19777	20728
金融衍生品	7415	6756	5873	5091	7392
其他投资	20547	21862	25854	25780	24866

资料来源：IMF 国际收支统计，2020年10月。

表7-2 FDI流量：部分国家和地区（2017~2019年）

单位：亿美元

国家和地区	流入量			流出量		
	2017年	2018年	2019年	2017年	2018年	2019年
世界	17005	14952	15399	16010	9864	13138
发达经济体	9501	7614	8002	10952	5340	9169
发展中经济体	7006	6993	6847	4674	4147	3731
澳大利亚	453	680	362	59	64	54

395

续表

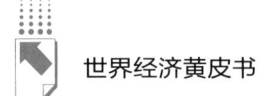

国家和地区	流入量			流出量		
	2017年	2018年	2019年	2017年	2018年	2019年
比利时	52	177	97	336	265	197
巴西	666	598	720	190	−163	155
加拿大	265	435	503	783	499	766
中国	1363	1383	1412	1583	1430	1171
塞浦路斯	154	65	242	138	−22	141
埃及	74	81	90	2	3	4
法国	248	382	340	360	1056	387
德国	604	736	364	1041	788	987
匈牙利	35	84	52	12	51	26
印度	399	422	506	111	114	121
印度尼西亚	206	206	234	21	81	34
爱尔兰	528	−281	782	−20	7	181
意大利	240	329	266	245	327	249
日本	110	99	146	1647	1432	2266
韩国	179	122	106	341	382	355
马来西亚	94	76	77	56	51	63
墨西哥	342	347	329	39	77	102
荷兰	605	1143	842	469	−188	1247
秘鲁	69	65	89	5	0	9
菲律宾	87	66	50	18	8	7
俄罗斯	260	132	317	342	358	225
沙特	14	42	46	73	230	132
新加坡	836	797	921	488	298	333
瑞士	1073	−532	−217	301	608	111
英国	1012	653	591	1175	414	315
美国	4597	4460	4609	4169	−406	2431
越南	141	155	161	5	6	5

资料来源：联合国贸发会数据库。

表 7-3　FDI 存量：部分国家和地区（2017~2019 年）

单位：亿美元

国家和地区	流入存量 2017 年	2018 年	2019 年	流出存量 2017 年	2018 年	2019 年
世界	332184	329439	364702	330405	315075	345711
发达经济体	220952	215115	242857	253309	235693	262234
发展中经济体	103035	106339	113116	72605	75329	78999
澳大利亚	6996	7018	7142	5032	4970	5793
比利时	6023	5559	5661	7219	5933	6564
巴西	6230	5687	6407	2396	2084	2239
加拿大	9667	8522	10371	15322	13662	16525
中国	14900	16283	17695	18090	19823	20994
塞浦路斯	4367	4284	4451	4523	4369	4428
埃及	1097	1177	1266	74	78	82
法国	8193	8206	8687	14404	14992	15328
德国	9631	9344	9533	16503	16515	17194
匈牙利	936	958	978	298	309	337
印度	3772	3862	4269	1552	1666	1787
印度尼西亚	2315	2257	2326	659	728	788
爱尔兰	10580	10004	11203	9868	9429	10852
意大利	4247	4283	4457	5476	5527	5584
日本	2024	2048	2225	14975	15672	18181
韩国	2294	2372	2386	3606	4052	4401
马来西亚	1466	1546	1690	1296	1182	1186
墨西哥	4906	5113	6285	1750	1536	2304
荷兰	16926	16851	17498	25311	23806	25653
秘鲁	1000	1064	1153	90	88	94
菲律宾	790	830	880	492	519	526
俄罗斯	4411	4081	4639	3887	3466	3866
沙特	2276	2316	2362	844	1051	1230
新加坡	13934	15361	16976	10023	10258	11062
瑞士	13525	13545	13507	14385	14947	15262

续表

国家和地区	流入存量			流出存量		
	2017年	2018年	2019年	2017年	2018年	2019年
英国	18058	19305	20753	17736	17882	19494
美国	108559	103147	127684	100556	84654	101373
越南	1295	1450	1611	101	107	111

资料来源：联合国贸发会数据库。

（八）全球大公司排名

表8-1 2020年《财富》全球50强公司排名

单位：亿美元

2019年排名	2018年排名	公司名称	营业收入	利润	总部所在地
1	1	沃尔玛（WALMART）	523964	14881	美国
2	2	中国石油化工集团公司（SINOPEC GROUP）	407009	6793	中国
3	5	国家电网公司（STATE GRID）	383906	7970	中国
4	4	中国石油天然气集团公司（CHINA NATIONAL PETROLEUM）	379130	4443	中国
5	3	荷兰皇家壳牌石油公司（ROYAL DUTCH SHELL）	352106	15842	荷兰
6	6	沙特阿美公司（SAUDI ARAMCO）	329784	88211	沙特阿拉伯
7	9	大众公司（VOLKSWAGEN）	282760	15542	德国
8	7	英国石油公司（BP）	282616	4026	英国
9	13	亚马逊（AMAZON.COM）	280522	11588	美国
10	10	丰田汽车公司（TOYOTA MOTOR）	275288	19096	日本
11	8	埃克森美孚（EXXON MOBIL）	264938	14340	美国
12	11	苹果公司（APPLE）	260174	55256	美国
13	19	CVS Health公司（CVS HEALTH）	256776	6634	美国
14	12	伯克希尔-哈撒韦公司（BERKSHIRE HATHAWAY）	254616	81417	美国
15	14	联合健康集团（UNITEDHEALTH GROUP）	242155	13839	美国

世界经济统计资料

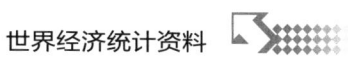

续表

2019年排名	2018年排名	公司名称	营业收入	利润	总部所在地
16	17	麦克森公司（MCKESSON）	231051	900	美国
17	16	嘉能可（GLENCORE）	215111	-404	瑞士
18	21	中国建筑集团有限公司（CHINA STATE CONSTRUCTION ENGINEERING）	205839	3333	中国
19	15	三星电子（SAMSUNG ELECTRONICS）	197705	18453	韩国
20	18	戴姆勒股份公司（DAIMLER）	193346	2661	德国
21	29	中国平安保险（集团）股份有限公司（PING AN INSURANCE）	184280	21627	中国
22	25	美国电话电报公司（AT&T）	181193	13903	美国
23	27	美源伯根公司（AMERISOURCEBERGEN）	179589	855	美国
24	26	中国工商银行（INDUSTRIAL & COMMERCIAL BANK OF CHINA）	177069	45195	中国
25	20	道达尔公司（TOTAL）	176249	11267	法国
26	23	鸿海精密工业股份有限公司（HON HAI PRECISION INDUSTRY）	172869	3731	中国
27	22	托克集团（TRAFIGURA GROUP）	171474	872	新加坡
28	24	EXOR集团（EXOR GROUP）	162754	3417	荷兰
29	37	Alphabet公司（ALPHABET）	161857	34343	美国
30	31	中国建设银行（CHINA CONSTRUCTION BANK）	158884	38610	中国
31	30	福特汽车公司（FORD MOTOR）	155900	47	美国
32	229	信诺（CIGNA）	153566	5104	美国
33	50名外	开市客（COSTCO WHOLESALE）	152703	3659	美国
34	46	安盛（AXA）	148984	4317	法国
35	36	中国农业银行（AGRICULTURAL BANK OF CHINA）	147313	30701	中国
36	28	雪佛龙（CHEVRON）	146516	2924	美国
37	38	嘉德诺（CARDINAL HEALTH）	145534	1363	美国

续表

2019年排名	2018年排名	公司名称	营业收入	利润	总部所在地
38	50名外	摩根大通公司（JPMORGAN CHASE）	142422	36431	美国
39	34	本田汽车（HONDA MOTOR）	137332	4192	日本
40	32	通用汽车公司（GENERAL MOTORS）	137237	6732	美国
41	40	沃博联（WALGREENS BOOTS ALLIANCE）	136866	3982	美国
42	33	三菱商事株式会社（MITSUBISHI）	135940	4924	日本
43	44	中国银行（BANK OF CHINA）	135091	27127	中国
44	43	威瑞森电信（VERIZON COMMUNICATIONS）	131868	19265	美国
45	51	中国人寿保险（集团）公司（CHINA LIFE INSURANCE）	131244	4660	中国
46	45	安联保险集团（ALLIANZ）	130359	8858	德国
47	60	微软（MICROSOFT）	125843	39240	美国
48	72	马拉松原油公司（MARATHON PETROLEUM）	124813	2637	美国
49	61	华为投资控股有限公司（HUAWEI INVESTMENT & HOLDING）	124316	9062	中国
50	55	中国铁路工程集团有限公司（CHINA RAILWAY ENGINEERING GROUP）	123324	1535	中国

资料来源：财富中文网，http://www.fortunechina.com。

Abstract

The world economy has suffered deep recession in 2020 because of Covid-19. Most countries underwent negative GDP growth, rising unemployment rate and decreasing inflation rate. Meanwhile, International trade and investment dropped rapidly, global financial market fluctuated dramatically and global outstanding debt rose quickly.

World economy in 2021 will be affected by following factors, which include the development of epidemics, the adjustment of global value chain, the foreign economic policies of the U.S., fiscal and monetary policies of some important economies, and the stability of global financial market.

It is expected that the PPP-based GDP growth rate of the world economy will be 5.5% and the market exchange rate-based GDP growth rate of the world economy will be 5.2% in 2021. The world economic growth will rebound because the economic loss from epidemics will decrease significantly.

Keywords: World Economy; International Trade; International Investment; International Finance

Contents

I Overview

Y.1 Analysis and Forecast of the World Economy in 2020-2021

Yao Zhizhong / 001

Abstract: The world economy has suffered deep recession in 2020 because of COVID-19. Most countries underwent negative GDP growth, rising unemployment rate and decreasing inflation rate. Meanwhile, International trade and investment dropped rapidly, global financial market fluctuated dramatically and global outstanding debt rose quickly. World economy will be affected by following factors in 2021, which include the development of epidemics, the adjustment of global value chain, the foreign economic policies of the U.S., fiscal and monetary policies of some important economies, and the stability of global financial market. It is expected that the PPP-based GDP growth rate of the world economy will be 5.5% in 2021.

Keywords: World Economy; International Trade; International Investment; International Finance

II Country / Region Study

Y.2 The U.S. Economy: Buffer Shock and Tremendous Hardship

Sun Jie / 020

Abstract: The sudden outbreak of COVID-19 prevailed over the endogenous slowdown trend of economic growth and caused tremendous economic hardship across the United States. Almost all economic indicators have fallen off a cliff from their original paths. Some indicators may resume shortly after the external shock while some response policies may result in economic structure changes and some indicators may present sluggishness that suggesting long lasting negative impacts of the epidemic on economic fundamentals. The new monetary policy suggests possible changes of its target and FED's functions, imposing long run effects on financial system. In the meantime, fiscal policy dynamics will not only determine the speed of recovery, but also result in long term consequences of public debt. It is estimated that the US economic growth will be negative 3% in 2020, and rebound to positive 4% in 2021.

Keywords: The U.S. Economy; External Shock; Main Street Loans; Fiscal Relief

Y.3 The European Economy: On a Bumpy Road to Recovery

Lu Ting, Dong Yan / 047

Abstract: The coronavirus outbreak in 2020 has changed the economic outlook for Europe and interrupted its weak recovery. All members of the EU have been plunged into recession by the pandemic, and their unemployment rates were rapidly on the rise. The inflation and trade performance were also sluggish. In order to counteract the economic shocks and stabilize the financial markets, the European central bank has put in place a variety of measures to inject the liquidity while EU and its member states splashed out billions of euros on stimulus plans. With the support of these policy responses, European countries have poised for an economic revival over the summer, as the pandemic temporarily receded. However, the outlook is highly uncertain and downside risks are predominant, including the possibility of a more protracted pandemic, financial upheaval, and retreat from global trade and supply linkages. Under the baseline forecast — which assumes no occurrence of major risk events such as no-deal Brexit or sovereign debt crisis — the European economy may rebound after the spring of 2021 as the EU recovery plan proceeds.

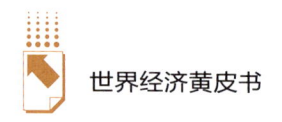

Keywords: European Economy; Economic Recovery; The EU

Y.4　Japanese Economy: It is Hard to Reverse Quickly

Zhou Xuezhi / 068

Abstract: Japan's real GDP grew by 0.65% in 2019, but the Japanese economy experienced a sharp negative growth in the fourth quarter of 2019. The increase of consumption tax was the direct cause for this negative growth, push the already weak economy into recession. In 2020, the COVID-19 epidemic spread around the world and the Japanese economy was severely hit. Almost all the important economic indicators collapsed in the first half of 2020. Japanese economy was not only affected by domestic consumption and investment demand, but also foreign demand. To cope with the economic downturn caused by the COVID-19, the Bank of Japan kept easing monetary conditions in the first half of 2020 and government tried to ride out the economic difficulties by issuing more public debt. Based on the current situation of the COVID-19, Japan's economy is expected to have passed the period of accelerating decline, but it will take some time to get back at levels before COVID-19 outbreak. In the second half of 2020 and 2021, the Japanese economy's main theme will be in repair process.

Keywords: Financial Policy; Fiscal Policy; Consumption; Investment; Japan

Y.5 Asia-Pacific Region: Uneven Economic Recovery under COVID-19

Yang Panpan / 084

Abstract: Affected by the shocks of COVID-19, the Asia-Pacific economies are experiencing negative growth in 2020. The weighted average real GDP growth is expected to be -2.4%, 6.9 percentage points lower than in 2019. The impact of the pandemic has further weakened the Asia-Pacific economic situation, which has already been negatively affected by trade frictions and slower external demand. The overall economic performance of the Asia-Pacific region in 2020 is better than the rest of the world, but this is mainly driven by China, and the growth performance of other Asia-Pacific economies is lower than the global economic growth. Most countries in the region will experience negative or nearly muted economic growth in 2020, and only China, Myanmar, and Vietnam will have significant positive growth. Inflation in the region has declined, currencies have fluctuated against US dollar, and current account balances have mostly reduced. The prospects of major four economies vary from strong to weak are: South Korea, Australia, Canada, and Indonesia, depending on the pandemic management, external environment and policy space. The Asia-Pacific region will regain momentum from the bottom of the pandemic, but still faces many uncertainties in 2021.

Keywords: Asia-Pacific Region; Economic Recovery; Inflation

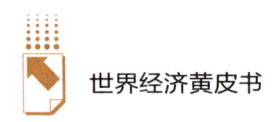

Y.6 Indian Economy: Increased Vulnerability to Pandemic Shocks

Feng Weijiang / 101

Abstract: India's real GDP growth rate of 4.2% in the FY2019-2020 is not only significantly lower than the 6.8% growth rate of the previous fiscal year, but also significantly lower than the estimate of around 6.0% we had made in our previous year's report. Apart from the unforeseen factor of the gradual spread of the COVID-19 across the world, including India, from March 2020 onwards affecting domestic and external demand, the higher than expected negative contribution to GDP from fixed capital formation, which started in Q3 2019, was also an important reason for the significantly lower than projected real GDP growth rate. The slowdown in India's economic growth rate was already relatively pronounced before the pandemic hit India hard in 2020. Both domestic consumption and production were badly hit by the pandemic. Although economic growth has fallen sharply, inflationary pressures have risen compared to earlier, breaching the Bank of India's inflation target of 4% and remaining at a relatively high level. The stock market rebounded after falling rapidly on the impact of the pandemic. Unemployment in India rose sharply in the early stages of the pandemic outbreak, before gradually falling back to pre-pandemic levels. India's FY2020-2021 budget was ambitious, and the government launched a stimulus package and maintained an easy monetary policy amid the epidemic. Economic indicators in 3Q 2020 showed signs of recovery in some sectors, but there is still considerable uncertainty ahead. Taking all factors into account, this report sees India's real GDP growth at around -10% in FY2020-2021 and may recover to around 5.0% in FY2020-2021.

Keywords: Economic Stimulus Policy; India; Unemployment

Y.7 Russia's Economy: Shrinking Drastically

Jia Zhongzheng, Zhang Yuxin / 119

Abstract: The outbreak and rapid spread of the COVID-19 pandemic, combined with drastic fluctuations in international oil prices, has made Russia's economy worse. After experiencing a decline in the first quarter of 2020, Russia's economic growth rate fell precipitously in the second quarter, with a year-on-year increase of -8.0%. The trend of the Purchasing Managers' Index (PMI) shows that the Russian economy has begun to recover after experiencing a sharp contraction. The inflation rate (CPI) has risen steadily on the whole; the Producer Price Index (PPI) has shown a trend of first declining and then rising. The unemployment rate continues to rise, and the number of employed people in economic activities has also declined significantly. The development and response effect of the COVID-19 pandemic, the trend of international oil prices, the intensity of the game among major powers, and changes in geopolitical risks will all have important impacts on the recovery process of the Russian economy. Looking ahead, there are still great uncertainties in Russia's economic growth prospects. It is expected to shrink sharply in 2020, and it is likely to rebound in 2021.

Keywords: Russia's Economy; International Oil Price; Sino-Russian Relations

Y.8 Latin American Economy: Dual Pressure from Economic Activity and COVID-19 Pandemic

Xiong Aizong / 138

Abstract: Latin America and the Caribbean (LAC) will face a deep recession in 2020 due to the COVID-19 pandemic, with the region's GDP expected to contract by 9.1%. Latin America and the Caribbean has become the epicentre of the COVID-19 pandemic, the social isolation measures introduced in the early stage of the pandemic forced the most LAC countries' economy to contract sharply. Countries have to face a tradeoff between pandemic prevention and economic recovery under the dual pressure of the health crisis and the economic crisis. The global economic recession triggered by the pandemic has further worsened the region's external environment, with export revenue, tourism and remittance income have dropped dramatically. At the same time, the pandemic may further intensify the volatility of international capital flows and trigger turbulence in the financial markets of Latin America and the Caribbean. Most LAC countries adopt expansionary fiscal policies and loose monetary policies generally to stimulate the economy, but the high level of government debt and historically low interest rates also limit the government's room for further economic stimulus.

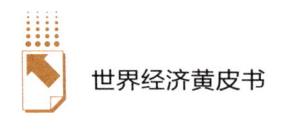

Keywords: Latin America and the Caribbean; Economic Situation; Employment

Y.9 West Asia and Africa: Risk of Bottoming Out Increases

Sun Jingying / 150

Abstract: Affected by the dual impact of the epidemic and oil prices, economies of West Asia and Africa will experience serious difficulties in the first half of 2020. In 2020, the economic contraction in West Asia and North Africa will be greater than the global average. The huge impact of the epidemic on the demand side will further aggravate international oil prices. With the global economic downturn over the same period, the exchange rate and government debt issues in West Asia and North Africa will become more serious and the external environment will further deteriorate. Countries in sub-Saharan Africa with tourism and resource-intensive industries as their pillar industries have suffered the most in demand side. The weak medical level in the region makes it more difficult to control the epidemic. Under the premise of timely control of the epidemic, West Asia and Africa may experience an economic rebound together with the world. It is estimated that by 2021, West Asia and North Africa will grow by 4.2%, and Sub-Saharan Africa will reach 3.4%. However, West Asia and Africa will face severe challenges in keeping the epidemic under control.

Keywords: West Asia; North Africa; Sub-Saharan Africa; Economy Situation; Oil Price War

Y.10 China's Economy: Prosperity of Industry in the Coming Few Years

Xu Qiyuan, Zhang Bin and Cui Xiaomin / 167

Abstract: In first quarter of 2020, China's economy suffered from severe pandemic shock. Then in the second quarter, it came back remarkably. In the second half of the year, China's economy is expected to recover to the growth path before the pandemic. Even so, the characteristics of China's growth has been experiencing significant changes. The industry has been much stronger than service sector on the supply side. On demand side, investment stronger than consumption, and tangible consumption stronger than intangible. These changes are consistent with the experiences in 2003 and 2009, which corresponding to the years of SARS and global financial crisis. Because of this, these changes will be obvious but not last for a long term. Finally, this chapter will provide an outlook of China's industry in the coming few years.

Keywords: China's Economy; Industry Sector; Service Sector; Economic Structure

III Special Reports

Y.11 Review and Outlook of World Trade: Falling into Recession, Recovering Unstably

Su Qingyi / 183

Abstract: World merchandise trade in volume terms fell by 0.1% in 2019, the first drop since 2010. World merchandise trade value fell by 3%, which was significantly higher than that in volume terms, mainly due to the sharp drop in energy prices, especially in oil prices. In 2019, the world's exports of commercial services reached US$5.90 trillion, an increase of 2.1%, lower than that in 2018. Under the impact of the COVID-19 epidemic, the world merchandise trade in volume terms fell by 8.48% in the first half of 2020, and the world trade in services also showed a downward trend. It is expected that the situation of world trade in goods in the second half of 2020 will be slightly better than that in the first half of 2020. In 2020, the decline of the volume of merchandise trade will be about 10%, which is the second recession after the recession of trade during the international financial crisis in 2009. It is expected that world trade will recover significantly in 2021, and the growth rate of merchandise trade will be between 5% and 10%. However, the recovery of trade is still affected by uncertain factors such as repeated outbreaks of COVID-19 epidemic.

Keywords: Trade Situation; Recession; Recovery

Y.12 International Financial Market: Retrospects and Prospects

Gao Haihong, Yang Zirong / 199

Abstract: In 2020, the international financial market is in the shadow of a high uncertainty. The outbreak of COVID-19 has seriously damaged the global economy. In response to the pandemic, all the countries have taken anti-epidemic measures and introduced unprecedented economic assistance policies. The authorities have lowered policy interest rates further. They have also adopted various monetary measures, together with massive fiscal stimulus and relief policies, to support the real economy and financial system. As the world fell further into the low inflation range, the debt levels of various countries have risen again. The high uncertainty affected confidence, and thus the rise of international investors' risk aversion. The dollar's safe-haven function has become prominent. The gold market has risen substantially. In the context of abundant global liquidity, the trend of stock market diverged from the real economy seriously. Against the background of a sharp drop in international oil prices, deteriorating external financing conditions, and increasing financial vulnerabilities, the financial stability of emerging market countries is once again facing challenges. Currencies of many countries have depreciated one after another, and the volatility of capital flows has greatly increased, and even sudden stops in severe periods. Looking ahead, the global phenomenon of "low growth, low inflation, low interest rates, high debt, and high deficits" will exist for a long time. The path to global economic recovery and the international financial market will still be highly uncertain.

Keywords: International Financial Risk; US Dollar Liquidity; International Securities Market; Equity Market; Foreign Exchange Market

Y.13 Review and Prospect of International Direct Investment Situation

Wang Bijun, Chen Yinmo / 217

Abstract: The continued recovery pace of international direct investment (FDI) in 2019 was interrupted by the global outbreak of COVID-19 in early 2020. The United Nations Conference on Trade and Development (UNCTAD) predicts that global international direct investment flows in 2020 will drop significantly by 40% compared to 2019. In 2021, the impact of the COVID-19 epidemic on demand will cause global international direct investment flows to be further reduced by 5%-10% on the basis of 2020. The impact of the COVID-19 epidemic on international direct investment will be greater than the impact of the 2009 global financial crisis. In the long run, due to the global recession caused by the COVID-19 epidemic, the host country may formulate policies to achieve self-sufficiency in key products and expand the domestic production capacity of strategic industries. These will have a profound impact on future trend of global international direct investment.

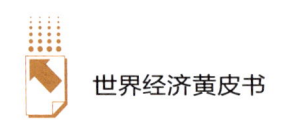

Keywords: International Direct Investment; OFDI; World Economy

Y.14 The Retrospect and Prospect of Global Commodity Market: V-shaped Fluctuation

Wang Yongzhong, Zhou Yimin / 233

Abstract: From July 2019 to August 2020, global commodity prices first consolidated at a low level, and then emerged a V-shaped fluctuation, with an overall decline of 6.9%. Among them, energy prices have fallen sharply, metal prices have risen significantly, and agricultural raw materials and food prices have been relatively stable. From February to April 2020, the commodity price index fell by 30.0%, and the price of WTI crude oil once fell to a negative territory due to the pandemic and resultant prevention measures such as travel bans and home quarantines, and the breakdown of OPEC+ negotiation. From May to August, the commodity price index rebounded by 30.7% under the combined effects of the relaxation of epidemic prevention measures, demand recovery and supply constraints. It is expected that the future epidemic will be difficult to effectively curb in the short term, but the epidemic prevention measures will likely not be upgraded, the demand for commodities will rise slowly at a low level, and the supply will decline slightly due to the impact of previous investment cuts, and the probability of further depreciation of the US dollar is unlikely. Therefore, the commodity prices may enter the recovery and consolidation phase in 2021, but there is little room for upside. Affected by demand recovery, high inventories and production cuts, the imbalance of crude oil supply and demand has improved, and the average price of Brent crude oil will likely rise to $50/barrel in 2021.

Keywords: Commodity Market; Oil Price; US Dallor Exchange Rate

Y.15 Major Economic Issues Discussed by Global Think Tanks

Chang Shuyu / 256

Abstract: From 2019 to 2020, the old challenges of the global economy have not been resolved and the new challenge has been coming. Old issues include slowdown growth, high debt level and rising financial fragility. COVID-19 has brought new challenge on the global economy and governance. This paper summarizes three hot issues discussed by global think tanks from October 2019 to September 2020. The first issue is high levels of public debt. The data on public debt for developed countries rose to highest level recorded since World War II. The latest debt surge in emerging and developing economies has also been striking. Authors from different think tanks analyze the causes, risks and potential impacts of public debt. The second issue is the new development of global value chain which includes the changes of GVC after financial crisis in 2008 and the impacts of COVID-19 on GVC. Third part is about COVID-19. Authors analyze the impact of the epidemic on economy, policy responses adopted by governments and give their corresponding policy suggestions.

Keywords: Public Debt; Global Value Chain; Economy Shocks

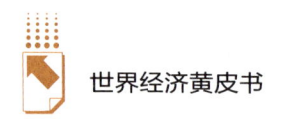

Ⅳ Hot Topics

Y.16 The Development and Reconstruction of Global Industrial Chains in the Post-Pandemic Era

Ma Yingying, Cui Xiaomin / 275

Abstract: Since the global financial crisis, the world economy has entered into a period of in-depth adjustment. With populism and trade protectionism, anti-globalization and the COVID-19, the existing globalization pattern has been greatly challenged, and faced with the pressure of restructuring the organizational structure and geographical pattern. At the same time, the relative changes in the cost advantages of individual countries and the development of emerging technologies have also promoted the continuous adjustment of the global production chains. Globalization in the post-epidemic era, jointly promoted by multiple factors, including technology, market, cost, competition, and government, will be characterized with four features. First, the regional agglomeration driven by market and final demand; Second, supplier diversification and the localization of key industries driven by security requirements; Third, the industrial gradient transfer of manufacturing industries driven by cost and technology factors; Fourth, the restructuring of industrial production mode and the globalization of service industries driven by digital technology and artificial intelligence.

Keywords: Global Industrial Chains; Factor Cost; Deglobalization; Emerging Technology

Contents

Y.17 International Crude Oil Price Shock: Process, Causes and Impacts

Wang Yongzhong / 298

Abstract: In 2020, the coronavirus pandemic, price war, and the US-Iran conflict have caused oil prices to fluctuate sharply, with a V-shaped volatility. Crude oil prices have experienced a brief rise due to an Iranian general was assassinated by the United States, then quickly fell back to the level before the incident, indicating that the influence of geopolitical events in the Middle East on oil prices has declined. The coronavirus pandemic and the price war have led to the flood of crude oil supply, and resultant the cliff-like decline of oil prices, and WTI even fell into a negative territory. Under the circumstances of measures of travel bans and lockdown, the price war will neither increase crude oil consumption nor force US shale oil companies to bankrupt, and it is a lose-lose result for Saudi Arabia and Russia. The negative WTI price is highly correlated with factors such as extreme oversupply, Cushing's shortage of storage capacity, physical delivery, and speculative behaviors, and it does not reflect the supply and demand situation in North America, and damages the representativeness and influence of WTI as the benchmark oil price in North America and the world.

Keywords: Oil Price; US-Iran Conflict; Price War; WTI

Y.18 The Melt-down of US Stock Market: Causes and Prospect

Zhang Ming / 317

Abstract: The US stock market faced 4 times of melt-down during 8 consecutive trading days in March 2020, which never happen before. The triggers of melt-down included the fast contagion of COVID-19 and the fast drop of oil price. The deep reasons were some new structural characteristics of US stock market, which included the persistent and large scale buy-back of stock shares, the surging of passive investment such as ETF, and the new trading strategies focus on volatility of hedge funds. Considering the weak economic fundamentals, the high stock market valuation, the marginal contraction of US monetary policy, and the surging of economic and political uncertainties, the US stock market will continue to face high volatility in the future, and the probability of another market melt-down will be rather high.

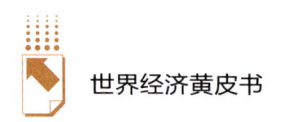

Keywords: The US Stock; Stock Melt-down Styl; Passive Investment; Risk Parity Strategy

Y.19　Debt Distress in African Countries and the Mechanism of Sovereign Debt Restructuring and Relief

Xiong Wanting, Xiao Lisheng / 330

Abstract: African countries have witnessed rapid increase of sovereign debt risk in recent years. Although there is no immediate risk of an overall debt crisis, the debt sustainability of some African countries is under severe threat. The debt condition of African countries is going to further deterioration due to the outburst of COVID-19 pandemic. With the advances of the Belt and Road Initiative (BRI), Chinese lending to African countries largely expanded. However, for most countries facing high debt risk or debt distress, the ratio of debt to China in total external debt is not high. In response to the COVID-19 pandemic, the G20 has agreed to provide debt standstill support to African countries through the Debt Service Suspension Initiative (DSSI), which China has made great contribution to. The DSSI aims to mitigate the liquidity risk faced by poorest countries, but it cannot resolve insolvency problems. The remedy effect of timely and decisive sovereign debt restructuring and relief measures for heavily indebted countries to get out of debt distress has been well proven by the past experiences of many African countries. Traditional creditors including the IMF, the World Bank and the Paris Club have established comprehensive rules and mechanism of sovereign debt restructuring and relief. The design of these rules could shed important light on the establishment of the debt restructuring and relief institution of China for OBOR countries. In the post pandemic era, there are three key points in the governance of sovereign debt in African countries. The first is to avoid the deterioration of the current debt distress. The second is to enhance the institution of debt management from the perspectives of both creditors and debtors. The last is to establish a more inclusive International debt negotiation mechanism so as to accommodate the changes in the creditor structure of African countries.

Keyword: Africa; Debt Sustainability; Debt Restructuring and Relief; Debt Service Suspension Initiative

Y.20 Unemployment under the COVID-19 Pandemic: Relief Measures and Effects of Major Economies

Luan Xi / 350

Abstract: As the COVID-19 pandemic has a severe impact on the labor market, major economies have launched large-scale relief plans including package of policy tools since the outbreak of the pandemic. Most of the relief plans mainly depend on fiscal policies. Different countries adjust relief measures to local conditions, with different policy coverage and policy pace, and the measures focus on domestic coordination rather than international coordination. The relief measures help the enterprises survive and help the economy restart quickly, but they do not effectively relieve the employment pressure, and the long-term unemployment risk of the expanding low-income groups. In addition, the relief measures have also led to a sharp rise in the money supply, the rise in government debt burden, the aggravation of imbalance in the structure of fiscal expenditure, the survival of zombie enterprises and the rise of debt burden in the non-financial sector, which have exacerbated the structural problems of the global economy.

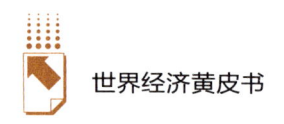

Keywords: Labor Market; Relief Measures; Fiscal Policy; Monetary Policy

V Statistics of the World Economy

Y.21   Statistics of the World Economy

Xiong Wanting / 365

权威报告·一手数据·特色资源

皮书数据库

ANNUAL REPORT(YEARBOOK)
DATABASE

分析解读当下中国发展变迁的高端智库平台

所获荣誉
- 2019年，入围国家新闻出版署数字出版精品遴选推荐计划项目
- 2016年，入选"'十三五'国家重点电子出版物出版规划骨干工程"
- 2015年，荣获"搜索中国正能量 点赞2015""创新中国科技创新奖"
- 2013年，荣获"中国出版政府奖·网络出版物奖"提名奖
- 连续多年荣获中国数字出版博览会"数字出版·优秀品牌"奖

成为会员

通过网址www.pishu.com.cn访问皮书数据库网站或下载皮书数据库APP，进行手机号码验证或邮箱验证即可成为皮书数据库会员。

会员福利
- 已注册用户购书后可免费获赠100元皮书数据库充值卡。刮开充值卡涂层获取充值密码，登录并进入"会员中心"—"在线充值"—"充值卡充值"，充值成功即可购买和查看数据库内容。
- 会员福利最终解释权归社会科学文献出版社所有。

数据库服务热线：400-008-6695
数据库服务QQ：2475522410
数据库服务邮箱：database@ssap.cn
图书销售热线：010-59367070/7028
图书服务QQ：1265056568
图书服务邮箱：duzhe@ssap.cn

卡号：668333641782
密码：

S 基本子库
SUB DATABASE

中国社会发展数据库（下设12个子库）

整合国内外中国社会发展研究成果，汇聚独家统计数据、深度分析报告，涉及社会、人口、政治、教育、法律等12个领域，为了解中国社会发展动态、跟踪社会核心热点、分析社会发展趋势提供一站式资源搜索和数据服务。

中国经济发展数据库（下设12个子库）

围绕国内外中国经济发展主题研究报告、学术资讯、基础数据等资料构建，内容涵盖宏观经济、农业经济、工业经济、产业经济等12个重点经济领域，为实时掌控经济运行态势、把握经济发展规律、洞察经济形势、进行经济决策提供参考和依据。

中国行业发展数据库（下设17个子库）

以中国国民经济行业分类为依据，覆盖金融业、旅游、医疗卫生、交通运输、能源矿产等100多个行业，跟踪分析国民经济相关行业市场运行状况和政策导向，汇集行业发展前沿资讯，为投资、从业及各种经济决策提供理论基础和实践指导。

中国区域发展数据库（下设6个子库）

对中国特定区域内的经济、社会、文化等领域现状与发展情况进行深度分析和预测，研究层级至县及县以下行政区，涉及省份、区域经济体、城市、农村等不同维度，为地方经济社会宏观态势研究、发展经验研究、案例分析提供数据服务。

中国文化传媒数据库（下设18个子库）

汇聚文化传媒领域专家观点、热点资讯，梳理国内外中国文化发展相关学术研究成果、一手统计数据，涵盖文化产业、新闻传播、电影娱乐、文学艺术、群众文化等18个重点研究领域。为文化传媒研究提供相关数据、研究报告和综合分析服务。

世界经济与国际关系数据库（下设6个子库）

立足"皮书系列"世界经济、国际关系相关学术资源，整合世界经济、国际政治、世界文化与科技、全球性问题、国际组织与国际法、区域研究6大领域研究成果，为世界经济与国际关系研究提供全方位数据分析，为决策和形势研判提供参考。

法律声明

"皮书系列"（含蓝皮书、绿皮书、黄皮书）之品牌由社会科学文献出版社最早使用并持续至今，现已被中国图书市场所熟知。"皮书系列"的相关商标已在中华人民共和国国家工商行政管理总局商标局注册，如LOGO（ ）、皮书、Pishu、经济蓝皮书、社会蓝皮书等。"皮书系列"图书的注册商标专用权及封面设计、版式设计的著作权均为社会科学文献出版社所有。未经社会科学文献出版社书面授权许可，任何使用与"皮书系列"图书注册商标、封面设计、版式设计相同或者近似的文字、图形或其组合的行为均系侵权行为。

经作者授权，本书的专有出版权及信息网络传播权等为社会科学文献出版社享有。未经社会科学文献出版社书面授权许可，任何就本书内容的复制、发行或以数字形式进行网络传播的行为均系侵权行为。

社会科学文献出版社将通过法律途径追究上述侵权行为的法律责任，维护自身合法权益。

欢迎社会各界人士对侵犯社会科学文献出版社上述权利的侵权行为进行举报。电话：010-59367121，电子邮箱：fawubu@ssap.cn。

社会科学文献出版社